高等学校交通运输专业"十三五"规划系列教材

载运工具原理及应用

（第3版）

ZAI YUN GONG JU YUAN LI JI YING YONG

主　编　鲁植雄
副主编　高　强
　　　　李　建
主　审　李旭宏

东南大学出版社
SOUTHEAST UNIVERSITY PRESS
·南京·

内容摘要

本书系统地介绍了载运工具的基本类型、构造、原理和应用等知识,全书共 7 章,分别为绪论、汽车、船舶、火车(铁路列车)、飞机、运输管道和其他载运工具。内容结合实际,图文并茂,通俗易懂。

本书是面向交通运输类专业,适合交通运输、物流工程、交通工程、车辆工程、汽车服务工程等专业本科学生使用,也可供交通运输行业相关人员阅读参考。

图书在版编目(CIP)数据

载运工具原理及应用/鲁植雄主编. — 3 版. — 南京:东南大学出版社,2020.11
 ISBN 978-7-5641-9249-5

Ⅰ.①载… Ⅱ.①鲁… Ⅲ.①交通运输工具-高等学校-教材 Ⅳ.①U

中国版本图书馆 CIP 数据核字(2020)第 238870 号

载运工具原理及应用(第 3 版)

主　　编　鲁植雄	主　　审　李旭宏
副 主 编　高　强	
李　建	
选题总策划　李　玉	责任印制　周荣虎
	封面设计　顾晓阳

出版发行　东南大学出版社
地　　址　南京四牌楼 2 号
出 版 人　江建中
邮　　编　210096
经　　销　江苏省新华书店
印　　刷　南京京新印刷有限公司
开　　本　700mm×1000mm　1/16
印　　张　20.25　字　数　614 千字
版　　次　2020 年 11 月第 3 版
印　　次　2020 年 11 月第 1 次印刷
印　　数　1—2800 册
书　　号　ISBN 978-7-5641-9249-5
定　　价　58.00 元

(凡因印装质量问题,可直接向营销部调换。电话:025-83791830)

高等学校交通运输专业"十三五"规划系列教材

编审委员会名单

主 任 委 员　李旭宏
副主任委员　毛海军　朱金福　鲁植雄
委　　　员　(按姓氏笔画排序)
　　　　　　丁　波　毛海军　朱金福　李仲兴　李旭宏　吴建华
　　　　　　张孝祖　顾正洪　鲁植雄　蔡伟义

编写委员会名单

主 任 委 员　李旭宏
副主任委员　毛海军　李玉
委　　　员　(按姓氏笔画排序)
　　　　　　丁　波　马金麟　王国林　王振军　毛海军　左付山
　　　　　　卢志滨　吕立亚　朱彦东　朱艳茹　刘兆斌　江浩斌
　　　　　　李　玉　李仲兴　李旭宏　何民爱　何　杰　宋　伟
　　　　　　张　永　张　远　张萌萌　陈大伟　陈松岩　陈昆山
　　　　　　杭　文　周凌云　孟祥茹　赵国柱　侯占峰　顾正洪
　　　　　　徐晓美　常玉林　崔书堂　梁　坤　鲁植雄　赖焕俊
　　　　　　鲍香台　薛金林　魏新军

执行主编　李　玉

第三版前言

交通运输业是指国民经济中专门从事货物和旅客运送的社会生产部门,包括铁路、公路、水运、航空、管道等运输部门。随着我国经济的迅速发展,交通运输业得到迅速发展,涌现出了多种新型的载运工具。

本书自2015年第2版出版以来,收到了各方面的反馈意见,对书中的内容提出了许多很好的意见与建议。为了适应交通运输业的技术发展和交通运输专业人才培养要求,以及各种新技术、新方法在载运工具上的应用,满足高等学校对"载运工具原理与应用"课程改革要求,推出了第3版。第3版主要修订内容如下。

(1) 修改了第2版中遗留的文字和图形错误。

(2) 增加或修改了本教材所涉及的一些新法规、新标准、新技术。

(3) 制作了与本书配套的电子课件,可免费在东南大学出版社网站(http://www.seupress.com/index.php)上下载。

　　本书主要讲授汽车、船舶、火车、飞机、管道等五大载运工具的基本类型、构造、原理和应用等知识,全书共分7章。为了阐明有关理论和实践技术的联系,书中给出了一些必要的数据、规范和标准,并尽量使这些资料能反映目前载运工具的技术水平。本书力求突出基本概念和基本理论,选材注重少而精。

　　本书面向交通运输类专业,适合交通运输、物流工程、交通工程、车辆工程、汽车服务工程等专业本科学生使用,也可供从事载运工具设计制造、使用、维修、管理的工程技术人员阅读参考。

　　本书由鲁植雄任主编,高强和李建任副主编。第4章由南京农业大学李建编写、第5章由南京农业大学高强编写,其余章节由南京农业大学鲁植雄编写。参加本书文字及图片资料整理工作的还有鲁杨、朱春莹、程准、刁秀永、姜春霞等同志。

　　本书由东南大学交通学院李旭宏教授主审。李旭宏教授仔细地阅读了全书的原稿,并提出了许多建设性的意见,在此表示最诚挚的谢意。

　　本书在撰写过程中引用了已出版的相关图书和文献资料,借此机会编者向有关文章的作者表示衷心的感谢和敬意。

　　由于编者水平有限,加之经验不足,书中难免还有错误和疏漏之处,恳请广大读者批评斧正,并请致信于:luzx@njau.edu.cn,我们将认真对待,加以完善。

编者
2020年3月于南京

目　录

1 绪论 ……………………………………………………………（1）
　1.1 载运工具的作用与类型 …………………………………（1）
　　1.1.1 载运工具的作用 ………………………………………（1）
　　1.1.2 载运工具的类型 ………………………………………（2）
　　1.1.3 各种载运工具的关系 …………………………………（3）
　1.2 载运工具的特征 …………………………………………（4）
　　1.2.1 道路载运工具的特征 …………………………………（5）
　　1.2.2 轨道载运工具的特征 …………………………………（6）
　　1.2.3 水上载运工具的特征 …………………………………（7）
　　1.2.4 空中载运工具的特征 …………………………………（7）
　　1.2.5 运输管道的特征 ………………………………………（8）
　1.3 载运工具的发展趋势 ……………………………………（9）
　　1.3.1 汽车的发展趋势 ………………………………………（9）
　　1.3.2 铁路列车的发展趋势 …………………………………（11）
　　1.3.3 船舶的发展趋势 ………………………………………（13）
　　1.3.4 飞机的发展趋势 ………………………………………（16）
　复习思考题 ……………………………………………………（17）
2 汽车 ……………………………………………………………（18）
　2.1 汽车的分类 ………………………………………………（18）
　　2.1.1 按国家标准的汽车分类 ………………………………（18）
　　2.1.2 按动力装置类型分类 …………………………………（24）
　　2.1.3 其他汽车分类 …………………………………………（27）
　2.2 汽车外形的演变 …………………………………………（28）
　　2.2.1 马车形汽车 ……………………………………………（28）
　　2.2.2 箱形汽车 ………………………………………………（29）

1

2.2.3　甲壳虫形汽车 ………………………………………………（30）
　　2.2.4　船形汽车 ……………………………………………………（32）
　　2.2.5　鱼形汽车 ……………………………………………………（32）
　　2.2.6　楔形汽车 ……………………………………………………（34）
　　2.2.7　贝壳形汽车 …………………………………………………（34）
　　2.2.8　子弹头形汽车 ………………………………………………（35）
2.3　汽车的主要技术参数 …………………………………………………（35）
　　2.3.1　尺寸参数 ……………………………………………………（35）
　　2.3.2　质量参数 ……………………………………………………（39）
2.4　汽车总体结构 …………………………………………………………（39）
　　2.4.1　汽车的基本组成 ……………………………………………（39）
　　2.4.2　发动机 ………………………………………………………（41）
　　2.4.3　底盘 …………………………………………………………（53）
　　2.4.4　车身 …………………………………………………………（65）
　　2.4.5　电器设备 ……………………………………………………（69）
2.5　汽车使用性能 …………………………………………………………（73）
　　2.5.1　汽车的动力性 ………………………………………………（73）
　　2.5.2　汽车的燃油经济性 …………………………………………（73）
　　2.5.3　汽车的制动性 ………………………………………………（75）
　　2.5.4　汽车的操纵稳定性 …………………………………………（75）
　　2.5.5　汽车的行驶平顺性 …………………………………………（76）
　　2.5.6　汽车的通过性 ………………………………………………（76）
2.6　汽车的行驶原理 ………………………………………………………（77）
　　2.6.1　汽车行驶的驱动条件 ………………………………………（77）
　　2.6.2　汽车行驶的附着条件 ………………………………………（81）
2.7　汽车证件与税费 ………………………………………………………（82）
　　2.7.1　汽车证件 ……………………………………………………（82）
　　2.7.2　汽车税费 ……………………………………………………（88）
2.8　汽车运输组织 …………………………………………………………（92）
　　2.8.1　汽车客运 ……………………………………………………（92）
　　2.8.2　汽车货运 ……………………………………………………（94）
2.9　汽车运输评价指标 ……………………………………………………（97）
　　2.9.1　汽车运输主要经济评价指标 ………………………………（97）
　　2.9.2　汽车运输安全质量评价指标 ………………………………（97）

复习思考题 (99)

3 船舶 (101)
3.1 船舶的发展与分类 (101)
3.1.1 船舶的发展 (101)
3.1.2 船舶的分类 (102)
3.1.3 客船 (106)
3.1.4 货船 (108)
3.1.5 其他载运船舶 (113)
3.2 船舶的主要技术参数 (119)
3.2.1 船舶的主要尺度 (119)
3.2.2 船舶的主尺度比 (121)
3.2.3 船舶的吨位参数 (122)
3.2.4 船舶航速 (124)
3.3 船舶的总体结构 (124)
3.3.1 船体 (124)
3.3.2 动力装置 (131)
3.3.3 船舶设备 (140)
3.3.4 船舶系统 (145)
3.4 船舶的航行性能 (148)
3.4.1 浮性 (149)
3.4.2 稳性 (151)
3.4.3 抗沉性 (153)
3.4.4 快速性 (154)
3.4.5 耐波性 (154)
3.4.6 操纵性 (157)
3.5 船舶的航行原理 (159)
3.5.1 船舶阻力 (159)
3.5.2 船舶推进 (161)
3.6 船舶的运输组织 (161)
3.6.1 船舶运输组织的基本要求 (161)
3.6.2 船舶运输的工作指标 (162)
3.6.3 货船运输组织 (165)
3.6.4 客船运输组织 (167)
3.6.5 驳船运输组织 (168)

复习思考题……(171)
4　火车(铁路列车)……(172)
4.1　火车发展简史……(172)
4.2　铁路机车……(173)
　　4.2.1　铁路机车的类型……(173)
　　4.2.2　铁路机车的表示法……(174)
　　4.2.3　铁路机车的发展……(175)
　　4.2.4　电力机车……(176)
　　4.2.5　内燃机车……(181)
　　4.2.6　机车的运用……(186)
4.3　铁路车辆……(189)
　　4.3.1　铁路车辆的类型……(189)
　　4.3.2　铁路车辆的基本构造……(189)
　　4.3.3　车辆编码、标记和车辆技术参数……(199)
　　4.3.4　车辆检修……(202)
4.4　铁路运输组织……(204)
　　4.4.1　铁路旅客运输组织……(204)
　　4.4.2　铁路货物运输组织……(210)
　　4.4.3　铁路行车组织原理……(212)
　　复习思考题……(219)
5　飞机……(221)
5.1　飞机的分类与组成……(221)
　　5.1.1　飞机的分类……(221)
　　5.1.2　飞机的组成……(223)
5.2　飞机的主要数据和性能指标……(227)
　　5.2.1　飞机的主要数据……(227)
　　5.2.2　飞机的性能指标……(228)
5.3　飞机飞行的基本原理与运动性能……(231)
　　5.3.1　流体力学的两个基本原理……(231)
　　5.3.2　飞机的升力和阻力……(233)
　　5.3.3　飞机的基本运动性能……(239)
5.4　民用航空运输管理……(245)
　　5.4.1　基本概念……(245)

    5.4.2 空中交通运行与管理 …………………………………………… (246)
    5.4.3 航空运输企业管理 ……………………………………………… (249)
    5.4.4 航空货物运输管理 ……………………………………………… (250)
    5.4.5 国际航空运输管理 ……………………………………………… (252)
  复习思考题 ……………………………………………………………………… (256)
6 运输管道 ………………………………………………………………………… (257)
  6.1 运输管道的分类 ……………………………………………………………… (257)
    6.1.1 按运输介质分 …………………………………………………… (257)
    6.1.2 按用途分 ………………………………………………………… (258)
    6.1.3 按制造材料分 …………………………………………………… (258)
    6.1.4 按动力驱动机械分 ……………………………………………… (258)
  6.2 输油管道 ……………………………………………………………………… (258)
    6.2.1 油品输送方法 …………………………………………………… (258)
    6.2.2 输油管道的组成 ………………………………………………… (260)
    6.2.3 输油管道的主要设备 …………………………………………… (261)
    6.2.4 油品输送流程 …………………………………………………… (266)
  6.3 输气管道 ……………………………………………………………………… (267)
    6.3.1 输气管道的组成 ………………………………………………… (267)
    6.3.2 输气管道的主要设备 …………………………………………… (267)
    6.3.3 管道输气流程 …………………………………………………… (270)
  6.4 输浆液管道 …………………………………………………………………… (271)
    6.4.1 浆液管道的组成 ………………………………………………… (271)
    6.4.2 浆液管道的主要设备 …………………………………………… (271)
  复习思考题 ……………………………………………………………………… (273)
7 其他载运工具 …………………………………………………………………… (274)
  7.1 汽车列车 ……………………………………………………………………… (274)
    7.1.1 汽车列车的用途 ………………………………………………… (274)
    7.1.2 汽车列车的类型 ………………………………………………… (274)
    7.1.3 汽车列车的组成形式 …………………………………………… (277)
    7.1.4 汽车列车的发展趋势 …………………………………………… (279)
  7.2 拖拉机运输机组 ……………………………………………………………… (280)
    7.2.1 拖拉机运输机组的类型 ………………………………………… (280)
    7.2.2 拖拉机 …………………………………………………………… (281)

7.2.3　农用挂车 ………………………………………………………………… (285)
7.3　摩托车 …………………………………………………………………………… (286)
 7.3.1　摩托车的分类 …………………………………………………………… (286)
 7.3.2　摩托车的构造 …………………………………………………………… (291)
 7.3.3　摩托车的编号规则 ………………………………………………………… (293)
 7.3.4　摩托车工作原理 ………………………………………………………… (294)
7.4　高速列车 ………………………………………………………………………… (294)
 7.4.1　高速列车的发展 ………………………………………………………… (295)
 7.4.2　高速列车的结构特点 ……………………………………………………… (296)
 7.4.3　高速列车的优势 ………………………………………………………… (298)
7.5　城轨列车 ………………………………………………………………………… (299)
 7.5.1　城轨的类型 ………………………………………………………………… (299)
 7.5.2　城轨列车的组成与技术参数 ……………………………………………… (300)
7.6　磁悬浮列车 ……………………………………………………………………… (303)
 7.6.1　磁悬浮列车的种类 ………………………………………………………… (303)
 7.6.2　磁悬浮列车的运行原理 …………………………………………………… (304)
 7.6.3　磁悬浮列车的组成 ………………………………………………………… (306)
 7.6.4　磁悬浮列车的优势 ………………………………………………………… (307)
 7.6.5　磁悬浮列车存在的主要技术问题 ………………………………………… (308)
7.7　BRT ……………………………………………………………………………… (308)
 7.7.1　BRT的定义 ……………………………………………………………… (308)
 7.7.2　BRT的组成 ……………………………………………………………… (309)
 复习思考题 …………………………………………………………………………… (311)

参考文献 …………………………………………………………………………… (312)

1 绪论

1.1 载运工具的作用与类型

1.1.1 载运工具的作用

交通运输是人类社会生存发展最基本的需求之一。自古以来人们就把衣、食、住、行列为生存的四大基本要素,交通运输承担人员流动与物资流通双重职能,是参与社会精神及物质财富创造的重要环节。运输生产的目标不在于改变载运对象的性质和形态,而是通过位移改变其在空间的位置。

由于交通运输是使用各种载运工具(火车、汽车、船舶和飞机等),使运输对象——货物和旅客实现地理位置(空间)上的转移,所以载运工具是使运输对象空间场所移动成为可能的主要技术手段,是实现运输的工具和载体,是交通运输重要的组成部分,是社会生产和消费中必不可少的主要组成部分,在国民经济发展中起重要的作用。

1) 社会作用

交通运输设备对社会的发展具有重要的作用,这突出表现在如下方面:

首先,每一次新的革命性运输设备及其对应交通方式的出现,都会导致社会的进步,如近代铁路的出现,导致了工业布局和城市发展由沿江海向内陆的转移;飞机的出现,改变了传统地域的时空界限;高速公路与汽车,使城市与城市联系更加紧密。可以说,一个现代文明社会,必须有一个配套的现代交通体系,而交通运输设备则诠释了现代交通体系的物质内涵,而且伴随着人类文明的发展,不断推陈出新、适应与推动社会的进步。

其次,交通运输设备的设计与制造,必须满足社会发展需要,是社会生产生活的重要组成部分,如汽车工业、飞机工业、轮船工业、铁路工业等,其生产与制造不仅可创造出巨大的物质财富,而且可解决大量就业与消费等社会问题。

再次,现代化的交通运输设备,必须不间断地,不分昼夜、季节,全天候地从事正常运输,这是与国家政治、经济息息相关的,遇到非常时期,发生灾害(如地震、洪水、火灾、海啸等)、战争或国家财产受到威胁时,交通运输工具都会被用来抢救危亡,恢复社会正常秩序,这种超经济作用的社会公益作用会彰显得更为突出。

2）经济作用

交通运输设备的经济作用十分明显。第一，各种设备的研制与生产，可以产生巨大的经济效益；第二，各种交通运输设备在完成客货运输任务时，自身所创造的经济价值也是十分可观的；第三，当国民经济失调而需要调整或治理整顿时，交通运输设备作为国家宏观调控工具的作用会更显得突出，如抢运煤炭、全国性的粮食调运等，此时，铁路运输设备在其中发挥宏观调控的作用尤为明显；第四，交通运输设备及其对应运输方式，在促进地区经济合理布局、协调发展方面作用显著，对于形成运输大通道，引导形成若干跨地区的经济区域和重点产业带，优化生产力布局，优化资源配置，减少重复浪费，都将起到很大的促进作用。交通运输是国民经济的重点战略产业，是国民经济的重要基础设施，是制约经济与社会发展的一个重要因素。交通运输业要先行，设备的发展必不可少，它是长期保持国民经济的持续、稳定、协调发展的重要物质基础。

3）军事国防作用

交通运输设备不仅是国防的后备力量，战时又是必要的军事手段，交通运输设备先进与否，布局是否合理，保障是否有力，支援能否及时，关系到民族存亡、国家安危，绝非是仅用经济尺度所能衡量的。

4）其他作用

交通运输设备还是实现国际交流的重要桥梁和纽带，能促进各国之间物资交流、经济发展和人民之间友好往来，是经济全球化的重要保证。

1.1.2 载运工具的类型

载运工具是使旅客和货物发生空间位移的一种载体。从不同的角度来看，载运工具有不同的类型。

通常根据运输方式的不同，将载运工具分为五大类型，即道路载运工具、轨道载运工具、水上载运工具、空中载运工具和管道载运工具。

1）道路载运工具

道路载运工具是指利用汽油、柴油、电或其他能源作动力，通过轮胎在各种道路上行驶的各种车辆。主要分为机动车和非机动车两大类。

机动车是指由动力装置驱动或牵引，在道路上行驶的，供乘用或（和）运送物品或进行专项作业的轮式车辆，但不包括任何在轨道上运行的车辆。机动车的主要类型有：汽车、挂车、汽车列车、摩托车及轻便摩托车、拖拉机运输机组和轮式专用机械车。

非机动车是只由人、畜力驱动或牵引的、在道路上的、供乘用或运输物品的车辆。非机动车的主要类型有：自行车、畜力车、三轮车、人力车等。

2）轨道载运工具

轨道载运工具是指沿轨道行驶，由电力、内燃机或蒸汽机做动力的各种车辆。主要有普通列车（火车）、高速列车、地铁列车、轻轨列车、磁悬浮列车等。

3）水上载运工具

水上载运工具是指利用螺旋桨、喷射水流在水中的推力在水上行驶的船舶。主要有各种螺旋桨船舶、水翼船、气垫船、帆船等。

4）空中载运工具

空中载运工具是指利用螺旋桨或高速喷射气流在空气中的推力在空气中航行的机器。主要有各种螺旋桨飞机、喷气式飞机、直升机等。

按运输类型的不同,民用飞机可分为运送旅客和货物的各种商业航空飞机和为工农业生产作业飞行、抢险救灾、教学训练等服务的通用航空飞机两大类。按其最大起飞重量,民用机可分为大型、中型、小型飞机。按航程远近,可分为远程、中程、短程飞机。

5）管道载运工具

管道载运工具是指利用运输管道输送流体货物的装备。主要有液体输送管道和气体输送管道。

1.1.3 各种载运工具的关系

对于被输送的旅客和货物来说,当然希望所乘坐的载运工具具有以下性能:

① 速度快;

② 容量大(一次装载能容纳的旅客数或货物);

③ 费用小(包括建设投资、运营管理、能源消耗等);

④ 安全可靠(事故少、耗损少、准点等);

⑤ 对环境污染小(空气、水质和噪声等);

⑥ 舒适(对客运)等。

然而,这些性能不可能都完美地体现在某一种载运工具上,因为各个性能要求之间有些是彼此抵触的。例如,要求速度快,就势必要多消耗能源,而使费用增大。如图 1.1 所示为一些客运载运工具的速度和能源消耗的关系,从中可看出,速度提高同能源消耗增长之间大体上呈现出指数关系。因而,必须通过增加费用,才能实现快速。而另一方面,不同运输对象或运输任务对载运工具的各个使用性能的要求程度也并不完全一样。有的要求容量大,速度可以低些;有的要求速度高,而容量并不大。而如果所需的运输距离短,则实现高速所能获得的效益并不显著,就没有必要多耗费能源去争取高速。为此便出现了具有不同使用性能的各种载运

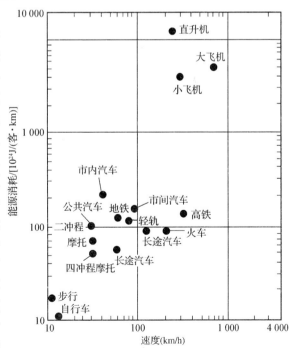

图 1.1 各种载运工具的速度与能源消耗之间的关系

工具，分别适应于各种运输对象在速度、容量等方面的不同要求。如图1.2所示为各种旅客载运工具在速度和容量坐标系中的位置。旅客可根据各自的行程目的和要求，选择相应的载运工具。

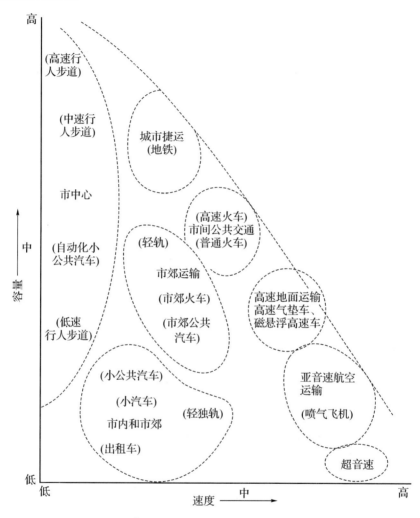

图1.2 各种载运工具的速度与容量之间的关系

1.2 载运工具的特征

载运工具的技术经济特征包括送达速度、运输成本、投资水平、运输能力、能源消耗、运输的通用性与机动性、对环境的影响程度等。尽管不同交通运输方式设备的技术经济特征差别很大，但从其服务于不同运输方式的功能来看，仍然具有很强的共性。

1.2.1 道路载运工具的特征

汽车运输在所有运输方式中是影响面最为广泛的一种运输方式,其系统特征是:

(1) 全运程速度快 因公路运输可实现"门到门"运输,故对于旅客可减少转换运输工具所需要的等待时间与步行时间,对于限时运送货物,或为适应市场临时急需货物,公路运输服务优于其他运输工具,尤其是短途运输,其整个运输过程的速度,较任何其他运输工具都更为迅速、方便。

(2) 运用灵活 公路运输因富于活动性,可随时调拨,不受时间限制,且到处可停,富于弹性及适应性,故运用灵活。

(3) 受地形、气候限制小 汽车的行驶,可逢山过山,不受地形限制;遇恶劣气候,亦较为不受其影响。

(4) 载运量小 汽车载运量,小汽车只不过3~6人,大型巴士平常也仅能载运数10人,货运汽车普通可载运3~5 t,虽然使用全拖车,亦不过10 t,不能与铁路列车或轮船的庞大容量相比。

(5) 总运量大 我国公路运输在国民经济运输体系中始终占有主导地位,这可以从公路运输完成的货运量和货运周转量两项指标充分体现出来。自1998年以来,我国完成的年货运量情况如表1.1所示。

表1.1 我国货运量统计表 (单位:万t)

统计年份	货运量					
	总计	铁路	公路	水运	民航	管道
1998	126.74	16.43	97.60	10.96	0.01	1.74
1999	129.30	16.76	99.04	11.46	0.02	2.02
2000	135.87	17.86	103.88	12.24	0.02	1.87
2001	140.18	19.32	105.63	13.27	0.02	1.94
2002	148.34	20.50	111.63	14.18	0.02	2.01
2003	156.45	22.42	116.00	15.81	0.02	2.20
2004	170.64	24.90	124.50	18.74	0.03	2.47
2005	186.20	26.93	134.18	21.96	0.03	3.10
2006	203.69	28.82	146.63	24.87	0.03	3.34
2007	227.58	31.42	163.94	28.12	0.04	4.06
2008	258.60	33.04	191.68	29.45	0.04	4.39
2009	282.51	33.33	212.78	31.90	0.04	4.46
2010	324.19	36.43	244.81	37.89	0.06	5.00

续表 1.1

统计年份	货运量					
	总计	铁路	公路	水运	民航	管道
2011	369.71	39.33	282.01	42.60	0.06	5.71
2012	410.04	39.04	318.85	45.87	0.05	6.23
2013	409.90	39.67	307.67	55.98	0.06	6.60
2014	416.73	38.13	311.33	59.83	0.06	7.38
2015	417.59	33.58	315.00	61.36	0.06	7.59
2016	438.68	33.32	334.13	63.82	0.07	7.59
2017	480.49	36.89	368.69	66.78	0.07	8.06
2018	515.27	40.26	395.69	70.27	0.07	8.98
2019	470.66	43.18	343.55	74.72	0.08	9.13

从表1.1可以看出,每年我国公路运输货运量在整个运输体系中都占有较大比重,如以2012年为例,公路运输货运量为3 188 475万t,占总货运量的78%,而且公路货运量呈逐年上升趋势。

(6)安全性较差　公路运输,由于车种复杂、道路不良、驾驶人员疏忽等因素,交通事故较多,故安全性较差。

总之,公路运输设备(高速公路除外)与其他运输方式相比,投资少、资金周转快、投资回收期短,且技术改造较容易。自汽车等设备出现以来,货运车辆在载货吨位、品种、技术等方面都有了很大的改进和提高,客运车辆也更多地融入了人的个性发展、便捷和舒适特征,能较好地满足社会经济发展对运输的需要。

1.2.2　轨道载运工具的特征

铁路载运工具是指通过铁路轨道运行的各种机车与车辆。铁路载运工具以铁路轨道进行导向,车辆通过带凸缘的钢轨内侧行驶,轨道起着支承车辆和导向作用,而驾驶员的作用仅是控制车辆的行驶速度。铁路载运工具广泛地应用于城市之间的长途客、货运输,城市内和市郊的公共交通。

轨道载运工具具有如下特点:
①运输能力大,运营费用低,适合于大批量低值商品的长距离运输。
②运行的计划性强,运输的准时性好。
③维护工作量小,耐久性高,安全性强。
④可以方便地实现背驮运输、集装箱运输及多式联运。
⑤运行需要进行列车编组、解体和中转改编等作业环节,占用时间较长,因而增加了货物的运输时间。

⑥由于装卸次数多,货物损毁或丢失事故通常比其他载运工具多。

⑦通常需要依靠其他载运工具的配合,才能实现"门到门"的运输。

⑧对铁路路线的依赖性强,一旦某一路段发生故障,将影响其在全线上的正常运行。

由于铁路运输设备的这些技术经济特点,因此,铁路运输极适合于幅员辽阔的大陆国家,适合于运送经常的、稳定的大宗货物,适合中长距离的货物运输以及满足城市间的旅客运输的需要。值得指出的是,随着城市交通系统的发展,城市轨道交通以其准确、低耗、大容量、快速、便捷等特点得到人们的青睐,已经成为城市交通系统的重要组成部分与发展的重点之一。

1.2.3 水上载运工具的特征

水路运输在所有运输方式中,是最为便宜的运输工具,但运输速度最慢,其系统特性主要反映在以下方面:

1) 运输量大

船舶货舱与机舱的比例比其他运输工具都大。因此,可以供作货物运输的舱位及运载质量均比陆运或空运庞大。以国际最大之超巨型油轮而言,其每次载运原油的数量可以高达56万t,而最大的集装箱船,每次可装载20 ft集装箱4 000个。

2) 能源消耗低

运输1吨货物至同样距离而言,水运(尤其是海运)所消耗的能源最少。

3) 单位运输成本低

水运的运输成本为铁路运输的1/25～1/20,公路运输的1/100。因此,水运(尤其是海运)是最低廉的运输方式,适于运输费用负担能力较弱的原材料及大宗物资的运输。

4) 续航能力大

一艘商船出航,所携带的燃料、粮食及淡水,可历时数十日,绝非其他任何运输工具可比。且商船拥有独立生活的种种设备,如发电、制造淡水、储藏大量粮食的粮舱、油槽等,能独立生活。

5) 受天候和商港限制,且可及性低

商船航行海上,遇暴风需及时躲避,遇大雾需按避碰章程办理,以防损害,这都是气候对水路运输的限制。另外,商船到达商港,亦会因港湾水深或装卸设备的缺乏,而被限制入港与作业。再者,水路运输的可及性不高,往往需要地面运输系统的配合才能完成客、货运输过程。

1.2.4 空中载运工具的特征

航空运输之所以能在短短半个世纪内得到快速的发展,是与其自身所具有的特征分不开的,空中载运工具的特征主要表现在以下几个方面:

1) 速度快

这是航空运输的最大特点和优势,现代喷气式客机巡航速度为 800～900 km/h,比汽车、火车快 5～10 倍,比轮船快 20～30 倍,而且距离越长,航空运输所能节约的时间越多,快速的特点也越显著。

2) 不受地形限制,机动性大

飞机在空中飞行,受陆地、高山等因素的限制很少,受航线条件限制的程度也远比汽车运输、铁路运输和水运小得多。它可以将地面上任何距离的两个地方连接起来,可以定期或不定期飞行。尤其对灾区的救援供应、边远地区的急救等紧急任务,航空运输已成为必不可少的手段。

3) 舒适、安全

喷气式客机的巡航高度在 10 000 m 左右,飞行不受低空气流的影响,平稳舒适。现代民航客机的客舱宽敞,噪声小,机内有供膳、视听等设施,旅客乘坐的舒适程度较高。由于科学技术的进步和民航客机适航性的严格要求,航空运输的安全性比以往已有大大地提高。

4) 适用范围广泛,用途广

飞机,尤其是直升机,不但可供客、货运输,而且还可以用于邮政、农业、渔业、林业、救济、工程、警务、气象、旅游观光和军事。因此,航空运输用途十分广泛。

由于航空运输具有快速、机动的特点,可以为旅客节省大量时间,为货主加速资金周转,因此,在客运和进出口贸易中,尤其是在贵重物品、精密仪器、鲜活物资运输等方面,发挥着越来越大的作用。

此外,航空载运工具也具有一些缺点,如航空载运工具不能实现"门到门"运输,它必须与其他载运工具一起,共同完成多式联运;航空载运工具存在着运输成本较高、受气候条件影响较大的缺点。

1.2.5 运输管道的特征

用车、船舶、飞机等运输货物,是驱动装运货物的运输工具将货物运往目的地;用管道运输货物,管道是静止的,它通过输送设备(如泵、压缩机等)驱动货物,使之通过管道流向目的地。

因此,管道运输的特性是:

1) 运量大

一条管径 720 mm 的管道,可年输易凝高黏原油 2 000 万 t 以上,相当于一条干线铁路的运量;一条管径 1 220 mm 的管道,年输量可达 1 亿 t 以上。

2) 运距短、占地少

管道多埋于地下,其埋入地下部分一般占管道总长度的 95% 以上,永久占用土地少;管道可以从河流、湖泊乃至海洋的水下穿过,也可以翻越高山、横越沙漠,允许敷设坡度较铁路、公路大,易选取捷径从而缩短运距。

3）可长期稳定运行

受恶劣气候条件的影响较小，可以长期、连续不断地稳定运行。

4）便于管理

便于运输管理，易于远程监控；维修量小，劳动生产率高。

5）损耗少，安全可靠

易燃的油、气密闭于管道中，既可减少挥发损耗，又较其他运输方式安全，且系统机械故障率低。

6）耗能低，运输费用低

输送每吨千米轻质原油的能耗只有铁路的 1/12～1/17，成品油运费仅为铁路的 1/6～1/3，接近于海运，且无须装卸、包装，无空车回程问题。

7）沿途无噪声、漏失污染少

不仅沿途无噪声，且据近 10 年西欧石油管道的统计，漏失污染量仅为输送量的 4%。

但管道运输不如其他运输方式灵活，承运的货物比较单一，货源减少时不能改变路线，当运输量降低较多并超出其合理运行范围时，优越性就难以发挥。适于定点、量大、单向的流体运输。

1.3 载运工具的发展趋势

随着世界各国经济的发展和人民生活水平的不断提高，人们对于迅速、方便、舒适和安全的出行条件要求越来越高。现代化运输设备的发展方向主要以提高运载速度、运载能力，保证运行安全，实现运行自动化、运营管理自动化等为目标，同时对防止污染及采用新燃料等方面的环保问题提出了新的要求。人文理念的进步、现代高科技的应用，特别是智能运输系统、数字交通系统、绿色交通系统、生态交通系统、人文交通系统等一系列革命性新系统理念的提出与发展，更加快了载运工具现代化的步伐。

1.3.1 汽车的发展趋势

现代汽车随着社会的不断进步而进步，其技术含量随着社会科学技术的不断提高而提高。21 世纪的汽车正在向智能化、安全化、环保化、信息化、轻量化等方向发展。

1）智能化

汽车的智能化是现代汽车的发展趋势之一。智能化集中表现在汽车的自动控制能力、自动操纵能力和信息化程度的大大提高之上。

汽车上的 GPS 系统，即全球卫星定位系统，能显示汽车的所处位置、距目的地的距离和道路状态及最佳行驶线路，并提示方向。能查询沿途的酒店、加油站、修理站、车站、码头等有关信息，并具有防盗、报警功能。

汽车上的驾驶员疲劳监视系统，通过人与车的通信系统，当驾驶员处于疲劳或其他不正常状态时,例如打瞌睡、醉酒等,能及时向驾驶员发出警示,严重时会自行减速或停车。

当汽车即将与障碍物相碰撞时,智能防碰撞系统可事先自行减速、制动汽车,而避免碰撞的发生。

智能车速控制系统(ACC系统)是一种自动控制汽车行驶速度的系统,驾驶员不必脚踏加速踏板。

智能驾驶系统更是集中地体现了汽车的智能化程度,它相当于机器人,通过安装在车前、后保险杠上及车身两侧的红外线摄像系统对汽车前、后、左、右的一定区域进行不停地扫描和监视,通过计算机对这些传来的信号进行计算和分析,结合路面信息,通过操纵控制系统对汽车实行操纵和控制,实现汽车的无人驾驶。

除此以外,智能轮胎、智能安全气囊、智能风窗玻璃、智能空调、智能前照灯、汽车"黑匣子"等在汽车上也开始采用。随着性能不断完善及成本不断下降,这些智能系统和零部件在汽车上的采用将越来越普遍。

自动控制技术在汽车上的应用越来越多,如发动机的电控系统,自动调节的主动悬架,车门锁的遥控系统等,也是智能化发展的重要特征。

2) 高环保与高节能

目前,全球汽车的保有量达13亿多辆,汽车尾气排放对大气的污染十分严重,在城市中除了空气污染以外,汽车噪声也是主要污染之一。全球汽车每年所消耗的燃油也十分惊人,因此环保与节能一直受到人们的高度重视。

世界各国政府对汽车环保和节能都提出了较高的要求。环保车、节能车的研制成为热潮。

为了达到环保和节能的目标,各种各样的节能汽车、电动汽车在不断地研制和完善。目前,氢燃料电池电动汽车最引人注目。美国研制的这种电动汽车电池最大输出功率为 80 kW,可乘坐 5 人,从 0~100 km/h 的加速时间约为 16 s,最高车速达 140 km/h,续航里程可达 400 km。

3) 高安全

行车的安全性是十分重要的,提高汽车行驶安全性一直是人们研究的重要课题。

汽车的安全性可分为主动安全性和被动安全性。主动安全性是指汽车车身具有事先预防发生安全事故的能力。被动安全性是指当汽车发生安全事故时,使汽车和人所受到的损伤降低到最低程度的能力。

目前,提高主动安全性的主要措施和办法主要是采用电子控制的自动防碰撞系统和发生事故前的警示系统以及防止车轮拖动而产生侧滑的防抱死装置和防滑装置。今后,各种警示和防滑系统将会越来越完善。提高被动安全性的办法比较多,主要有各种智能型安全气囊、安全气垫以及在汽车车身结构设计上采取的各种措施等。

4) 轻量化

汽车的轻量化是指在满足汽车使用功能的前提下,使汽车的质量轻,布置紧凑,汽车的面积利用率高,从而使汽车的体积小。这无疑对提高汽车的动力性、燃油经济性和行驶稳定性以及节约材料和能源都有好处。因此,提高汽车的轻量化程度是汽车的发展趋势之一。

为了提高汽车的轻量化程度,一方面在用材上采用轻质材料,如铝镁合金材料以及工程塑料等代替钢材,另一方面开发新材料,如新型高强度钢板、新型复合材料,使新材料在汽车应用中所占比例不断提高。国外轿车上轻金属材料、非金属材料以及新研制的材料占汽车总质量的比率逐年提高。以车身为例,近几年来,除钢板以外的材料已占车身总质量的40%左右。

汽车设计技术的提高,也使汽车的轻量化程度大大提高。在设计时,减轻发动机等主要部件的自重,汽车底盘各系统的合理匹配,改善车身造型降低风阻,整车合理布置,使汽车小型化、轻型化等,已成为设计的重要原则和发展趋势。

5)个性化

随着汽车保有量的不断增加,市场竞争的日趋激烈,汽车的外观、内饰等越来越趋向于个性化、时尚化,其流行款式存在的时间越来越短。为此,各大汽车制造商应用计算机辅助设计、制造、分析和造型等技术,特别是高速图形处理终端和工作站设计现代化的产品,有效地缩短了产品开发周期,提高了车身设计质量,使车身造型达到了艺术与功能的和谐统一。从内饰方面来看,各大汽车制造商在设计汽车内饰的过程中,除重视功能性要求外,还要重视内饰布置与外形风格的协调性,以及内饰整体的统一性和个性化的体现。为了不断提高汽车的乘坐舒适性,各公司比以往更加重视应用人体工程学的研究成果,更强调以驾驶人员和乘客的心理、生理和个性等要求为前提条件进行内饰设计,更讲究利用内饰材料的质感和色彩来创造气氛宜人的驾驶环境。从各大公司近年来推出的面向21世纪的概念车可以看出,内部空间有所增大,装饰性、实用性和居住性等也有进一步提高。个性化不仅在内、外造型上,对于发动机、变速器、安全性项目及其他电子装置的选择上也能得到体现。

1.3.2 铁路列车的发展趋势

1)高速化

从20世纪50年代开始,进入了交通运输设备现代化、多样化的时期,铁路受到汽车和航空运输激烈的竞争。为了生存和发展,20世纪60年代,以日本新干线为代表的高速铁路开始出现,到20世纪80年代又取得了一系列的成就、新突破,将铁路高速化推向了新的高潮,在世界范围内引发了一场深刻的"铁路革命"。

高速铁路对一些经济发达国家铁路复兴产生了积极影响。当今世界各国旅客列车时速达到200 km及以上的高速技术已日臻成熟,正在向高速300~350 km/h的水平迈进。2014年1月16日,中国南车制造的C17500型高速列车在运行试验中运行速度达到605 km/h的新纪录,堪称当前铁路高速旅客列车运行的世界之最。

至2018年底,中国营运高速铁路里程世界第一,已超过2.9万km。超过全球高铁总里程约 2/3，成为世界上高铁里程最长、运输密度最高、成网运营场景最复杂的国家。

中国对"高速铁路"的定义分为两部分：既有线改造达到 200 km/h 和新建时速达到 200～250 km/h 的线路。在这部分线路上运营的时速不超过 250 km/h 的高速列车称为"动车组（D 车）"。按 D 车模式运行的跨线 G 车，同时可执行普通客运列车及少量货运列车作业的运营模式。新建的时速达到 300～350 km/h 的线路，这部分线路上运营时速达到 300 km/h 及以上的称为"高速动车组（G 车）"。

我国在上海浦东建成世界上第一条商业磁悬浮铁路，其车速已突破 400 km/h。动车组已穿梭在城际之间，发挥了重要作用。

2）高安全

经济发展使客、货运输需求量越来越大。铁路列车运行间隔距离越来越少；高速及城市铁路上列车追踪的间隔时间短，一般为 5 min 一趟，为此，铁路信号设备和运行控制系统必须采用一系列新技术设备。列车运行控制系统是保证列车运行安全和提高运行效率最有效的信号设备，在时速为 200 km 以上的高速线上，驾驶员在很短时间里已无法识别地面信号，只能按地面发送的信息直接与机车制动装置相联系。列车速度控制系统包括：机车信号、列车速度控制系统和地面信息发送设备。随着现代科学技术的高速发展，把数字信号处理技术应用于机车信号设备，接受多种信息，以全数字化系统代替传统的模拟电路，以高可靠性、大规模化、超大集成电路代替分立元件，使信号信息更加稳定、可靠。列车速度控制系统是机车信号与制动机构的中间环节，采用自动限速系统进行超速防护。地面信息发送系统发送速度等级和线路参数两个部分信息，列车通过信道向控制中心传送列车速度、位置等信息，由控制中心根据线路状况，前后车速度、距离，经计算得出后车与前车的安全间隔、运行速度，向后车传送信息，以求达到列车速度自行控制的目的。

3）大型化

20 世纪 60 年代以来，铁路重载运输得到了世界上越来越多国家的广泛重视。普通列车由一台机车牵引大约 2 000～3 000 吨，而重载列车由一台大马力机车或几台机车牵引，列车重量为 5 000 吨至上万吨。由于重载列车编组长、重量大，给运输组织工作和保证列车运行安全提出了许多新技术设备要求，如制造大功率内燃机车和电力机车，由于多台机车在列车分散配置牵引，要实现多机同步遥控，制造大型货车，改善线路、桥梁结构，采用新型轨下基础改进信号与通信设备，采用行车调度指挥和运营管理自动化等高新技术设备。世界上一些幅员辽阔、资源丰富、煤炭矿石等大宗货物运量占较大比重的工业发达国家及发展中国家，如美国、加拿大、澳大利亚、南非及前苏联等国，重载运输发展尤为迅速。我国为了增加晋煤外运能力，在我国第一条重载运煤专线大秦（大同—秦皇岛）铁路线上组织开行 6 000～10 000 吨重载列车，并在运量繁忙的运输区段，组织开行 5 000 吨以上重载列车，3 万吨的重载列车也获得实验成功。到 2050 年，我国铁路将实现 3 万吨级重载列车和时速 250 km 级轮轨高速货运列车等方面的重大突破，技术储备研发时速 400 km 级高速轮轨客运列车系统。重载运输已经成为当今世界铁路运输现代化发展的重要趋势。

1.3.3 船舶的发展趋势

1) 船舶大型化

船舶大型化是 20 世纪下半叶,尤其是 90 年代在国际航运市场表露出来的一个显著特征。以集装箱船舶为例,20 世纪 70 年代初,集装箱船舶的载箱量一般在 700~1 000 TEU(标准箱,20 ft 的集装箱);到 1996 年,集装箱船舶载箱量从 5 000 TEU 增至 7 000 TEU;2007 年,13 000 TEU 级集装箱船舶诞生;2013 年,马士基 18 000 TEU 级集装箱船舶投入运营;2014 年,中海集装箱运输股份有限公司的 19 100 TEU 投入运营;2019 年中远海运川崎船舶有限公司的 20 000 TEU 级集装箱船投入营运。据预测,2020 年将以 12 000~18 000 TEU 级集装箱船舶为主流船型,集装箱船型向 22 000 TEU 级发展;2040 年将以 18 000~22 000 TEU 级集装箱船舶为主流船型,集装箱船型向 24 000 TEU 级发展,还可能出现 28 000 TEU 级船舶;2060 年将以 22 000~28 000 TEU 级集装箱船舶为主流船型,集装箱船型向 30 000 TEU 级发展。船舶大型化是世界经济和贸易发展的必然结果,是航运市场在激烈的市场竞争中求生存、谋发展以及船队结构调整的必要手段。

发挥大型船舶的规模效益、降低运输成本、提高竞争实力是实现船舶大型化的主要驱动力。德鲁里航运咨询公司的研究结果表明,在满载情况下与 4 000 TEU 的巴拿马型集装箱船相比,6 000 TEU 的超巴拿马型船每年单位箱位的航次成本要低 21%。6 000 TEU 船舶每箱位每年可节约船员费 30%、燃料费 20%、港口使用费 15%、保险费 10% 和船舶修理费 25% 左右。但是,船舶大型化要受到以下诸方面的限制:一是船舶在港口时间的长短对规模经济的限制,如港口对大型船舶装卸效率不能同步提高,那么船舶越大,在港口的停泊时间越长,在港的单位停泊成本也将随之增加;二是货源是否充足,货主发货批量大小和发货时间间隔长短,将确定航线发船密度和集装箱船舶的载箱率的高低,影响竞争能力和运费收入;三是港口堆场容量的大小以及内陆集装箱集疏运系统能力的限制,将影响集装箱船舶在港的装卸停泊时间,增加停泊费用;四是运河通航能力的限制,大型集装箱船舶不能通过运河,只能绕道,势必延长航行时间,增加航行成本。船舶大型化趋势在油轮及集装箱船的发展中尤为显著。

2) 船舶专业化

船舶专业化是随着经济建设速度的不断加快、运输需求的迅速增长而逐渐发展起来的。传统货船的装卸搬运工艺已不能满足运输的需求,且装卸效率低、劳动强度大、船舶在港时间长、船舶周转速度低。船舶专业化的实现,扭转了上述被动的局面,改善了各种运输工具之间的换装作业,加速了货物的整个运输流程和船舶周转,但也应看到,专用船只适合单一货种。

返程常常空放,船舶载重量利用率低。由于地区之间、国与国之间自然资源分布、经济发展程度与产业结构的不平衡,大部分货物的流向是不平衡的,这导致了专用船有了存在与发展的物质基础。而科学技术的进步促进了港口建设、装卸设施、船舶结构、货运设备等方面的发展,为船舶专业化奠定了基础。随着世界经济高速发展和经济一体化的进展,海上物流形态和品种不断变化,专用船将得到进一步发展。

3) 船舶高速化

众所周知,船在水中运动速度的提高,受到船舶阻力特性限制,也受到经济性等因素的影响。就船舶公司而言,在航线与发船间隔一定的条件下,航速与配船数呈反比关系。即航速越高,航线上需配备的船舶数就越少。就货主而言,则希望货物送达速度越高越好。但是,由于船舶燃料消耗量与主机功率的增加呈正比关系,尤其是在油价较高的情况下,船东对提高一般货运船舶的航速往往持谨慎态度。

高速船按船舶类型划分,有高速单体船、高速双体船、水翼船、气垫船、穿浪船、掠海地效翼船等。高速船设计、建造、检验有其特殊的方法、工艺和规范要求。高速船的营运、维护、保养有比常规客船更严格的要求,更新换代比常规客船要快。

由于船舶在水中航行时的阻力与船舶航速的三次方成正比,而水的密度与空气的密度相差约 800 倍,因此,如何设法使船舶湿水面积减少,以减少水对船舶航行的阻力便成为高速船的基本设计思想之一。高速船的种类繁多,具有代表性的是水翼船和气垫船。

水翼船在欧洲、美国和日本均有研制,在靠近船艏部、艉部各设置了一条贯穿于船底的翼柱。翼柱由上、下大型球面轴承固定在船体内,翼柱延伸于水下的端部装有水翼,它与飞机机翼的原理相类似,当船舶航行时,水翼产生的升力将船体抬出水面而在水面上"飞行",它的航速一般可达到 35 kn(1 kn=1 n mile/h=1.852 km/h)以上。美国波音公司研制了一种很先进称之为 K-JET 的射流水翼船,是一种超高速客船,航速可达 45 kn(83 km/h)。

气垫船主要是由空气站提供高压空气,将船体底部与水面之间形成气垫以减少船舶航行时水对船舶的阻力。气垫船在工农业生产、交通运输及军事等方面有广泛应用,小到 2 客位,大至 80 客位以上,能水陆两用,一般情况下速度可达 50 km/h 以上。

地效翼船有许多优点,如经济性好、效率高、安全和舒适。据美国翼船公司对各种高速船乃至飞机,在各种不同速度下阻力及动力消耗进行比较,结论是地效翼船的效率高、性能好,在各种航速下阻力均最小,在高速航行时,所需动力最小,比其他高速船节省燃料 75%,较同样大小飞机载荷可增加 50% 或燃料节省 30%,且船体底部结构比普通船舶和飞机所需强度更低。由于地效翼船贴近海面飞行,并离开波面避免遭受飞浪及水面外来物撞击,同时,也使旅客具有舒适感,不会产生晕船现象。其速度介于船与飞机之间,比较容易达到 75~100 kn,甚至 300 kn。

短途客船在高速化方面发展较快,特别是在海湾、陆岛、岛岛之间等具有地理优势,在其他运输工具无法或难以竞争的地区发展尤为迅速。这类高速客船船体一般都采用铝合金材料焊接而成,目的在于减轻船舶自身的重量而提高装载能力。由于船舶的航速大幅度提高而随之带来了一系列问题，如高速航行中船舶自适应的稳定性问题、安全性问题等，必须采取相应的措施解决好。

4）船舶自动化

北斗导航系统或全球卫星定位系统(GPS)、自动雷达标绘仪(ARPA)、电子海图显示与信息系统(ECDIS)、国际海事卫星组织(INMARSAT)、船舶交通管理系统(VTS)、全球海上遇险和安全系统(GMDSS)、船舶维修与保养系统(CWBT)、港口维修中心(PMC)、自动导航、自动驾驶、船舶船岸信息一体化、船舶机舱自动化、液货装卸自动化等系统在船舶上的广泛应用，将导致船舶及其公司的管理发生一场根本性的变革，船舶的管理不但实现机电合一、驾通合一，而且实现驾机合一。船舶操纵和管理人员的功能演变成对船舶进行监控。船舶公司将依靠现代化通信技术，将各个分散的、独立的通信、导航、避碰、配载和维修、支持系统连成一综合性的网络。船舶的位置、状态、控制、动力装置的各种参数都将依靠计算机进行分析、调整，并随时将信息反馈给船舶公司，由公司进行调度、指挥、监督和控制。设备的故障也可由公司直接进行远程诊断、预测，定期维修的方法完全由视情维修所替代。备件、燃油物料、水的供应和管理也由全球计算机网络进行计划和调拨，届时船舶的实时管理将让位于船舶公司在岸上的综合管理。

5）船舶绿色化

21世纪是一个发展与环保的新世纪。船舶的增加、航区的扩大、航线的密集，不仅会促进生产力的增长，也必然会带来严重的环境污染。"绿色船舶"的研制与运行已引起了世界上所有航运大国的关注。为了保护海洋与大气环境，世界商船必须逐步向"绿色船舶"过渡已成为一个迫在眉睫的课题。

"绿色船舶"即指对船舶所有废气、废液、废物的排放都要经过一定的装置和设备处理，全面符合国际公约和国内法规的排放标准的船舶。根据IMO(国际海事组织)近年来的调查报告和有关资料，船舶营运时对海洋环境、大气环境的变化有很大的影响。消耗世界总能量3%的船舶所造成的污染已占全球污染的7%，而且这种污染流动性强、扩散性大、持续时间长。海洋、大气环境质量的下降，近海和内河的污染，南极臭氧空洞等恶果的出现都是显而易见的，其中又以港湾的受害最为直接和严重。船舶在港口的密集航行，停靠作业，排放出来大量废气、废液和固体垃圾都会对港口的环境造成极大的危害。针对海洋环境保护问题，国际海事组织(IMO)对MARPOL公约(即防止船舶造成污染国际公约)重新审视梳理，先后对防油污标准、空气污染NO_x、SO_x排放标准等进行了修订，又陆续通过了压载水公约、无害环境拆船公约，当前的重心又转移到控制CO_2的排放上。这些说明，船舶建造及排放要求从环保标准向绿色标准转变，从契合国际社会对环境保护的需求出发，陆续完善以实现环保、节能、安全等方面要求为目标的标准，都将是未来"绿色船舶"标准体系的基础。

当前绿色船舶在设计、建造和营运中主要体现在3个方面：

（1）在设计中的绿色船舶技术　广泛采用绿色无污染材料、标准化和模块化零部件或单元,充分考虑加工制造过程中材料利用率,同时还须考虑船舶产品在营运寿命终止后,报废、拆解不会对环境造成负面影响,以及部分材料、零部件和设备能够再生利用;尽量简化工艺,优化配置,提高整个制造系统的运行效率,使原材料和能源的消耗最少;减少不可再生资源和短缺资源的使用量,尽量采用各种替代物资和技术。

(2) 在制造中的绿色船舶技术 采用绿色制造工艺,从技术入手,采用物料和能源消耗少、废弃物少、对环境污染小的工艺方案和工艺路线。目前最有效的绿色制造包括:绿色加工工艺、绿色焊接工艺和绿色涂装工艺。

(3) 在运营中的绿色船舶技术 减少发动机 NO_x、SO_x 等温室气体的排放;防止燃料油、有害液体的泄漏;合理进行污水处理;严格控制舱底油的卸载等。

从目前业界绿色船型开发和相关技术发展来看,未来绿色船舶船型开发方面的发展趋势主要集中在如下几个方面:

①优良的船型方案增加船舶装载能力,降低船舶阻力。如宽船体船型、艏位线型优化等。

②高效推进技术。如大盘面比高效螺旋桨、对转螺旋桨(CRP)、螺旋桨来流改善装置(导管、附体等)。

③高效节能动力设备。如主机机内改善燃烧技术(加水燃烧降低 NO_x)、机外增压等。

④节能设备降低能源需求。如变频驱动、LED 节能照明等。

⑤能源的综合有效利用。如余热回收技术、热泵等。

⑥替代能源技术。如 LNG 动力设备。

⑦排放后处理技术。如 SO_x、PM 后处理。

⑧降低船舶阻力的技术。如低阻力涂层、空气润滑等。

⑨船舶靠港使用岸电。

⑩清洁能源。如太阳能、风力发电、氢能、风能助航技术等。

1.3.4 飞机的发展趋势

现代化飞机的驾驶舱将使用通信、导航、监视等方面的最新技术设备,如安装卫星通信系统、卫星导航系统、自动相关监视系统、防撞警告系统以及微波着陆系统,系统的各种显示和操纵装置都装在驾驶舱内,使飞行更有保障。

20 世纪的航空设计和制造技术决定了当时绝大部分民用飞机只能是亚音速客机,最大载客量内不超过 500 人。进入 21 世纪,在解决音爆、高升阻比、高温材料、一体化飞行推力控制系统等问题的基础上,推出了一批新机型。超音速客机的飞行速度可达 2～3 倍音速,亚音速客机的最大载客量可达 800～1 000 人,旋转翼垂直起降运输机载客可达 100 人左右的乘客能力。两栖运输船(又称地效飞机)是 21 世纪看好的运输工具之一,可搭载 100 人左右的乘客沿水平或较平坦的地面飞行。

随着航空器的不断更新,各种地面设备也在不断发展,机场设施运用高科技化、信息化手段,安全得到更好保证。机场设施的主要设备有:通信设备、导航设备、监视设备和气象设备。

  航空器和地面通信采用单边带高频收、发报机,达到全航线高空、甚高频覆盖,有效地执行对空管制。导航设备适应新型、高空、高速飞机飞行需要,机场安装仪表着陆设备;一些机场还安装测距设备,使飞机不但保证走向而且保证测位,提高飞行的正常性。各机场都装有二次监视雷达,可对带有二次雷达应答设备的飞机实行全航线雷达监视。在机场安装的自动气象观测系统,可以自动探测跑道视程、云幕高、风向、风速等气象要素,并能自动收集、处理、显示和传送。这些设备对保证飞行安全具有重要作用。

  国际民用航空组织(ICAO)规划和制定到未来空中航行系统(又称新航行系统FANS)。该系统实质是一个全球范围的通信、导航和监视系统,主要依靠卫星通信、卫星导航和依靠数据链传送飞机位置信息的自动相关监视系统,未来航行系统宝库新一代的微波着陆系统和机载避撞系统等。

复习思考题

1.1 什么是载运工具?
1.2 如何对载运工具进行科学的分类?
1.3 机动车分为哪几大类型?
1.4 简述载运工具在国民经济发展中的作用。
1.5 分析我国载运工具的现状。
1.6 分析各种载运工具的特征。
1.7 分析汽车的发展趋势。
1.8 分析船舶的发展趋势。
1.9 分析飞机的发展趋势。
1.10 分析火车的发展趋势。
1.11 简述各种载运工具之间的关系。

2 汽车

世界上最早的汽车是蒸汽汽车、电动汽车。而以内燃机作动力源,装备齐全、性能较高的现代汽车的出现至今才一百多年,但其所表现出来的优良性能淘汰了蒸汽汽车和蓄电池电动汽车。因此,通常人们所说的汽车一般都是指内燃机汽车。

国家标准GB/T 3730.1—2001《汽车和挂车类型的术语和定义》中对汽车的定义是:由动力装置驱动,具有四个和四个以上车轮的非轨道承载的车辆。主要用于:载送人员和(或)货物、牵引载送人员和(或)货物的车辆、特殊用途。

根据上述的汽车定义,汽车产品应具有以下特征:
(1) 车辆自身带有动力装置并依靠动力装置驱动运行。
(2) 具有四个或四个以上车轮,但车轮不得依靠轨道运行。
(3) 动力能源应随车携带,不得在运行途中依靠地面轨道或架空线取得。
(4) 车辆的主要用途是载送人员或货物,或者牵引载送人员和货物的车辆,或其他特殊用途。但一般不包括自行式作业机械。

2.1 汽车的分类

汽车的种类繁多,其分类方法亦很多,主要分类方法有:按国家标准分类、按动力装置类型分类、按公安机关管理分类、按发动机布置分类、按驱动方式进行分类、按发动机位置和驱动方式分类、按行驶道路条件分类、按行驶机构的特征分类等。

2.1.1 按国家标准的汽车分类

国家标准《汽车和挂车类型的术语和定义》(GB/T 3730.1—2001)将汽车分为乘用车和商用车两大类。

1) 乘用车

乘用车是指在其设计和技术特性上主要用于载运乘客及其随身行李和(或)临时物品的汽车,包括驾驶员座位在内最多不超过9个座位。它也可以牵引一辆挂车。乘用车共分为11种,其分类方式和定义见表2.1。

汽车

表 2.1 乘用车的类型和定义

	乘用车类型	定 义	示意图
1	普通乘用车	车身:封闭式,侧窗中柱有或无。 车顶(顶盖):固定式,硬顶。有的顶盖一部分可以开启。 座位:4个或4个以上座位,至少两排。后座椅可折叠或移动,以形成装载空间。 车门:2个或4个侧门,可有一后开启门。	
2	活顶乘用车	车身:具有固定侧围框架的可开启式车身。 车顶(顶盖):车顶为硬顶或软顶,至少有两个位置:(1)封闭;(2)开启或拆除。可开启式车身可以通过使用一个或数个硬顶部件和(或)合拢软顶将开启的车身关闭。 座位:4个或4个以上座位,至少两排。 车门:2个或4个侧门。 车窗:4个或4个以上侧窗。	
3	高级乘用车	车身:封闭式。前后座之间可以设有隔板。 车顶(顶盖):固定式,硬顶。有的顶盖一部分可以开启。 座位:4个或4个以上座位,至少两排。后排座椅前可安装折叠式座椅。 车门:4个或6个侧门,也可有一个后开启门。 车窗:6个或6个以上侧窗。	
4	小型乘用车	车身:封闭式,通常后部空间较小。 车顶(顶盖):固定式,硬顶。有的顶盖一部分可以开启。 座位:2个或2个以上的座位,至少一排。 车门:2个侧门,也可有一个后开启门。 车窗:2个或2个以上侧窗。	
5	敞篷车	车身:可开启式。 车顶(顶盖):车顶可为软顶或硬顶,至少有两个位置:第一个位置遮覆车身;第二个位置车顶卷收或可拆除。 座位:2个或2个以上的座位,至少一排。 车门:2个或4个侧门。 车窗:2个或2个以上侧窗。	

19

续表 2.1

乘用车类型		定义	示意图
6	舱背乘用车	车身:封闭式,侧窗中柱可有可无。 车顶(顶盖):固定式,硬顶。有的顶盖一部分可以开启。 座位:4个或4个以上座位,至少两排。后座椅可折叠或可移动,以形成一个装载空间。 车门:2个或4个侧门,车身后部有一仓门。	
7	旅行车	车身:封闭式,车尾外形按可提供较大的内部空间设计。 车顶(顶盖):固定式,硬顶。有的顶盖一部分可以开启。 座位:4个或4个以上座位,至少两排。座椅的一排或多排可拆除,或装有向前翻倒的座椅靠背,以提供装载平台。 车门:2个或4个侧门,并有一后开启门。 车窗:4个或4个以上侧窗。	
8	多用途乘用车	上述1~7车辆以外的,只有单一车室载运乘客及其行李或物品的乘用车。但是,如果这种车辆同时具有下列两个条件,则不属于乘用车: (1) 除驾驶员以外的座位数不超过6个;只要车辆具有可使用的座椅安装点,就应算"座位"存在。 (2) $P-(M+N\times 68)>N\times 68$ 式中,P 为最大设计总质量;M 为整车整备质量与一位驾驶员质量之和;N 为除驾驶员以外的座位数。	
9	短头乘用车	一种乘用车,它一半以上的发动机长度位于车辆前风窗玻璃最前点以后,并且方向盘的中心位于车辆总长的前 $\frac{1}{4}$ 部分内。	
10	越野乘用车	在其设计上所有车轮同时驱动(包括一个驱动轴可以脱开的车辆),或其几何特性(接近角、离去角、纵向通过角、最小离地间隙)、技术特性(驱动轴数、差速锁止机构或其他型式机构)和它的性能(爬坡度)允许在非道路上行驶的一种乘用车。	

续表 2.1

乘用车类型		定 义	示意图
11	专用乘用车 旅居车	旅居车是一种至少具有下列生活设施结构的乘用车：(1)座椅和桌子；(2)睡具，可由座椅转换而来；(3)炊事设施；(4)储藏设施。	
	防弹车	用于保护所运送的乘员和/或物品并符合装甲防弹要求的乘用车。	
	救护车	用于运送病人或伤员并为此目的配有专用设备的乘用车。	
	殡仪车	用于运送死者并为此目的而配有专用设备的乘用车。	

说明：
① 专用乘用车是指运载乘员或物品并完成特定功能的乘用车，它具备完成特定功能所需的特殊车身和/或装备。
② 普通乘用车、活顶乘用车、高级乘用车、小型乘用车、敞篷车、舱背乘用车等 6 种乘用车俗称轿车。

2) 商用车辆

商用车辆是指在设计和技术特性上用于运送人员和货物的汽车，并且可以牵引挂车，乘用车不包括在内。

(1) 客车　客车是指在设计和技术特性上用于载运乘客及其随身行李的商用车辆，包括驾驶员座位在内座位数超过 9 座。客车有单层的或双层的，也可牵引一挂车。客车分为八大类，见表 2.2。

表2.2 客车的类型和定义

	客车类型	定 义	示意图
1	小型客车	用于载运乘客,除驾驶员座位外,座位数不超过16座的客车。	
2	城市客车	一种为城市内运输而设计和装备的客车。这种车辆设有座椅及站立乘客的位置,并有足够的空间供频繁停站时乘客上下车走动用。	
3	长途客车	一种为城间运输而设计和装备的客车。这种车辆没有专供乘客站立的位置,但在其通道内可载运短途站立的乘客。	
4	旅游客车	一种为旅游而设计和装备的客车。这种车辆的布置要确保乘客的舒适性,不载运站立的乘客。	
5	铰接客车	一种由两节刚性车厢铰接组成的客车。在这种车辆上,两节车厢是相通的,乘客可通过铰接部分在两节车厢之间自由走动。这种车辆可以按小型客车、城市客车、长途客车和旅游客车进行装备。两节刚性车厢永久联结,只有在工厂车间使用专用的设施才能将其拆开。	
6	无轨电车	一种经架线由电力驱动的客车。这种电车可指定用作多种用途,并按城市客车、长途客车和铰接客车进行装备。	
7	越野客车	在其设计上所有车轮同时驱动(包括一个驱动轴可以脱开的车辆)或其几何特性(接近角、离去角、纵向通过角、最小离地间隙)、技术特性(驱动轴数、差速锁止机构或其他型式机构)和它的性能(爬坡度)允许在非道路上行驶的一种车辆。	
8	专用客车	在其设计和技术特性上只适用于需经特殊布置安排后才能载运人员的车辆。	

(2) 半挂牵引车　半挂牵引车是指装备有特殊装置用于牵引半挂车的商用车辆(见图2.1)。

图 2.1　半挂牵引车

(3) 货车　货车是指一种主要为载运货物而设计和装备的商用车辆,亦可牵引一挂车。货车分为8种类型,如表2.3所示。

表 2.3　货车的分类与定义

	货车类型	定　义	示意图
1	普通货车	一种在敞开(平板式)或封闭(厢式)载货空间内载运货物的货车。	
2	多用途货车	在其设计和结构上主要用于载运货物,但在驾驶员座椅后带有固定或折叠式座椅,可运载3个以上的乘客的货车。	
3	全挂牵引车	一种牵引牵引杆式挂车的货车。它本身可在附属的载运平台上运载货物。	
4	越野货车	在其设计上所有车轮同时驱动(包括一个驱动轴可以脱开的车辆)或其几何特性(接近角、离去角、纵向通过角、最小离地间隙)、技术特性(驱动轴数、差速锁止机构或其他型式的机构)和它的性能(爬坡度)允许在非道路上行驶的一种车辆。	
5	专用作业车	在其设计和技术特性上用于特殊工作的货车。例如:消防车、救险车、垃圾车、应急车、街道清洗车、扫雪车、清洁车等。	

续表 2.3

货车类型		定 义	示意图
6	专用货车	在其设计和技术特性上用于运输特殊物品的货车。例如：罐式车、乘用车运输车、集装箱运输车等。	
7	低速货车	以柴油机为动力,最大设计车速小于 70 km/h,总质量小于等于 4 500 kg,长小于等于 6 000 mm,宽小于等于 2 000 mm,高小于等于 2 500 mm,具有四个车轮的货车。	
8	三轮汽车	以柴油机为动力,最大设计车速小于等于 50 km/h,总质量小于等于 2 000 kg,长小于等于 4 600 mm,宽小于等于 1 600 mm,高小于等于 2 000 mm,具有三个车轮的货车。	

2.1.2 按动力装置类型分类

按动力装置不同可分为内燃机汽车、电动汽车、喷气式汽车、蒸汽机汽车等。

1) 内燃机汽车

将燃料的化学能在机器的内部通过燃烧转化为热能,再通过气体膨胀做功将其转化为机械能输出的机器称为内燃机。内燃机具有热效高、体积小、质量轻、移动方便等优点,得到了广泛应用。内燃机装在汽车上称为发动机。

(1) 根据内燃机的工作原理不同分 根据内燃机工作原理不同,内燃机汽车可分为活塞式内燃机汽车、转子式内燃机汽车和燃气轮机汽车。

① 活塞式内燃机汽车是利用活塞的往复运动将燃料燃烧的热能转化为机械能,来驱动汽车行驶。目前得到了广泛应用。

② 转子式内燃机汽车是利用转子的回转运动将燃料燃烧的热能转化为机械能,来驱动汽车行驶。由于转子发动机目前还存在一些不足,如低转速、部分负荷时的燃料经济性较差,废气中的 HC 含量较高,启动性能有待进一步改善等,故应用较少。

③ 燃气轮机汽车是利用燃烧室内空气与喷入的燃油混合燃烧,生成的高温高压燃气再进入涡轮中膨胀做功来驱动汽车行驶,燃气轮机目前只应用在一些特种汽车中。

(2) 根据内燃机燃烧的燃料不同分 根据内燃机燃烧的燃料不同,内燃机汽车可分为汽油汽车、柴油汽车、醇燃料汽车、气体燃料汽车、双燃料汽车等。

①汽油汽车。以汽油为内燃机燃料的汽车称为汽油汽车。车用汽油是从石油中提炼出来的,由碳、氢元素组成的烃类化合物。汽油的挥发性好,但抗爆性差,发动机压缩比小,一般用于轻型汽车上。

②柴油汽车。以柴油为内燃机燃料的汽车称为柴油汽车。柴油和汽油一样,是从石油中提炼出来的,也是由碳、氢元素组成的烃类化合物,在石油蒸馏过程中,温度在200~350℃之间的馏分即为柴油。柴油具有良好的抗爆性能,因此,发动机的压缩比大,产生的驱动力矩大,所以被广泛用在越野汽车、大型客车、大型货车、农用汽车和工程机械上。

③醇燃料汽车。根据各国不同的能源情况,为了减少对进口石油的依赖,充分利用本国资源,或是汽车燃料多样化,很多国家研究并采用醇燃料作为汽油、柴油的替代燃料,包括甲醇及乙醇,也包括丙醇、丁醇及其异构体等。一些国家已经提出 M100、M15、M85 及 E85 等燃料规范,并根据醇燃料的燃烧特点研制了多种着火改善剂,一些国家(如美国、瑞典、巴西、加拿大、英国、日本等)已经积累了长期使用醇燃料汽车的经验。

④气体燃料汽车。主要是以天然气、石油气及氢气等气体为燃料的汽车,气体燃料汽车比常规的液体燃料汽车具有较好的低排放性能,所以气体燃料汽车在各国受到普遍关注。但是汽车经过结构变动及参数调整后使用气体燃料,在最高车速、加速性及燃油经济性等方面,往往还达不到原有水平,甚至会出现缺火、循环波动及爆燃现象,这是由于气体燃料不能适应发动机工作过程,故气体燃料汽车发展的关键在于提高发动机的性能。

⑤双燃料汽车。是指既能使用气体燃料,又能使用液体燃料的双燃料汽车,双燃料汽车有两层含义:一是在同一辆车上可以切换两种不同的燃料,例如在柴油机上既可以使用柴油,又可以使用醇类燃料或天然气;另一种含义是在同一辆车上同时使用两种燃料,甚至是两种以上的燃料。例如在醇燃料或气体燃料为主的汽车柴油机上,只用少量柴油引燃;又如在汽油机或柴油机上掺烧少量的氢气或别的燃料;或在汽车发动机上使用两种或两种以上单元燃料组成的混合燃料等。

2) 电动汽车

电动汽车是指由电动机驱动并且自身装备供电能源(不包括供电架线)的车辆。主要分为纯电动汽车、燃料电池汽车和混合动力汽车,如图 2.2 所示。

(a) 纯电动汽车

(b) 燃料电池汽车

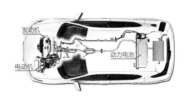
(c) 混合动力汽车

图 2.2 电动汽车

(1) 纯电动汽车 由于动力电池重量大、比能量低、充电时间长、寿命短,使纯电动汽车在车速和续驶里程等性能方面尚无法与轻巧强劲的内燃机汽车相媲美。然而,这种车辆却具有许多优点:不需石油燃料、零排放、操纵简便、噪声小以及可在特殊环境下(太空、海底、真空)工作。研制出轻巧、高效、价廉的动力电池,是这种车辆进一步发展的关键。

(2) 燃料电池式电动汽车 是指以燃料电池作为动力源的汽车。这种汽车是使燃料(例如醇类)在转化器中产生反应而释出氢气,再将氢气输到燃料电池中与氧气结合而发出电力,推动电动机工作。该项技术问题已基本解决,但汽车的性能仍不及内燃机汽车,而且价格较昂贵。

(3) 混合动力汽车 是指装备两套动力源的汽车。这种汽车通常装有内燃机-发电机组以及动力电池。汽车低负荷时,发动机组除向驱动汽车的电动机供电外,多余的电能存入动力电池。汽车高负荷时,动力电池也参与供能。这种车辆的优点是发电机组的内燃机的排量小,而且经常处于最佳的稳定高效工况,其耗油量和排放仅是同级别内燃机汽车的 1/3,而且克服了动力电池式电动汽车动力性差、续驶里程短的主要缺点。显然,混合动力车是使电动汽车和内燃机汽车两者扬长避短的折中式车型,虽然结构较复杂,如能大批生产以降低成本,则会有较好的发展前景。

混合动力汽车可分为普通混合动力汽车和插电式混合动力汽车两大类。插电式混合动力汽车(Plug-in Hybrid Electric Vehicle,简称 PHEV)是一种新型的混合动力电动汽车。

插电式混合动力汽车与普通混合动力汽车的区别:普通混合动力车的电池容量很小,仅在起/停、加/减速的时候供应/回收能量,不能外部充电,不能用纯电模式较长距离行驶;插电式混合动力车的电池相对比较大,可以外部充电,可以用纯电模式行驶,电池电量耗尽后再以混合动力模式(以内燃机为主)行驶,并适时向电池充电。

3) 喷气式汽车

这是依靠航空发动机或火箭发动机以及特殊燃料,并以喷气反作用力驱动的轮式汽车。普通汽车和竞赛汽车都不允许采用这种结构形式,这种汽车只能用于创造速度纪录。1997 年 10 月,英国的安迪·格林在美国内华达州黑岩沙漠驾驶"推力 SSC"喷气式汽车,以 1 227.73 km/h(超过声速)创造了陆上车辆行驶速度的最高世界纪录。

4) 蒸汽机汽车

1712 年,英国托马斯·纽科门等人发明了蒸汽机,这种蒸汽机被称为纽科门蒸汽机。1769 年,法国陆军工程师、炮兵大尉尼古拉斯·古诺(1725—1804 年)经过 6 年的苦心研究,将一台蒸汽机装在了一辆木制三轮车上,这是世界上第一辆完全凭借自身的动力实现行驶的蒸汽机汽车(汽车由此而得名)。这辆汽车(见图 2.3)被命名为"卡布奥雷",车长 7.32 m,车高 2.2 m,车架上放置着一个像梨一样的大锅炉,前轮直径为 1.28 m,后轮直径为 1.50 m,前进时靠前轮控制方向,每次开销,需停车加热 15 min,运行速度为 3.5~3.9 km/h。后来,此车在试车途中撞到石头墙上损坏了。虽然世界上第一辆蒸汽机汽车落得个如此的悲惨结局,但它作为汽车发展史上的一座重要里程碑的地位是无可非议的,为车辆自动行驶迈出了可喜的一步。

尽管蒸汽机汽车没能成为一种理想的运输工具,但蒸汽机汽车在汽车发展史上仍占有重要的位置。

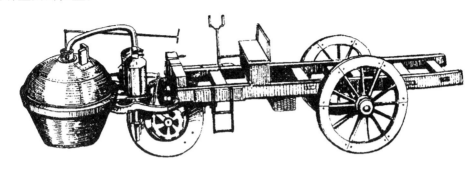

图2.3 世界上第一辆蒸汽机汽车

2.1.3 其他汽车分类

1)按发动机布置分类

①前置发动机汽车:发动机位于汽车前端的汽车;
②后置发动机汽车:发动机位于汽车后端的汽车;
③中置发动机汽车:发动机位于前后桥之间的汽车;
④下置发动机汽车:发动机位于车身地板下面的汽车;
⑤双发动机汽车:汽车前后端都装有发动机的汽车。

2)按驱动方式进行分类

①前轮驱动汽车:用前轮作为驱动轮的汽车;
②后轮驱动汽车:用后轮作为驱动轮的汽车;
③全轮驱动汽车:前后轮都可作为驱动轮的汽车。

3)按发动机位置和驱动方式进行分类

①前置前驱动汽车:前置发动机的前轮驱动的汽车;
②前置后驱动汽车:前置发动机的后轮驱动的汽车;
③后置后驱动汽车:后置发动机的后轮驱动的汽车;
④中置后驱动汽车:中置发动机的后轮驱动的汽车。

4)按行驶道路条件分类

(1)公路用车 指适于公路和城市道路上行驶的汽车。这种汽车的外廓尺寸(总长、总宽、总高)和单轴负荷等均受交通法规限制。

(2)非公路用车 分为两类:一类是其外廓尺寸和单轴负荷等参数超过公路用车法规的限制,只能在矿山、机场、工地、专用道路等非公路地区使用;另一类是能在无路地面上行驶的高通过性汽车,称为越野汽车。越野汽车可以是轿车、客车、货车或其他用途的汽车。

5) 按行驶机构的特征分类

(1) 轮式汽车　通常可分为非全轮驱动和全轮驱动两种形式。汽车的驱动形式一般用符号"$n×m$"表示,其中 n 为车轮总数(装在同一个轮毂上的双轮胎仍算 1 个车轮),m 为驱动轮数。例如,普通轿车和大多数汽车通常属 $4×2$(非全轮驱动)类型,而越野汽车属全轮驱动类型,有 $4×4、6×6、8×8$ 等。

(2) 其他类型行驶机构的车辆　如履带式、雪橇式车辆,从广义上还可包括气垫式、步行式等无轮的车辆。

2.2　汽车外形的演变

汽车诞生一百多年来,外形经历了马车形、箱形、甲壳虫形、船形、鱼形、楔形和子弹头形等演变。

2.2.1　马车形汽车

汽车诞生时,主要精力集中在动力的更换,通常说当初的汽车就是不用马拉的车,驾驶员是不拿马鞭的车夫,早期英国生产的一种汽车在车的前右侧专门设计了一个相当于马车上挂马鞭的钩子。

德国工程师卡尔·奔驰 1885 年在曼海姆制成首辆装有 625.2 W(0.85 PS)汽油机的三轮车,如图 2.4 所示。1886 年 1 月 29 日取得立案专利,并于同年 7 月 3 日首次公开试验,所以 1886 年 1 月 29 日被公认为世界上第一辆汽车的诞生日。德国的另一位工程师戴姆勒和他的助手迈巴赫在 1886 年也制成一辆装有 809 W(1.1 PS)汽油机的四轮汽车,如图 2.5 所示。戴姆勒和奔驰虽然都在同一个国家从事汽车的研制,但从未见过面。他们的研究成果都应该得到承认,所以奔驰和戴姆勒被公认为"以内燃机为动力的现代汽车的发明者"。

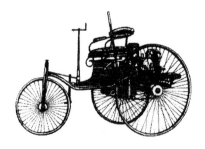
图 2.4　奔驰 1 号车

图 2.5　戴姆勒 1 号车

奔驰的第一辆三轮汽车和戴姆勒的第一辆四轮汽车不但是马车形,还是无篷马车形。原始的汽车没有车篷也是有其原因的。首先,人们感到能有一辆不用马拉的车已经很不错了。其次,早期的发动机功率很小,一般只能乘坐2~3人,如果再给它装上一个笨重的车篷和车门,恐怕连自身也无法拉动。正是由于这些原因,汽车无篷阶段持续了很长的时间。

不过,作为一种交通工具,人们总是希望它越跑越快。所以,车速逐渐成为评价汽车性能的重要指标。人们的这种普遍愿望激励着汽车工程师们想出种种办法来提高车速。

车速提高以后,所带来的直接问题就是马车形汽车采用的敞篷式或活动布篷难以抵挡风雨侵袭。于是,改善驾乘人员环境条件的问题提了出来。

1900年,德国人费迪南德·波尔舍设计了带球面挡风板的汽车,如图2.6所示,这是流线型汽车的萌芽造型。

1903年,美国福特A型汽车将车头部分做成倾斜形状,从而减弱了吹在驾乘人员面部的风力。1905年生产的C型汽车,如图2.7所示,开始采用挡风玻璃。

图2.6 带球面挡风板的汽车

图2.7 最早采用挡风玻璃的福特C型汽车

1908年,福特汽车公司生产了著名的T形车。这是一种带布篷的可乘坐4人的小客车。1908年最初推出的福特T形车是马车形汽车的典型代表。

马车形时代,其实并没有形成汽车自己造型的风格,所以也可以说是汽车造型的史前时代。

2.2.2 箱形汽车

1896年,法国人潘哈德和雷瓦颂生产了世界上首辆封闭式汽车,是箱形汽车的开端。

1915年,美国福特汽车公司生产出一种新型的福特T型车(箱形),如图2.8所示。车身由简陋的帆布篷发展为带有木质框架的"箱式车身",车身外形设计才真正开始。随着福特T型车的普及,用户产生多样化的需求。美国通用汽车公司的雪佛兰于1928年制造出在散热器罩、发动机通风口和轮罩上增加豪华装饰件的汽车,箱式车变得越来越漂亮了。但这些变化没有能突破箱式的造型,只是单纯的车身装饰设计,如图2.9所示。

图 2.8　1915 年福特 T 型车　　　　　图 2.9　1928 年通用雪佛兰汽车

随着汽车的不断发展,人们对车速的要求也越来越高。提高车速主要有两条途径:一是增加功率;二是减小空气阻力。然而,箱式车身空气阻力大,在当时只是简单地依靠加大发动机的功率来克服空气阻力,从而达到加速的目的。增加动力必须增加发动机的缸数,于是发动机由单缸变成四缸、六缸、八缸,而且发动机是一列排开的。因而发动机罩也随之变长,当时就出现一种倾向,发动机罩越长,则功率越大、车速越高。于是出现了故意加长发动机罩的汽车,如图 2.10 所示。

(a) 1930年加蒂罗亚尔牌(意大利)　　　　　(b) 1931年默谢台斯牌(德国)

图 2.10　"长头"箱形汽车

这种"长头"汽车,始于 1920 年,于 1930 年前后达到高潮之后,便很快消失了。以后数年,依然沿用传统的箱式外形。

2.2.3　甲壳虫形汽车

箱形汽车时代的后期,人们逐步认识到空气阻力的重要性。汽车的空气阻力除与迎风面积有关外,还与汽车的纵剖面形状有很大的关系。最初,人们只是直观地想,通过减小汽车迎风面积来降低空气阻力,也就是减小汽车横断面的几何尺寸,即宽度和高度。其中,由于受到乘坐空间的限制,车身的宽度没有多大文章可做,于是降低车身高度成了减小空气阻力的主攻方向。1900 年,车身的普遍高度与马车相仿,为 2.7 m;1910 年降低到 2.4 m;1920 年降低到 1.9 m,而当代轿车的车身高度为 1.3~1.5 m。在汽车横断面不能再减小的情况下,改变汽车纵剖面的形状成为降低汽车空气阻力的关键。因此,促使人们致力于流线型车身的设计,从而产生了后来的甲壳虫形汽车。

1934 年,美国克莱斯勒汽车公司的气流牌轿车(见图 2.11)首先采用流线型车身,是流线型汽车的先锋。遗憾的是,由于该款汽车的造型超越了当时的审美观,而在销售时遭遇惨败。但该型汽车的诞生,宣告了汽车造型流线型时代的开始。

1936年福特公司在"气流"型造型的基础上,成功研制出高级林肯和风牌流线型乘用车,如图2.12所示。此车精心设计了散热器罩,使之更精练,整车更具动感。受其影响,以后出现的流线型汽车有1937年的福特V8型、1937年的菲亚特和1955年的雪铁龙等。

图2.11　1934年克莱斯勒气流牌轿车　　　图2.12　1936年林肯和风牌轿车

流线型汽车的大量生产是从德国的大众牌开始的。1937年,德国大众汽车公司的费迪南德·波尔舍设计了一种甲壳虫形汽车,仿造了经自然界淘汰而生存下来既可以在地上爬,也能在空中飞的甲壳虫外形。波尔舍最大限度地发挥了甲壳虫外形阻力小的长处。甲壳虫形汽车的典型代表是大众1200型轿车(见图2.13)。1939年8月15日,第一批甲壳虫形汽车问世,1981年第2 000万辆甲壳虫形汽车在墨西哥的大众分厂开下了装配线,打

图2.13　1937年甲壳虫大众
1200型轿车

破了福特T形车的产量纪录,成为世界上同种车销量最多的汽车。波尔舍将甲壳虫外形成功地运用到汽车造型上,使其成为同类车中之王,从而也奠定了流线型汽车造型在人们心目中的地位,开创的流线型时代也被称之为"甲壳虫时代"。

但是,甲壳虫形汽车也有其缺点:一是乘员活动空间明显变得狭小,特别是后排乘员,头顶几乎再没有空间,产生一种被压迫感;二是对横风的不稳定性。

甲壳虫形汽车尾部的侧向面积与箱形汽车相比,其侧向风压中心移到汽车质心的前面(见图2.14),侧向风力相对于质心所产生的力矩,加剧了汽车侧偏的倾向。而箱形汽车由于侧向风压中心在质心之后,所以侧风对该型汽

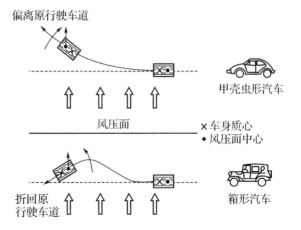

图2.14　甲壳虫形汽车的侧偏现象

车质心所产生的力矩,可以使将发生侧偏的汽车回位,不易侧偏。

2.2.4 船形汽车

第二次世界大战结束后,福特汽车公司于1949年又研制出福特V8型新车型(见图2.15),它是船形汽车的代表。船形汽车采用了使汽车车室置于两轴之间的设计方法,从外形上看,整车就像一只小船,所以称为船形汽车。

无论是甲壳虫形汽车,还是箱形汽车,都出现了人体工程学与空气动力学的对立。而船形汽车较好地发挥了这两种汽车的长处,克服了其缺点,使人体工程学与空气动力学基本统一在一种汽车外形设计上,特别是解决了甲壳虫形汽车遇横风不稳定的问题,因为这种汽车外形使风压面中心后移。

船形汽车存在的问题是,由于车的尾部过分地伸长,形成了阶梯状,高速行驶时会产生较强的空气涡流,因此影响了车速的提高。

图 2.15 1949年福特V8船形汽车

图 2.16 鱼形汽车

2.2.5 鱼形汽车

为克服船形汽车尾部呈阶梯状而产生较强空气涡流的缺点,设计者将汽车后窗倾斜,形成斜背式。由于斜背式汽车的背部很像鱼的脊背,所以这种汽车被称为鱼形汽车。最早的鱼形汽车是美国于1952年生产的别克牌轿车(见图2.16)。

甲壳虫形汽车是流线型,鱼形汽车也属流线型,但两者有本质的区别。图2.17中最上方是甲壳虫形汽车,其外形是从箱形汽车演变过来的,车背虽然倾斜,但倾斜程度较小,是从车后轮之后开始突然倾斜,这种倾斜被称为滑背。鱼形汽车是船形汽车的阶梯背式进化来的斜背式。鱼形汽车车背是从后轮前部就开始倾斜,并逐渐与后行李箱相连接,其倾斜较为缓慢,且斜坡很长,因此其空气阻力小于甲壳虫形汽车。另外,甲壳虫形汽车是从箱形汽车演变而来,所以车身高而窄,前后翼子板、车灯、发动机罩都是独立的。而鱼形汽车是从船形汽车演变而来的,车身仍保持着船形汽车的整体式车身,且低矮宽敞。所以鱼形汽车无论是实用性,还是空气动力性,都远远优于甲壳虫形汽车。

但是,鱼形汽车并非完美无缺,其缺点是:

①汽车后窗倾斜大、面积大。鱼形汽车的后窗过于倾斜,要想保持其视野,玻璃的

面积与船型汽车相比要扩大2倍,这样既降低了车身的强度,又由于增加了采光面积,使车内温度过高。

②汽车高速行驶时易产生很大的升力。升力使汽车与地面的附着力减小,使汽车的行驶稳定性和操纵稳定性降低。

鱼形汽车高速行驶时产生升力的原因首先要从飞机机翼的升力说起,飞机机翼的断面形状如图2.18所示,其上表面隆起,下表面平滑。这样当空气流流经机翼表面时,上表面空气流动快,则压力小;下表面空气流动慢,则压力大。因此,机翼的上下表面的压力差就形成了对机翼向上的推力,即升力。同理,鱼形汽车从车顶到车尾所形成的曲面与机翼上表面极其相似。故鱼形汽车在高速行驶时也容易产生较大的升力。

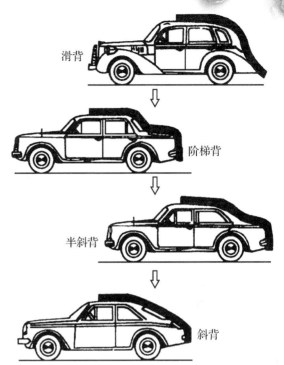

图2.17 斜背式鱼形汽车的产生过程

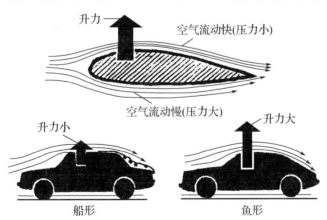

图2.18 机翼的升力与汽车的升力

鱼形汽车带来的问题,使人们开始致力于既减小空气阻力又减小升力的空气动力性研究。在鱼形汽车设计上将车尾截去一部分,成为鱼形短尾式;还有的是将鱼形汽车的尾部安上微翘的鸭尾,成为鱼形鸭尾式。但是,这些做法减少升力的效果都不明显。

2.2.6 楔形汽车

车身造型发展到鱼形车阶段,气动阻力已不再是主要问题,车身设计师遇到更为棘手的难题——升力问题。为了从根本解决升力问题,通过大量的风洞实验以及气动分析研究,人们终于找到了一种更为理想的楔形车型。

楔形车的外形前部呈尖形,车身后部像刀切一样平直,形似楔子。最早的普通楔形车是1963年意大利司蒂培克·阿本提轿车,如图2.19所示。楔形车由于不仅解决了稳定性问题,同时也解决了升力问题,成为高速轿车的基本造型。

图2.19 1963年楔形汽车

1968年,罗塔斯·他宾赛车(见图2.20)就是典型的楔形车身。

图2.20 1968年罗塔斯·他宾赛车

图2.21 将船形与楔形相结合的奥迪100型轿车

楔形汽车对一般轿车也只是一种准楔形,绝对的楔形汽车造型是会影响车身的实用性的(乘坐空间小)。所以,现在除了像法拉利、莲花、兰博基尼等跑车采用楔形车身外,绝大多数实用型轿车都是采用船形和楔形相结合的方案。其中德国1982年推出的奥迪100型轿车(见图2.21),开创了这一造型之先河,这种奥迪轿车是世界上第一种空气阻力系数不大于0.3的大批量生产车型,其造型风格具有代表性。

以船形汽车为基础的楔形汽车是轿车较为理想的造型,它较好地协调了乘坐空间、空气阻力和升力的关系,使实用性与空气动力性较好地结合起来。

2.2.7 贝壳形汽车

贝壳形轿车(见图2.22)是目前各国汽车造型师正在探索和设计的一种新型轿车车型。

这种车型的主要特点是气动性能最优,在车身纵、横向轮廓形状及截面积沿纵向按照一定合理的规律圆滑渐变,整个车身十分光顺,造型更加新颖。

图2.22 贝壳形汽车

贝壳车形的研究始于1976年,由意大利科学院资助。这种车身造型无疑将对未来轿车车身的外形产生深远的影响。

2.2.8 子弹头形汽车

当鱼形汽车存在的问题解决以后,人们又从改变轿车的概念上做文章,于是多用途厢式汽车问世了。

多用途汽车全称为"Multi-Purpose Vehicle",简称MPV。它属于微型厢式汽车范畴,外形趋于楔形,我国称为子弹头形汽车(见图2.23)。

图2.23 子弹头形汽车

多用途汽车以轿车为原型,为单厢式,接近于面包汽车的内部空间,汽车的前部采用后倾大斜面的造型,融入了流线型赛车的风格。汽车性能优良,装备齐全,有活动家庭之感。

多用途汽车在外形设计上集流线型和楔型的优点于一身,线条流畅,动感性强,具有鲜明的时代气息。

汽车外形演变的每个时期都在不断地开拓着汽车的新的造型,都在尽力满足机械工程学和人体工程学的前提下最大限度地减小空气阻力和升力的影响,从而使汽车的性能得以提高。

2.3 汽车的主要技术参数

2.3.1 尺寸参数

汽车尺寸参数主要有车长、车宽、车高、轴距、轮距、前悬、后悬、最小离地间隙、接近角、离去角、转弯直径、通道圆、外摆值等。

1) 车长

车长是指垂直于车辆纵向对称平面,并分别抵靠在汽车前、后最外端突出部位的两垂面之间的距离,如图2.24所示。

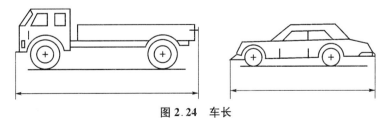

图2.24 车长

全挂车长,其定义同上,但全挂车车长有包括和不包括牵引杆两种长度,按国家标准规定第二个数值写在括号内。在确定包括有牵引杆在内的全挂车长时,牵引杆应位于车辆正前方,牵引杆的销孔或连接头中心线应垂直于水平面。

半挂车长,其定义同上,但半挂车除全长外,还有半挂车牵引销中心至半挂车后端之间的距离,此数值按国家标准规定写在括号内。

国家标准《汽车、挂车及汽车列车外廓尺寸、轴荷及质量限值》(GB 1589—2016),以及国家标准《机动车运行安全技术条件》(GB 7258—2017)均规定了我国道路车辆的汽车总长极限尺寸。

2)车宽

车宽是指平行于车辆纵向对称平面,并分别抵靠车辆两侧固定突出部位(除后视镜、侧面标志灯、转向指示灯、挠性挡泥板、折叠式踏板、防滑链及轮胎与地面接触部分的变形外)的两平面之间的距离,如图 2.25 所示。

3)车高

车高是指车辆没有装载且处于可运行状态,车辆支撑平面与车辆最高突出部位相切的水平面之间的距离,如图 2.26 所示。

4)轴距

轴距是指通过车辆同一侧相邻两车轮的中点,并垂直于车辆纵向平面的二垂线之间的距离,如图 2.27(a)所示。

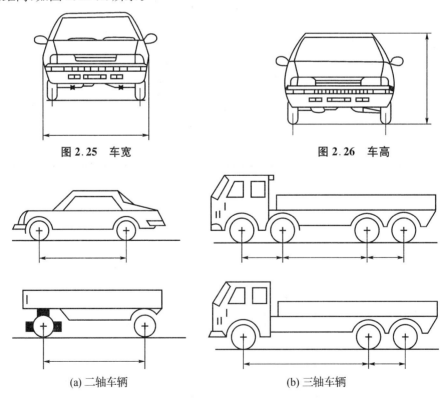

图 2.25　车宽　　　　　　　　图 2.26　车高

(a) 二轴车辆　　　　　　　　(b) 三轴车辆

图 2.27　轴距

对于三轴以上的车辆,其轴距由从最前面的相邻两车轮之间的轴距分别表示,总轴距则为各轴距之和,如图 2.27(b)所示。

5) 轮距

汽车轴的两端为单车轮时,轮距为车轮在支撑平面上留下的轨迹的中心线之间的距离,如图 2.28(a)所示。

汽车车轴的两端为双车轮时,轮距为车轮中心平面(双轮车中心平面为外车轮轮辋内缘等距的平面)之间的距离,如图 2.28(b)所示。

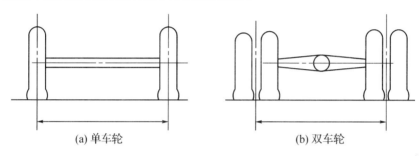

图 2.28　轮距

6) 前悬

前悬是指通过两前轮中心的垂面与抵靠在车辆最前端(包括前拖钩、车牌及任何固定在车辆前部的刚性部件),并且垂直于车辆纵向对称平面的垂面之间的距离,如图 2.29 所示。

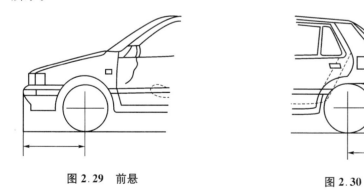

图 2.29　前悬　　　　　　　　　　图 2.30　后悬

7) 后悬

后悬是指通过车辆最后车轮轴线的垂面与抵靠在车辆最后端(包括牵引装置、车牌及任何固定在车辆后部的刚性部件),并且垂直于车辆纵向对称平面的垂面之间的距离,如图 2.30 所示。

对于多轴机动车,其轴距应按第一轴至最后轴的距离计算(对铰接客车按第一至第二轴的距离计算),后悬从最后一轴的中心线往后计算,对于客车后悬以车身外蒙皮尺寸计算,如后保险杠突出于后背外蒙皮,则以后保险杠尺寸计算,不计后尾梯。

8) 最小离地间隙

最小离地间隙是指车辆支撑平面与车辆上的中间区域内最低点之间的距离 δ。中间区域为平行于车辆纵向对称平面且与其等距离的两平面之间所包含的部分,两平面之间的距离为同一轴上两端车轮内缘最小距离 b 的 80%,如图 2.31 所示。

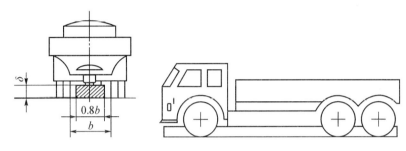

图 2.31 最小离地间隙

9) 接近角

接近角是指车辆静载时,水平面与切于前轮轮胎外缘的平面之间的最大夹角,前轴前面任何固定在车辆上的刚性部件不得在此平面的下方,如图 2.32 所示。

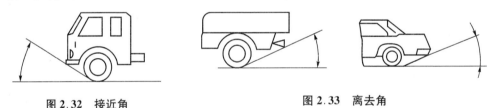

图 2.32 接近角　　　　　图 2.33 离去角

10) 离去角

离去角是指车辆静载时,水平面与切于车辆最后车轮轮胎外缘的平面之间的最大夹角。位于最后车轴后面的任何固定在车辆上的零部件不得在此平面的下方,如图 2.33 所示。

11) 转弯直径

转弯直径是指当转向盘转到极限位置时,内、外转向轮的中心平面在车辆支撑平面上的轨迹圆直径,如图 2.34 所示。外转向轮的转弯直径 $D_{外}$ 称为最小转弯直径。

由于转向轮的左右极限转角一般不相等,故有左转弯直径与右转弯直径之别。

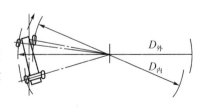

图 2.34 转弯直径

2.3.2 质量参数

1）轴荷

轴荷是指汽车满载时各车轴对地面的垂直载荷。国家标准《汽车、挂车及汽车列车外廓尺寸、轴荷及质量限值》(GB 1589—2016)，以及国家标准《机动车运行安全技术条件》(GB 7258—2017)均有相关规定。

2）汽车总质量

汽车总质量是指装备齐全时的汽车自身质量与按规定装满客（包括驾驶员）、货时的载质量之和，也称满载质量。包括整备质量和载质量两部分。

3）载质量

汽车载质量是指在硬质良好路面上行驶时所允许的额定载质量。当汽车在碎石路面上行驶时，载质量应有所减少（约为好路的75%～80%）。越野汽车的载质量是指越野行驶或土路上行驶的载质量。

轿车的载质量是以座位数表示。城市客车的载质量等于座位数并包括站立乘客数（一般按8～10人/m^2计）。长途客车和旅游客车的载质量等于座位数。

4）整备质量

整备质量又称为自重，是指车上带有全部装备（包括随车工具、备胎等），加满燃料、各种工作液，但没有装货和载人时的整车质量。

减少汽车整备质量，可以降低汽车成本，提高经济性。

2.4 汽车总体结构

2.4.1 汽车的基本组成

汽车通常由发动机、底盘、车身、电气设备四个部分组成（见图2.35）。

a. 发动机　　　　b. 底盘　　　　c. 车身　　　　d. 电气设备

图2.35　汽车的组成

1）发动机

汽车发动机是将汽车燃料的化学能转变成机械能的一个机器。大多数汽车都采用往复活塞式内燃机，它一般是由曲柄连杆机构、配气机构、燃料供给系、冷却系、润滑系、点火系（汽油发动机）、启动系等部分组成。

2）底盘

汽车底盘接受发动机的动力,将发动机的旋转运动转变成汽车的水平运动,并保证汽车按照驾驶员的操纵正常行驶。底盘由传动系、行驶系、转向系、制动系四部分组成。

传动系是指将发动机的动能传递到车轮上的全部动力传动装置,并能实现动力的接通与切断、起步、变速、倒车等功能。它由离合器、变速器、传动轴、驱动桥等部件组成。

行驶系是将汽车各总成、部件连接成一个整体,支撑整车,并将旋转运动的动力转变成汽车的直线运动,实现汽车的平顺行驶。它由车架、车桥、车轮和悬架等部件组成。

转向系是指用来控制汽车的行驶方向。它由方向盘、转向器和转向传动机构组成。

制动系是指用来使行驶中的汽车按照需要降低速度、停止行驶和在坡道上驻车。它由制动控制部分、制动传动部分、制动器等部件组成,一般汽车制动系至少有两套各自独立的制动装置,即行车制动装置和驻车制动装置。

3）车身

汽车的车身是驾驶员工作的场所,也是装载乘客和货物的场所。车身应为驾驶员提供方便的操作条件,以及为乘客提供舒适、安全的环境或保证货物完好无损。

4）电气设备

汽车电气设备用于汽车发动机的启动、点火、照明、灯光信号及仪表等监控装置。我国汽车电器系统的电压均采用 12 V 或 24 V,负极搭铁。汽车的电器设备包括电源系统、启动系统、点火系统、照明装置、信号装置、仪表以及各种电器电子设备,其中电子设备主要有发动机控制系统、变速器控制系统、防抱死制动系统、安全气囊等,这些设备大大地提高了汽车的各种性能。

图 2.36 为乘用车总体结构的基本组成。

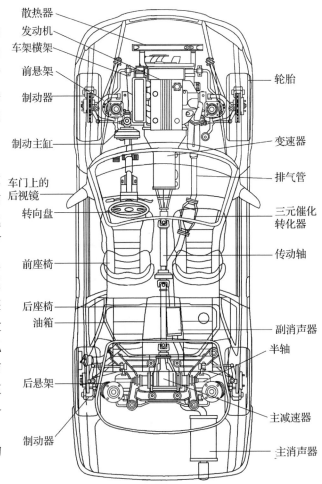

图 2.36　乘用车的基本组成

2.4.2 发动机

1) 发动机的分类

汽车使用的发动机种类繁多,大多数汽车采用水冷式四缸发动机。汽车发动机的主要类型如下:

$$
\text{发动机}\begin{cases}
\text{按作用燃料分}\begin{cases}\text{汽油发动机}\\ \text{柴油发动机}\\ \text{燃气发动机}\\ \text{双燃料发动机}\end{cases}\\
\text{按完成一个工作循环所需的冲程数分}\begin{cases}\text{四冲程发动机}\\ \text{二冲程发动机}\end{cases}\\
\text{按结构特点分}\begin{cases}\text{直列式发动机}\\ \text{V型发动机}\end{cases}\\
\text{按缸数分}\begin{cases}\text{单缸发动机}\\ \text{双缸发动机}\\ \text{多缸发动机}(3、4、5、6、8、10、12)\end{cases}\\
\text{按冷却方式分}\begin{cases}\text{水冷发动机}\\ \text{风冷发动机}\end{cases}\\
\text{按燃油供给方式分}\begin{cases}\text{缸外喷射式发动机}\\ \text{缸内喷射式发动机}\end{cases}\\
\text{按工作原理分}\begin{cases}\text{往复运动式发动机}\\ \text{转子式发动机}\end{cases}
\end{cases}
$$

2) 发动机的基本组成

发动机由曲轴连杆机构、配气机构、燃料供给系统、点火系统、冷却系统、润滑系统及启动系等主要部分组成(见图2.37)。

3) 发动机的基本术语

发动机的基本术语可参见图2.38。

图 2.37 发动机的外形

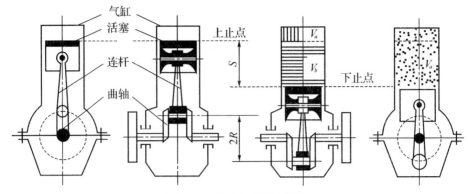

图 2.38 发动机的基本术语

(1) 上止点 活塞离曲轴回转中心最远处,通常指活塞上行到最高位置。

(2) 下止点 活塞离曲轴回转中心最近处,通常指活塞下行到最低位置。

(3) 活塞行程 上、下两止点间的距离。

(4) 曲柄半径 与连杆下端(即连杆大头)相连的曲柄销中心到曲轴回转中心距离。显然,曲轴每转一转,活塞移动两个行程。

(5) 气缸工作容积 活塞从上止点到下止点所让出的空间容积。

(6) 发动机排量 发动机所有气缸工作容积之和。

(7) 燃烧室容积 活塞在上止点时,活塞上方的空间叫燃烧室,它的容积叫燃烧室容积。

(8) 气缸容积 活塞在下止点时,活塞上方的容积称为气缸总容积。它等于气缸工作容积与燃烧室容积之和。

(9) 压缩比 气缸总容积与燃烧室容积的比值。压缩比表示活塞由下止点运动到上止点时,气缸内气体被压缩的程度。压缩比越大,压缩终了时气缸内的气体压力和温度就越高。一般车用汽油机的压缩比为 6~10,柴油机的压缩比为 15~22。

(10) 发动机的工作循环 在气缸内进行的每一次将燃料燃烧的热能转化为机械能的一系列连续(进气、压缩、做功和排气)称发动机的工作循环。

(11) 二冲程发动机 活塞往复两个行程完成一个工作循环的称为二冲程发动机。

(12) 四冲程发动机 活塞往复四个行程完成一个工作循环的称为四冲程发动机。

(13) 有效转矩 发动机通过飞轮对外输出的转矩。

(14) 有效功率 发动机通过飞轮对外输出的功率。

(15) 燃油消耗率 发动机每发出 1 kW 的有效功率,在 1 h 内所消耗的燃油质量(以 g 为单位)。

4) 发动机的工作原理

以四冲程汽油机为例。

四冲程汽油机是由进气、压缩、做功和排气完成一个工作循环的,图 2.39 为单缸四冲程汽油机工作原理示意图。

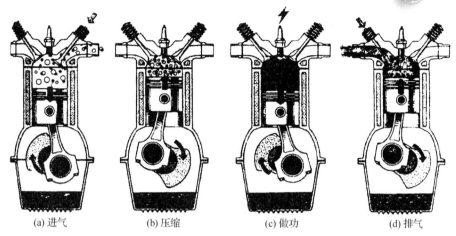

图 2.39 单缸四冲程汽油机的工作原理

（1）进气行程　活塞由曲轴带动从上止点向下止点运动。此时，进气门开启，排气门关闭。由于活塞下移，活塞上腔容积增大，形成一定真空度，在真空吸力的作用下，经过滤清的空气与化油器供给的汽油形成混合气，经进气门被吸入气缸，至活塞运动到下止点时，进气门关闭，停止进气，进气行程结束。

（2）压缩行程　进气行程结束时，活塞在曲轴的带动下，从下止点向上止点运动。此时，进、排气门均关闭，随着活塞上移，活塞上腔容积不断减小，混合气被压缩，至活塞到达上止点时，压缩行程结束。

（3）做功行程　压缩行程末，火花塞产生电火花，点燃气缸内的可燃混合气，并迅速着火燃烧，气体产生高温、高压，在气体压力的作用下，活塞由上止点向下止点运动，再通过连杆驱动曲轴旋转向外输出做功，至活塞运动到下止点时，做功行程结束。

（4）排气行程　在做功行程终了时，排气门被打开，活塞在曲轴的带动下由下止点向上止点运动，废气在自身的剩余压力和活塞的驱赶作用下，自排气门排出气缸，至活塞运动到达上止点时，排气门关闭，排气行程结束。

排气行程结束后，进气门再次开启，又开始了下一个工作循环，如此周而复始，发动机就自行运转。

柴油发动机的混合气不需要点火，当压缩到一定程度后自动燃烧。

5）曲柄连杆机构

（1）功用　曲柄连杆机构的功用是将燃料燃烧时产生的热能转变为活塞往复运动的机械能，再通过连杆将活塞的往复运动变为曲轴的旋转运动而对外输出动力。

（2）组成　曲柄连杆机构由机体组、活塞连杆组、曲轴飞轮组等三部分组成。

①机体组。机体组主要包括气缸体、曲轴箱、油底壳、气缸套、气缸盖和气缸垫等零件（见图 2.40）。

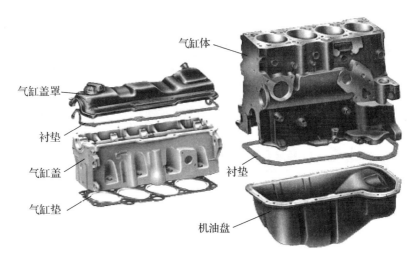

图 2.40 机体组

气缸体是气缸的壳体,曲轴箱是支撑曲轴做旋转运动的壳体,二者组成了发动机的机体。其结构有直列式和 V 型两种。

②活塞连杆组。活塞连杆组由活塞、活塞环、活塞销和连杆等主要机件组成,如图 2.41 所示。

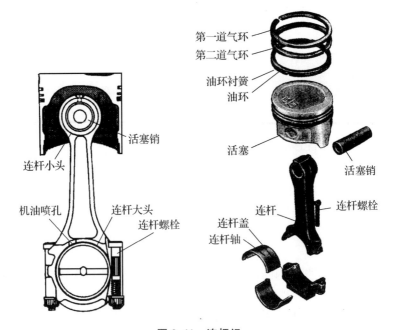

图 2.41 连杆组

活塞的功用是与气缸壁等共同组成燃烧室,承受气体压力,并将此力通过活塞销传给连杆,以推动曲轴旋转。活塞环可分为气环和油环两大类。

气环也叫压缩环,用来密封活塞与气缸壁的间隙,防止气缸内的气体窜入油底壳,以及将活塞头部的热量传给气缸壁,再由冷却水或空气带走。另外还起到刮油、泵油的辅助作用。

油环用来刮气缸壁上多余的机油,并在气缸壁上涂一层均匀的机油膜,这样可以防止机油窜入燃烧室燃烧,又可以减小活塞、活塞环与气缸的磨损和摩擦阻力。此外,油环也起到密封的辅助作用。

连杆的功用是将活塞承受的力传给曲轴,把活塞的往复运动变为曲轴的旋转运动。

③曲轴飞轮组。曲轴飞轮组主要由曲轴、飞轮、扭转减振器、皮带轮、正时齿带轮(或链轮)等组成,如图 2.42 所示。

曲轴是发动机中最重要的机件之一。其功用主要是把活塞连杆组传来的气体压力转变为扭矩对外输出;另外,还用来驱动发动机的配气机构及其他各种辅助装置(如发电机、风扇、水泵、转向油泵、平衡轴机构等)。

减振器的功用就是吸收曲轴扭转振动的能量,消减扭转振动。

飞轮的主要功用是贮存做功行程的能量,用以在其他行程中克服阻力完成发动机的工作循环,使曲轴的转动角速度和输出转矩尽可能均匀,并改善发动机克服短暂超负荷的能力。同时,将发动机的动力传给离合器。

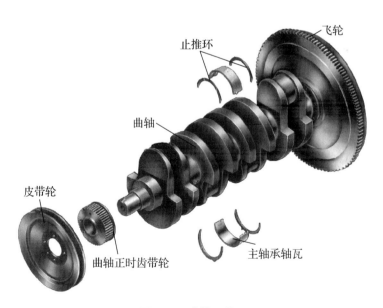

图 2.42　曲轴飞轮组

6) 配气机构

（1）功用　配气机构的功用是按照发动机各缸工作过程的需要，定时地开启和关闭进、排气门，使新鲜可燃混合气（汽油机）或空气（柴油机）得以及时进入气缸，废气得以及时排出气缸。

（2）类型　根据凸轮轴的位置不同，分为下置式、中置式和上置式。配气机构多采用顶置式气门。

配气系主要包括以下几部分，即凸轮轴及其传动系统，气门及与气门有关的零件。图2.43为一台顶置凸轮轴直列4缸发动机的配气系布置情况。该发动机使用正时齿轮形带驱动进气、排气凸轮轴，凸轮轴直接驱动气门，在凸轮轴和气门之间布置了液压挺杆。

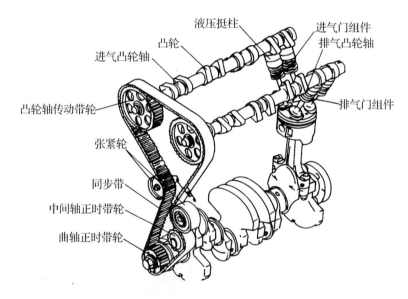

图2.43　顶置式配气机构

（3）组成　以顶置式为例，配气机构由气门驱动组、气门传动组和气门组三部分组成。

①气门驱动组。由正时齿轮及凸轮轴组成。

②气门传动组。由挺杆、推杆、摇臂轴及支座、摇臂及调整螺钉等组成。

③气门组。由气门、气门导管、气门弹簧、气门锁片及弹簧等组成。

7) 供油系统

（1）汽油供给系统　汽油机供油系统有化油器式和电喷式两种，其中化油器式供油系统已淘汰。电喷式供油系统可分为缸外喷射和缸内喷射两大类型，如图2.44所示。

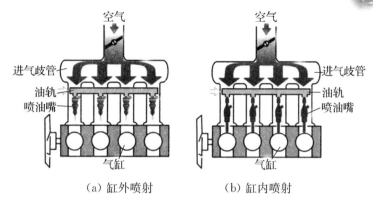

(a) 缸外喷射　　　　(b) 缸内喷射

图 2.44　汽油机电喷式供油系统的类型

电喷式汽油供给系统主要由燃油供给系统、进气系统和电子控制系统三部分组成,如图 2.45 所示。

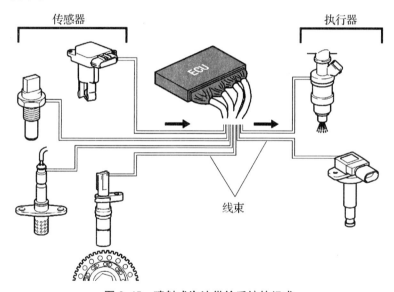

图 2.45　喷射式汽油供给系统的组成

发动机电子控制单元(ECU)收集信息发动机的运转工况,根据发动机的转速、节气门开度、冷却液温度、进气温度、排气中的氧浓度、蓄电池电压、进气流量等信号,按照预选给定的程序,计算出最佳汽油喷射量和最佳喷射正时,并发出指令,由汽油喷油器按时按量地进行喷射。

(2)柴油供给系统

①功用。柴油机燃料供给系的功用是根据柴油机的工作要求,定时、定量、定压地将雾化质量良好的柴油按一定的喷油规律喷入气缸内,并使其与空气迅速而良好的混合和燃烧。燃料供给系是柴油机最重要的辅助系统,它的工作情况对柴油机的功率和经济性能都有重要影响。

②组成。柴油机燃料供给系由燃油供给、空气供给、混合气形成及废气排出四部分组成,如图 2.46 所示。燃油供给系由柴油箱、输油泵、低压油管、滤清器、喷油泵、高压油管和喷油器及回油管等组成。空气的供给由空气滤清器、进气管等组成,有的还装有增压器。

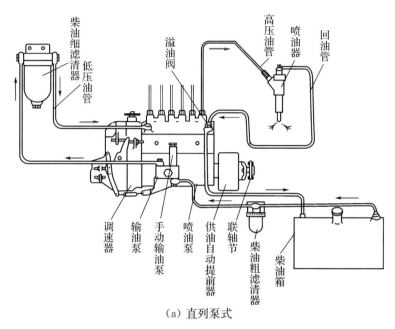

(a) 直列泵式

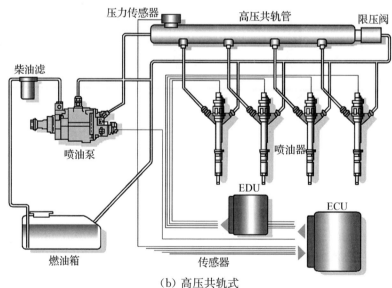

(b) 高压共轨式

图 2.46 柴油供给系统

目前,新型柴油汽车均采用高压共轨供油系统,以满足排放法规的要求。

8)点火系统

(1)点火系统的功能与组成　点火系统的功能是用电火花方法点燃气缸内的压缩混合气并使其燃烧。无分电器式点火系统的主要装置,如图2.47所示。

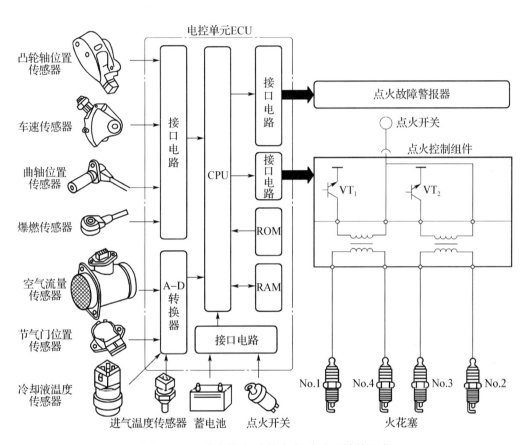

图2.47　无分电器式(直接点火)点火系统的组成

①点火线圈。为点火提供高压电,所以又叫高压线圈。
②触点式断电器。在发动机需要电火花的瞬间提供电流。
③分电器。把高压电分配给各缸火花塞。
④高压线。把分电器的高压电接送给火花塞。
⑤火花塞。利用高压电跳气点燃气缸里的混合气。

(2)点火系统的类型　发动机的点火系统的类型有很多,主要类型如下:

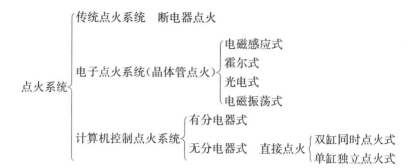

目前新型轿车均采用直接点火方式。

9) 冷却系统

(1) 冷却系统的作用　发动机工作时,由于燃料的燃烧,气缸内气体温度高达1 927℃~2 527℃,使发动机零部件温度升高,特别是直接与高温气体接触的零件,若不及时冷却,则难以保证发动机正常工作。

冷却系统的作用就是保持发动机在最适宜的温度(80~90℃)范围内工作。

(2) 冷却方式　根据冷却介质的不同,可分为风冷式和水冷式。

①水冷式。以水为冷却介质,热量先由机件传达给水,靠水的流动把热量带走而后散入大气中。散热后的水再重新流回到受热机件处,适当调节水路和冷却强度,就能保持发动机的正常工作温度,同时,还可以用热水预热发动机,便于冬季启动。

②风冷式。高温零件的热量直接散入大气。

(3) 冷却系统的组成　目前汽车发动机均采用强制循环式水冷却系统,它主要由风扇、水泵、水套、散热器百叶窗、水管、水温表和水温传感器等组成,各零部件布置如图2.48所示。

①冷却风扇。风扇旋转送风辅助散热器进行热交换。

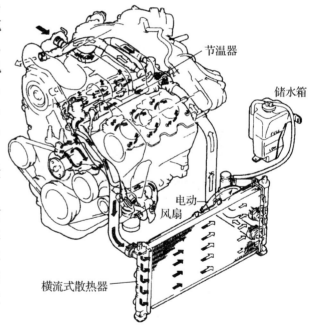

图2.48　冷却系统的组成

②散热器。又名水箱,其作用是利用冷风冷却被加热的冷却液。散热器的芯管常用扁形直管,周围制有散热片,芯管有竖置和横置两种方式。

③散热器盖。散热器盖具有较高的密封性。其作用是使冷却系统保持一定的压

力,提高冷却液的沸点。

④节温器。节温器是控制冷却液流路的开关阀,从而使冷却液保持适当的温度。

⑤水泵。水泵的作用是使冷却水循环。

10) 润滑系统

(1) 润滑系统的作用　在发动机运转时,必须向各润滑部位提供机油进行润滑。润滑系的作用就是不断地使机油循环,从而润滑发动机的各个部位,使发动机的各个零件都能发挥出最大的性能。归纳起来如下:

①润滑作用。是将零件间的直接摩擦变为间接摩擦,减少零件磨损和功率损耗。

②密封作用。是利用润滑油的黏性,提高零件的密封效果。如活塞与气缸套之间保持一层油膜,增强了活塞的密封作用。

③散热作用。是通过润滑油的循环,将零件摩擦时产生的热量带走。

④清洗作用。是利用润滑油的循环,将零件相互摩擦时产生的金属屑带走。

⑤防锈作用。是将零件表面附上一层润滑油膜,可以防止零件表面被氧化锈蚀。

根据发动机类型和润滑部位不同,其润滑方式也不同。

(2) 润滑系统的组成　润滑系统主要由油底壳、机油泵、滤清装置、限压阀、压力表、机油尺、油道、油管等组成(见图 2.49)。

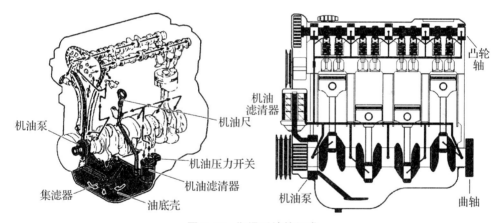

图 2.49　润滑系统的组成

发动机工作时,机油泵将机油从油底壳吸入,并压送到机油滤清器,经滤清器后的机油流入主油道,然后分别流入各曲轴轴承、凸轮轴轴承、连杆轴承等处,最后又重新回到油底壳。

由于轿车发动机转速高、功率大,凸轮轴多为顶置,机油泵一般由中间轴驱动;配气机构多采用液力挺柱;在主油道与机油泵之间多用单级全流式滤清器,以简化滤清系统。集滤器为固定淹没式,避免机油泵吸入表面泡沫,保证润滑系工作可靠。

11) 启动系统

(1) 启动系统的作用　所谓发动机启动就是用外力转动静止的曲轴,直至曲轴达到能保证混合气形成、压缩和燃烧并顺利运行的转速(称启动转速,通常在 50 r/min 以上),使发动机自行运转的过程。

常用的启动方法有手摇启动和启动机启动。手摇启动就是把手摇臂嵌入曲轴前端的启动爪内,用人力转动曲轴启动,手摇启动简单但不方便,劳动强度大且不安全,现已很少使用。现代汽车都采用电力启动机启动,由于这种方法操作方便、启动迅速、安全可靠,所以得到广泛应用。

启动机的作用是由直流电动机产生动力,经传动机构带动发动机曲轴转动,从而实现发动机的启动。

(2)启动系统的组成 启动系统主要由启动机、启动机继电器、点火开关、启动齿圈等组成(见图 2.50)。

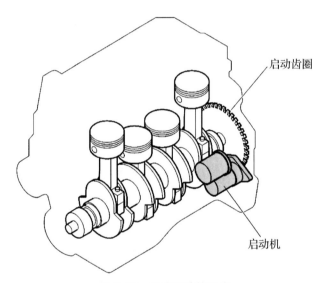

图 2.50 启动系统的组成

启动机主要由直流电动机、传动机构和控制机构组成。

直流电动机在直流电压的作用下产生旋转力矩,称为电磁力矩或电磁转矩。启动发动机时,它通过驱动齿轮、飞轮的齿圈驱动发动机的曲轴旋转,使发动机启动。

启动机的传动机构安装在电动机电枢的轴上。在启动发动机时,将驱动齿轮与电枢轴连成一体,并使驱动齿轮与飞轮齿圈啮合,将启动机产生的电磁转矩传递给发动机的曲轴,使发动机启动;发动机启动后,飞轮转速提高,带着驱动齿轮旋转,将使电枢轴超速旋转而损坏。因此,在发动机启动后,驱动齿轮转速超过电枢轴转速时,传动机构应使驱动齿轮与电枢轴自动脱开,防止电枢轴超速。为此,启动机的传动机构必须具有超速保护装置。

控制机构的作用是控制启动机主电路的通、断,并控制驱动齿轮与电枢轴的连接。

启动机的控制机构也称为操纵机构,有直接操纵式控制机构和电磁操纵式控制机构两种形式。

2.4.3 底盘

底盘是汽车的基础。一般汽车底盘由传动系统、行驶系统、转向系统和制动系统组成,以适应汽车行驶时行驶速度与所需的牵引力随道路及交通条件的变化、承受外界对汽车的各种作用力(包括重力)以及相应的地面反力、改变汽车行驶方向和保持直线行驶、需要时使行驶的汽车减速,在需要停车时,能使汽车在驾驶员离车情况下在原地(包括斜坡上)停住不动。汽车底盘的技术状态直接影响汽车的使用。

1) 传动系统

(1) 传动系统的作用 由于发动机与驱动车轮装置在不同位置上,其间相隔很长距离,故必须装置一个传动系统。其作用是:传递动力、增大扭矩、变换速度、保证两驱动车轮能做等速和不等速滚动、切断动力。

(2) 传动系统的组成 传动系统主要由离合器、变速器、万向传动装置及安装在驱动桥中的主减速器、差速器和半轴组成(见图2.51)。

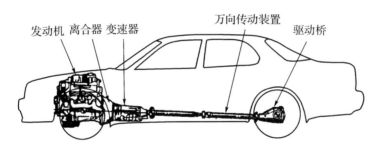

图 2.51 传动系统的组成

(3) 传动系统的典型结构

①轿车传动系统。图2.52是一种发动机前置、前轮驱动而且采用独立悬架的轿车传动系示意图。在图示的布置方案中,发动机、离合器和变速器都布置在驱动桥(前桥)的前方,而且三者与主减速器、差速器装配成一个十分紧凑的整体,固定在车架或车身架上。这样,在变速器和驱动桥之间没有必要设置万向节和传动轴,发动机可以纵置,也可横置。在发动机横置情况下,由于变速器轴线与驱动桥轴线平行,主减速器可以采用结构和加工都较简单的圆柱齿轮副,由于取消了纵贯前后的传动轴,车身底板高度要以降低,有助于提高高速行驶时的稳定性。整个传动系统集中在汽车前部,因而其操纵机构比较简单。图示方案中,半轴两端用万向节分别与差速器和驱动轮轴连接,是由于前轮既是驱动轮又是转向轮,而且采用了独立悬架。这种发动机和传动系统的布置形式目前已在微型和轻型轿车上广泛应用,在中、高级轿车上的应用也日渐增多。货车没有采用这种方案是因为上坡时作为驱动轮的前

轮附着力太小,不能获得足够的牵引力。

②货车传动系统。图 2.53 所示为普通货车传动系统的组成和布置示意图。发动机纵向布置在汽车的前部,后轮为驱动轮。发动机的扭矩经传动系统,即离合器、变速器,由传动轴和万向节组成的万向传动装置、安置在驱动桥内的主减速器、差速器和半轴,传给驱动轮。驱动轮得到的扭矩使用传给地面一个向后的作用力,并因此而使地面对驱动轮产生一个向前的反作用力,这个反作用力称为驱动力或牵引力。当驱动力足以克服行驶阻力时,汽车才会起步和正常行驶。

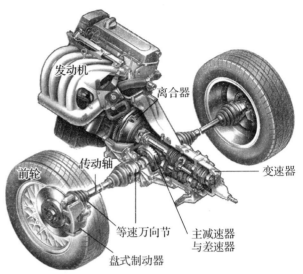

图 2.52 轿车传动系统

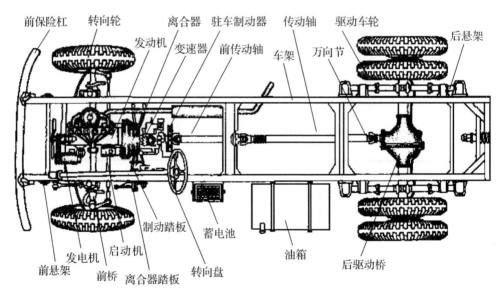

图 2.53 货车传动系统

③大型客车传动系统。图 2.54 所示的布置方案用于发动机后置、后轮驱动的大型客车。发动机、离合器和变速器都横置于驱动桥之后,驱动桥采用非独立悬架。主减速器与变速器之间距离较大,其相对位置经常变化。由于这些原因,有必要设置万向传动装置和角传动装置。大型客车采用这种布置形式更容易做到汽车总质在

前后车轴之间的合理分配。但是,在此情况下,发动机冷却条件较差,发动机和变速器、离合器的操纵机构都较复杂。

④越野汽车传动系统。对于要求能在非道路上行驶的越野汽车,为了充分利用车轮与地面之间的附着条件,以获得尽可能大的牵引力,总是将全部车轮都作为驱动轮。图 2.55 是 4×4 轻型越野汽车传动系示意图。

为了将变速器输出的动力分配给前后两驱动桥,在变速器与两驱动桥之间设置有分动器,并且相应增设了自分动器通向前驱动桥的万向传动装置。分动器虽然也装在车架上,但若不与变速器直接连接,且相距较远时,考虑到

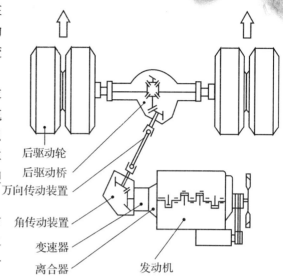

图 2.54 大型客车传动系统

安装精确和车架变形的影响,二者之间也需要采用万向传动装置。前驱动桥半轴与前驱动轮之间设置万向节是由于前轮兼充转向轮的需要。

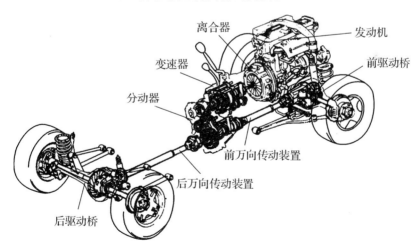

图 2.55 越野汽车传动系统。

(4) 离合器

①作用。使发动机与传动系统平稳结合或彻底分离,便于起步和换挡,并防止传动系统超过承载能力。

②类型。离合器的类型很多,主要有以下类型:

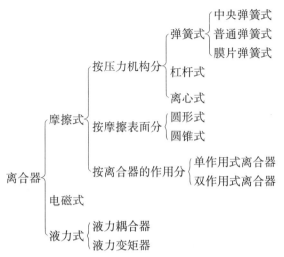

③组成。离合器主要由主动部分、从动部分、压紧部分和操纵部分组成。

主动部分:由装在曲轴上的飞轮和压盘组成(见图2.56)。

从动部分:双面带摩擦衬片的从动盘。

压紧部分:由压紧弹簧和离合器盖组成。

操纵部分:包括由离合器踏板、分离叉、分离杠杆、分离轴承和分离套筒组成,大型汽车上设有液压助力装置。

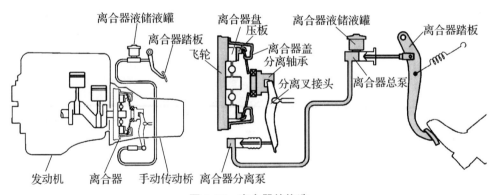

图 2.56 离合器的构造

(5)变速器

①作用。改变汽车的行驶速度和扭矩;利用倒挡实现倒车;利用空挡暂时切断动力传递。

②类型。变速器的类型如下:

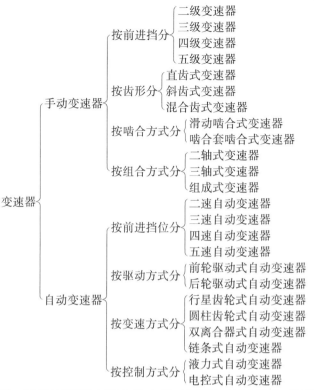

③手动变速器。手动变速器主要由输入轴、输出轴、变速机构、换挡操纵机构、同步器等组成(见图2.57)。

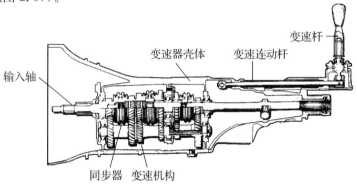

图2.57 手动变速器的组成

变速器输入轴:通过离合器,变速器输入轴和曲轴连接在一起。输入轴的作用是输入动力,输入轴又叫第一轴。

变速器输出轴:变速器输出轴直接和汽车的驱动轴或传动轴连接。输出轴的作用是输出动力,输出轴又叫第二轴。

变速机构:变速器齿轮分别装在变速器的输入轴及输出轴或中间轴上。通过变换齿轮的传动比,使输出轴获得所需要的转速和扭矩。

换挡操纵机构：换挡操纵机构的作用是改变啮合齿轮的组合，实现变速操作的目的。

同步器：同步器的作用是帮助变速齿轮啮合，保证变速操纵平顺。

变速器的结构复杂加工精度高。在各种产品中，很少有像变速器这样的装置，每个零件加工要求都很高。

④自动变速器。自动变速器主要由液力变矩器、齿轮变速器、油泵、控制系统（液力式或电液式）等几个部分组成（见图2.58）。

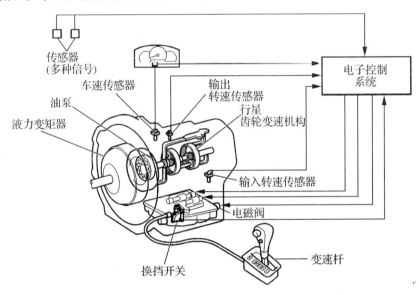

图2.58 自动变速器的组成

液力变矩器：液力变矩器位于自动变速器的最前端，它安装在发动机的飞轮上，其作用与采用手动变速器的汽车中的离合器相似。它利用液力传递的原理，将发动机的动力传给自动变速器的输入轴。此外，它还能实现无级变速，并具有一定的减速增扭功能。

齿轮变速器：齿轮变速器是具有自动变速器的主要组成部分，它包括齿轮变速机构和换挡执行机构。换挡执行机构可以使齿轮变速机构处于不同的挡位，以实现不同的传动比。大部分自动变速器的齿轮变速机构有3~4个前进挡和1个倒挡。这些挡位与液力变矩器相配合，就可获得由起步至最高车速的整个范围内的无级变速。

油泵：油泵通常安装在液力变矩器之后，由飞轮通过液力变矩器壳直接驱动，为液力变矩器、控制系统及换挡执行机构的工作提供一定压力的液压油。

控制系统：新型汽车自动变速器的控制系统有液力式和电液式两种。液力式控制系统包括由许多控制阀组成的阀板总成以及液压管路。电液式控制系统除了阀板及液压管之外，还包括电脑、传感器、执行器及控制电路等。阀板总成通常安装在齿轮变速器下方的油底壳内。驾驶员通过自动变速器的操纵手柄改变阀板内的手动阀的位置。控制系统根据手动阀的位置及节气门开度、车速、控制开关的状态等因素,利用液压自动控制原理或电子自动控制原理,按照一定的规律控制齿轮变速器中的换挡执行机构的工作,实现自动换挡。

此外,在自动变速器的外部还设有一个液压油散热器,用于散发自动变速器内的液压油在工作过程中产生的热量。

(6) 万向传动装置

①作用。万向转动装置连接两根轴线不重合,而且相对位置经常发生变化的轴,并能可靠地传递动力。万向传动装置的布置如图2.59所示。

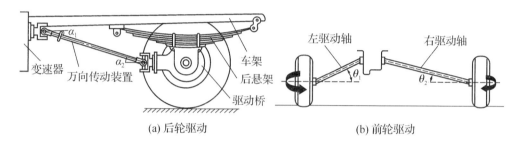

图2.59 万向传动装置的布置

②组成。万向传动装置主要由万向节、传动轴组成,有的装有中间轴承。

前轮驱动轿车的万向传动装置由球笼式等速万向节和传动轴组成(见图2.60),货车的万向传动装置一般由十字轴刚性万向节和传动轴组成。

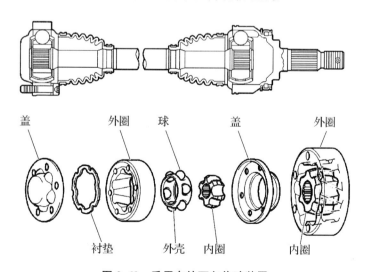

图2.60 乘用车的万向传动装置

（7）主减速器

①作用。主减速器的功用是将变速器传来的扭矩进一步增大,并降低转速以保证汽车在良好的路面上有足够的驱动力和适当的车速。此外,对于纵置发动机还具有改变扭矩旋转方向的作用。

②类型。主减速器的类型如下：

$$
\text{主减速器}\begin{cases} \text{按齿轮形式分} \begin{cases} \text{圆锥直齿式} \\ \text{圆锥螺旋齿式} \\ \text{双曲线齿式} \end{cases} \\ \text{按传动比分} \begin{cases} \text{传动比不可变式} \\ \text{传动比可变式} \end{cases} \\ \text{按参加减速传动齿轮副数目分} \begin{cases} \text{单级式} \\ \text{多级式} \end{cases} \end{cases}
$$

③组成。目前,轿车、轻型货车、中型货车等均采用单级主减速器(见图 2.61),由一对圆锥齿轮组合而成。轴承预紧度、从动锥齿轮啮合间隙可通过调整垫片进行调整。

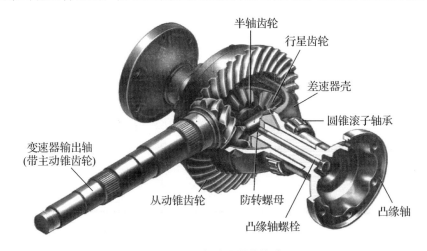

图 2.61　主减速器的构造

（8）差速器

①作用。差速器是汽车上的一个重要装置。差速器的基本机构历经百年沧桑,不断改进。在汽车上,差速器结构已达到了极完美的地步。

汽车转弯时,由于内、外轮转弯半径不同,使左右驱动轮的转速不相等。差速器的作用就是避免轮胎打滑,使汽车圆滑地转弯。

②组成。差速器主要由 4 个行星齿轮、行星齿轮轴、2 个半轴齿轮和差速器壳等组成(见图 2.62)。

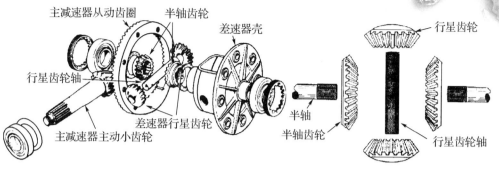

图 2.62 差速器的组成

2) 行驶系统

(1) 功用 汽车行驶的功用是把来自传动系统的扭矩转化为地面对车辆的牵引力;承受外界对汽车的各种作用和力矩;减少振动,缓解冲击,保证汽车正常、平顺地行驶。

(2) 组成 一般由车架、车桥、车轮和悬架组成(见图 2.63)。车架是全车的装配基体,它将汽车的各相关总成连接成一整体。车轮分别支承着从动桥和驱动桥。为减少车辆在不平路面上行驶使车

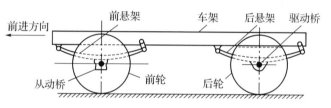

图 2.63 行驶系统的组成

身所受到的冲击和振动,车桥又通过弹性前悬架和后悬架与车架连接。在某些没有整体车桥的行驶系中,两侧车轮的心轴也可分别通过各自的弹性悬架与车桥连接,即所谓独立悬架。

车轮是介于轮胎和车轴之间所承受负荷的旋转组件,通常由两个主要部件:轮辋和轮辐组成(见图2.64)。轮辋是在车轮上安装和支承轮胎的部件,轮辐是在车轮上介于车轴和轮辋之间的支承部件。车轮除上述部件外,有时还包含轮毂。

3) 转向系统

(1) 功用 改变和保持汽车行驶方向。

(2) 组成 汽车转向系统分为机械转向系统和动力转向系统两大类。

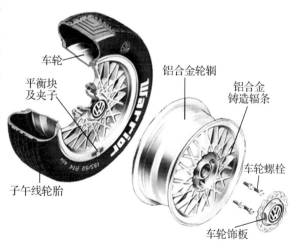

图 2.64 车轮

①机械转向系统。机械转向系统以驾驶员的体力作为转向能源,其中所有传力件都是机械的。机械转向系统由转向操纵机构、转向器和转向传动机构三大部分组成,其一般布置情况如图 2.65 所示。

②动力转向系统。动力转向系统是兼用驾驶员体力和发动机动力为转向能源的转向系统。在正常情况下,汽车转向所需能量,只有一小部分由驾驶员提供,而大部分是由发动机通过转向动力装置提供的。但在转向加力装置失效时,一般还是应当能由驾驶员独立承担汽车转向任务。因此,动力转向系统是在机械转向系统的基础上加设一套转向加力装置而形成的。

图 2.66 为一种液压动力转向系统的组成,其中属于转向加力装置的部件是:转向罐、转向油泵、转向控制阀和转向动力缸。

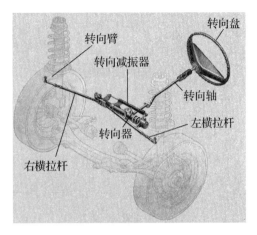

图 2.65 机械转向系统的组成

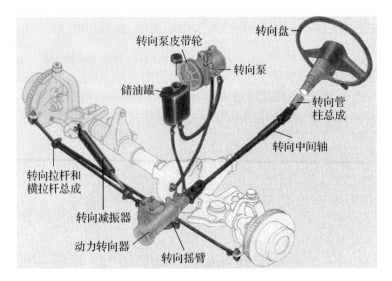

图 2.66 动力转向系统

4) 制动系统

(1) 功用　汽车制动系统的功用是根据需要使汽车减速或在最短的距离内停车,以保证行车的安全。使驾驶员敢于发挥出汽车的高速行驶能力,从而提高汽车运输的生产率,又能使汽车可靠地停放在坡道上。

(2) 类型　汽车制动系统主要类型如下:

（3）液压制动系统　液压制动系统的基本组成和回路，如图2.67所示。液压制动系统主要由制动主缸、制动轮缸、真空助力器、前制器、后制器等组成。

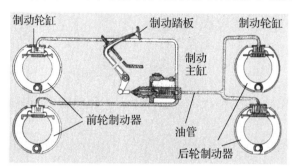

图2.67　液压制动系统的组成

（4）气压式制动系统　气压式制动是利用压缩空气作为源的动力式制动系统。驾驶员只需按不同的制动强度要求，控制制动踏板的行程，便可控制制动气压的大小来获得所需要的制动力。

气压制动系统由两大部分组成（见图2.68）。一是气源部分，它包括空气压缩机、调压机构（卸荷阀和调压阀）、贮气筒、气压表和安全阀等部件。二是控制部分，它包括制动踏板、制动控制阀、控制管路、制动气室、制动灯开关等部件。

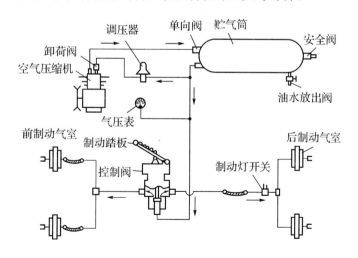

图2.68　气压式制动系统的组成

现代汽车的气压式制动系统,远不止这些基本部件,都是双管路控制系统,外加不少改善制动性能的泵类、阀类装置,使气压制动系统进入完善而复杂的境地。

(5) 车轮制动器　汽车车轮制动器分为鼓式和盘式两种,它们的区别在于前者的摩擦副中旋转元件为制动鼓,其圆柱面为工作表面;后者摩擦副中的旋转元件为圆盘状制动盘,其端面为工作表面。

盘式制动是由摩擦衬块夹紧制动盘产生制动,鼓式制动是摩擦衬片压紧旋转的制动鼓内侧产生制动。两种制动方式都产生大量的摩擦热,制动装置就是把行驶中汽车的动能转换为热能,使汽车减速的装置(见图 2.69)。

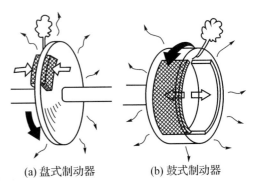

(a) 盘式制动器　　(b) 鼓式制动器

图 2.69　制动器的制动原理

(6) 驻车制动器

①作用。驻车制动器的功用:停驶后防止滑溜;坡道起步;行车制动失效后临时使用或配合行车制动器进行紧急制动。

②组成。驻车制动器有两种形式,一种是安装在变速器或分动器后,称为中央制动器(见图 2.70);另一种是利用后桥的行车制动器兼充驻车制动器。

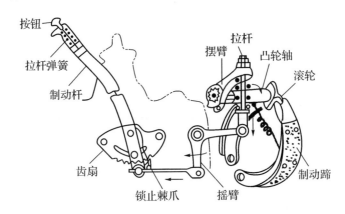

图 2.70　驻车制动器

(7) 防抱死制动系统(ABS)

①作用。防抱死制动系统(ABS)对提高汽车主动安全方面的作用如下:

• 保持汽车在任何路面,尤其是在冰雪及泥泞路面上的制动稳定性,防止侧滑甩尾。

• 保持汽车在制动时,尤其是在冰雪及泥泞路面上转向的操纵性,防止汽车失控。

• 缩短制动距离,在冰雪路上可缩短 10%~20%。

- 防止轮胎剧烈拖痕,提高轮胎寿命6%。
- 提高汽车平均车速,尤其是在冰雪及泥泞路面上可提高15%。
- 减少交通事故。据统计,冰雪泥泞路交通事故70%,雨天交通事故30%,都是由制动不当造成的。

②组成。ABS是由下述构件组成:控制整个系统的控制装置(电子计算机)、实际控制液压的调节器(也称执行器)、检测汽车状态的车速传感器、输送制动液的泵(见图2.71)。

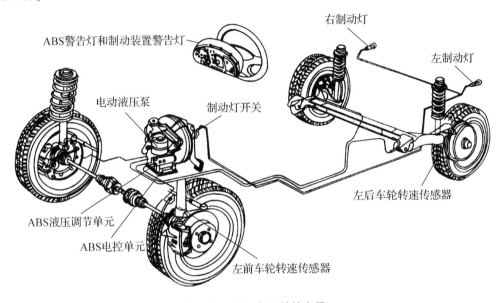

图 2.71 ABS 各元件的布置

③ABS的工作原理。当过制动发生,即制动力超出路面及车胎的摩擦力时,车轮抱死。为防止这一现象的发生,首先必须检测出车轮是否会发生抱死。安装在车轮上的车轮转速传感器检测出车轮的转速后,向控制装置发送信号。控制装置对各车轮信号进行比较,监视车轮是否抱死。控制装置判断发生抱死,向调节器发出信号,打开阀门使钳夹的液压瞬间下降。这样,制动力变弱,车轮恢复转速,借助于调节器再次急速增高钳夹的液压,加大制动。这种工作呈循环往复式进行。ABS通过增减钳夹的液压防止车轮抱死,有使用活塞的方式,还有利用泵将钳夹制动液吸回到制动主缸的方式。

2.4.4 车身

1) 车身的作用

汽车车身既是驾驶员的工作场所,也是容纳乘客和货物的场所。车身应为驾驶员提供便利的工作环境,对乘员提供舒适的乘坐条件,保护他们免受汽车行驶时的振动、噪声、废气的侵袭以及外界恶劣气候影响,并且应保证完好无损地运载货物且装卸方便。汽车车身上的一些结构措施和装备,还有助于安全行车和减轻车祸等严重事故的后果。车身应保证汽车具有合理的外部形状,在汽车行驶时能有效地引导周围的气流,以减少空气阻力和燃料消耗。此外,车身还应有助于提高汽车的行驶稳定性和改善发动机的冷却条件,并保证车内部良好的通风。

汽车车身是一件精致的综合艺术品,应以其明晰的雕塑形体、优雅的装饰件和内部覆饰材料以及悦目的色彩使人获得美的感受,点缀人们的生活环境。

2) 车身的类型

(1) 按用途分类　按照用途不同,可分为:乘用车车身、客车车身、载货汽车车身等几大类。

①乘用车车身的类型。乘用车是乘坐 2~9 人(包括驾驶员)的乘用车。

按乘用车的类型不同分,可分为:四门乘用车、双门乘用车(两排座位)、双门乘用车(单排座位)、旅行车、四门硬顶乘用车、双门硬顶乘用车、高级乘用车(两排座位)、高级乘用车(三排座位)、四门敞篷车、双门敞篷车、跑车、运动车、多用途车、厢式车等车身,如图 2.72 所示。

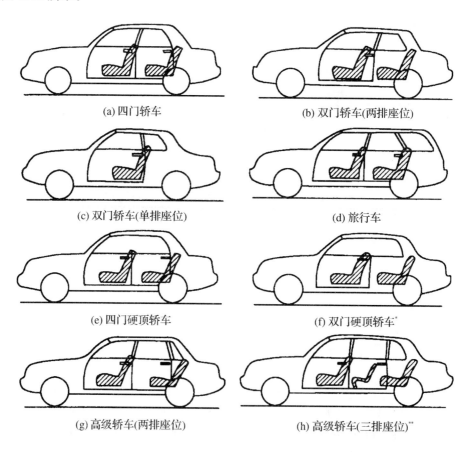

(a) 四门轿车　　　(b) 双门轿车(两排座位)
(c) 双门轿车(单排座位)　　　(d) 旅行车
(e) 四门硬顶轿车　　　(f) 双门硬顶轿车
(g) 高级轿车(两排座位)　　　(h) 高级轿车(三排座位)

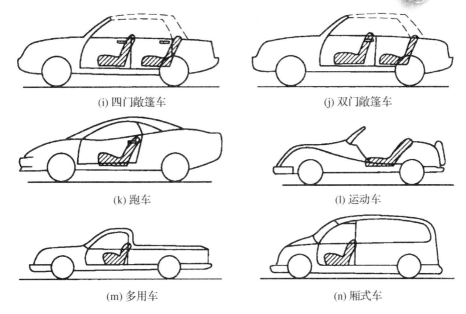

图 2.72 按乘用车类型不同分类的车身

按舱数不同分,乘用车车身可分为三厢车、两厢车和单厢车(见图 2.73)。

（a）三厢车　　　　　　（b）两厢车　　　　　　（c）单厢车

图 2.73 按乘用车舱数不同分类的车身

②客车车身类型。客车是乘坐 9 人以上乘员、主要供公共服务用的汽车。按照服务方式不同,客车的容量和形式亦各不相同。其类型如图 2.74 所示。

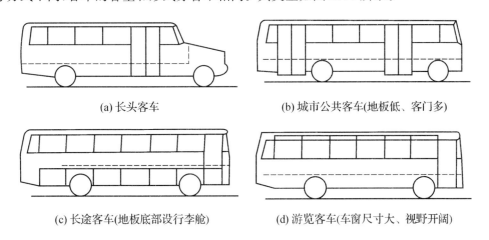

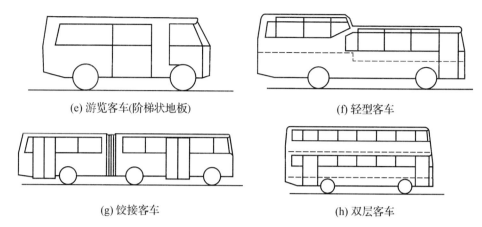

(e) 游览客车(阶梯状地板)　　　　　(f) 轻型客车

(g) 铰接客车　　　　　　　　　(h) 双层客车

图 2.74　客车车身的类型

（2）按承载形式分类　按车身承载形式的不同，可分为：承载式车身、非承载式车身和半承载式车身三大类。

①承载式车身。承载式车身的结构特点是没有车架。车身由底板、骨架、内蒙皮和外蒙皮、车顶等组焊成刚性框架结构，整个车身构件全部参与承载，所以称之为承载式车身。由于无车架，因此也称之为无车架式车身。

对承载式车身而言，由于整个车身都参与承载，强度条件好，因此可以减轻车身的自重。因无须车架，车室内空间可增大，地板高度可降低，整车的高度也可下降，有利于提高轿车的行驶稳定性和上、下车的方便性。

②非承载式车身。非承载式车身的结构特点是有独立的车架，所以也称车架式车身。车身用弹簧或橡胶垫弹性地固定在车架上面，底盘总成如传动、驱动、转向以及发动机总成等也安装在车架上。安装和承载的主体是车架，车身只承受所载人员和行李的重力。

由于汽车的振动是通过车架传至车身(乘坐区)，而车架与车身之间为弹性连接，这样车身所受冲击小，振动小，乘坐的舒适性提高了，车身所受载荷也减少了。

对于非承载式车身，其发动机和底盘总成直接安装在车架上，然后与车身组装成一体，这对车身的改型和改装带来了方便。而且，车身的维修也比较方便。

由于非承载式车身只承受人和行李的重力，不参与承载，所以整车质量和尺寸增大了。这对整车的动力性和燃油经济性以及行驶稳定性会有不利的影响。

③半承载式车身。半承载式车身的结构与非承载式车身的结构基本相同，也是属有车架式的。它们之间的区别在于：半承载式车身与车架的连接不是柔性的而是刚性连接，即车架与车身焊接或用螺栓固定。

由于是刚性连接，所以车身只是部分地参与承载，车架是主承载体。

3）车身的组成

汽车车身结构主要包括：车身壳体、车门车窗、车前板制件、车身内外装饰件、车身附件、座椅以及通风、暖气、冷气、空气调节装置等(见图2.75)。在载货汽车和专用汽车上还包括货厢和其他设备。

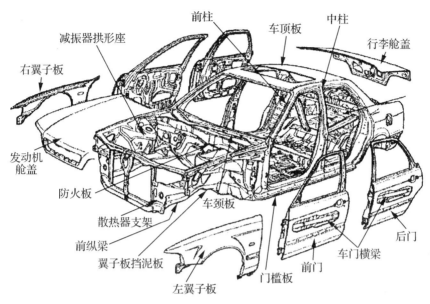

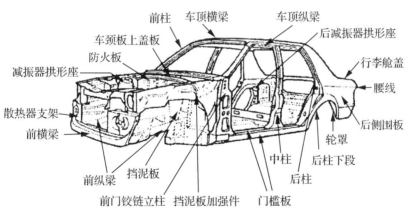

图 2.75　车身的组成

2.4.5　电器设备

1) 供电系统

汽车的供电系统由蓄电池、发电机及其调节器组成(见图2.76)。在发动机正常工作的情况下,发电机向点火系统及其他用电设备供电,并同时向蓄电池充电。当汽车上的用电设备耗电量过大,所需功率超过发电机的额定功率时,蓄电池和发电机同时向全部用电设备供电。当发动机低速运行时,发电机不发电或发出的电压很低,此时汽车用电设备所需的电能完全由蓄电池供给。在发动机启动时,启动机、点火系统、仪表等主要用电设备所需电能也由蓄电池供给。

(1) 蓄电池的功用

①发动机启动时,向启动机和点火系统供电。

②发动机低速运转、发电机电压较低或不发电时,向用电设备供电,同时还向交流发电机磁场绕组供电。

③发动机中高速运转、发电机正常供电时,将发电机剩余电能转换为化学能储存起来。

④发电机过载时,协助发电机向用电设备供电。

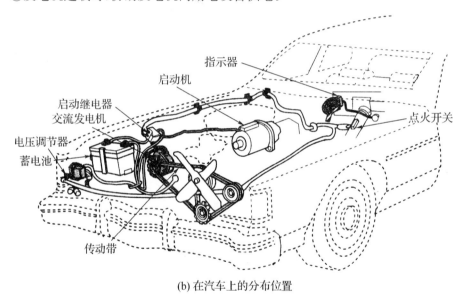

图 2.76 供电系统

⑤稳定系统电压、保护电子设备。因为蓄电池相当于一只大容量电容器,所以不仅能够保持汽车电系的电压稳定,而且还能吸收电路中出现的瞬时电压,防止电子设备击穿损坏。

(2) 交流发电机的功用 硅整流交流发电机的主要功用是:当发电机输出电压高于蓄电池电压时,便代替蓄电池向全车用电设备(除启动机)直接供电,同时对蓄电池进行充电。

2) 仪表系统

为了使驾驶员能够随时掌握汽车各系统的工作情况,在汽车驾驶室的仪表板上装有各种指示仪表及各种报警装置(见图 2.77)。

图 2.77 乘用车仪表板布置

汽车一般采用组合仪表盘,组合仪表盘主要由车速表、转速表、水温表、燃油表、时钟等组成。仪表电路为薄膜印刷电路,水温表与燃油表制成一个总成,为了防止电源电压变化给燃油表、水温表的指示精度带来影响,燃油表和水温表配有仪表稳压器。

3）照明设备

汽车在夜间或雾中行驶,需要用灯光来照亮道路的前方,同时要有发光的标志和信号,便于联络和保障行车安全。因此,汽车上必须有照明装置,照明设备。

①外部照明:前照灯、雾灯、牌照灯等。

②内部照明:厢灯、顶灯、阅读灯、踏步灯、工作灯、发动机舱灯、仪表灯等。

③外部光信号:位置灯、转向信号灯、停车灯、警告灯、示廓灯、后雾灯、标志灯、反射灯、侧车灯等。

④内部光信号:门灯、转向指示灯、油压报警灯、充电指示灯等。

4）信号系统

（1）转向信号灯　转向信号灯安装在车身前端和后端的左右两侧,由驾驶员在转向之前,根据将向左转弯或向右转弯,相应地开亮左侧或右侧的转向信号灯,以通知交通警察、行人和其他汽车上的驾驶员。为了在白天能引人注目,转向信号灯的亮度很强,此外为引起对方注意,在转向信号灯电路中装有转向信号闪光器,借以使转向信号灯光发生闪烁。闪烁式转向信号灯可以单独设置,也可以与前小灯合成一体,在后一种情况下,一般用双灯泡。也有的后转向信号灯和后灯合成一体。转向信号灯闪光器有电热式、电容式和晶体管式三种。

（2）制动信号灯　制动信号灯装在汽车后部,在驾驶员踩下制动踏板时即发亮,发出即使在白天也能明显看出的强烈红光,以提醒后车驾驶员注意。制动信号灯有一个或两个;可以单独设置,也可以和后灯合装成一体。

（3）倒车信号灯及倒车报警器　有些汽车的后部装有倒车信号灯和倒车报警器,当驾驶员倒车时,倒车信号灯发亮,同时报警器的电喇叭发出断续的响声,用以警告车后的行人和车辆驾驶员。倒车信号以及报警器均由装在变速器盖上的倒车灯开关控制。

(4) 喇叭　为警告行人和其他车辆驾驶员注意安全,汽车上都有声响信号装置——喇叭。汽车喇叭按其能源分为电喇叭和气喇叭两种。

电喇叭按其外部形状分为螺旋形(亦称蜗牛形)、长筒形和盆形三种;按音调又可分单音、双音和三音喇叭。当装用多音喇叭时,为减小通过喇叭按钮开关的电流和减小线路中的电压降,应加装喇叭继电器。

气喇叭按结构形状也可分长筒形和螺旋形两种。按音调又可分为单音和双音两种气喇叭。

5) 空调系统

(1) 作用　某些轿车、客车和货车驾驶室装有空调系统,其作用是在车外环境温度较高时降低车内温度,使乘客感到凉爽。冷气装置工作时,必须使汽车的门窗紧闭以保证室内良好的密封。

(2) 组成　空调系统主要由压缩机、冷凝器、储液干燥器、蒸发箱等组成,如图2.78所示。冷凝器用于散发热量,故又称为散热器。蒸发箱用于吸收热量,故又称为吸热箱。

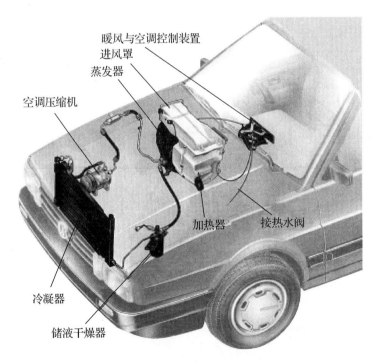

图 2.78　空调系统的组成

2.5 汽车使用性能

汽车的使用性能主要包括动力性、燃油经济性、制动性、操纵稳定性、行驶平顺性、通过性等。

2.5.1 汽车的动力性

汽车的动力性是指汽车在良好路面上直线行驶时所能达到的平均行驶速度。汽车动力性是汽车各种性能中最基本、最重要的性能。评定汽车动力性的指标主要有：汽车的最高车速、汽车的加速时间和汽车的最大爬坡度。

1）最高车速

最高车速是指汽车在水平良好的路面（混凝土或沥青）上所能达到的最高行驶速度。汽车使用说明书上都标有汽车的最高行驶速度，轿车的最高行驶速度通常都高于公路限速标志规定的行驶速度。

2）加速时间

汽车的加速时间表明了汽车的加速能力，常用原地起步加速时间和超车加速时间表示。

原地起步加速时间是指汽车由一挡或二挡起步，以最大的加速度，选择恰当的换挡时机，全力加速行驶至某一预定距离或达到某一预定车速所需要的时间。一般常用 0→400 m 或 0→100 km/h 的秒数表示汽车的原地起步加速能力。

超车加速时间是指用最高挡或次高挡由某一较低车速全力加速至某一高速所需要的时间，对超车加速时间采用较多的是从 30 km/h 或 40 km/h 全力加速行驶至某一高速所需的时间。超车加速能力较强的车辆在超车时与被超车辆并行的行程短，行驶较为安全。轿车应具有较好的超车加速能力。

3）最大爬坡度

最大爬坡度表示了汽车的上坡能力，是指汽车满载（或某一载质量）时在良好路面上所能爬上的最大坡度，单位为％。显然，最大爬坡度是指一挡时的最大爬坡度。

我国《公路工程技术标准》（JTG B01-2014）规定，高速公路平原微丘区的最大纵坡为3％，山岭重丘区为5％；四级公路平原微丘区的最大纵坡为5％，山岭重丘区为9％。

轿车大多在良好道路上行驶，一般不强调爬坡能力；货车在各种不同道路上行驶，应具有足够的爬坡能力，一般在30％，即16.7°左右；越野汽车在坏路或无路条件下行驶，爬坡能力非常重要，可达到60％，即31°左右。

2.5.2 汽车的燃油经济性

燃油经济性是汽车的主要性能之一，是指汽车以最小的燃料消耗完成单位运输工作量的能力。燃油经济性的评价指标有百千米燃油消耗量、百吨千米燃油消耗量和 MPG。

1) 百千米燃油消耗量

百千米燃油消耗量是指汽车在一定运行工况下行驶 100 km 的燃油消耗量。一般情况下，燃油消耗量采用容积 L(升)计算，百千米油耗是最常采用的燃油经济性评价指标。

根据不同的测试条件，百千米油耗又分为等速行驶百千米油耗、多工况百千米油耗、一般道路平均百千米油耗等。

等速百千米油耗指汽车在一定载荷下(我国标准规定轿车为半载，货车为满载)，以最高挡在水平良好路面按某一车速等速行驶 100 km 的燃油消耗量。在试验时，测出每隔 10 km/h 或 20 km/h 速度间隔的等速百千米燃油消耗量，然后在图上连成曲线，即可得到汽车的等速行驶百千米燃油消耗量曲线。等速百千米油耗不能全面反映汽车的实际运行情况，特别是在市区行驶中频繁使用的加速、减速、怠速、停车等行驶工况。因此，各国根据本国的道路、交通状况制定了一些典型的循环工况来模拟汽车的实际运行工况，并以其百千米油耗来评定相应工况的燃油经济性。

多工况燃油消耗量是按照规定的多工况循环试验得出的车辆百千米油耗。多工况循环行驶试验规定了车速-时间行驶规范，确定了何时换挡、何时制动以及行车的速度、加速度等数值。多工况循环试验规定严格，大多是在室内汽车底盘测功机上进行，简单的循环工况也可在道路上完成。

2) 百吨千米燃油消耗量

百吨千米燃油消耗量指载货汽车完成每百吨千米货运周转量折算的燃油消耗量，单位为 L/(100 t·km)。百吨千米油耗可以来比较不同车型、不同载质量货运汽车的燃油经济性，对于客运车辆可采用折算方法，以 10 人千米客运量折算为 1 吨千米，或以 L/(1 000 人·km)作为计量单位。

3) MPG

MPG 是美国燃油经济性评价指标，指每加仑(美国加仑，USgal，1 USgal＝3.785 L)燃油可供汽车行驶的英里(mile，1 mile＝1.609 km)数，单位是 mile/USgal。MPG 数值越大，汽车的燃油经济性就越好。

4) 提高燃油经济性的主要措施

汽车的燃油经济性十分重要，既是消费者十分关注的因素，也是设计、制造者十分重视的因素，人们都希望提高汽车的燃油经济性，降低燃油消耗量。

提高汽车的燃油经济性的主要措施有：

①提高汽车发动机的燃油经济性。发动机本身的燃油经济性好才有可能使汽车的燃油经济性提高。

②选用合适的发动机和动力传动系统。有了好的发动机而没有与之相匹配的动力传动系统，汽车的燃油经济性也不会提高。为此，在进行发动机与传动系统选型时，常采用"优化设计"的方法使发动机与传动系合理匹配，达到最佳的燃油经济性。

③提高汽车整车的"轻量化"程度，是提高汽车燃油经济性的最直接、最有效的

措施。

④提高动力传动系统的传动效率、减小轮胎与路面的滚动阻力、减小空气阻力等也是有效措施之一。

⑤采用节能装置等。

⑥行驶过程中,驾驶员的合理操纵也是降低油耗的有效办法。

2.5.3　汽车的制动性

汽车的制动性是指行驶中的汽车能在短距离内停车且维持行驶方向稳定,以及在下长坡时能控制一定车速的能力。汽车的制动性是确保汽车行驶安全的重要性能,直接关系着汽车的行车安全。只有在保证行车安全的前提下,才能充分利用汽车的其他使用性能,诸如提高汽车的行驶速度,提高汽车的机动性能等。

汽车的制动性主要由制动效能、制动效能恒定性和制动时汽车的方向稳定性三个方面来评价。

1) 制动效能

制动效能是指汽车迅速降低行驶速度直至停车的能力。制动效能是制动性能最基本的评价指标,常用制动距离、制动减速度、制动力和制动时间来评价。

制动距离与行车安全有直接关系,而且最直观,因此管理部门通常按制动距离制订安全法规。

2) 制动效能稳定性

制动效能稳定性是指制动效能不因制动器摩擦条件的改变而恶化的性能,包括热稳定性和水稳定性。

水稳定性——制动效能不因制动器浸水而衰退的能力。

热稳定性(抗热衰退性)——制动器连续使用,温度升高后保持冷态时制动效能的能力。

3) 制动时汽车的方向稳定性

制动时汽车的方向稳定性是指汽车在制动过程中,维持直线行驶或按预定弯道行驶的能力。各轮的制动力不均匀、比例不当是导致制动跑偏、侧滑,使汽车失去控制而离开原行驶方向的基本原因。通常规定制动稳定性试验时,车体任何部位不许超出2.3~3.0 m宽的车道。

制动时车轮先、后抱死的顺序对方向稳定性影响很大。如果后轮先抱死拖滑,则在轻微的侧向力作用下,就会产生后轴侧滑,特别是在急转弯和调头时更为明显。地面越滑,制动距离越长,而后轴出现侧滑越剧烈。防抱死制动系统可根据制动时制动强度的动态变化,自动控制制动力而使侧滑减少。

2.5.4　汽车的操纵稳定性

汽车的操纵稳定性包含着互相联系的两部分内容,一个是操纵性,一个是稳定性。

操纵性是指汽车能够及时而准确地执行驾驶员的转向指令的能力;稳定性是指汽车受到外界扰动(路面扰动或突然阵风扰动)后,能自行尽快地恢复正常行驶状态和方向,而不发生失控,以及抵抗倾覆、侧滑的能力。实际上两者很难截然分开,稳定性的好坏直接影响操纵性,常统称为汽车操纵稳定性。

随着道路条件的改善,各类汽车运行速度的提高,为保证安全行驶,汽车的操纵稳定性日益受到重视,尤其是高速汽车,操纵稳定性成为现代汽车的重要使用性能之一。

汽车操纵稳定性的评价方法有主观评价和客观评价两种。所谓主观评价就是感觉评价,其方法是让试验评价人员,根据试验时自己的感觉来进行评价,并按规定的项目和评分办法进行评分。客观评价法则是通过测试仪器测出来表征操纵性能的物理量,如横摆角速度、侧向加速度、侧倾角及转向力等来评价操纵稳定性。

2.5.5　汽车的行驶平顺性

1) 平顺性评价标准

汽车的平顺性是指汽车在行驶过程中乘员所处的环境具有一定舒适度的性能,以及使货物保持完好的性能,又称乘坐舒适性。它包括振动对人的影响、汽车的空气及温度调节性能、座椅的舒适程度等。

国际标准化组织(ISO)制定了 ISO 2631《人体承受全身振动评价指南》,用于评价汽车的平顺性。我国也制定了 GB/T 4970—2009《汽车平顺性试验方法》等有关标准。其评价指标主要有:汽车车身的固有频率、汽车振动的加速度等。

2) 平顺性分析

由于汽车的平顺性主要取决于汽车的振动,所以平顺性分析主要是进行整车的振动分析。

振动分析十分复杂,简单地讲就是将车身看成是一个振动体,悬架即为弹性元件,减振器即为阻尼元件,路面的不平度为输入,对此振动系统进行振动分析。分析的主要内容是:车身质量、汽车的非悬挂质量、轮胎、悬架的弹性特性及阻力特性对振动的加速度、振动的固有频率、振型、幅频特性、相频特性等的影响。

3) 提高汽车平顺性的主要措施

汽车的平顺性主要取决于汽车的振动。因此,提高平顺性的主要措施就是改善汽车的振动特性。

主要措施有:合理地设置座椅;合理地设计汽车的悬架系统,使悬架的弹性特性、减振器的阻力特性匹配合理;提高减振效果;加长轴距、降低汽车的重心高度;合理分配汽车的轴荷;合理选择汽车轮胎等。

2.5.6　汽车的通过性

汽车通过性是指汽车在一定的载质量下,能够以足够高的平均车速通过各种坏路、无路区域,以及克服各种障碍物的能力。如:通过松软的土路、雪路、沙漠、泥泞路面,坎坷不平地带,及越过陡坡、侧坡、台阶、壕沟等。

汽车通过性包括轮廓通过性和支撑通过性。

1) 轮廓通过性

轮廓通过性表征车辆通过坎坷不平路段、障碍(陡坡、侧坡、台阶、壕沟等)的运行能力。表征车辆轮廓通过性的指标有:离地间隙、接近角、离去角、纵向通过半径、横向通过半径等(见图2.79),以及车辆通过的最大侧坡等。

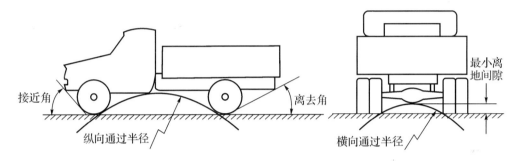

图 2.79 汽车轮廓通过性的几何参数

2) 支撑通过性

支撑通过性表征车辆在松软土壤、雪地、冰面、沙漠、滑溜路面上运行的能力。其评价参数通常有附着质量、附着质量利用系数和接地比压。

2.6 汽车的行驶原理

2.6.1 汽车行驶的驱动条件

1) 汽车的驱动力

驱动力是由发动机的转矩经传动系传至驱动轮上得到的。

汽车发动机产生的有效转矩 T_{tq},经汽车传动系到驱动轮上,此时作用于驱动轮上的转矩 T_t 产生一个对地面的圆周力 F_0,地面对驱动轮的反作用力 F_t(方向与 F_0 相反)即是驱动汽车的外力——汽车的驱动力(见图2.80),单位为 N。其数值为

$$F_t = T_t / r$$

式中:T_t——作用于驱动轮上的转矩,单位为 N·m;

r ——车轮半径,单位为 m。

若发动机发出的有效转矩为 T_{tq},变速器的传动比为 i_g,主减速器传动比 i_0,传动系的机械效率为 η_T,则作用于驱动轮上的转矩为

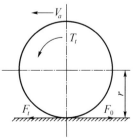

图 2.80 汽车的驱动力

$$T_t = T_{tq} i_g i_0 \eta_T$$

对于装有分动器、轮边减速器、液力传动等装置的汽车,上式应计入相应的传动比和机械效率。

根据作用力与反作用力相等的原理,汽车的驱动力为

$$F_t = F_0 = T_t/r = T_{tq} i_g i_0 \eta_T / r$$

2)汽车的行驶阻力

汽车在水平道路上直线等速行驶时,必须克服来自地面与轮胎相互作用而产生的滚动阻力和来自车身与空气相互作用而产生的空气阻力。滚动阻力以符号 F_f 表示,空气阻力以符号 F_w 表示。当汽车在坡道上直线上坡行驶时,还必须克服其重力沿坡道的分力,称为坡度阻力,以符号 F_i 表示,汽车直线加速行驶时,还需克服加速阻力,以符号 F_j 表示。因此,汽车直线行驶时其总阻力为

$$\sum F = F_f + F_w + F_i + F_j$$

上述汽车各种行驶阻力中,滚动阻力 F_f 和空气阻力 F_w 是在任何行驶条件下都存在的,坡度阻力 F_i 和加速阻力 F_j 仅在一定行驶条件下存在。汽车下坡时,F_i 为负值,此时汽车重力沿坡道的分力已不是汽车的行驶阻力,而是动力了。同样,汽车减速行驶时,惯性作用是使汽车前进的,F_j 也为负值,亦不是阻力了。在水平道路上等速直线行驶时,就没有坡度阻力和加速阻力。

(1)滚动阻力 滚动阻力是车轮在路面上滚动时产生的阻力,它是由轮胎和路面的变形、摩擦以及车轮轴承中的摩擦等因素引起的。

车轮沿硬路面(如水泥路面)滚动,路面变形很小,轮胎变形是主要的;车轮沿软路面(如松土路、雪地)滚动,轮胎变形较小,路面变形较大。此外,在以上两种情况下,轮胎与路面间以及车轮轴承内部都存在摩擦。车轮滚动时产生的这些变形与摩擦都要消耗发动机一定的动力,而形成滚动阻力,其数值与汽车总重力、轮胎结构和气压以及路面性质有关。滚动阻力的计算式为

$$F_f = G_a f$$

式中:F_f——汽车滚动阻力(N);

G_a——汽车总重力(N);

f ——滚动阻力系数,与路面状况,行驶车速以及轮胎结构、材料、气压等因素有关,一般由试验确定。

(2)空气阻力 汽车直线行驶时受到的空气作用力在行驶方向上的分力称为空气阻力。空气阻力分为压力阻力与摩擦阻力两部分。作用在汽车外形表面上的法向压力的合力在行驶方向的分力称为压力阻力。摩擦阻力是由于空气的黏性在车身表面产生的切向力的合力在行驶方向的分力。压力阻力又分为四部分,形状阻力、干扰阻力、内循环阻力和诱导阻力。形状阻力占压力阻力的大部分,与车身主体形状有很大关系;干扰阻力是车身表面突起物如后视镜、门把、引水槽、悬架导向杆、驱动轴等引起的阻力;发动机冷却系、车身通风等所需空气流经车体内部时构成的阻力即为内循环阻力;诱导

阻力是空气升力在水平方向的投影。

在一般轿车中,这几部分阻力的大致比例为:形状阻力占58%,干扰阻力占14%,内循环阻力占12%,诱导阻力占7%,摩擦阻力占9%。

汽车空气阻力的数值通常都总结成与气流相对速度的动压力成正比的形式,即

$$F_w = \frac{1}{2}C_D A \rho V_r^2$$

式中:C_D——空气阻力系数,由试验测得;

ρ ——空气密度,一般 $\rho = 1.2258 \text{ N} \cdot \text{s}^2 \cdot \text{m}^{-4}$;

A ——迎风面积,即汽车行驶方向的投影面积,单位 m^2;

V_r——相对速度,在无风时汽车的行驶速度,单位 m/s。

如汽车行驶速度 V_a 以 km/h 计,则空气阻力 F_w(单位为 N)为

$$F_w = C_D A V_a^2 / 21.15$$

此式表明,空气阻力是与 C_D 及 A 值成正比的。A 值受到乘坐使用空间的限制不易进一步减少,所以降低 C_D 值是降低空气阻力的主要手段。1950—1970 年,轿车 C_D 值维持在 0.4~0.6 之间,但在 1970 年能源危机后,为了进一步降低油耗,各国都致力于设法降低 C_D 值。目前,乘用车的 C_D 值已减小到 0.25~0.40。

目前,对货车与半挂车的空气阻力也很重视,不少半挂车的牵引车驾驶室上已开始装用导流板等装置,以减小空气阻力来节约燃油。

值得指出的是,汽车的 C_D 值实际上随着车身的离地距离,俯仰角以及侧向风的大小而变化。一般应给出额定载荷下(如轿车为半载),无侧向风时的空气阻力系 C_D 值。

(3) 坡度阻力 当汽车上坡行驶时,参看图 2.81,汽车重力沿坡道的分力表现为汽车坡度阻力 F_i,即

$$F_i = G\sin\alpha$$

式中:G 作用于汽车上的重力,单位 N。

道路坡度以坡高和底长之比来表示,即

$$i = h/s = \tan\alpha$$

根据我国的公路工程技术标准,平原微丘区 I 级路面最大坡度为 4%,山岭重丘区 I 级路面最大坡度为 9%。所以在一般路面上坡度较小,此时

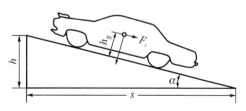

图 2.81 汽车坡度阻力

$$\sin\alpha \approx \tan\alpha \approx i$$

故

$$F_i = G\sin\alpha \approx G\tan\alpha = Gi$$

由于坡度阻力与滚动阻力均属于与道路有关的阻力,而且均与汽车重力成正比,故可把这两种阻力合在一起称作道路阻力,以 F_φ 表示,即

$$F_\varphi = F_f + F_i = f \cdot G\cos\alpha + G\sin\alpha$$

当 α 不大时，$\cos\alpha \approx 1$，$\sin\alpha \approx \tan\alpha = i$

则
$$F_\varphi = Gf + Gi = G(f+i)$$

令 $\varphi = f + i$，φ 称为道路阻力系数

则
$$F_\varphi = G\varphi$$

(4) 加速阻力　汽车加速行驶时，需要克服其质量加速运动时的惯性力，就是加速阻力 F_j。汽车的质量分为平移的质量和旋转的质量两部分。加速时不仅平移的质量产生惯性力，旋转的质量也要产生惯性力偶矩。为方便于计算，一般把旋转质量的惯性力偶矩转化为平移质量的惯性力。并以系数 δ 作为计入旋转质量惯性力偶矩后的汽车质量换算系数，因而汽车加速阻力（单位为 N）可写作：

$$F_j = \delta m \cdot dV/dt$$

式中：δ ——汽车旋转质量换算系数，（$\delta > 1$）；

　　　m ——汽车质量，单位为 kg；

　　　$\dfrac{dV}{dt}$ ——行驶加速度，单位为 m/s^2。

δ 主要与飞轮的转动惯量、车轮的转动惯量以及传动系的传动比有关。

3) 汽车的行驶方程式

汽车的驱动力与行驶阻力的平衡关系式称为汽车的行驶方程式。汽车行驶方程式为

$$F_t = \sum F$$

式中：F_t ——汽车的驱动力；

　　　$\sum F$ ——汽车行驶阻力之和。

根据上面逐项分析的汽车行驶阻力，可以得到汽车的行驶方程式为

$$F_t = F_f + F_w + F_i + F_j$$

或
$$\frac{T_{tq} i_g i_0 \eta_T}{r} = Gf + \frac{C_D A}{21.15} V_a^2 + Gi + \delta m \frac{dV}{dt}$$

这个等式表示了驱动力与行驶阻力的数量关系，也可以根据对汽车各部分取隔离体进行受力分析推导出汽车行驶方程式。必须指出，上式只是表示了各物理量之间的数量关系，但式中有些项并不是真正作用于汽车的外力。例如称 $F_t = T_{tq} i_g i_0 \eta_T / r$ 为驱动力，但它并不是真正作用于驱动轮的地面切向反作用力，只是为了分析方便起见，才把它称为驱动力。此外，作用在汽车质心的惯性力为 $m\dfrac{dV}{dt}$，也不是 $\delta m\dfrac{dV}{dt}$；除此之外，

飞轮的惯性力矩是作用在汽车横截面上的,所以 $F_j = \delta m \dfrac{dV}{dt}$ 只是进行动力性分析时代表惯性力和惯性力矩总效应的一个数值而已。

4) 汽车的驱动条件

由汽车行驶方程可得

$$\delta m \dfrac{dV}{dt} = F_t - (F_f + F_w + F_i)$$

即驱动力必须大于滚动阻力、坡度阻力和空气阻力后才能加速行驶。若驱动力小于这三个阻力之和,则汽车无法开动,正在行驶的汽车将减速直至停车。所以汽车行驶的第一个条件为

$$F_t \geqslant F_f + F_w + F_i$$

上式称为汽车的驱动条件,但还不是汽车行驶的充分条件。

2.6.2 汽车行驶的附着条件

驱动力的最大值一方面取决于发动机可能发出的最大转矩和变速器换入最低挡时的传动比,另一方面又受轮胎与地面的附着作用限制。

当汽车在平整干硬路面上,车轮的附着作用是由于轮胎与路面存在着摩擦力。这个摩擦力阻碍车轮的滑动,使车轮能够正常地向前滚动并承受路面的反作用力——驱动力。如果驱动力大于摩擦力,车轮与路面之间就会发生滑动。在松软地面上,除了轮胎与地面的摩擦之外,还加上嵌入轮胎花纹凹部的软地面凸起部所起的抗滑作用。由附着作用所决定阻碍车轮滑动的力的最大值称为附着力,用 F_φ 表示。附着力与车轮承受垂直于地面的法向力 G(称为附着重力)成正比:

$$F_\varphi = G \cdot \varphi$$

由此可知,附着力是汽车所能发挥驱动力的极限,其表达式为:

$$F_t \leqslant F_\varphi$$

此式称为汽车行驶的附着条件,是行驶的充分条件。

在冰雪或泥泞地面上,由于附着力很小,汽车的驱动力受到附着力的限制而不能克服较大的阻力,导致汽车减速甚至不能前进,即使加大节气门开度或换入低挡,车轮只会滑转而驱动力不会增大。为了增加车轮在冰雪路面上的附着力,可采用特殊花纹的轮胎、镶钉轮胎,或者在普通轮胎上绕装防滑链,以提高对冰雪路面的抓着作用。非全轮驱动汽车的附着重力仅为分配到驱动轮上的那一部分汽车总重力,而全轮驱动汽车的附着重力则为全车的总重力,因而其附着力较前者显著增大。

把汽车的驱动条件和附着条件联合起来,则有

$$F_f+F_w+F_i \leqslant F_t \leqslant F_\varphi$$

这就是汽车行驶的必要和充分条件,只有满足必要和充分条件,汽车才能正常行驶。

2.7 汽车证件与税费

2.7.1 汽车证件

我国汽车采取注册登记制度,汽车注册登记后,应核发机动车号牌,机动车驾驶证,机动车行驶证书等。

1) 机动车号牌

机动车号牌是由公安车辆管理机关依法对机动车进行注册登记核发的号牌,它和机动车行驶证一同核发,其号码与行驶证应该一致。它是机动车取得合法行驶权的标志。《中华人民共和国道路交通管理条例》中第十七条规定,机动车号牌不得转借、涂改、伪造。

中华人民共和国公共安全行业标准《中华人民共和国机动车号牌》(GA 36—2018)对机动车号牌的分类、规格、颜色、适用范围、式样、技术要求、标志、安装、更换等进行了规定,其规格如表 2.4 所示。

根据机动车号牌的颜色不同,机动车号牌有蓝底白字的轻便摩托车号牌、黄底黑字的两轮三轮摩托车号牌、蓝底白字的小型客车号牌、黄底黑字的大型客车号牌、黑底白字的外资企业号牌等。

对于特殊车辆,其号牌有其特殊规定,如白底黑字为警用号牌、黑底白字为军用专用号牌、悬挂"使"字车牌为驻华使领馆号牌、黄底黑字悬挂"挂"字车牌为大型货车的挂车号牌、黄底黑字悬挂"内"字车牌为场内使用的内部号牌、白底黑字或黄底黑字悬挂"试"字的为试验用专用号牌、白底黑字或黄底黑字悬挂"学"字为学习驾驶专用车号牌、白底黑字悬挂"赛"字的为赛车专用号牌等。

表 2.4 机动车号牌分类、规格、颜色、适用范围(GA 36—2018)

序号	分类	外廓尺寸 (mm×mm)	颜色	数量	适用范围
1	大型汽车号牌	前:440×140 后:440×220	黄底黑字,黑框线	2	符合 GA-802 规定的中型(含)以上载客、载货汽车和专项作业车(适用大型新能源汽车号牌的除外);有轨电车
2	挂车号牌	440×220		1	符合 GA-802 规定的挂车

续表 2.4

序号	分类	外郭尺寸（mm×mm）	颜色	数量	适用范围
3	大型新能源汽车号牌	480×140	黄绿底黑字，黑框线		符合 GA-802 规定的中型以上的新能源汽车
4	小型汽车号牌	440×140	蓝底白字，白框线	2	符合 GA-802 规定的中型以下的载客、载货汽车和专项作业车（适用小型新能源汽车号牌的除外）
5	小型新能源汽车号牌	480×140	渐变绿底黑字，黑框线		符合 GA-802 规定的中型以下的新能源汽车
6	使馆汽车号牌	440×140	黑底白字，白框线	2	符合外发【2017】10 号通知规定的汽车
7	领馆汽车号牌	440×140		2	驻华领事馆的汽车
8	港澳入出境车号牌	440×140	黑底白字，白框线	2	港澳地区入出内地的汽车
9	教练汽车号牌	440×140	黄底黑字，黑框线	2	教练用汽车
10	警用汽车号牌	440×140	白底黑字，红"警"字，黑框线	2	汽车类警车
11	普通摩托车号牌	220×140	黄底黑字，黑框线	1	符合 GA-802 规定的二轮普通摩托车、边三轮摩托车和正三轮摩托车
12	轻便摩托车号牌	220×140	蓝底白字，白框线	1	符合 GA-802 规定的轻便摩托车和正三轮轻便摩托车
13	使馆摩托车号牌	220×140	黑底白字，白框线	1	符合外发【2017】10 号通知规定的摩托车
14	领馆摩托车号牌	220×140		1	驻华领事馆的摩托车
15	教练摩托车车牌	220×140	黄底黑字，黑框线	1	教练用摩托车
16	警用摩托车号牌	220×140	白底黑字，红"警"字，黑框线	1	摩托车类警车
17	低速车号牌	300×165	黄底黑字，黑框线	2	符合 GA-802 规定的低速载荷汽车、三轮汽车和轮式专用机械

续表2.4

序号	分类	外廓尺寸(mm×mm)	颜色	数量	适用范围
18	临时行驶车号牌	220×140	天(酞)蓝底纹,黑字黑框线	2	行政辖区内临时行驶的载客汽车
		220×140		1	行政辖区内临时行驶的其他机动车
		220×140	棕黄底纹,黑字黑框线	2	跨行政辖区内临时行驶的载客汽车
		220×140		1	跨行政辖区内临时行驶的其他机动车
		220×140	棕黄底纹,黑"试"字,黑字黑框线	2	试验用载客汽车
		220×140		1	试验用其他机动车
		220×140	棕黄底纹,黑"超"字,黑字黑框线	1	特型机动车,质量参数和/或尺寸参数超出GB 1589规定的汽车、挂车
19	临时入境汽车号牌	220×140	白底棕蓝色专用底纹,黑字黑边框	2	临时入境动的汽车
20	临时入境摩托车号牌	88×60		1	临时入境的摩托车
21	拖拉机号牌	按NY 345.1执行			上道路行驶的拖拉机

①蓝底白字:小型汽车、轻便摩托车。
②黄底黑字:大型汽车、挂车、教练汽车、普通摩托车、教练摩托车、低速车。
③绿底黑字:小型新能源汽车、大型新能源汽车。
④白底黑字:警用汽车、警用摩托车。
⑤黑底白字:使馆汽车、领馆汽车、港澳入出境汽车、使馆摩托车、领馆摩托车。
对于特殊汽车,其号牌有其特殊规定,主要规定如下:
①悬挂"使"字车牌为驻华使馆号牌。
②悬挂"领"字车牌为驻华领馆号牌。
③悬挂"警"字车牌为警用号牌。
④悬挂"学"字车牌为教练车用号牌。
⑤悬挂"挂"字车牌为挂车号牌。
⑥悬挂"港"字车牌为香港特别行政区入出内地汽车号牌。
⑦悬挂"澳"字车牌为澳门特别行政区入出内地汽车号牌。
⑧悬挂"试"字车牌为试验车临时行驶车号牌。
⑨悬挂"超"字车牌为特型车的临时行驶车号牌。
机动车号牌,除临时行驶车的号牌为纸质,其余均为铝质反光。号牌上的字的尺寸、大小也都有明确的规定,可查阅GA36—2018标准附件。

小型汽车的号牌式样,如图 2.82 所示。

根据《中华人民共和国道路交通安全法实施条例》的规定,机动车号牌应当悬挂在车前、车后指定位置,保持清晰、完整。重型、中型载货汽车及其挂车、拖拉机及其挂车的车身或者车厢后部应当喷涂放大的牌号,字样应当端正并保持清晰。

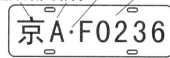

图 2.82　小型汽车的号编
（蓝底白字白框线）

2）机动车行驶证

《机动车行驶证》是由公安车辆管理机关依法对车辆进行注册登记核发的证件,它是机动车取得合法行驶权的凭证。中华人民共和国道路交通管理条例第十七条规定,机动车行驶证是车辆上路行驶必需的证件,《中华人民共和国机动车登记管理办法》规定机动车行驶证是机动车过户、转籍必不可少的证件。《机动车行驶证》式样,如图 2.83 所示。

（a）正页

（b）副页

图 2.83　机动车行驶证

3）机动车登记证书

根据 2001 年 10 月 1 日起实施的《中华人民共和国机动车登记办法》,在我国境内道路上行驶的机动车,应当按规定经机动车登记机构办理登记,核发机动车号牌、《机动车行驶证》和《机动车登记证书》。

机动车所有人申请办理机动车各项登记业务时均应出具《机动车登记证书》;当登记信息发生变动时,机动车所有人应当及时到车辆管理所办理相关手续;当机动车所有权转移时,原机动车所有人应当将《机动车登记证书》随车交给现机动车所有人。目前,《机动车登记证书》还可以作为有效资产证明,到银行办理抵押贷款。

《机动车登记证书》同时也是机动车的"户口本",所有机动车的详细信息及机动车所有人的资料都记载在上面,证书上所记载的原始信息发生变化时,机动车所有人应携《机动车登记证书》到车管所做变更登记。这样,"户口本"上就有机动车从"生"到"死"的一套完整记录。

公安车辆管理部门是《机动车登记证书》的核发单位。凡 2001 年 10 月 1 日之后新购机动车,都随车办好了证书,凡 2001 年 10 月 1 日之前购车未办领《机动车登记证书》的机动车所有者,必须补办《机动车登记证书》。

《机动车登记证书》与《机动车行驶证》相比，它的内容更详细，《机动车登记证书》的式样，如图 2.84 所示。

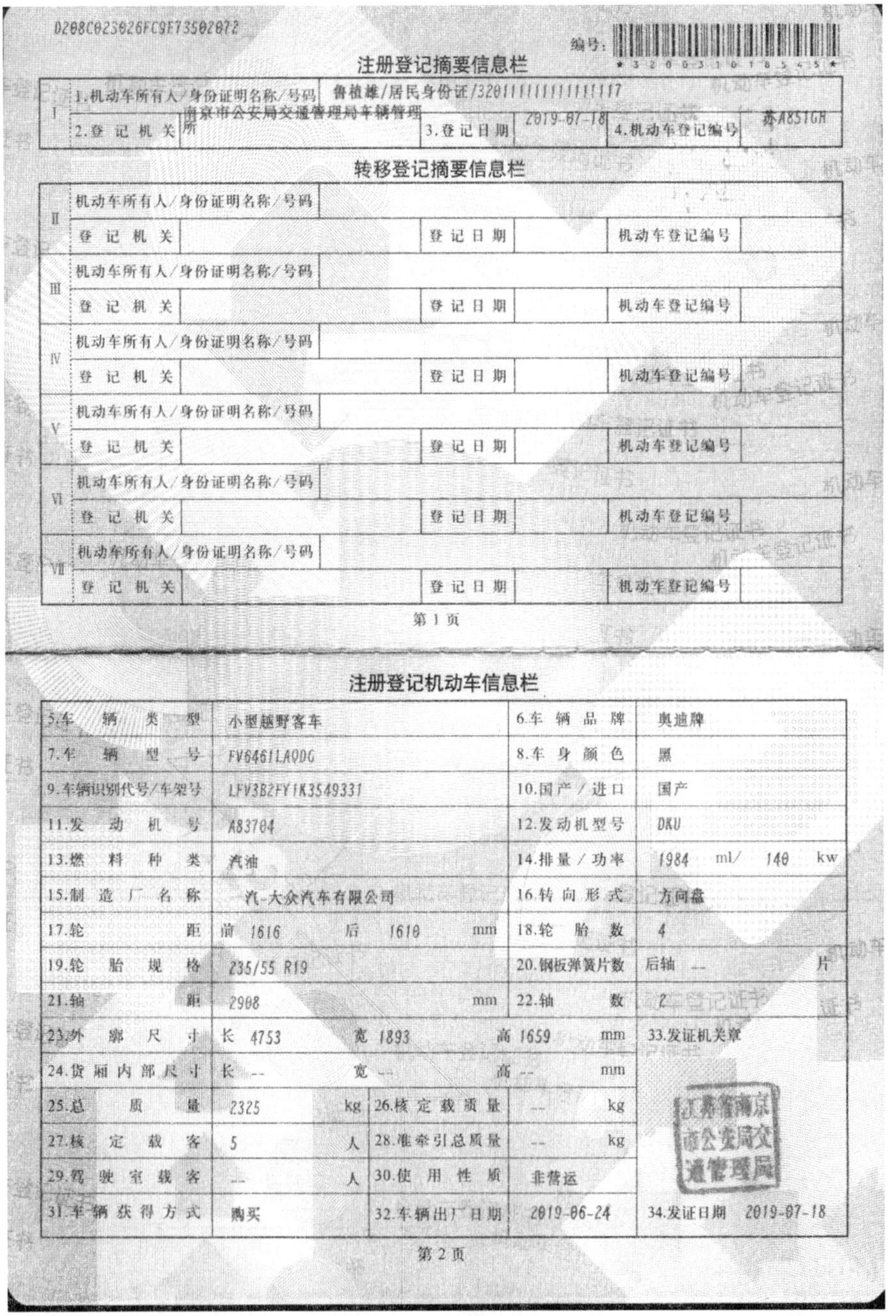
D208C02S026FC9F73502072

编号：*3200310185 45*

注册登记摘要信息栏

Ⅰ	1.机动车所有人/身份证明名称/号码	鲁植雄/居民身份证/320111111111111117				
	2.登记机关	南京市公安局交通管理局车辆管理所	3.登记日期	2019-07-18	4.机动车登记编号	苏A851GH

转移登记摘要信息栏

Ⅱ	机动车所有人/身份证明名称/号码					
	登记机关		登记日期		机动车登记编号	
Ⅲ	机动车所有人/身份证明名称/号码					
	登记机关		登记日期		机动车登记编号	
Ⅳ	机动车所有人/身份证明名称/号码					
	登记机关		登记日期		机动车登记编号	
Ⅴ	机动车所有人/身份证明名称/号码					
	登记机关		登记日期		机动车登记编号	
Ⅵ	机动车所有人/身份证明名称/号码					
	登记机关		登记日期		机动车登记编号	
Ⅶ	机动车所有人/身份证明名称/号码					
	登记机关		登记日期		机动车登记编号	

第1页

注册登记机动车信息栏

5.车辆类型	小型越野客车	6.车辆品牌	奥迪牌
7.车辆型号	FV6461LAQDG	8.车身颜色	黑
9.车辆识别代号/车架号	LFV3B2FY1K3549331	10.国产/进口	国产
11.发动机号	A83704	12.发动机型号	DKU
13.燃料种类	汽油	14.排量/功率	1984 ml/ 140 kw
15.制造厂名称	一汽-大众汽车有限公司	16.转向形式	方向盘
17.轮距	前 1616 后 1610 mm	18.轮胎数	4
19.轮胎规格	235/55 R19	20.钢板弹簧片数	后轴 -- 片
21.轴距	2908 mm	22.轴数	2
23.外廓尺寸	长 4753 宽 1893 高 1659 mm	33.发证机关章	江苏省南京市公安局交通管理局
24.货厢内部尺寸	长 -- 宽 -- 高 -- mm		
25.总质量	2325 kg	26.核定载质量	-- kg
27.核定载客	5 人	28.准牵引总质量	-- kg
29.驾驶室载客	-- 人	30.使用性质	非营运
31.车辆获得方式	购买	32.车辆出厂日期	2019-06-24
		34.发证日期	2019-07-18

第2页

图 2.84 机动车登记证书

4）道路运输证

道路运输证是县级以上人民政府交通主管部门设置的公路运输管理机构对从事旅客运输（包括城市出租客运），货物运输的单位和个人核发的随车携带的证件。

道路运输证是证明营运车辆合法经营的有效证件，也是记录营运车辆审验情况和对经营者奖惩的主要凭证，道路运输证必须随车携带，在有效期内全国通行。

道路运输证中营运证的主证和副页必须齐全，编号必须相同，骑缝章必须相合，填写的内容必须一致。否则，视为无效营运证。

道路运输证的式样，如图 2.85 所示。

苏交运政	字 号
业户	
地址	
车辆行驶证号	
经营许可证号	
车 辆 类 型	
吨 （座） 位	
经 营 范 围	

经济类型	
企业经营资质等级	
备注	
核发机关	年 月 日

(a) 正页

道路运输证明副页（待理证）	
苏交运政	字 号
业户	
地址	
车辆行驶证号	
经营许可证号	
车 辆 类 型	
吨 （座） 位	
经 营 范 围	

待 理 记 载	
本次有效期至 年 月 日止	
待事理由	
验章	年 月 日
本次有效期至 年 月 日止	
待事理由	
验章	年 月 日
本次有效期至 年 月 日止	
待事理由	
验章	年 月 日

(b) 副页

图 2.85 道路运输证

2.7.2 汽车税费

汽车主要税费包括车辆购置税、车船使用税、通行费、过渡费、管理费、保险费等。

1) 车辆购置税

车辆购置税是由车辆购置附加费演变而来的,国务院于 1985 年 4 月 2 日发文,决定对所有购置车辆的单位和个人,包括国家机关和单位一律征收车辆购置附加费,其目的是切实解决发展公路运输事业与国家财力紧张的突出矛盾,将车辆购置附加费作为我国公路建设的一项长期稳定的资金来源。车辆购置附加费由交通部门负责征收工作。

中华人民共和国国务院令(第 294 号)《中华人民共和国车辆购置税暂行条例》规定从 2001 年 1 月 1 日起,我国将开征车辆购置税,取代车辆购置附加费。其主要原因是:

①将车辆购置附加费改为车辆购置税,要求纳税人依法缴纳税款,有利于理顺政府分配关系,提高财政收入占 GDP 的比重,增强政府宏观调控能力。

②从国际通行做法看,发达的市场经济国家普遍通过税收筹集交通基础设施建设资金,极少采用收费的方式。开征车辆购置税取代原有车辆购置附加费,有利于交通基础设施建设资金的依法足额筹集,确保资金专款专用,从而促进交通基础设施建设事业的健康发展。

车辆购置附加费改成车辆购置税,由国家税务局征收,资金的使用由交通部门按照国家有关规定统一安排使用,车辆购置税的征收标准,是按车辆计税价的 10% 计征。在取消消费税后,它是购买车辆后最大的一项费用。

车辆购置税的具体征收范围依照《中华人民共和国车辆购置税暂行条例》所附《车辆购置税征收范围表》执行。

车辆购置税完税证明的式样,如图 2.86 所示。

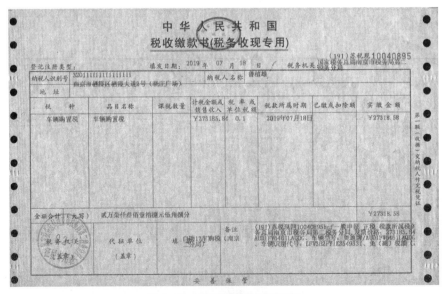

图 2.86 车辆购置税完税证明

2) 车船税

车船税是指对在我国境内应依法到公安、交通、农业、渔业、军事等管理部门办理登记的车辆、船舶,根据其种类,按照规定的计税依据和年税额标准计算征收的一种财产税。

车船税实行定额税率。定额税率也称固定税额是税率的一种特殊形式。车船税的适用税额,依照《中华人民共和国车船税暂行条例》所附的《车船税税目税额表》执行。

为了做好机动车车船税代收代缴工作,中国保险监督管理委员会下发了《关于修改机动车交通事故责任强制保险保单的通知》,在机动车交通事故责任强制保险("交强险")保单中增加了与车船税有关的数据项目。即在销售机动车交通事故责任强制保险时由保险公司代收代缴车船税。

3) 通行费和过渡费

车辆通行费征收对象是利用贷款(包括需归还的集资)新建、改建的高速公路、高等级公路、桥梁、隧道的车辆。除正在执行紧急任务的设有固定装置的消防车、医院救护车、公安部门的警备车外,对其他任何机动车均应一律收取通行费。

车辆通行费一般采取双向两次征收或单向一次征收的方法收取,昼夜二十四小时不间断收费,收取的车辆通行费按收费公路或公路构造名称设立专户存储。

过渡费的征收对象是来往过渡的所有车辆,由省级公路主管部门、物价部门根据过渡的长度、交通量大小、车辆负担能力结合当地实际情况,综合考虑核定收费标准。

过渡费由公路主管部门和其授权的公路管理机构征收。

4) 公路运输管理费

公路运输管理费(以下简称运管费)是根据国家规定向应征者征收用于公路运输行业管理的事业费。

凡从事营业性公路客货运输、搬运装卸、运输服务的单位和个人,以及部队车辆参加地方营业性运输的,均须缴纳运管费。运管费由公路运输管理部门(以下简称运管部门)征收,其他任何单位及个人均不得收取。

运管费按经营者的营业收入计征,最高不超过1%。其征收办法是:客货运输由车籍所在地的运管部门按应收运费计征,搬运装卸、运输服务由生产作业地的运管部门按营业收入计征。

营业额难以计算的,可核定年度的营业收入,按月定额征收。运管费缴纳后,应记入单车营运证,有效期内全国通行。运管费应按规定范围、规定标准征收,应征不漏,不得多收、重收,不是本地车籍的过境营运车辆,一律不得收取运管费。

5) 汽车保险费

汽车保险就是保险人通过收取保险费的形式建立保险基金,并将它用于补偿因自然灾害或以外事故所造成的车辆的经济损失,或在人身保险事故发生时赔偿损失,负担责任赔偿的一种经济补偿制度。

机动车保险险种分为交强险和商业险两种。

(1) 交强险 交强险即机动车交通事故责任强制保险,是我国首个由国家法律规定实行的强制保险制度。交强险是由保险公司对被保险机动车发生道路交通事故造成受害人(不包括本车人员和被保险人)的人身伤亡、财产损失,在责任限额内予以赔偿的强制性责任保险。

实行交强险制度就是通过国家法律强制机动车所有人或管理人购买相应的责任保险,以提高三责险的投保面,在最大程度上为交通事故受害人提供及时和基本的保障。2006年7月1日之后,未按规定投保交强险、或未携带交强险标志的机动车不得上路。

(2) 商业险 机动车商业险种分为主险和附加险两大种类。主险又分为第三者责任险和车辆损失险两种。附加险一般有全车盗抢险、玻璃单独破碎险、自燃损失险、机动车辆乘坐责任保险、机动车辆承运货物责任保险、机动车辆无过错责任保险、汽车零部件失窃保险、杂支费用保险、机动车辆停驶损失险等九种。

①第三者责任。是指被保险人或其允许的合格驾驶员在使用保险车辆过程中发生意外事故,致使第三者遭受人身伤亡或财产的直接损毁。保险公司依照保险合同规定给予赔偿。也就是说,第三者责任是被保险人对他人因保险车辆使用过程中发生意外事故而导致的民事赔偿责任。

②车辆损失险。因碰撞、倾覆、火灾、爆炸等意外事故;雷击、暴风、龙卷风等自然灾害;载运保险车辆的渡船遭受自然灾害或意外事故造成的保险车辆的经济损失(只限于有驾驶员随车照料者),保险公司将依照保险合同予以赔偿。保险价值根据新车购置价格确定。其保险金额可以按投保时保险价值或实际价值确定,也可以由保险公司与车主协商确定,但保险金额不得超过保险价值。

③全车盗抢险。因被保险车辆全车被盗窃、抢劫或抢夺,给被保险人造成的直接经济损失由保险人负责赔偿的附加险种。保险公司主要承担保险车辆在被盗、被抢期间受到损坏所需修复的费用。若经查证整车丢失,保险公司赔偿80%的保险金额。

④玻璃单独破碎险。被保险车辆在停放或使用过程中,因玻璃意外破碎而造成损失,由保险人负责赔偿的附加险种。保险公司需按实际损失赔偿。

⑤自燃损失险。是因车辆自身电器、线路等发生故障而引起的燃烧,造成车辆损失,由保险公司负责赔付的保险险种。

⑥机动车辆乘坐责任保险。机动车辆乘坐责任险是一种为驾乘人员提供保险服务的附加险。它的含义是:凡被保险人允许的合格驾驶员在使用保险车辆的行驶过程中发生意外事故,致使车内额定座位上的乘客和驾驶员遭受伤亡,在法律上应由被保险人承担的经济赔偿责任,保险公司将依照现行道路交通事故处理办法和保险合同规定予以赔付。有些保险公司将其称为车上人员责任保险,有些保险公司称为乘坐责任险,另外一些保险公司将其称为乘客座位责任险、驾驶员座位责任险,其实质上无较大区别,只是称谓不同而已。

⑦机动车辆承运货物责任保险。机动车辆承运货物责任保险的保险责任规定:

- 货物自身火灾、爆炸、雷击、冰雹、洪水、崖崩造成的损失;
- 货物因载运的机动车辆发生火灾、爆炸、碰撞、倾覆所造成的损失;
- 在发生上述灾害事故时,因在纷乱中造成保险货物的散落,以及因施救或保护该货物而支付的必要的合理费用;

●机动车辆在正常行驶过程中,由于货物发生意外事故,致使第三者遭受人身伤亡或财产的直接损毁,在法律上应当由被保险人承担的经济赔偿责任,保险公司将根据有关法律和保险合同的规定给予赔偿。

⑧机动车辆无过错责任保险。凡被保险人或其允许的驾驶员在使用保险车辆过程中与非机动车、行人发生交通事故,造成行人伤亡或财产的直接损失,机动车方无过错或机动车方有部分责任,根据有关规定,以上应由行人或非机动车辆承担经济损失而无偿还能力,经公安机关调解认定由机动车方垫付的部分,并在被保险人将第三者追偿权利移交给保险公司后,保险公司予以赔偿。

⑨汽车零部件失窃保险。该险种是指在正常使用保险车辆过程中,发生汽车零部件被盗,保险人按品名换价给予赔偿的一种附加险种。保险标的是汽车零部件。

⑩杂支费用保险。该险种是指保险车辆发生保险责任范围内的交通事故,在事故处理过程中,承担的超过有关条款规定赔偿标的合理部分,由保险人负责赔偿的一种附加险。

⑪机动车辆停驶损失险。参加停驶损失险的机动车辆在保险有效期内遭受保险责任范围内的自然灾害或意外事故,致使本车车身损失需维修而造成的本车停驶损失,保险公司从签订修理协议书当日起到车辆修复竣工之日(指保险公司与被保险人协议的车辆修复期限)止的停驶的天数乘以约定的赔偿金额计算赔偿,但赔偿天数不得超过30天。对于保险车辆在维修过程中等待配件而延长修理时间所造成的停驶损失,到期未续保,停驶已超过保险有效期的损失,保险公司不予赔偿,保险车辆发生全部损失以及全车失窃,保险公司按15天的停驶天数乘以约定的日赔偿金额计算赔偿。

投保后,保险人要发给被保险人保险凭证,俗称机动车辆保险证(见图2.87)。它是保险合同已经订立或保险单已正式签发的一种凭据。它与保险单具有同样的作用和效力,可以用来证明被保险人已遵照政府有关法令或规定参加了保险。

(a) 正面

```
保险单号
被保险人
号牌号码              厂牌型号
发动机号              使用性质
车 架 号              人/千克
承保险种              使用性质
保险期限  自    年    月    日  零时起
         至    年    月    日  零时止   保险公司签章
```

(b) 反面

图 2.87 机动车辆保险证

2.8 汽车运输组织

2.8.1 汽车客运

用汽车沿公路载运旅客的运输业务称为汽车客运,它是公路运输的重要组成部分。

汽车客运的主要特点是方便、迅速。汽车是一种机动灵活的运输工具,凡公路通达的广大城乡都可用汽车载运旅客,能在时间上和上下车地点上适应不同客流的变化,满足人们的旅行需要。

汽车旅客运输包括非营业性运输和营业性运输。前者指自用运输,即人们乘用个人或单位自备汽车的运输;后者指公用运输,是由汽车运输企业经营的公路旅客运输业务。在我国,目前汽车旅客运输主要是公用运输。

1) 汽车客运的运输

营业性汽车客运一般由专营客运或兼营客货运的汽车运输企业经营。汽车运输企业通常在指定的营运范围内,遵照国家有关的法令和规章制度,在营运区公路沿线旅客集散点设置汽车站,以公路客运班车形式组织旅客运输。此外,还有按汽车包车运输形式组织经营的。汽车旅客运输过程一般包括准备阶段、运行阶段和结束阶段。

(1) 准备阶段 包括发售车票、接收托运的行李包裹和调派车辆等始发作业。车票是旅客乘车的凭证,也是汽车运输企业给予旅客的收费收据和核算营运收入的根据。通过发售车票可以了解旅客的流量、流向、流时,整理和分析有关售票的统计资料,还可以认识和掌握客流变化的规律性,为更好地组织旅客运输提供依据。

（2）运行阶段　包括组织旅客上车及装载旅客随车运送的行李包裹、汽车运行、安排旅客下车等作业。这是汽车客运过程中的重要阶段,旅客能否安全、及时、舒适地到达目的地,在很大程度上取决于这一阶段的工作效率和质量。

（3）结束阶段　包括卸下并交付行李包裹和送客出站等终到作业。

组织汽车旅客运输,首先要进行客流调查,掌握旅客流量、流向和流时,研究分析每条营运线路上的客流变化规律,然后据此编制客运班车班次表及行车时刻表,在预测客流量的基础上编制旅客运输量计划和车辆运用计划,并按月、旬、日编制汽车运行作业计划,组织车辆运行。

2) 公路客运班车

公路客运班车是指公路上用于定线、定站、定时的营业性运输的大客车。它行驶于城、镇、乡之间,是汽车运输企业组织汽车旅客运输的主要形式。

公路客运班车一般分为普通客运班车、直达客运班车和旅游客运班车三类。在同一线路上,直达客运班车比普通客运班车停靠站点少,或中途不停直达终点,使旅客在途时间缩短。旅游客运班车专为通往名胜古迹和风景区而设,有长期性和季节性两种。旅游客运班车的车辆性能和车厢内的设备以及服务条件通常优于普通客运班车。公路客运班车的种类和班次主要依据旅客流量、流向、流时的实际情况确定。必要时,还可采取临时加班、区间插班的办法,以满足旅客乘车的需要。从长时期来看,公路上相向的客流量是相对均衡的。客运班车的安排,以对为计算单位,一对即为往返两个班次。

为使旅客预先知道各次班车的到发时间,并便于车站适时地进行各项旅客集散的组织工作,汽车站都制定和公布班车时刻表。其内容一般有班次号、起点站名和开车时间,中途各停靠站和就餐站名与到发时间,以及终点站名和到达时间。编制时刻表须考虑多数旅客流时需要,并尽可能使各次班车的旅客流量均衡,到发时间和中转时间相互衔接,以及与其他运输方式相配合,保证车站站务作业的协调。合理的班车时刻表不仅能使旅客选择迅速、及时、方便的交通工具,而且能提高汽车运输企业的经济效益。

3) 汽车客运作业流程

汽车客运作业基本程序包括发售客票、行包受理、候车服务、客车准备、组织乘车与发车、客车运送、客车到达、交付行包及其他服务作业等内容。

（1）发售客票　车票是乘车票据的总称,是旅客和客运经营者发生供求关系的依据,也是旅客支付票价和乘车的凭证。旅客是否购到所需班车的车票,是能否如期到达旅行目的地的前提。因此,售票工作的组织必须迅速、方便、准确地将客票售卖给旅客,以便旅客能提前托运行包和按时乘车。客票发售方式通常有固定窗口售票、车上售票、电话或信函订票及候车室内流动售票等。

（2）行包受理托运　行包是行李、包裹的总称。行包运输是旅客运输的重要组成部分。旅客在旅行过程中为了生活和工作上的需要,常需随带一些生产或生活用品,这些物品能否安全、及时运送,直接关系到旅客的切身利益。因此,确保行包的安全无损和准确及时地运送到目的地,是行包运输工作组织的基本要求。

(3) 候车服务　旅客候车服务工作是汽车客运站作业中的重要环节。良好的候车服务工作,将有助于客运工作有序地进行。候车服务工作要求做到候车室清洁卫生,为旅客提供必需的饮水供应、候车座椅及有关旅行所需资料,如客运班次表、客运线路分布图、票价表、中转换乘其他交通工具时刻表及交通常识等。客流量较大的客运站还须设立问讯处和小件物品寄存处等。此外,还应对候车旅客提出的各种合理要求提供相应服务。

(4) 组织乘车与发车　组织乘车与发车作业,首先由站务人员和行车人员对进站待运客车进行车厢清理,防止无票人员或携带违禁品人员上车;然后由站务人员按售出车票的座位号组织旅客排队、顺序检票、排队上车、对号入座。旅客上车入座后,由站务人员或乘务人员报清本次班车的终点站、中途停靠站、途中用餐与住宿站点以及预计到达时间等;检查是否有误乘旅客并及时予以纠正;最后正确填写行车路单中的有关事项,交客车驾驶员。若一切发车准备工作就绪,即由车站发出发车指令,客运班车正点发车。

(5) 客车到达　班车到站,站务人员与行车人员办理接车手续,指引车辆停放,向旅客通报站名、检验车票、照顾旅客下车,准确点清并向旅客交付行包,同时处理其他临时遇到的问题。如果是中途站,尚需组织本站旅客上车后继续运行;如果是终到站,则客运车辆经清扫或检查后入库停放或继续执行下一车次的客运任务。

汽车客运作业基本程序如图2.88所示。

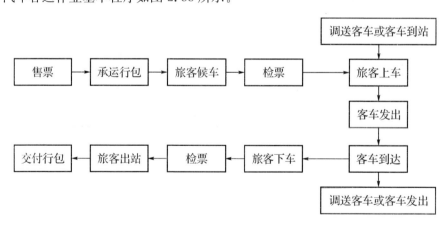

图2.88　汽车客运作业基本流程

2.8.2　汽车货运

用汽车沿公路载运货物的运输业务称为汽车货运,它也是公路运输的重要组成部分。汽车货物运输具有面广、点多、分散的特点,一般都是两地之间"门到门"的直达货物运输,可以节约中转装卸费用,减少货损货差,缩短货物在途时间。汽车货运也为铁路运输、水路运输、航空运输等集散货物。

汽车货物运输按运距分,可分为长途汽车货物运输和短途汽车货物运输;按一次托运货物重量分,可分为汽车整车货物运输和汽车零担货物运输;按使用车辆,可分为普通车辆货物运输和专用车辆货物运输;按业务性质分,可分为营业性汽车货物运输(公用汽车货运)和非营业性汽车货物运输(自用汽车货运)。前三种分类方法同运价和运输组织方法有关,后一种分类方法则是出于运输市场管理的需要。

2) 汽车货运的生产过程

汽车货运生产过程包括准备阶段、生产阶段和结束阶段。

(1) 准备阶段　包括组货、承运、理货、调派车辆和计费等作业。其主要任务是进行货源调查和预测,与发货人签订运输合同或协议,落实托运计划,做好运输生产前的商务工作,调派汽车驾驶员和车辆。

(2) 生产阶段　包括装货、车辆运行、卸货等作业。其主要任务是编制和执行汽车运行作业计划,组织货物装车、车辆运行和到达目的地后的卸货作业。

(3) 结束阶段　包括交货和结算运费等作业。其主要任务是与收货人办理货物交接手续,结清运杂费等。

实现这三个阶段的各种作业,要依靠合理的运输组织工作,把运输生产过程的所有环节协调起来,通过制定各种作业计划和调度工作,特别是汽车运行作业计划和汽车运行调度,尽可能充分、合理地利用劳动力以及装卸机械、车辆和站场设施,以提高汽车运用效率和货物运输质量,获取良好的经济效益。

3) 汽车货运的作业流程

汽车货运作业基本程序包括货物托运、派车装货、运送与交货、运输统计与结算等内容。

(1) 货物托运　货物托运是货主委托运输企业为其运送货物并为此办理相关手续的统称,具体包括托运、承运及验货等项工作环节。办理托运,一般采用书面方式,先由货主填写托运单。托运单是货主(托运方)与运输单位(承运方)之间就货物运输所签订的契约,它由托运方填写约定事项,再由运输单位审核承诺,经运输单位审核并由双方签章,具有法律效力。托运单确定了承运方与托运方在货物运输过程中的权利、义务和责任,是货主托运货物的原始凭证,也是运输单位承运货物的原始依据。根据托运单,货主负责将准备好的货物向运输单位按期按时提交,并按规定的方式支付运费,运输单位则负责及时派车将货物安全运送到托运方指定的卸货地点,交给收货人。

货物承运,是指承运方对托运的货物进行审核、检查、登记等受理运输业务的工作过程。货物承运自运输单位在托运单上加盖承运章开始,应派人验货,对货物实际情况、数量、质量、包装、标志以及装货现场等进行查验。

(2) 派车装货　首先由运输单位的调度人员根据承运货物情况和运输车辆情况编制车辆日运行作业计划,全面平衡运力运量及优化车辆运行组织。据此再填发"行车路单"派车去装货地点装货。货物装车时,驾驶员要负责点件交接,保证货物完好无损和计量准确。

车辆装货后,业务人员应根据货物托运单及发货单位的发货清单填制运输货票。运输货票是承运的主要凭证,是一种具有财务性质的票据。它在起票站点是向托运人核收运费、缴纳税款的依据;在运达站点则是与收货人办理货物交付的凭证;而在运输单位内部又是清算运输费用、统计有关运输指标的依据。起票后,驾驶员按调度人员签发的行车路单运送货物。

(3) 货物运送与运达交货　车辆在运送货物过程中,一方面调度人员应做好线路车辆运行管理工作,掌握各运输车辆工作进度,及时处理车辆运输过程中临时出现的各类问题,保证车辆日运行作业计划的充分实施;另一方面,驾驶人员应及时做好运货途中的行车检查,既要保持货物完好无损,又要保持车辆技术状况完好。

货物运达收货地点,应正确办理交付手续和交付货物。整车货物运达时,收货人应及时组织卸车,驾驶员应同时对所卸货物计点清楚。货物交接卸车完毕,收货人应在运输货票上签收,再由驾驶员带回交调度室或业务室。

此外,在货物起运前后如遇特殊原因托运方或承运方需要变更运输时,应及时由承运和托运双方协商处理。为此变更所发生的费用,需按有关规定处理。

(4) 运输统计与结算　运输统计,指对已完成的运输任务依据行车路单及运输货票进行有关运输工作指标统计,生成有关统计报表,供运输管理与决策使用;运输结算,在运输单位内部而言,是指对驾驶员完成运输任务所应得的工资(包括基本工资与附加工资)收入进行定期结算;在运输单位外部而言,是指对货主进行运杂费结算。而运杂费包括运费与杂费两项费用。运费指按单位运输量的运输价格(即收费标准)及所完成的运输任务数量(运输量)计算的运输费用;杂费,指除运费外所发生的其他费用,主要包括调车费、延滞费、装货落空损失费、车辆货物处置费、装卸费、道路通行费、保管费及变更运输费等。

(5) 货运事故处理　货物在承运责任期内,因装卸、运送、保管、交付等作业过程中所发生的货物损坏、变质、误期及数量差错而造成经济损失的,称为货运事故。货运事故发生后应努力做好以下工作:a. 查明原因、落实责任,事故损失由责任方按有关规定计价赔偿;b. 承运与托运双方都应积极采取补救措施,力争减少损失和防止损失继续扩大并做好货运事故记录;c. 若双方对事故处理有争议,应及时提请交通运输主管部门或运输经济合同管理机关调解处理。

汽车货运作业基本程序,如图 2.89 所示。

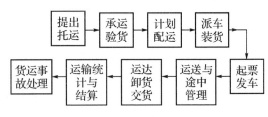

图 2.89　汽车货运作业流程

2.9 汽车运输评价指标

2.9.1 汽车运输主要经济评价指标

1) 反映运输能力时间利用状况的指标

反映运输能力时间利用状况的指标是完好率,指标计算如下:

$$完好率=\frac{完好车日}{总车日}\times100\%=\frac{完好车日}{完好车日+修理车日}\times100\%$$

2) 反映车辆使用强度的指标

车辆使用强度的衡量指标是平均车日行程,指标计算如下:

$$平均车日行程=\frac{一定时期内车辆总行程}{同一时期车辆工作车日}$$

3) 反映车辆生产能力的指标

反映车辆生产能力的指标有标记载货吨位(含拖挂能力)或载客座位、技术速度等,其中,技术速度的计算如下:

$$技术速度=\frac{计算期行驶公里数}{同期纯运行时间}\quad(\text{km/h})$$

4) 反映车辆运输生产效率的指标

反映车辆运输生产效率的指标主要有里程利用率、吨(座)位利用率、拖运率等。

$$里程利用率=\frac{载货(客)行程}{行程全程}\times100\%$$

$$吨(座)位利用率=\frac{实际载货(客)吨(座)位}{标记载货(客)吨(座)位}\times100\%$$

$$拖运率=\frac{挂车完成周转量}{主挂车合计完成周转量}\times100\%$$

5) 反映公路运输消耗水平的指数

反映公路运输消耗水平的指数主要有百公里油耗、千公里维修费用等。

$$百公里油耗=\frac{同期油耗量}{计算期内行驶里程}\times100\%$$

$$千公里维修费用=\frac{同期发生的保养、维修费}{计算期内行驶里程}\times100\%$$

2.9.2 汽车运输安全质量评价指标

公路运输的安全质量是由其生产特性决定的,现有的公路运输安全质量考核指标见表2.5。

表 2.5　公路运输安全质量考核指标

序号	指标名称	计算公式
1	百万车公里事故率	$\text{百万车公里事故率} = \dfrac{\text{事故次数}}{\text{汽车总行程}} \times 10^6$
2	万车行车事故死亡率	$\text{万车行车事故死亡率} = \dfrac{\text{行车事故致死人数}}{\text{年均车辆数}} \times 10^4$
3	厂、队、站、库安全事故率	$\text{厂、队、站、库安全事故率} = \dfrac{\text{厂、队、站、库安全事故次数}}{\text{厂、队、站、库平均车位数}}$
4	货损率	$\text{货损率} = \dfrac{\text{货物损坏件(吨)数}}{\text{周期交运总件(吨)数}} \times 100\%$
5	货差率	$\text{货差率} = \dfrac{\text{货物差错件(吨)数}}{\text{周期交运总件(吨)数}} \times 100\%$
6	货运损失赔偿金额率	$\text{货物损失赔偿金额率} = \dfrac{\text{赔偿金额}}{\text{周期货运总收入}} \times 100\%$
7	行包赔偿率	$\text{行包赔偿率} = \dfrac{\text{赔偿金额}}{\text{周期行包收入}} \times 100\%$
8	客车准班率	$\text{客车准班率} = \dfrac{\text{正班车数}}{\text{总发车数}} \times 100\%$
9	发车正点率	$\text{发车正点率} = \dfrac{\text{正点发车数}}{\text{总发车数}} \times 100\%$
10	旅客正运率	$\text{旅客正运率} = \dfrac{\text{正运人数}}{\text{总人数}} \times 100\%$
11	行包正运率	$\text{行包正运率} = \dfrac{\text{行包正运件数}}{\text{总件数}} \times 100\%$
12	售票差错率	$\text{售票差错率} = \dfrac{\text{售票差错张数}}{\text{周期售票张数}} \times 100\%$

上述指标随着公路运输事业的不断发展,管理水平的不断提高,管理手段的逐渐完善,还要结合企业实际情况进一步充实。

2 汽 车

复习思考题

2.1 何谓汽车?
2.2 按国家标准,汽车分为哪两大类?
2.3 电动汽车有哪些类型?为何发展很迅速?
2.4 汽车燃烧的燃料有哪些类型?
2.5 论述我国汽车发展过程。
2.6 汽车外形演变经过了哪几个阶段?
2.7 马车形汽车有何特点?
2.8 箱形汽车有何特点?
2.9 甲壳虫汽车有何特点?
2.10 船形汽车有何特点?
2.11 鱼形汽车有何特点?
2.12 楔形汽车有何特点?
2.13 贝壳形汽车有何特点?
2.14 车辆识别代码有几部分组成?共有多少位?
2.15 举例说明车辆识别代码的含义。
2.16 汽车产品型号如何构成?举例说明。
2.17 汽车铭牌有何作用?包括哪些信息内容?
2.18 汽车的尺寸参数有哪些?分别写出其定义。
2.19 何谓汽车整备质量?
2.20 汽车由哪几部分组成?各部分的作用是什么?
2.21 简述发动机的类型。
2.22 发动机由哪几部分组成?各部分的作用是什么?
2.23 发动机有哪些基本术语?
2.24 简述四冲程汽油机的工作原理。
2.25 曲柄连杆机构有何功用?由哪几部分组成?
2.26 配气机构有何功用?由哪些部件组成?
2.27 电子喷射式汽油供给系统由哪些部件组成?
2.28 柴油机供油系统由哪些部件组成?为何柴油汽车上均装备共轨柴油机?
2.29 点火系统有何功用?由哪些部件组成?
2.30 冷却系统有何功用?由哪些部件组成?
2.31 润滑系统有何功用?由哪些部件组成?
2.32 启动系统有何功用?由哪些部件组成?
2.33 汽车底盘由哪几部分组成?

2.34 传动系有何功用？由哪几大部分组成？
2.35 行驶系有何功用？由哪几大部分组成？
2.36 转向系有何功用？由哪几大部分组成？
2.37 制动系有何功用？由哪几大部分组成？
2.38 承载式车身与非承载式车身有何不同点？
2.39 轿车车身有哪些常见类型？
2.40 客车车身有哪些常见类型？
2.41 汽车电器设备包括哪些部件？
2.42 汽车的使用性能包括哪些内容？
2.43 何谓汽车动力性？如何提高汽车动力性？
2.44 何谓汽车燃油经济性？如何提高汽车燃油经济性？
2.45 何谓汽车制动性？如何提高汽车制动性？
2.46 何谓汽车行驶平顺性？如何提高汽车行驶平顺性？
2.47 何谓汽车通过性？如何提高汽车通过性？
2.48 简述汽车行驶的驱动条件和附着条件。
2.49 汽车在不同工况下行驶，受到哪些行驶阻力的作用？
2.50 汽车上路行驶，驾驶员应携带哪些有效证件？
2.51 汽车应交纳哪些税费？
2.52 如何正确组织汽车客运？
2.53 如何正确组织汽车货运？
2.54 评价汽车运输的经济指标有哪些？
2.55 评价汽车运输的安全质量指标有哪些？

3 船舶

3.1 船舶的发展与分类

3.1.1 船舶的发展

人类使用船舶作为运输工具的历史,几乎和人类文明史一样悠久。从远古的独木舟发展到现代的运输船舶,大体经历了四个时代:舟筏时代、帆船时代、蒸汽机船时代和柴油机船时代。

1) 舟筏时代

人类以舟筏作为运输、狩猎和捕鱼的工具,至少起源于石器时代。我国1956年在浙江出土的古代木桨,据鉴定是4 000年前新石器时代的遗物。说明舟筏的历史,可以追溯到史前年代。

2) 帆船时代

据记载,远在公元前4 000年,古埃及就有了帆船。我国使用帆船的历史也可以追溯到公元前。从15世纪到19世纪中叶,是帆船发展的鼎盛时期。15世纪初,我国航海家郑和远航东非,15世纪末哥伦布发现新大陆,他们的船队都是帆船组成的。在帆船发展史中,地中海沿岸地区、北欧西欧地区和中国都曾做出重大贡献。19世纪中叶美国的飞剪式快速帆船,是帆船发展史上的最后一个高潮。不同地区的帆船,在结构、形式和帆具等方面各有特色。

3) 蒸汽机船时代

18世纪蒸汽机发明后,许多人都试图将蒸汽机用于船上。1807年,美国人富尔顿首次在克莱蒙脱号船上用蒸汽机驱动装在两舷的明轮,在哈德逊河上航行成功。从此机械力开始代替自然力,船舶的发展进入新的阶段。尔后,汽轮机船、柴油机船又相继问世,又有油船和散货船以及大型远洋客船制造成功。

4) 柴油机船时代

柴油机船问世后发展很快,逐渐取代了蒸汽机船。第二次世界大战结束后,工业化国家经济迅速恢复和发展,国际贸易空前兴旺,中东等地的石油大量开发,促使运输船舶迅速发展。为了提高船舶运输的经济效益,船舶出现了大型化、专业化、高速化、自动化和内燃机化等多种趋势。

5) 未来船舶技术发展

未来船舶将集智能航行、智能船体、智能机舱、智能能效管理、智能货物管理、智能集成平台六大系统于一体,且能耗大幅降低,污染物近零排放,真正实现生态环保、智能运行。主要技术要点:

(1) 船型优化节能减排技术　包括低阻船体主尺度与线型设计技术、船体上层建筑空气阻力优化技术、船体航行纵倾优化技术、降低空船重量结构优化设计技术、少/无压载水船舶开发、船底空气润滑减阻技术等;

(2) 动力系统节能减排技术　包括低油耗发动机技术、双燃料发动机技术、气体发动机技术、风能/太阳能助推技术、燃料电池应用技术、核能推进技术、氮氧化物/硫氧化物减排技术、高效螺旋桨优化设计技术、螺旋桨/舵一体化设计技术、螺旋桨/船艉优化匹配设计技术等;

(3) 配套设备节能减排技术　包括新型高效节能发电机组、低功耗/安静型叶片泵与容积泵、高效低噪风机/空调与冷冻系统、余热余能回收利用装置、新型节能与清洁舱室设备、高效无污染压载水处理系统、新型高性能降阻涂料、船用垃圾与废水清洁处理等系统和设备的研制;

(4) 减振降噪与舒适性技术　包括设备隔振技术、高性能船用声学材料、声振主动控制技术、舱室舒适性设计技术、结构声学设计技术、螺旋桨噪声控制技术等。

(5) 智能船舶技术　智能船舶的智能模块分为智能航行、智能船体、智能机舱、智能能效管理、智能货物管理和智能集成平台六个部分,而信息感知技术、通信导航技术、能效控制技术、航线规划技术、状态监测与故障诊断技术、遇险预警救助技术、自主航行技术 7 大技术在六大模块中发挥着重要的作用,为智能船舶的正常运行提供有力保障。

3.1.2　船舶的分类

由于人类社会的发展和科学技术的进步,船舶已被广泛应用于交通、运输、生产、海洋开发和军事活动,现代船舶种类极其繁多,而新型船舶还在不断出现。

为了区别各类船舶,了解同类船舶的用途、特点、性能和装备,常将船舶按不同的标准进行分类。常见的分类方法有以下几种:

1) 按船舶用途分类

按照用途,首先把船舶划分为军用舰船和民用船舶两大类。

(1) 军用舰船　按所担负的任务不同军用舰船又划分为:

①战斗舰艇。这是直接参加海上军事活动的舰艇。

②辅助舰船。它是军用舰船的重要组成部分,其任务是为作战舰艇提供技术和物

资保障,并担负其他辅助性作业。

军用船舶的分类主要如下:

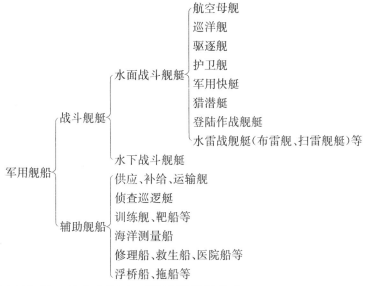

(2)民用船舶　按业务用途不同民用船舶分为:

①运输船舶。专门用于运载人员、货物和车辆的船舶。

②海洋开发用船舶。这是专门从事海洋调查研究、海洋资源利用和海洋环境保护的船舶。

③工程、工作船舶。这是专门为航行和航道服务,或从事水上水下工程作业的船舶。

④渔业船舶。从事海上捕捞和水产品加工的船舶。

民用船舶按用途的分类如下:

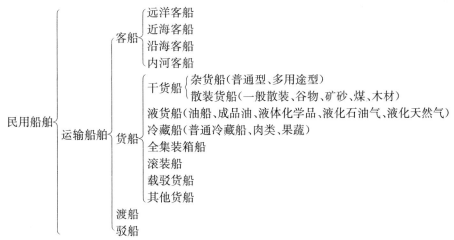

```
民用船舶
├── 海洋开发用船舶
│   ├── 海洋资源开发船
│   │   ├── 油、气田开发船
│   │   │   ├── 海洋地质勘探船
│   │   │   ├── 海上钻井装置（接地式、浮动式）
│   │   │   ├── 采油生产平台
│   │   │   └── 其他
│   │   └── 海底采矿船、海水提铀船
│   ├── 生物资源开发船
│   ├── 海洋能源开发船（潮汐、海流、波浪、海水温差发电船）
│   ├── 海水资源利用船（海水冷却、淡化）
│   ├── 海上、海底空间利用船（海上机场、布缆、敷设管线、海上游览）
│   └── 海洋调查船（综合调查、专业调查）
├── 工程、工作用船舶
│   ├── 挖泥船
│   │   ├── 吸扬式挖泥船（耙吸、绞吸、冲吸等）
│   │   ├── 斗式挖泥船（链斗、抓斗、铲斗）
│   │   └── 泥驳
│   ├── 起重船
│   ├── 航标船
│   ├── 布缆船
│   ├── 海洋打捞、救助船
│   ├── 测量船
│   ├── 破冰船
│   ├── 浮船坞
│   ├── 潜水工作船
│   ├── 消防船
│   ├── 引导船
│   ├── 港作拖船
│   └── 其他工程、工作用船
└── 渔业船舶
    ├── 渔政船（渔业指导、监督、救助）
    ├── 渔船
    │   ├── 网渔船（拖网、围网、刺网）
    │   ├── 钓渔船（手钓、竿钓、延绳钓）
    │   └── 特种渔船（捕鲸、光诱、捕虾蟹、海兽猎捕）
    └── 渔业辅助船（基地、加工、补给、运输）
```

其他船舶——拖带船舶、农用船、教学实习船等。

2) 按航行区域分类

船舶按航行区域分为海船和内河船两大类。

(1) 海船 海洋辽阔，自然条件差别很大，所以，海船的航区又按照离岸远近、风压和波浪大小等情况进行区分。通常分为远洋船、近海船和距岸不超过 25 海里的沿海船。远洋船航行于各大洋之间的国际航线，航程较远，通常船舶的尺度和载重量均比较大，具有较强的抗风浪能力。有关规范对不同航区船舶的稳性、干舷和设备都提出了不同的要求。

航行于北冰洋和南极区内的船舶称为极区船。极区常有浮冰与船舶碰撞，所以，极区船的船体结构要相应加强。

(2) 内河船 航行于江、河、湖泊的船舶称为内河船。内河风浪较小，内河船的船

体结构弱于海船。由于河道常有急弯,有的航道水浅而水流湍急,所以内河船舶的船长和吃水往往受到限制,并要求船舶有较好的敏转性。

长江是我国的一条重要航道,分别以宜昌、江阴为界,按上、中、下游将整个航道分为 C、B 和 A 三个等级的航区。对各个航区船舶的船体结构和稳性标准做出明确规定以确保航行安全。航行于其他水系的内河船也有相应的要求。

3) 按航行状态分类

所谓航行状态是指船舶正常航行时,船体相对于水面的位置而言,按此可分为排水型船、水翼艇、滑行艇、气垫船、冲翼船等几种。

(1) 排水型船 航行时,船体大部分浸于水中,船舶的重量全部依靠水的浮力支承,绝大部分水面船舶和水下潜艇都属于这一类。

(2) 水翼艇和滑行艇 高速航行时,其重量主要依靠水动力,即作用在水翼上或艇底的升力支承,艇体大部分脱离水面。

(3) 气垫船 其重量由高于大气压的静态气垫支承,船体完全脱离水面而由空气螺旋桨推进,这种船也可称为空气静力支承船。

(4) 冲翼船 又称表面效应船、地效应船,船体带机翼,其重量靠贴近水面或地面高速航行时所产生的表面效应升力支承,也可称为动态气垫支承。

目前出现的高速双体小水线面水翼船,在航行时由水中的浮体提供的浮力和水翼上产生的升力共同支承船舶的重量,它既不同于一般的排水型船,也不同于一般的水翼船。上述各类船舶,在静止停泊于水中时,其重量都是由水的浮力支承的。除排水型船外,其他船都是依靠局部或全部脱离水面,减小水阻力而不同程度地提高航行速度的。完全脱离水面的船具备了两栖航行的能力。

船舶按航行状态的分类详见图 3.1。

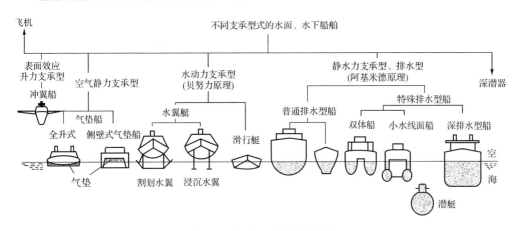

图 3.1 船舶按航行状态分类

4) 按动力装置分类

（1）蒸汽动力装置船　主要是蒸汽轮机船，功率较大。早期使用的往复式蒸汽机船已被淘汰。

（2）内燃机动力装置船

①柴油机船。在现代船中应用最为广泛。

②燃气轮机船。单机功率大，体积小，重量轻，启动快，加速性能好。

（3）核动力装置船　这是以反应堆代替普通燃料产生蒸汽的汽轮机装置推进船舶，主要用于大型军舰和潜艇，续航能力强。

（4）电力推进船　可选用不同的动力装置发电，用电动机带动螺旋桨推进船舶。

（5）非机动船　如帆船等。

5) 其他分类方法

（1）按航行状态可分为：压水型船舶、滑行艇、水翼艇和气垫船等。

（2）按船体数目可分为：单体船和多体船。

（3）按推进器形式可分为：螺旋桨、喷水推进船、平旋轮船、明轮船等。

（4）按推进器数目可分为：单桨船、双桨船和三桨船等。

（5）按机舱部位可分为：尾机型船、中机型船和中尾机型船。

（6）按船体结构材料可分为：钢船、木船、铝合金船、钢丝网水泥船、玻璃钢船、橡皮艇、混合结构船等。

（7）按主体连续甲板的层数可分为：单甲板船、双甲板船、三甲板船等。

3.1.3　客船

客船是用来载运旅客及其行李并兼带少量货物的运输船舶，一般定班定线航行。按航行的海区和适居性的要求，客船分为远洋客船、近海客船、沿海客船和内河客船等。《国际海上人命安全公约》（简称 SOLAS，2009）中规定，凡载客超过 12 人以上的海船须按客船标准进行设计及配备。严格地讲，载客超过 12 人者均应视为客船，不论是否以载客为主。

对客船的要求，首先是安全可靠，既有良好的适航性和居住条件，又有较快的航行速度。

为了保证旅客的安全，船体结构必须设双层底，客船上有足够的救生设备，如救生艇、救生筏、救生圈和救生衣等。对防火要求也有严格的规定，例如对要求较高的客船上的舱室设备、家具和床上用品等须经防火处理。此外，客船上还有完善的通讯、照明设备，有的还设有空气调节系统。对于要求较高的客船，为了使船舶在海洋中航行平稳，船上装有减摇水舱或减摇鳍等装置。

客船的造型要美观大方，客船上层建筑庞大，有的多达 7~8 层甲板，一般的内河船舶也有 5 层甲板。上层建筑物内除有住舱外，还有供旅客用的餐厅、浴室、盥洗室、诊疗室、阅览室和小卖部，并有宽敞的甲板走廊供旅客活动。大型的远洋客船还设置休息室、文娱活动和体育活动室、电影放映室、露天游泳池和室外运动场等。

中小型沿海客船的航速一般为 16～18 kn(30～33 km/h)，大型高速客船的航速大约 20 kn(37 km/h)以上。

客船与其他交通工具比较，具有客运量大、费用低、比较安全，旅客占用的活动面积大等优点。可是近年来远程航空客机迅速发展，渐渐取代了远洋客船的地位，远洋客船的客运量相形之下已有所下降。

随着远程航空运输的发展，客船逐渐转向为短程运输和旅游观光服务，由此发展起来的新型船舶有豪华旅游船、汽车客船、滚装客船和小型高速船等。

1）海洋客船

海洋客船主要包括远洋客船、近海客船与沿海客船几种形式。远洋客船的排水量一般都在万吨以上，最大的可达 7 万 t，航速约为 29～36 kn(54～67 km/h)。近海客船的排水量约为 500～10 000 t，航速为 18～20 kn(33～37 km/h)。沿海客船的排水量一般在 5 000 t 以下。

海洋客船的外形，如图 3.2 所示。

图 3.2　海洋客船

2）旅游船

旅游船，如图 3.3 所示，在 20 世纪 60 年代兴起，供旅游者旅行、游览之用。其船型与海洋客船相似。船上设备齐全，能为旅客提供疗养、娱乐、智力开发等综合服务。

3）内河客船

内河客船是指在江河湖泊上的客船(见图 3.4)，其载客量较小，速度较低，设备也较海洋客船简单，我国江河较多，内河客船是主要客运交通工具之一。

图 3.3　旅游船

图 3.4　内河客船

3.1.4 货船

货船是指专门用于运输各种货物的船只。货船分为干货船和液货船两大类。干货船是用于装载各种干货的船舶,主要有杂货船、集装箱船、散货船、滚装船、载驳船、运木船和冷藏船等。液货船是专门用于运输液态货物的船舶,主要有油船、液化气船和液体化学品船等。

1) 杂货船

杂货船是用于载运各种包装、桶装以及成箱、成捆等什杂货物的船舶,如图3.5所示。

杂货船有下列特征:

图3.5 杂货船

①载重量一般不会很大,远洋的杂货船总载重量一般在10 000~14 000 t之间;近洋的杂货船总载重量为5 000 t左右;沿海杂货船的总载重量一般在3 000 t以下(由于货种多,货源不足,装卸速度慢,停港时间长,杂货船的载重量过大是不经济的)。

②为了理货方便,杂货船一般设有2~3层甲板。载重量为万吨级的杂货船,设有5~6个货舱。

③杂货船一般都设有首楼,在机舱的上部设有桥楼。老式的5 000 t级杂货船,多采用三岛型。

④许多万吨级的杂货船,因压载的要求,常设有深舱,同时深舱可以用来装载液体货物(动植物油、糖、蜜等)。

⑤杂货船一般都装设有起货设备,多数以吊杆为主,也有的装有液压旋转吊。

⑥大多数杂货船,每个货舱一个舱口,但少数杂货船根据装卸货物的需要,采用双排舱口。

⑦不定期的杂货船一般为低速船。航速过高对于杂货船是很不经济的。远洋杂货船速约为14~18 kn(26~33 km/h),续航能力为22 224 km以上;近洋杂货船的船速约为13~15 kn(24~28 km/h);沿海杂货船的航速约为11~13 kn(20~24 km/h)。

⑧杂货船一般都是一部主机,单螺旋桨。

近年来发展了一种多用途的干货船,它既可运载一般的包装杂货,又可装运散货和集装箱货等。这种货船比装运单一货物的一般杂货船适应性大、运输效率高。

2) 集装箱船

集装箱船是用于载运集装箱的专门运输船舶。根据国际标准化组织(ISO)公布的统一规格,集装箱一般都使用20 ft和40 ft两种,20 ft集装箱被定为统一标准箱(Twenty-foot Equivalent Unit,简称为TEU)。

集装箱船在结构与船型上与杂货船有明显不同,它的特点是船型尖瘦,航速高,一一般在 20～37 kn(37～69 km/h)；舱口尺寸大，舱口宽度约占船宽的 70%～80%，便于装卸；机舱及上层建筑位于船尾，以便有更多的甲板和货舱面积用于堆放集装箱，主甲板之下的船舱内一般可堆码 3～9 层集装箱，而主甲板之上则可堆码 2～4 层集装箱；船上一般不设

图 3.6 集装箱船

装卸设备，而由码头上的专用机械设备操作，以提高装卸效率；集装箱的船舷是双层船壳，用以平衡大舱口对抗扭强度的不利影响，以及通过压载调整船舶的重心高度以确保船舶具有足够的稳性。如图 3.6 所示为集装箱船。

集装箱船具有装卸效率高、航行速度快、经济效益好等优点，因而得以迅速发展，按载箱数量分为第一代、第二代、第三代等，载箱数大致分别为 1 000 TEU、2 000 TEU 及 3 000 TEU，现已发展到第八代、第九代集装箱船，载箱数为 10 000 TEU 以上。

集装箱船按装载情况可分为全集装箱船、半集装箱船和兼用集装箱船三大类。

(1) 全集装箱船　全部货舱和上甲板均可装载集装箱，舱内装设有格栅式货架，以适于集装箱的堆放，适应于货源充足而平衡的航线。

(2) 半集装箱船　这种船舶一部分货舱设计成专供装载集装箱，另一部分货舱可供装载一般杂货，这种船舶适应于集装箱联运业务不太多或货源不甚稳定的航线。

(3) 兼用集装箱船　又称集装箱两用船，既可装载集装箱，也可装运其他包装货物、汽车等。这种船舶在舱内备有简易可拆装的设备，当不装运集装箱而要装运一般杂货时，可将其拆下。

3) 散货船

散货船是专门用来装运煤、矿砂、盐、谷物等散装货物的船舶，与杂货船不同的地方是它运输的货物品种单一，货源充足，装载量大。依照不同的散货品种，装卸时可采用大抓斗、吸粮机、装煤机、皮带输送机等专门机械。不像杂货船那样装的是包装或箱装等杂货，规格大小不一，理货时间长，运输效率低。因此，散货船比杂货船的运输效率高，装卸速度快。图 3.7 所示为散货船。

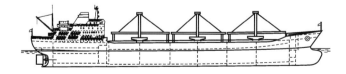

图 3.7　设有 6 个货舱、载重量为 25 000 t 的散货船

散货船的特点是：驾驶室和机舱都设在尾部；货舱口比杂货船的货舱口大；内底板和舷侧用斜边板连接，使货物能顺利地向舱中央集中；有较多的压载水舱，作为空载返

航时压载之用。散货船都为单甲板船,甲板下面两舷与舱口边做成倾斜的顶边舱,它可以限制散货向左右两舷移动,以保持船的稳定性。

运输单一货物的散货船虽然具有优点,但也存在一个问题,就是多数散货船的货运是单向的,在回程时免不了有空载返航的损失。为了提高船舶的利用率,于是出现了矿-油和矿-油-散货等两用和三用船。对于多数的散货船,结构上要采取独特的设计以适应运输不同货物的需要。

4) 滚装船

滚装船是专门装运以载货车辆为货物单元的运输船舶。装船或卸船时类似于汽车与火车渡船,载货车辆从岸上通过滚装船的跳板开到船上,到港后再从船上经跳板开到岸上。

滚装船具有纵通全船的主甲板和多层车辆甲板,不设舱口和装卸设备。主甲板下通常是纵通的无横舱壁的甲板间舱,甲板间舱高度较大,适用于装车;各层甲板之间用斜坡道或升降平台连通,便于车辆在多层甲板间行驶;上层建筑位于船首或船尾,且首尾设有跳板,供车辆上下船用;机舱设在尾部甲板下面,多采用封闭式;主甲板以下两舷多设双层船壳;主甲板两侧还设有许多通风筒以排放车辆产生的废气。

滚装船的最大优点是船和码头都不需要设置装卸设备,载货汽车可以自行上船或下船进行装卸,速度快、效率高。另外,滚装船对货种的适应性强,除可装运各种车辆外,还可装运集装箱、钢材、管材和重型机械设备等长大件货物。这种船适用于装卸繁忙的短程航线,也有向远洋运输发展的趋势。滚装船的载重量一般为 6 000～26 000 吨,航速 18～20 kn(33～37 km/h),最高可达 25 kn(46 km/h)。如图 3.8 所示为滚装船的剖视图。

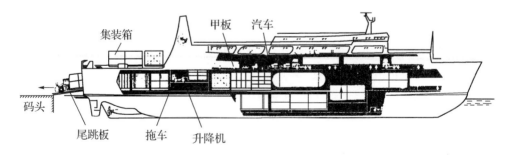

图 3.8 滚装船

5) 载驳船

载驳船也称子母船,是专门装运以载货驳船为货物单元的运输船艇(见图 3.9)。其运输方法是先将货物或集装箱装载在规格统一的驳船(子船)上,再把驳船装上载驳船(母船)。到达目的港后,将驳船卸到水中,由拖船或推船将其分送内河各地,载驳船则再装载另一批等候在锚地的满载货驳开航驶向新的目的港。驳船的装卸方式有三种:利用尾部门式起重机、尾部驳船升降平台或浮船坞原理装卸驳船。目前,比较常见的载驳船有"拉希"(LASH)型和"西比"(Sea-Bee)型两种,分属上述装卸方式中的前两种。"拉希"型载驳船的载重吨位为 30 000～40 000 吨,航速 18 kn;"西比"型载驳船的载重吨位为 38 000 吨,航速 20 kn。

载驳船的最大优点是装卸效率高,运输成本比其他货船低。载驳船不受港口水深影响,不需占用码头泊位,不需装卸机械。采用载驳船装运货驳的运输方式,是实现海河直达运输的有效方法之一。

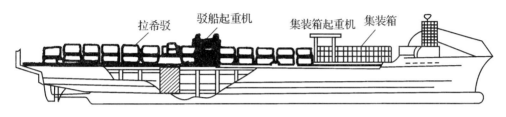

图 3.9 载驳船

6) 冷藏船

冷藏船是专门运输鲜活易腐货物的船舶(见图 3.10),例如装运新鲜的鸡、鸭、鱼、肉、蛋、水果、蔬菜和冷冻食品等。冷藏船就像一座水上活动的冷库。

冷藏船按所装货物的品种不同,要求不同的冷藏温度。对冷藏舱和冷藏装置的要求是:

①冷藏舱的上下甲板之间或甲板和舱底之间的高度不能太大,以防止上层货物压坏下层货物。

②冷藏舱周围的围壁应有良好的绝热装置。

③冷藏舱的绝热层必须有良好的防潮设备。

④船上的制冷压缩机及其设备在船尾摇摆、振动以及高温高湿的情况下必须保持正常工作,与盐雾、海水接触的部件要采取防腐蚀措施。

⑤船舶的冷藏负荷变化较大,对制冷压缩机能量的要求比陆地冷库高得多,需要留有适当的余量。

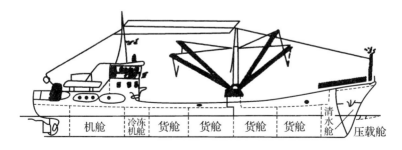

图 3.10 冷藏船

由于不同种类的货物所要求的冷藏温度不同,因此冷藏船还可按此要求进行细分,如专门运输水果的水果运输船,其中包括防腐要求较高的香蕉运输船。鱼、肉等动物性货物,因需在较低的温度下以冻结的状态进行运输,所以冷冻并运输这类货物的船舶称为冷冻船。

7) 油船

油船是装运石油产品的液体货船,油船对防火防爆的要求特别高,石油分别装在各个油密的货舱内,依靠油泵和输油管进行装卸。油船有独特的外形布置和船型特征。它只有一层纵通甲板,甲板上管路较多,一般货船的货舱口较大,而油船的舱口小,水密性好,航行时不怕甲板上浪,所以油船在满载航行时,它的甲板边线几乎是接近水面的。油船的机舱一般都设在尾部,这样有利于防火安全。油船甲板上建有特设的天桥,供船员通行至首尾部。

油船的大小从几百吨至几十万吨,根据不同的需要,吨位相差很大,目前世界上大型油船都在20~30万吨左右,超大型的油船达50万吨以上,除了原油船外,还有成品油船、原油和砂石多用途船等。图3.11为24 000吨近海油船。

图 3.11　油船

油船按载重量不同,可分为以下几种类型。

小型:16 500~24 999 载重吨。

中型(M-R 级):25 000~44 999 载重吨。

大型-1(LR-1 级):45 000~79 999 载重吨。

大型-2(IR-2 级):80 000~159 999 载重吨。

超级油船(VLCC):160 000~319 999 载重吨。

特级油船(ULCC):320 000~549 999 载重吨。

一般情况下,VLCC是指20万载重吨以上、不满30万载重吨的油船;30万载重吨以上的油船称 ULCC;将10万载重吨级的油船称为阿芙拉型油船;将1980年以后,能满载中东原油、经由苏伊士运河运至欧洲的最大船型称为苏伊士型油船,通常指15万~16万载重吨的油船。

8) 液化气船

液化气船是专门装运液化气的液货船。这种船舶装有特殊的高压液舱,先把天然气或石油气液化,再用高压泵打入液舱内运输。分为液化天然气船(LNG 船)与液化石油气船(LPG 船)。由于天然气和石油气的液化工艺不一样,因此它们的运输方式也不同。

9) 液体化学品船

液体化学品船是专门载运各种液体化学品,如醚、苯、醇、酸等的液货船。由于液体化学品一般都具有易燃、易挥发、腐蚀性强等特性，有的还有剧毒，所以对船舶的防火、防爆、防毒、防止泄漏、防腐等方面有较高的要求，通常设双层底和双重舷侧。又因液体化学品品种繁多，往往需要同船运输多种液体化学品，所以货舱分隔较多，以便运输，并且各舱有自己专用的货泵和管系。货舱内壁和管系采用不锈钢制作或抗腐蚀涂料保护，并且对货物围护和各种系统的分隔都有周密的布置。为了确保运输安全，国际上将液体化学品船按货种危险性的大小分成三类：

第一类专用于运输危险性最大的货物的船舶，要求船舶具有双层底和双重舷侧，双重舷侧所形成的边舱宽度不小于1/5船宽，以防船舶碰撞搁浅时液体泄出船外。货舱容积必须小于 1 250 m³。

第二类专用于运输危险性略小的货物的船舶，它在结构上的要求与第一类船舶相同，但边舱宽度可小于第一类船舶。货舱容积必须小于 3 000 m³。

第三类用于运输危险性更小的货物的船舶，其构造与油船相似。

3.1.5 其他载运船舶

1）渡船

渡船分为旅客渡船、汽车渡船和火车渡船。

（1）旅客渡船 这是专门用于旅客横渡海峡和江海的船舶，也可归类于客船。由于近年来驾车外出旅游的增多，许多旅客渡船也兼载轿车和少量其他小型车辆。渡船由于航程短，客舱只设座位，乘客分布在多层甲板。双体渡船是一种较理想的船型，其甲板宽敞，稳性好，且操纵灵活。图 3.12 所示为兼装载车辆的旅客渡船。

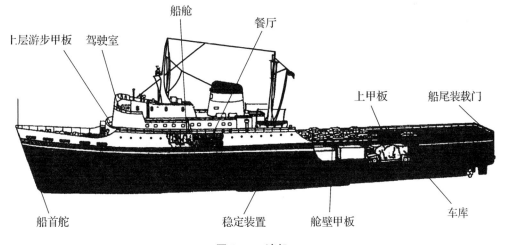

图 3.12 渡船

（2）汽车渡船 其特点是甲板平直，首尾对称，两端均设有推进器、吊架和跳板。两端均可靠岸，航行时船舶不用调头，汽车上下不必开倒车。驾驶室设于船的一舷。有的汽车渡船也同时搭载少量旅客。

(3) 火车渡船　目前已较少使用,只作为一种应急的准备。单层甲板,其上设多股轨道,可排列多节车厢。首尾均设推进器和舵,两舷和首尾设平衡水舱,用以调节火车上下时船身产生的纵倾和横倾。

2) 驳船

驳船是一种专供沿海、内河、港内驳载和转运物资的吨位不大的船舶,船上设备比较简单,本身没有起货设备,其载重量从几十吨到几百吨,大型的货驳也有数千吨级的。驳船一般为非机动的,本身没有推进装置(少数有推进器的驳船称为机械驳),移动或航行时需要用拖船拖带或推船顶推。驳船用于驳运大型货船上装卸的货物,或者组成驳船船队运输货物。

根据所运货物的特点不同,目前建造最多的有以下几种类型的驳船。

(1) 舱口驳　具有分隔的货舱舱室,设有较大的货舱口和水密舱口盖。主要用于装运怕水湿的什杂货。

(2) 敞口驳　具有连续的直通货舱和舱口,没有舱口盖,舱口宽度大,一般两舷设置垂直的内舱壁。主要用作装运散装货。

(3) 甲板驳　其特点是没有货舱,在平坦的甲板上堆装货物。主要用作装运各种大件货物、车辆以及不怕雨湿的桶装货和其他包装货。有些甲板驳的两舷设置围板后,也可用来装运各种散装货。

(4) 油驳　具有类似于油船的舱室结构及管系。

驳船船队可以航行于狭窄的水道和浅水航道,并可按运输货物的品类随机编组,适应内河各港口货物运输的需要。驳船的优点是:船的结构和设备简单、造价低、管理维修费用低、船的利用率高等。所以,驳船在内河运输中占有重要地位,在我国长江干线和其他内河航线的货物运量中,驳船运输占有较大的比重。

3) 推船

推船是用来顶推驳船或驳船队的机动船(见图3.13),因此推船要有强大的功率。推船要求能推动整个船队在一定航速下航行的功率;同时,要有良好的操纵性能,因为推船担负着操纵整个船队的任务。

内河推船船型总的来说是短、宽、扁。短是为了尽量增加驳船队的长度;宽是由于要提高船队的操纵性,常设双机双桨(与功率大、吃水受限有关);扁是因吃水受限。推船机舱位置多在船中附近,为便于驾驶,驾驶室较高。为了安全通过桥梁及其他水工建筑物,有些驾驶室是升降式的。另外,在营运过程中,推船不仅承受波浪及其他一般载荷的作用,而且还受到整个驳船队在顶推时所施加的挤压作用和在倒航时

图3.13　推船

所产生的拉张作用,所以推船的结构比一般运输船舶坚固。推船首部装有顶推设备和连接装置,一般呈方形,装有顶推架,用缆绳或机械钩合装置连接驳船。为了提高推进和操纵性能,推船常加装导管和倒车舵。

4) 拖船

拖船是专门用于拖曳其他船舶、船队、木排或浮动建筑物的工具(见图3.14)。它是一种多用途的工作船,被称为水上的"火车头"。

拖船与推船有不少共同之处,如拖船船型短而宽、主机功率大、推进和操纵的性能要求高、船体结构比较坚固等。

拖船上不载旅客和货物。船上除有一般的航行设备外,在拖船的后部装有专门的拖曳设备,包括拖缆、拖钩弓架、拖缆绞车等。为避免拖缆碰坏尾部设施,拖钩后面装有横跨左右舷墙上的拖缆承梁,拖船有较强的护舷和防撞设施。衡量拖船能力大小的是主机功率和拖力,功率越大,拖船的拖曳能力越强。目前我国拖船除拖带钢驳、木驳和水泥驳外,有些地区也用拖船拖带木帆船以利用民间运力,提高运输效率。

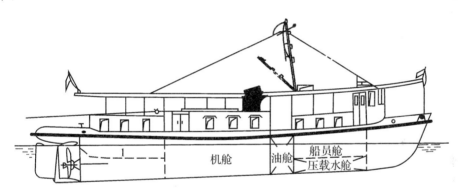

图3.14 拖船

5) 小型高速客船

目前,虽然常规船舶性能有了很大的提高,但性能的提高有一定的限度。人们探索出各种非常规的新船型,如水翼艇、滑行艇、气垫船、小水线面船、地效翼艇等高速船舶。

其中,用于载运人员的高速船舶主要是水翼艇和气垫船。

(1) 水翼艇 水翼船(艇)是一种在船体下装有类似于飞机机翼的水翼,在船达到一定航速时,水翼产生的升力,将全部或部分船体抬出水面,大大降低水的阻力,从而获得高速的一种船型。

水翼的剖面形状和作用的原理与飞机的机翼相似,只是水的密度比空气大得多,所以抬起同样重量所需要的水翼尺寸比飞机的机翼要小得多。另外,水翼产生升力的大小与流速、翼型、冲角、面积和浸深等因素有关(机翼原理)。

水翼船按水翼与水面的相对位置大致可分为割划式和全浸式两类,如图3.15与图

3.16 所示;按水翼数目可分为单水翼和双水翼;按控制方式可分自控与非自控,以及按能否收放可分为固定与收缩等多种。

图 3.15　割划式水翼艇

图 3.16　全浸式水翼艇

割划式水翼具有自动稳定性,不需控制系统、结构简单,但受波浪作用影响较大、适航性差,一般用于风浪较小的内河、湖泊和沿海航行的船舶上。而水翼浸水深度超过弦长的全浸式水翼耐波性能优良,但没有自动稳定性,它必须有一套装置复杂的自动稳定系统来保证它的起飞高度和纵、横向稳定性;又因吃水深和宽度大,还须配有水翼收放装置,便于靠离码头。全浸式水翼结构复杂造价较高,但它受波浪影响小,可用于要求适航性较高的海洋水翼船上。

（2）气垫船　气垫船是通过鼓风机把空气送到船底下面,在船底形成空气以支持船体重量的一种高速船舶。气垫的压力高于大气压,可将船体全部抬出水面。航行时气垫将船体与水面隔开,使船的阻力大大降低,故其航速可高达 80～130 kn(148～241 km/h),客位约 100～200 个。

气垫船有两种类型:全垫升式气垫船(或称全浮式)和侧壁式气垫船,如图 3.17 所示。

全垫升式气垫船的船底四周用柔性围裙封闭,用空气螺旋桨推进。这种气垫船具有两栖能力,可以在水面、陆地、沼泽地、冰面和沙滩行驶。

侧壁式气垫船的两侧有刚性的侧壁插入水中,船的首尾端用柔性气幕封闭。采用水动力螺旋桨或喷水推进,有较好的操纵性和稳定性,但无两栖能力。这种形式的气垫船经济性能较好,可向大型化方向发展。

(a) 全浮式　　　　　　　　(b) 侧壁式

图 3.17　气垫船

6) 军用船舶

军用船舶是执行战斗任务和辅助任务的各类船舶的总称，通常分为航空母舰、巡洋舰、驱逐舰、护卫舰、潜艇等。

航空母舰是以一定数量的舰载飞机为主要武器并作为其海上活动基地的大型军舰，实质上它是一座浮动的海上机场，是海军的水面战斗舰艇中最大的舰种（见图3.18）。目前，航空母舰的排水量一般为 1～8 万 t，超级航母达 10 万 t 以上，航速为 20～35 kn(27～65 km/h)，其所需主机功率达 $(20～22)\times 10^4$ kW。按舰载飞机的不同，航空母舰可分为专用航空母舰和多用途航空母舰两大类；按其动力装置不同，又分为常规动力航空母舰和核动力航空母舰。

图 3.18　航空母舰

驱逐舰是海军作战舰艇中的主要舰型之一，配置导弹、火炮、鱼雷、水雷、反潜武器和直升机等，并有雷达、声呐、指挥仪等电子设备，主机功率大、航速高；其中以导弹为主要武器的称为导弹驱逐舰，以反潜为主要使命的称为反潜驱逐舰，以防空为主要使命的称为防空驱逐舰。目前，现代驱逐舰满载排水量为 3 500～8 500 t 左右，航速为 30～35 kn(56～65 km/h)。图 3.19 是导弹驱逐舰示意图。

图 3.19　导弹驱逐舰

巡洋舰是一种具有多种作战能力,适于远洋作战的大型水面战舰(见图 3.20)。它的航速高、续航力大、耐波性好,具有较强的独立作战能力和指挥职能。巡洋舰的排水量通常在 6 000~15 000 吨之间,最大的高达 30 000 吨以上,航速为 30~34 kn(56~63 km/h)。按装备的主要武器和推进方式,可分为导弹巡洋舰、直升机巡洋舰、核动力巡洋舰和常规动力巡洋舰。

护卫舰是一种比驱逐舰装备弱、续航力小,以护航、反潜或巡逻为主要任务的轻型水面战斗舰艇,是海军战斗舰艇中用途最广、数量最多的重要舰种之一(见图 3.21)。护卫舰的特点是:轻快、机动性好、造价低、适宜于批量生产。其排水量为 600~5 000 t,航速为 25~34 kn,续航力 4 000~8 000 n mile。舰上配有舰对舰导弹、舰对空导弹、火炮以及反潜鱼雷、大型深水炸弹和火箭式深水炸弹等反潜武器。有的护卫舰还带有反潜直升机。

图 3.20　导弹巡洋舰(俄罗斯"彼得大帝"号核动力巡洋舰)

图 3.21　护卫舰

潜艇是一种既能在水面航行,又能在水中一定深度航行和停留的战斗舰艇,图 3.21 为一航行中的攻击核潜艇。潜艇的最大特点是隐蔽性好、机动性大、突击能力强,可以不需岸基兵力和其他舰艇的支援而能够长期在远海独立活动,所携武器是爆炸威力大的鱼雷或导弹。它受自身排水量的限制较小。

潜艇有水面和水下两种航行状态。由于水面吃水和水下下潜深度不同,分为部分艇体露出水面的正常状态、超载状态和潜势状态。潜望镜露出水面,对水面和空中进行观察的潜望状态,约在水下 8~11 m。通气管升出水面,柴油机可连续工作的状态称为通气管航行状态。潜艇全部入水为全潜状态。为避免潜艇被飞机凭目力观察到的安全深度应大于 30 m。潜艇在安全深度以下能长时间航行和停留的工作深度一般为 200~300 m,潜艇处于无航速状态而艇体结构不发生永久变形的极限深度为 300~400 m。采用超高强度钢的潜艇,下潜深度达到 500 m。

图 3.22　核潜艇

3.2　船舶的主要技术参数

3.2.1　船舶的主要尺度

船舶的主要尺度表示船体外形大小的主要尺度,通常包括船长、船宽、船深、吃水和干舷(见图 3.23)。船舶主要尺度是计算船舶各种性能参数、衡量船舶大小、核收各种费用以及检查船舶能否通过等限制航道的依据。船舶主要尺度根据用途可以分为型尺度、实际尺度、最大尺度和登记尺度等几类。它们的测量方法各不相同。型尺度为量到船体型表面的尺度,主要用于船体设计计算。实际尺度是船舶建造和运行时用的尺度,量到船体外壳板的外表面,主要用于检查船舶在营运中能否满足桥孔、航道、船台等外界条件的限制。登记尺度是专门作为计算吨位、丈量登记和交纳费用依据的尺度。

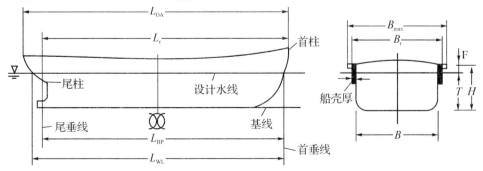

图 3.23　船舶的主要尺度

1) 船长 L

船长一般分为船的总长 L_{OA}、垂线间长 L_{BP}、设计水线长 L_{WL} 和登记长度 L_r 四种。

(1) 总长 L_{OA}　指船舶首端至尾端的最大水平距离。

(2) 垂线间长 L_{BP}　指首垂线与尾垂线之间的水平距离。

(3) 设计水线长 L_{WL}　指设计水线平面与船体型表面首尾端交点之间的水平距离。

(4) 登记长度 L_r　登记长度一般用 L_r 表示,是船舶上甲板(一般指主甲板)上的首柱前缘到尾柱后缘(若无尾柱,则量至舵杆中心线)的水平距离。

2) 船宽 B

船宽一般分为船的型宽 B、最大宽度 B_{max} 和登记宽度 B_r 三种。

(1) 型宽 B　设计水线面的最大宽度叫作船的型宽。一般所指的宽度是指此宽度,用 B 表示。一般船体最宽的部分在船舶垂线间长的中央部分,所以型宽在这种情况下即指船舶中央部分的宽度。

(2) 最大船宽 B_{max}　最大船宽是包括舷侧板厚度和护舷木在内的最大宽度,用 B_{max} 表示。

(3) 登记宽度 B_r　登记宽度为船体最大宽度处的水平距离(包括两舷外板,不包括固定突出物)。

3) 船深 H

船深一般分为船的型深 H、最大高度 H_{max} 和登记深度 H_r 三种。

(1) 型深 H　在型线图(用作图方法完整表达船舶的几何形状图纸)上从上甲板边缘最低处量至船底基线的垂直距离为型深,记为 H。型深一般是指船舶最上层连续甲板在船中部的深度。

(2) 最大高度 H_{max}　船舶的最大高度是自设计水线沿垂线量到船的最高点的距离。在内河航行需要通过桥梁的船舶,船在空载情况下的最大高度有重要的实际意义。用 H_{max} 表示。

(3) 登记深度 H_r　登记深度 H_r 为中纵剖面上登记长度 L_r 中点处,从上甲板横梁上面量至龙骨顶板上面的垂直距离。若是双层底船,则为从上甲板横梁上面量至内底板上面的垂直距离。

4) 吃水 T

船舶吃水是船舶浸沉深度的一个度量,它随载货重量的不同而变化。这个尺度只有型尺度,即型吃水。

型吃水即设计吃水,又称满载吃水,是指船舶装载至设计要求的货物后(一般为满载状态)的浸水深度,是在中横剖面上从设计水线或夏季载重水线量至船底基线的垂直距离。当首吃水和尾吃水不相等时,此值表示首尾吃水的平均值。

当首吃水大于尾吃水时,船舶为首倾;反之为尾倾。在船有纵向倾斜时,用在中横剖面处从设计水线量至船底基线的垂直距离——平均吃水 T_m 表示船舶吃水的大小。

表示吃水的标记叫作水尺。它刻画在首和尾左右两侧的船壳板上(大船还在船中的左右舷标明水尺)。一看水尺就知道船底离开水面的距离。水尺标注目前通用的有公制和英制两种,一般以阿拉伯字和罗马字母表示。

5) 干舷 F

干舷是船体型深中未浸入水中的那部分高度,即船体中部从设计水线到上甲板上表面(上层连续甲板横梁上缘)的垂直距离,计为 F。

一般船舶在首、中、尾三处的干舷是不同的,通常所指的干舷是接近船中处干舷的最小值。F 舷、吃水 T、型深 H 三者有如下的关系：

$$F = H - T$$

6) 基线

在船底与龙骨上缘相切的水平面称为基准面。基准面和中横剖面的交线称为横向基线。基准面和中纵剖面的交线称为纵向基线,基线是一条与设计水线相平行的水平直线。在船舶设计及建造过程中,基线是一条很重要的基准线。

3.2.2 船舶的主尺度比

船舶的主要尺度是一组表示船舶大小的绝对数值,而其主要尺度的比值(即主尺度比)则是一组相对数值,在一定程度上反映了船舶的航行性能,也进一步说明了船体的特征。常用的主尺度比有：

1) 长宽比 L/B

该比值是指垂线间长(或设计水线长)与型宽的比值,对船舶的快速性影响显著。通常高速船的 L/B 值较大,表示船型瘦长,而低速船的 L/B 较小,表示船型短宽。

2) 宽吃水比 B/T

该比值是指型宽与设计吃水的比值,对船舶稳性影响较大。B/T 值较大,船舶稳性较好。

3) 深吃水比 H/T

该比值是指船舶型深与吃水的比值,影响船舶大倾角稳性和抗沉性。比值越大,干舷越大,大倾角稳性和抗沉性越有保证。

4) 长吃水比 L/T

该比值是指垂线间长(或设计水线长)与吃水的比值,影响船舶操纵性。比值越大,船舶的航向稳定性越好;比值越小,则操纵越灵活,船舶的回转性越好。

5) 长深比 L/H

该比值指垂线间长(或设计水线长)与型深的比值,对船体结构的坚固性有影响。不同类型船舶的几种主尺度比值的大致范围,如表 3.1 所示。

表 3.1 不同船舶的主尺度比值与船型系数

船舶类型	主要尺度比			船型系数		
	$\frac{L}{B}$	$\frac{B}{T}$	$\frac{H}{T}$	C_W	C_M	C_B
远洋客船	8.0~10	2.4~2.8	1.6~1.8	0.75~0.82	0.95~0.96	0.57~0.7
远洋货船	6.0~8.0	2.0~2.4	1.1~1.5	0.80~0.85	0.95~0.98	0.70~0.78
沿海客货船	6.0~7.5	2.7~3.8	1.5~2.0	0.70~0.80	0.85~0.96	0.50~0.68
内河客船	10~12	2.8~7.5	2.0~3.0	0.78~0.87	0.98~0.99	0.50~0.89
拖船	3.0~6.5	2.0~2.7	1.2~1.6	0.72~0.80	0.79~0.90	0.46~0.60
渔船	5.0~6.0	2.0~2.4	1.1~1.3	0.76~0.81	0.77~0.83	0.50~0.62

3.2.3 船舶的吨位参数

船舶吨位用来表示船舶的大小和运输能力,它分为重量吨位和容积吨位两种。

1) 重量吨位参数

船舶的重量吨位是以重量的大小来表示船舶的运输能力,以吨计算。常用的重量吨位参数有排水量和载质量两种。

(1) 排水量 排水量指船舶浮于水面时所排开的水的重量,它亦等于船上的总重量。根据装载重量的多少,一艘船舶可以有几种不同的排水量。民用船舶可根据不同装载状态分为满载排水量、空载排水量、空船排水量以及压载排水量。

①空船排水量。又称轻排水量,是船舶本身加上船员和必要的给养物品三者重量的总和,是船舶最小限度的重量。

②满载排水量。一般也称设计排水量或重排水量,是船舶满载时(一般为设计状态)的排水量,即船舶在满载水线下所排开的水的重量。包括空船重量、货物或旅客、燃料、淡水、食物、船员和行李以及船舶常数等重量的总和。

船舶常数是指船舶经过营运后,船上存有的残损器材和废品、污水沟、压载舱中残留的积水、船底粘连的附着物等的重量的总和。

③空载排水量。是船舶空载时排开水的重量,即不装货物或旅客时排开水的重量。

④压载排水量。是船舶压载航行时排开水的重量。船舶为了保证空载航行时的航行性能(使螺旋桨不露出水面等)常在船上加压载水,使船处于压载航行状态。

(2) 载质量 船舶载质量分为总载质量和净载质量。

①总载质量(W_T)。总载重量是指船舶在任意吃水状况下所能装载的最大质量,为货物或旅客、燃料、淡水、船员和行李、供应品和备品等航次储备量和船舶常数的总和。其值等于该吃水下的船舶排水量与船舶空载排水量之差:

$$W_T = \Delta_x - \Delta_0$$

式中:W_T——总载质量(t);

Δ_x ——船舶夏季满载排水量(t);

Δ_0 ——船舶空船排水量(t)。

船舶常数是指船舶经过一段时间营运后的实际空船质量与船舶新出厂时的空船质量的差值。

总载质量是随船舶排水量的变化而变化的,与航行区域和航行季节有关。在实际应用和船舶资料中,总载质量一般指夏季船舶满载排水量与船舶空船排水量之差,其值为定值。

②净载质量(W_N)。净载质量是指船舶在具体航次中所能装载货物的最大质量,与航次总储备量和船舶常数有关。其值等于总载质量与航次总储备量和船舶常数之差:

$$W_N = DW - \sum G - C$$

式中:W_N ——净载质量(t);

$\sum G$ ——航次总储备量(t);

C ——船舶常数(t)。

总载质量表示船舶载重能力的大小,净载质量表示船舶载货能力的大小。它们都是水路运输管理中计算航次货运量的依据。

2) 容积吨位参数

容积吨位是以容积来表示船舶的大小。国际上统一以每 2.83 m³(或 100 立方英尺)作为一个容积吨位。

容积吨位又可分为总吨位和净吨位两种。

(1) 总吨位 凡船上四面封闭的空间减去驾驶室、双层底、公共用的舱室等所占去的容积,如以立方米为单位则除以 2.83,如以立方英尺为单位则除以 100,所得的结果即为该船的总吨位。

总吨位的用途为:

①表明船舶大小及作为一国或一船公司拥有船舶的数量;

②计算造船费用、船舶保险费用;

③作为海事赔偿费计算之基准等。

(2) 净吨位 从总吨位中减去不能运送客货的吨位(如机舱、锅炉舱、船员舱室等),即为净吨位。净吨位是作为实际营运使用的吨位。

净吨位的用途为:

①计算各种税收的基准;

②计算停泊及拖带等费用;

③计算过运河的费用等。

在船舶登记及丈量证书内,都明确地记载总吨位和净吨位。

3.2.4　船舶航速

船舶的航行速度简称航速,是指船舶在航行时,相对于陆地或水在单位时间内所能航行的距离。

船舶在不同情况下工作,其航速是不同的。运输船舶的速度性能包括试航航速和服务航速。拖船的航速分拖曳航速和自由航速。船舶航速常用的单位为节(kn,即n mile/h,海里/小时,1 n mile=1.852 km)。

1) 试航航速

试航航速是船舶试航时测得的航速。一般指满载试航速度,即主机在最大持续功率情况下,静止深水中(不超过三级风二级浪)的新船满载试航所测量得到的速度。

新建造的或大修后的船舶均需进行试航,以检验其各项航行性能。测定试航航速时,要求船舶为预定排水量,主机在额定工况下,横倾不超过1°,无首纵倾,推进器有足够浸深,天气晴朗,试航区水面风力不大于三级,波浪不大于二级,试航水区的水深和航道宽度要满足试航要求,并按规定的试航程序和方法进行。

2) 服务航速

服务航速也称常用航速或营运航速,是指运输船舶在平时营运时所达到的航速。服务航速用于船舶常年航行,是主要的航速。一般服务航速是一个平均值。通常服务航速比试航航速小0.5～1.0 kn(0.9～1.8 km/h),这主要是由于海上有风浪,且风浪大小变化多端;主机不常开最大持续功率以保护主机;船的装载也是变化的;还有船舶污底的影响,均可使船舶服务航速比试航航速小。

3) 拖曳航速

拖曳航速是指拖船拖曳其他船舶时的航速。主要是指拖船在拖带驳船时的速度。

4) 自由航速

自由航速是指拖船单独行驶时的航速。

3.3　船舶的总体结构

尽管船舶的类型很多,但其总体均由船体、船舶动力装置、船舶电气设备和船舶配套设备等组成。

3.3.1　船体

1) 船体的组成

船体是指主甲板以下部分,它是一个直接承受静水压力、浮力、波压力、冲击力、货载及本身重量等各种外力的空间结构。为了使船舶行驶时所受的阻力最小,船体做成流线型曲面,船体两端多为尖楔形或匙形。船体前端叫船首,后端叫船尾。

一般货船的中部较宽,首尾端较窄。船体中部的舱容大,适宜于作货舱和机舱。首尾端常用作压载水舱和放置锚链或舵机等。船体左右两侧叫船舷。船体顶盖为一全通连续甲板，称为主甲板。主甲板架在横梁上，它是承载船舶纵向强度的重要构件，同时也支撑压在甲板上的负荷。除主甲板外，大型船舶内还有起分隔作用的第二、第三甲板。船体构造中，主船体和上层建筑是其主要部分（见图3.24）。

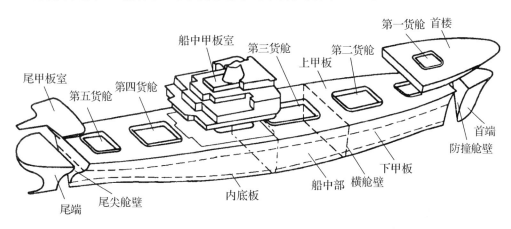

图 3.24　货船的外形

（1）主船体　就全船而言，主船体是被外板和连续的上甲板全部包起来的水密结构，主船体的空间又被舱壁、甲板和平台分隔成不同用途的舱室。主船体由首端、中部和尾端构成。

（2）上层建筑　船舶主甲板以上，由一舷伸至另一舷的围壁建筑物称为上层建筑。上层建筑位于水密的连续甲板以上，它包括船楼和甲板室。

上层建筑作为驾驶室、工作室、船员和旅客的住室和生活用舱室或安装船舶上某些设备之用。上层建筑承受风浪的局部压力和局部载荷，当其超过一定长度时，对其结构的要求应加强。

2）船体结构形式

船体是由钢板和骨架组成的长箱形结构，整个船的主体可分为若干板架结构，如甲板板架、舷侧板架、船底板架和舱壁板架等，各个板架相互连接，互相支持，使整个主船体构成坚固的空心的水密建筑物。

图 3.25 所示为板架结构的一种形式，板上焊有纵横交叉的骨材和桁材，较小的骨材数目多间距小，较大的桁材数目少而间距大。骨材

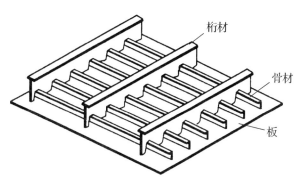

图 3.25　船体板架结构

将板分成小的板格,根据板格布置的方向(也即较小骨材布置的方向)可分为纵骨架式、横骨架式和混合骨架式三种类型。

(1) 纵骨架式 板格的长边沿船长方向,短边沿船宽方向,纵向骨材的间距小,横向桁材的间距大。

(2) 横骨架式 板格的长边沿船宽方向,短边沿船长方向,横向骨材的间距小,而纵向桁材的间距大。

(3) 混合骨架式 纵横方向的骨材间距相差不多,板格的形状接近正方形。船体结构中的混合骨架式是指甲板、船底采用纵骨架式,而舷侧采用横骨架式。

3) 船体的外部形状

船舶的外形和布局应该给人以美感,要简洁美观,实用大方。船舶的外形包括首、尾部形状、上层建筑形式、机舱位置的安排以及烟囱、桅杆等上层舾装件的形状和布置等。

(1) 首部形状 船舶常见的首部形状如图3.26所示,图3.26(a)为直立式首柱,现代船舶除了一些驳船和特种船舶外已很少采用。一般船舶多采用倾斜式的船首,如图3.26(b)所示,首柱向前倾斜15°~30°,这样既可以外形美观大方,也能增加甲板面积,改善船舶性能,军舰多采用倾斜式,民船上常用微带曲线前倾式。图3.26(c)为飞剪式,可以扩大甲板面积,有利于锚机和系泊设备的布置,常用在远洋航行的大型客船和一些货船上。图3.26(d)为破冰船的首部形状,它的倾斜度较大,以便冲上冰层利用船舶本身的重量来压碎冰层,用于破冰船上。大、中型远洋货船也有采用球鼻首的,如图3.26(e)所示,军舰上可以利用球鼻首的突出体安装声呐设备。

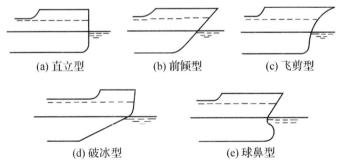

图3.26 船舶首部形状

(2) 尾部形状 船舶尾部形状如图3.27所示:图(a)为椭圆形尾,船的尾部有短的尾伸部。折角线以上呈椭圆体向上扩展,现在仅在有些驳船上见到。图(b)为巡洋舰尾,具有光顺曲面的尾伸部,水平剖面呈半卵形。由于水线部分尾伸部的加长,有利于减少船的阻力,并有利于保护舵和螺旋桨。这种尾形在军舰和民船上用的较广泛。图(c)为方尾,其特点是尾端有尾封板,大多用在航速较高的舰艇,近年来许多货船也采用了这种尾型。

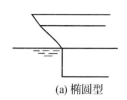
(a) 椭圆型

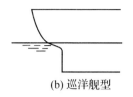
(b) 巡洋舰型

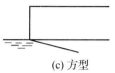
(c) 方型

图 3.27　船舶尾部形状

（3）上层建筑形式　船体最上一层纵通连续的甲板，一般称为上甲板，在上甲板以上的船体结构，可统称为上层建筑。一般来说，上层建筑结构的两侧与两舷连在一起的，如果两侧不同船舷相连而缩进一定的距离（大于 0.04 倍船宽），形成两边走道的结构就叫作甲板室。位于船首部的上层建筑称为首楼，位于船中和尾部的就分别称为桥楼和尾楼（见图 3.28）。上层建筑内布置有关的舱室（工作室、船员舱室等）。

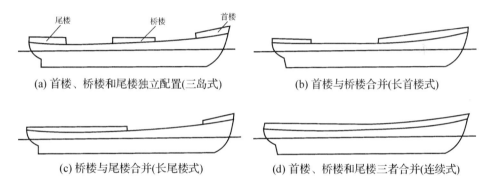

图 3.28　上层建筑的形式

上层建筑的形式与船的机舱位置有一定的关系，图 3.29 所示为按机舱位置在尾部、中部和尾部的货船外形图，分别称为尾机型船（见图 3.29(a)）、中机型船（见图 3.29(b)）和中尾机型船（见图 3.29(c)）。中机型船具有视野宽广，操作方便和空载时纵倾小等优点。尾机型船具有尾轴长度短，尾轴不穿过货舱，增加装货空间，提高装货效率等优点，并对防火有利，一般油船、散装货船都采用此形式。

作为一座水上工程建筑的船舶，上层建筑的层数、大小对船的外观有着直接的影响，船舶设计者除了满足船舶的性能和使用要求外，还应把主体上层建筑以及烟囱、桅杆、雷达柱的位置和外形，舷墙、栏杆、门窗与

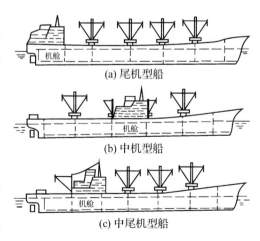

图 3.29　货船的机舱位置

船壳的配合,救生艇、救生筏的安排布置等从总体外观的协调上给予考虑,使不同用途船舶的造型上有各自的特点,给人以美的感觉。如货船的简洁朴实,客船的平稳、轻快等。

4)船体横剖面结构

(1)杂货船的横剖面结构　图3.30是杂货船的货舱横剖面结构,上甲板和双层底是纵骨架式结构,下甲板和舷侧是横骨架式结构。上甲板和下甲板上开有货舱口,舱口角隅有支柱支撑。近来一些船上为了理货方便,改在中线面设置支柱或半纵舱壁或用悬臂梁结构。

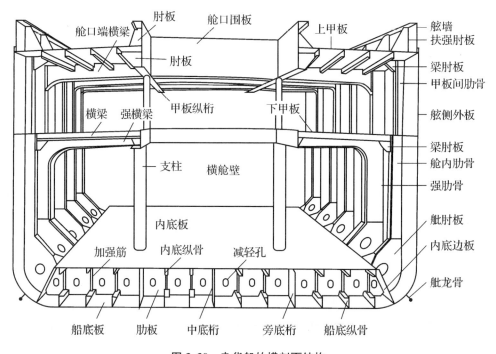

图 3.30　杂货船的横剖面结构

(2)散货船的横剖面结构　散货船只有一层全通甲板和双层船底,甲板下面有两个三角形的顶边舱,其作用是防止散货向一侧移动使船倾斜,影响船的稳性。双层底舭部处有向上倾斜的内底板与舷侧下部构成的底边舱,其作用是使散货堆放于货舱中央,便于用抓斗卸货。倾斜的底边舱对船舶的安全比普通的双层底更可靠。顶边舱和底边舱可作为压载水舱以改善船舶的适航性。

图3.31是装运谷物和煤的散货船货舱结构,甲板和舷顶部、双层底和舷侧下部是纵骨架式结构,舷侧中部是横骨架式结构。

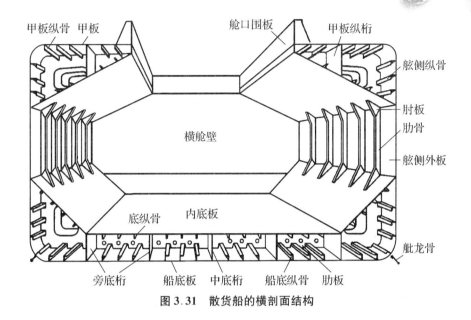

图 3.31　散货船的横剖面结构

(3) 油船的横剖面结构　沿海小型油船,中线面设一道纵舱壁,分左右两个货油舱。大型的油船设 2～3 道纵舱壁,分成 3～4 个货油舱。

油船有两类,一类是专门运载经过炼油厂加工过的成品石油,大型的其载质量约在几万吨,它的油舱数目较多,可以载运多种规格的成品石油,其结构和油泵系统较复杂。另一类是专门装载未加工的原油,这种油船的载质量可达几十万吨。

油船的货油舱都是单层甲板和单层底结构,甲板和船底采用纵骨架式,舷侧和舱壁可用横骨架式,也可用纵骨架式。但大型油船则多数是采用全纵骨架式结构。

图 3.32 所示是全纵骨架式的油船横剖面结构,两道纵舱壁将油舱分成中间油舱和左右两个边油舱。为了保证总纵强度和加强甲板和外板的刚性,所有板架上都装置密集的纵骨。甲板和船底的中线面上还装有高大的纵桁。横方向有环形的肋骨框架来增强船体的横向强度和刚性。大尺寸的纵桁和肋骨框架并不影响液体货物的装卸,但能减小液体在舱内晃动和缓和液体在舱内的冲击。

(4) 集装箱船的横剖面结构　集装箱船的结构与一般的货船不同,它的货舱口宽度几乎与货舱宽度一样大,舷边只留下一条宽度不大的甲板边板。这样大的开口对船体的抗弯、抗扭和横向强度都很不利。为了补偿强度的不足,在结构上常采用以下加强措施:

①采用具有水密舷边舱的双层舷侧。
②增加甲板边板和舷顶板的厚度。
③加强两个货舱口之间的舱口端横梁和甲板横梁等。

图 3.33 是集装箱船货舱的横剖面结构,图示的水密舷边舱内有加强的桁板肋骨,

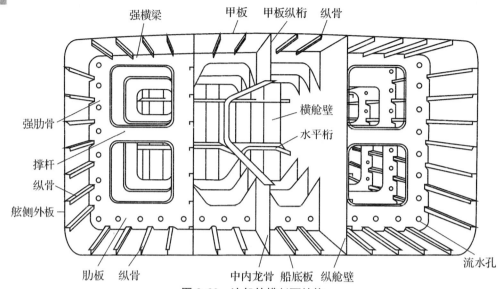

图 3.32 油船的横剖面结构

中间有两道平台甲板,桁板肋骨上开有人孔或减轻孔,人孔的四周用扁钢加强。

（5）客船的横剖面结构　客货船的特点是甲板层次多,房舱多,围壁多,甲板两旁及房舱间设有走廊。旅客和船员舱室大部分设在

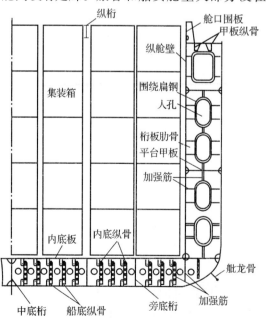

图 3.33 集装箱船的横剖面结构

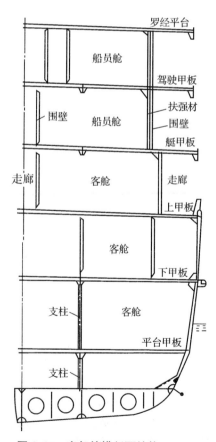

图 3.34 客船的横剖面结构

水线以上的甲板上。

图 3.34 是全横骨架式沿海小型客船的横剖面结构。

3.3.2 动力装置

1) 动力装置的组成

现代船舶的动力装置,广义上说,是指保证船舶正常航行、作业、停泊以及乘员正常工作和生活所需的各类机械和设备。它主要是提供机械能、电能、热能、液体和气体的压力能,除保证船舶推进外,并满足整个船舶能量消耗的需要。所以,船舶动力装置大部分是能量转换装置。

船舶动力装置通常包括:推进装置、辅助装置、管路系统、甲板机械和机舱自动化设备五部分。

(1) 推进装置　当主机运转时,驱动传动设备(或减速齿轮箱)和轴系,使螺旋桨旋转做功,产生使船舶运动的推力。

(2) 辅助装置　除推进装置外,供应船上其他各种能量需要的装置和设备,如船舶电站、辅助锅炉装置、泵站、压缩空气站等,统称为辅助装置。

(3) 管路系统　连接各种机械设备并输送油、水、气等工作介质。其中为主机服务的燃油、滑油、冷却水、压缩空气、进排气及废热利用等系统,称为动力管路系统。为全船服务的则称为船舶管路系统,它包括为保障航行安全的舱底水、压载、消防等系统;为乘员生活所需要的通风、取暖、空调、冷藏、供水、卫生及制淡等系统。

(4) 甲板机械　它包括:锚机、绞缆机和绞盘等系泊机械;舵机及其操纵和执行机构组成了操舵机械、起货机、吊货杆、卷扬机等装卸设备,装卸液货的泵和管路则归属于管路系统;用于放置和吊放救生艇、工作艇的吊艇架和吊艇机。特殊用途的船舶还有专用的甲板机械,如拖船的绞缆机和渔船的起网机等。

(5) 机舱自动化设备　为实现主机、辅机遥控、集控的设备,它包括自动控制和调节系统、自动操纵、集中监测及报警系统。

2) 动力装置的类型

船舶动力装置主要有蒸汽、内燃和核动力三大类型。

(1) 蒸汽动力装置　蒸汽动力装置由锅炉、蒸汽轮机、轴系、管系及冷凝器等设备组成。燃料的燃烧是在发动机的外部即锅炉中完成的,是外燃式动力装置,其基本工作原理如图 3.35 所示。燃料在锅炉的炉膛中燃烧,放出的热量被汽鼓中的水吸收;水汽化成饱和蒸汽,饱和蒸汽在蒸汽过热器中继续吸热成为高压过热蒸汽;过热蒸汽经过管路先后进入高压和低压汽轮机,两次膨胀做功,带动汽轮机叶轮高速旋转;经减速齿轮使转速降低,最后带动螺旋桨工作;为反复使用淡水,已做功的废气在冷凝器中将热量传给冷却水;凝结成水后由凝水泵抽出,并经给水泵,通过给水预热器后重新进入锅炉的水鼓内,从而完成一个工作循环。冷凝器的冷却水用循环泵由舷外打入,在冷凝器内吸热后排出舷外,不断循环。

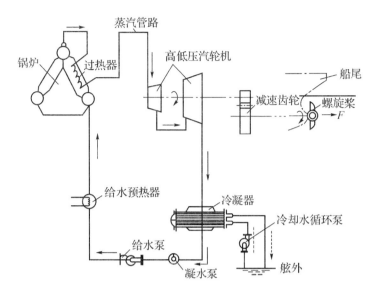

图 3.35 蒸汽动力装置

在汽轮机内部,高压过热蒸汽自喷嘴喷出时,形成具有很大动能的高速气流,冲到汽轮机的叶片上使汽轮作高速旋转,如图 3.36 所示。

(2) 内燃动力装置 以内燃机作为船舶主机的推进装置,称为内燃动力装置。燃料直接在发动机气缸内或燃烧室中燃烧,将高温高压燃气的热能转化为机械能做功。

根据内燃机的工作方式和特点,可分为往复式柴油机和回转式燃气轮机两种。

①往复式船舶柴油机。柴油机作为船舶主机,在现代船舶中应用极为广泛。以每年完成的造船量看,柴油机船占造船总量的 98%,而柴油机总功率则占船机总功率的 99%,可见营运中的大部分船舶均以柴油机作为主机。

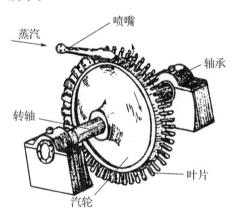

图 3.36 汽轮机的汽轮

②燃气轮机。燃气轮机又称燃气透平机。它的基本结构和工作原理与蒸汽轮机相似,只是做功的工作介质不同。蒸汽轮机的工作介质是蒸汽,燃气轮机的工作介质是燃气。燃气轮机是利用燃料在燃烧室内燃烧,所产生的高温燃气进入燃气轮机推动叶轮旋转做功。

图 3.37 为燃气轮机动力装置示意图。它主要由压缩机、燃烧室和汽轮机三部分组成。

- 压缩机 用来压缩进入燃烧室的空气。
- 燃烧室 为燃料燃烧产生燃气的空间。

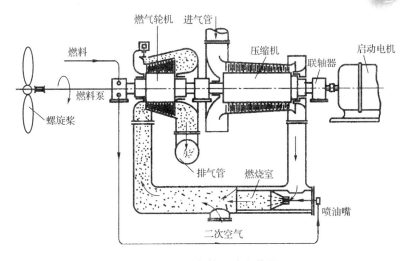

图 3.37 燃气轮机动力装置

- 汽轮机　将燃气的热能转变为机械能对外做功。

燃气轮机装置的工作过程如下：空气由进气管被吸入压缩机，经压缩的空气温度升高到 100℃～200℃，再送入燃烧室；与此同时，油泵将燃料通过喷油嘴喷入燃烧室，燃料在燃烧室中进行燃烧，所产生燃气的温度可高达 2 000℃；该高温燃气与二次空气混合后，温度一般为 600℃～700℃，然后进入燃气轮机，在燃气轮机的叶片槽道内膨胀，将其所获得的动能转化为机械功，使气轮高速旋转；再通过减速齿轮装置和传动轴，带动螺旋桨工作；燃气轮机的启动是利用电动机进行的；电动机通过联轴器与压缩机相连接；排气管将燃气轮机工作后的废气排至大气中。

在船舶动力装置中，燃气轮机是单机功率大、单位重量轻和尺寸最小的一种。轻型燃气轮机，本身重量仅为 0.1～0.435 kg/kW，整机重量也仅为 22 kg/kW。更为突出的是，它可以随时启动，并且在很短时间内发出最大功率。在 2～3 分钟内，可由冷态启动达到全负荷的工作状态，加速性能极好。

燃气轮机也存在如下缺点：对燃油品质要求高，耗油率较高，热效率较低，所以经济性较差。同时，由于燃气轮机的叶片及燃烧室均在高温下工作，使用寿命不长。此外，该装置不能直接倒车，需增设换向设备，致使整个装置复杂化。

目前，燃气轮机装置在军用舰艇和气垫船上应用较为广泛。民用船舶采用燃气轮机也日渐增多。

(3) 核动力装置　核动力装置是利用核燃料在反应堆内起核裂变反应，所产生的巨大热量用来加热冷却剂(液体或气体)。冷却剂吸收热能后，再直接或间接地导入推进装置以产生推进动力。核反应堆的作用相当于锅炉的炉膛和燃烧室，所以称作"原子锅炉"。不同的是，在普通锅炉内，燃料通过燃烧把化学能转变成热能，而在核反应堆内，核燃料是通过核裂变反应把原子能转变为热能。

现有的核动力舰艇或民用船舶,基本上都采用压力水型的反应堆。即以普通压力水作冷却剂(也称载热剂),以蒸汽作为工作介质,推动汽轮机工作。

图 3.38 为压力水堆核动力装置示意图。

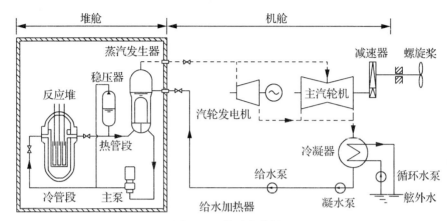

图 3.38 核动力装置

核反应堆的堆芯中存放着核燃料如浓缩的铀 235,控制棒可以控制核裂变速度及释放出的能量,控制棒同时也用于反应堆的启动和停堆。核裂变时释放出的热能被压力水带走。压力水由一次回路泵(即冷却剂循环泵)供给。压力水经过反应堆时自身被加热后温度升高(它同时对反应堆起冷却作用,所以又称冷却剂)。然后进入蒸汽发生器,将热量传递给水而使之产生蒸汽,压力水温度随之下降。放热后的压力水(即冷却剂)又进入冷却剂循环泵,重新被送入反应堆加热,或者说对反应堆进行冷却。因此,压力水形成一个闭合回路,称为第一回路或一次回路。由蒸汽发生器产生的蒸汽,一路进入高、低压汽轮机膨胀做功,通过减速器后,驱动螺旋桨工作。另一路蒸汽进入辅助汽轮机膨胀做功,驱动发电机组供应全船电能。工作过的蒸汽分别经主冷凝器和辅冷凝器凝结成水。凝水由二次回路泵(即主给水泵)送入蒸汽发生器。这样也完成一个工作循环,称为第二回路或二次回路。在第一回路中的加压器(也称稳压筒)的作用是使一次回路中的水有足够的压力,即使在高温下也不汽化。

核动力装置的主要优点是:

①消耗极少量的核燃料就能释放出巨大的能量,并产生极大的功率,从而使船舶获得足够高的航速和续航力。例如载重为 3 万吨的油船,航行 1 万海里,只消耗 1 kg 核燃料。核动力船舶实际上续航力几乎是无限的。

②在核裂变过程中不消耗空气,这对于潜艇是有极重要意义的,它可以长时间在水下航行而不必浮出水面。所以,核动力潜艇在现役潜艇中占有相当大的比例。

③核反应堆由于要设置厚实的防护层,整个装置的重量和尺寸都比较大。但由于科学技术的进步,防护设施的重量和尺寸已有所减小,核动力装置的总重量还是小于普通动力装置。而且由于燃料储备重量的大幅度减小,对于军舰可相应减小排水量提高

航速,或加强军舰的武备;对于民用船舶可增加其净载重量。

核动力装置造价昂贵,而且操纵管理检测系统比较复杂。

3) 推进装置

推进装置是船舶的主动力装置,是为保证船舶正常航行而设置的所有设备的总称,是动力装置中最主要部分。推进装置主要由主机、传动、轴系和推进器(螺旋桨)组成(见图3.39)。

(1) 主机　主机发出动力,通过传动设备及轴系驱动推进器产生的推力,使船舶克服阻力航行;再通过改变主机的转数和轴系的转动方向来控制船舶航行的快、慢和进退。根据主机形式不同,船舶动力装置可分为蒸汽动力装置、燃气动力装置及核动力装置等几种。燃气动力装置的主机是采用直接加热式(内燃式),燃烧产生物即是工质。目前民用船舶使用内燃机最普遍。柴油机具有热效率高、启动迅速、安全可靠、重量轻、功率范围大等优点。在大中型民用船舶上使用的柴油机有大型低速和大功率中速两大类。船舶动力装置由于工作条件的特殊性,要求可靠、经济、机动性好、续航能力大等。

船舶的行驶是由船舶主机(主要发动机)带动推进器来进行的。常用的主机有内燃机、汽轮机与蒸汽机三种。

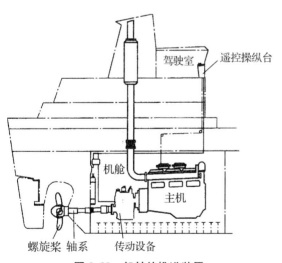

图3.39　船舶的推进装置

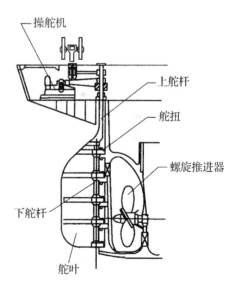

图3.40　螺旋推进器与舵

(2) 推进器　凡是能利用各种动力源并把它转换成推力推动船舶前进的,均可称为推进器,因而桨、篙、橹等都是船的推进器。帆能利用自然界的风力推进船舶,也是船的推进器。而当前最为普遍采用的则是螺旋桨推进器。

螺旋推进器有3～6片车叶,安装在船尾部舵的前面,固定在车轴(推进器轴)末端。车轴与发动机轴连接,如图3.40所示。发动机带动推进器旋转,推动船舶前进或后退。

小船推进器直径约为 0.4～0.6 m,大型船舶的推进器直径可达 5.0～6.0 m。

船舶推进器主要有导管螺旋桨、对转螺旋桨、串列螺旋桨、360°回转式螺旋桨推进器、直翼推进器、喷水推进器等多种类型。

①导管螺旋桨。在螺旋桨的外围套上一个纵剖面为机翼型或类似于机翼剖面的折角线型套筒。导管螺旋桨推进器可以提高重负荷螺旋桨的效率,其主要原因是导管内外部的压差产生一个附加推力以及能减少螺旋桨后水流的收缩,同时又能减少叶片本身在叶尖部分的效率损失。导管推进器又可分为固定式和转动式两种。前者称为定导管螺旋桨推进器,后者称为转动导管螺旋桨推进器。转动导管是导管可绕垂直轴转动,能兼起舵的作用,增加使船回转的力矩。

螺旋桨负荷过重时,采用导管推进器,其效率较普通螺旋桨高,因而它主要用于拖船、推船、拖网渔船等。转动导管螺旋桨推进器如图 3.41 所示。

②可调螺距螺旋桨。它是一个利用设置于桨毂中的操纵机构,能使桨叶绕垂直于桨轴的轴线转动,以改变扭转角度(螺距角)的螺旋桨。由于桨叶的螺距可根据需要进行调节,因此在不同航行状态时,主机均能充分发挥其功率,但机构复杂、造价和维修费较高。这种推进器多数用于桨的负荷有较大变动的船舶。

③对转螺旋桨。对转螺旋桨又称双反桨。它由装在同一轴上两个以等速或不等速反向旋转的普通螺旋桨组成。单个的普通螺旋桨后之水流是旋转的,对螺旋桨来说就存在一个尾流旋转的能量损失,利用双反桨则可减少尾流旋转的损失,并提高推进器本身的效率,但其机构复杂。

④串列螺旋桨。它是装在同一轴上以同速同向旋转的两个螺旋桨所组成的推进器。这种推进器多数使用在主机功率很大,但受吃水的限制,螺旋桨的直径受限制而效率很低的情况下。同时,利用前后两桨桨叶之间合适的角度差也可提高推进器本身的效率。

图 3.41 导管螺旋桨推进器

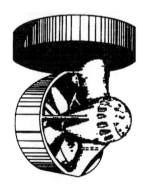

图 3.42 360°回转式螺旋推进器

⑤360°回转式螺旋推进器。这种推进器的特点是推进器可绕垂直轴作 360°的旋转,通常它都带有导管,如图 3.42 所示。

这种推进器因其能在水平面360°内任意位置上发出推力，故使船舶能获得良好的操纵性，尤其突出的是它能使船舶后推的推力基本上和使船前进的推力相同。因而，这种推进器在一些拖船和港口工作船上使用很适宜。其缺点是机构复杂，因主机轴与推进器轴之间不能直线相连接，必须经过两个90°转向呈"Z"型，故此种推进器又称Z型推进器。

⑥直翼推进器。直翼推进器也称竖轴推进器或平旋轮推进器，由若干垂直的叶片（4～8片）组成。叶片在圆盘上等间距布置，圆盘与船体底部齐平，如图3.43所示。圆盘绕垂直轴在水平方向旋转，各叶片以适当的角度与水流相遇，因而产生推力。通过偏心装置可以调节叶片与水流的相遇角度，故能发出向前、后、左、右任何方向的推力。装有直翼推进器的船舶具有良好的操纵性能，且在船舶倒航时也不用主机反转。此外，直翼推进器的效率也比较高，约与普通螺旋桨相当，多数安装在操纵性要求良好的港口工作船上。由于结构复杂、造价昂贵、叶片的保护性差，因而这种推进器的推广受到了限制。

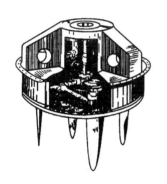

图3.43 直翼推进器

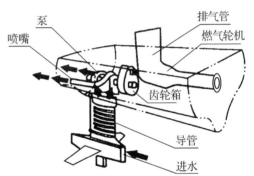

图3.44 喷水推进器

⑦喷水推进器。它也是一种依靠水的反作用力推船前进的推进器。由布置在船体内的水泵装置和吸水、喷射管组成。喷口有在水上、水下和半水下几种形式。喷水推进器结构简单、工作可靠、船尾震动小，它还可使机器保持固定转速而通过水泵或喷管出口面积的变化进行速度控制。还可用喷水方向的变动进行回转和倒航，甚至可原地回转，故其操纵性良好。由于推进器在船体内部，因而具有良好的保护性。图3.44是装在某水翼上的喷水推进装置。

喷水推进器的主要缺点是水泵及喷管中水的重量均在船内，减少了船舶的有效载重量；喷管中水力损耗大，推进效率低，一般只有0.45～0.55。

随着科学事业的发展，在吸收"Z"型推进器特点的基础上，还有一种360°全回转式喷水推进器。它除了具有"Z"型推进器的优点外，且沉没水中的深度只有25～30 cm，单位功率的推力在118～186 N之间。适用于内河小型浅吃水船舶，也可充作大型船舶和顶推船队的首部助舵装置。

正由于喷水推进器的水泵功率有限，加之它要减少有效载量，因此最适宜用在内河浅水小型船舶上。如我国自行设计建造的双节轴流泵喷水推进高速滑行艇,航速可达 55.5 km/h 以上。

（3）轴系　轴系是推进装置的重要组成部分,介于主机与螺旋桨之间。它的任务是将主机的功率传递给螺旋桨,同时又将螺旋桨产生的轴向推力传递给船体,推动船舶前进。

轴系的组成,如图 3.45 所示。

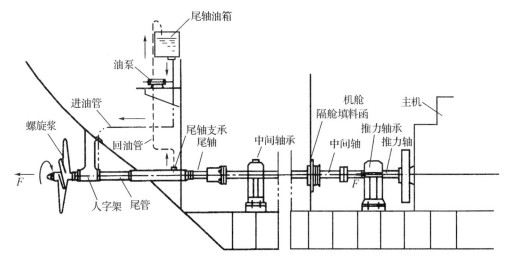

图 3.45　轴系的组成

在船宽方向,单轴的轴线在船舶中线面上。双轴的轴线一般都与中线面平行,个别情况下,由于机、桨布置上的需要,为了使螺旋桨的桨叶叶梢离开船的外板有一定距离,可以使轴线与中线面成±0°～3°的小倾角。三轴的轴线,一根在中线面上,另两根对称地布置在两侧。

在船深方向,轴线的高度要与主机和螺旋桨的高度和位置相适应。轴线最理想的布置应与船体基线成平行。个别情况下,为了保证螺旋桨埋入水下有一定深度,轴线可向尾部纵向下倾一定角度,一般在 0°~5°范围。某些快艇和小艇,有时可达 10°～16°。

（4）传动形式　在船舶主机和螺旋桨之间,除了轴系以外,有时还装有其他传动设备,组合成不同的动力装置传动形式,以满足不同航区、不同船舶的要求,这些传动形式有:直接传动、间接传动、电力传动等。

①直接传动。这是在主机与螺旋桨之间,除了传动轴系外,再无其他传动设备。它的特点是传动效率高、经济性好。适用于装有大型低速柴油机,螺旋桨直径通常也比较大的海洋船舶。

图 3.46 所示为单机单桨的直接传动形式。

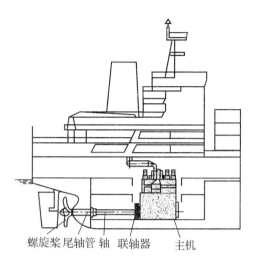
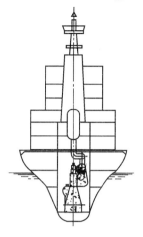

螺旋桨 尾轴管 轴 联轴器　　主机

图3.46　直接传动

②间接传动。如图3.47所示,在主机与螺旋桨之间,除了传动轴系之外,还增加了由减速齿轮箱和离合器组成的传动设备。

当采用高、中速柴油机作为主机时,为使螺旋桨转速不致过高以保证推进效率,需装设减速比合适的减速齿轮箱。该类主机为不可逆式,免去了倒车机构,其正倒车由离合器装置来完成。

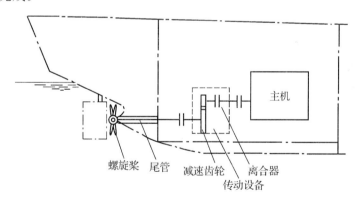

螺旋桨　尾管　减速齿轮　离合器
　　　　　　　　　传动设备

图3.47　间接传动

离合器主要用来脱开或接通主机与传动轴系的联结,有的还兼有倒顺车的功能。离合器根据作用原理不同有机械、液力和电磁等多种形式。液力离合器对冲击载荷有缓冲作用,当螺旋桨露出水面或被卡住时,主机可受到有效保护。

③电力传动。采用这种传动形式,柴油机并不直接带动螺旋桨,而是用来带动主发电机,所发出的电能经配电板供给安装在另一船舱里的推进电动机或电动机组,用以驱动螺旋桨工作。

采用电力传动推进装置时,只需改变推进电动机的电流方向,就可以方便地实现螺旋桨的正反转。由于柴油机转速不受螺旋桨转速的限制,可采用高速或中速柴油机,且能在恒速下运转,转向不变。停航时,柴油机所发出的电力可供他用。

由于电力传动装置操纵性能好,布置方便,所以常在某些工程船舶和特种船舶上采用,如拖船、渡船、挖泥船、布缆船和破冰船等。潜艇在水下航行时,也以电力推进。

④可调螺距螺旋桨。所有传动设备的主要作用都是改变螺旋桨推力的大小和方向。可调螺距螺旋桨则直接通过改变桨叶的螺距来达到上述目的。

4) 辅助装置

现代船舶除了主机及其推进装置外,还配备有各种不同类型、不同用途的辅助装置和辅助机械,满足全船对电能、热能和机械能的需求,以保证主机、辅机和管路系统的正常工作,并满足船员、旅客工作和生活的需要。

船舶辅助装置主要是指辅助动力装置,包括提供电能的船舶电站和提供热能的船舶辅助锅炉。

辅助机械简称辅机,包括将电能或其他形式的能转变为流体势能的各种泵和空气压缩机,实际上也可看作是一种能源装置。此外,还有通风机、制冷机、制淡机、净油机和空调机等。

3.3.3 船舶设备

就运输船舶来说,船舶设备主要包括舵设备、锚泊设备、系缆设备、起货设备和救生设备等。某些特种用途的船舶还有其专用设备,如钻井平台的钻探设备、科学考察船的各种取样及探测设备、渔船的渔捞设备、拖船的拖曳装置等。本节只简述一般运输船舶的主要设备。

1) 舵设备

舵设备是控制船舶航行方向的装置,包括舵和操纵装置两部分。

舵由舵叶和舵杆构成,如图 3.48 所示。舵叶是一块平板或流线型板,可绕竖轴转动,变换舵叶与船舶中线平面所成的角度。舵杆用来转动舵叶。在驾驶室设有舵的操纵装置,通过传动机械转动舵杆,由指示器标示舵叶的位置。

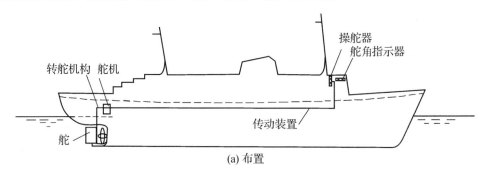

(a) 布置

驾驶人员操纵舵轮或手柄,或由自动舵发出信号,通过传动装置带动舵机,由舵机带动舵的转动来控制船首方向,使船舶保持航向或回转。舵的设计原则是使舵产生的转船力矩最大,而转舵所需要的力矩最小。通常舵装在船尾螺旋桨后,远离船舶转动中心,使舵产生转船力矩的力臂最大;而且使螺旋桨排出的水流作用于舵上,增加舵效。

(1) 按舵杆轴的位置不同分可分为:普通舵、平衡舵和半平衡舵。

①普通舵(即非平衡舵)。舵叶面积在舵杆轴线的后方,如图3.49(a)所示。这种舵有许多舵钮,即有许多支点,舵杆的强度易于保证,但因舵的水压力中心离转动轴较远,转舵时需要较大的转舵力矩。

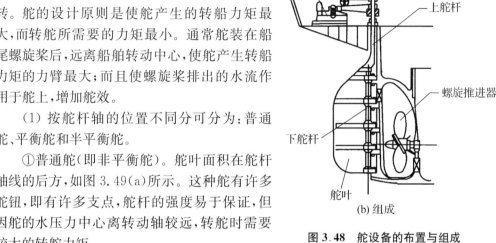

图3.48 舵设备的布置与组成

②平衡舵。部分舵面积在舵杆轴线的前方,且沿着整个舵的高度均有分布,如图3.49(b)、(c)所示。这种舵的特点是舵力离舵的转动轴线较近,转舵力矩小,可节省舵机功率。

③半平衡舵。只有部分舵面积在舵杆轴线的前方,如图3.49(d)所示。这种舵的特点介于上述两种舵之间。它适用于无尾柱无舵托的船上,其形状要配合尾形而定。

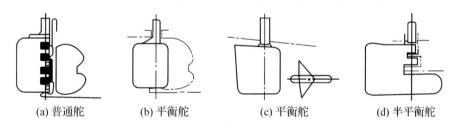

图3.49 平衡舵与非平衡舵

(2) 按舵叶剖面的形状不同分可分为:平板舵和流线型舵。

①平板舵。舵的主要构件为一块平板,如图3.50(a)所示。

②流线型舵。舵的水平剖面呈流线型,如图3.50(b)所示。其结构较平板舵复杂,但水动力性能好,舵的升力系数高,阻力系数低,即舵效高,目前已广泛使用。

舵的数量对单螺旋桨船而言为一个,对双螺旋桨船而言为两个。舵机一般分为手动舵机,电动舵机,液压舵机。除舵设备外,控制船首方向的还有转动导管、Z型推进器、侧推器等。

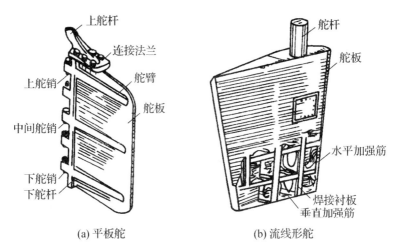

(a) 平板舵　　　　　(b) 流线形舵

图 3.50　平板舵与流线型舵

2) 锚泊设备

任何船舶有行也必有止。若想使船舶在水流、风力和波浪等外力作用下仍能安全停泊而不产生严重的漂移现象，那么船上的停泊设备就显得十分重要了。利用抓力或自重使船舶于水面固定位置的设备，叫作锚泊设备；主要利用缆索，使船系结于码头、岸边或浮筒上的设备，叫作系缆设备。

图 3.51 表示一般运输船舶在首部布置锚泊设备的情况。锚泊设备由锚、锚链、锚链转筒、止链器、起锚机械、锚链管和锚链舱等组成。起锚时，只要开动起锚机，锚链便通过锚链转筒和止链器，经锚机由锚链管进入锚链舱。锚将随着锚链地收起而先出土，后离水面，直至将锚杆收藏在锚链转筒，锚爪紧靠锚链筒口，然后关闭止链器。抛锚时的动作相反。

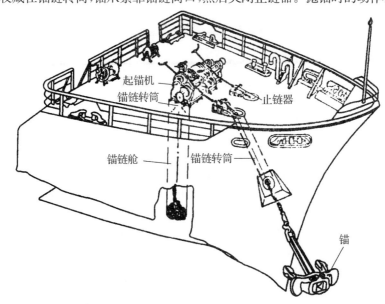

图 3.51　锚泊设备的组成

(1) 锚　锚是一种形状特异的金属重物,抛出后卧在水底,利用抓力和自身及锚链的摩擦力,系住被风、流吹袭的船舶。

在各类船舶上使用的锚,有多种不同的形式,如图 3.52 所示,其中比较常用的有以下三种。

①有杆锚。有单个锚爪的,有两个锚爪的。其特点是在锚柄上装有稳定横杆,工作时仅以一个锚爪啮入泥土中。最具代表性的是如图 3.52(a)所示的海军锚。它具有较大的抓力,通常是锚本身重量的 4~8 倍,最高可达 12~15 倍。它能稳定抓住各种底土,适应性较好。缺点是横杆造成收藏的不方便,现代海舶已较少使用。

②无杆锚。就是不带稳定横杆的锚。这类锚都是两个锚爪,锚爪和锚柄(也称锚干)用销轴连接,可以转动一定角度,两爪同时啮入土中,如图 3.52(c)所示。当前使用较多的是一种叫霍尔锚的转爪锚。无杆锚的抓力低于海军锚,通常为其自重的 3~4 倍。其优点是无锚杆便于收藏,应用极为广泛。

③大抓力锚。锚入土后产生的抓力和自身重量之比称为抓重比,把抓重比较大的锚称为大抓力锚,在转爪锚中,它的抓重比至少也为 6~11,最大可达 11~17。大抓力锚也有多种不同的结构。其特点是啮土面积大,入土深,因而能产生较大的抓力。有的大抓力锚只适用于砂土等较松软的底质,经常在坚硬底质抛锚的船舶不宜采用。大抓力锚,如图 3.52(c)所示。

 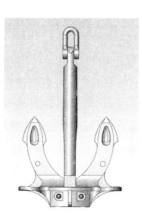 

(a) 有杆锚　　　　　　　(b) 无杆锚　　　　　　　(c) 大抓力锚

图 3.52　锚的类型

(2) 锚链　锚链是连接锚和船体的链条,由链环、卸扣、转环和连接链环等组成。它的主要作用是传递锚的抓力以平衡船体上所受的外力,使船舶能可靠地停泊。

(3) 锚链筒　锚链筒一般设置在船舶首端的两侧,在有尾锚的船尾部,有时也可能设置尾锚链筒。锚链筒是锚链穿出或进入船体的导向孔道,也是无杆锚的收藏处所。因此,决定锚链筒在船上的位置,选择正确的倾斜角甚为重要,有利于锚的收放。当然,也应当注意到合理地选择锚链筒的内径,据一般的使用经验,锚链筒的内径约为锚链口径的 9.5~10 倍。

（4）止链器　位于起锚机与锚链筒之间，是用来夹住锚链的专用装置。止链器的形式很多，一般常用的有螺式止链器和闸刀式止链器两种。

（5）锚链管　将锚链引进锚链舱，通常由钢板焊接成管状，其内径为锚链口径的7～8倍。

（6）起锚机械　有卧式起锚机和立式起锚机两种类型。船舶靠它来收放锚和绞缆。

（7）锚链舱　是存放锚链的处所。为了便于锚链的收放，使锚链不相互绞压，锚链舱通常制成截面积不大但深度却较大的箱形或圆筒形结构。锚链舱的位置应尽可能地低些，以降低锚链存放时的重心。

3）系缆设备

系缆设备是用来将船舶系在码头的系船柱上或其他所需要的位置上。系缆设备主要包括系船索、带缆桩、导缆装置、缆索卷车和绞缆机械等。

（1）系船索　用于系船于码头、浮筒、船坞或相邻船舶。常用的有麻索、钢丝索、尼龙索等。麻索价格便宜、柔软，多用小船，也作为大、中型船舶的备用索。钢丝索强度高，较细，且不易腐烂，使用寿命长，常为大、中型船舶的主要系船索。尼龙索具有质轻、耐腐蚀、强度高的优点，目前有不少船舶以尼龙索为主要系船索。

（2）带缆桩　装在甲板上的系缆桩头，用于固定系船索。带缆桩的形式有：直式、斜式、单十字形、双十字形、羊角形等。带缆桩有铸造成形和焊接成形两种。前者重量大，所以广泛采用焊接成形制造法。

（3）导缆装置　主要有导缆孔和导缆钳。导缆孔有圆形和椭圆形两种形式。导缆孔通常由铸铁或铸钢制成，安装在舷墙上，引导缆索穿过船体，并可防止缆索损坏船体。

导缆钳可分为有滚轮和无滚轮两类。滚轮可减少缆索通过时的磨损。小船因缆索受力较小，一般只设置无滚轮的导缆钳。导缆钳通常都是铸造的，安装在舷墙顶上或甲板舷侧。

（4）绞缆机械　用以绞紧缆索，通常由起锚机或起货绞车兼用。某些大、中型船舶或专业船舶上设置专用绞缆机械，多为立式绞盘形式。

（5）缆索卷车　用以收藏和保存缆索。

4）起货设备

起货设备是船上用来装卸货物的机械。普通货船装有吊货杆或起重机，油船上则设油泵。

普通货船上的吊货杆结构简单，由吊货索、吊货杆、起货机三部分组成（见图3.53）。吊货杆的缺点是吊臂短、缆索多、不够灵活。吊货杆布置在舱口旁边，根据船舶的吨位与舱口大小，每个舱口布置1～2组普通吊货杆（每对吊货杆一组）。普通吊货杆的最大吊重负荷为3～5吨，吊重随着仰角不同而变化。有的船上还设有重型吊杆，可吊重几十吨或更多。

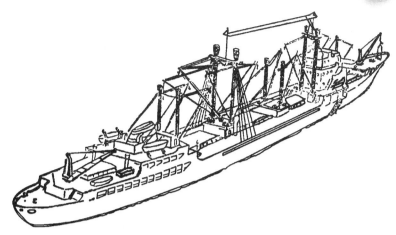

图 3.53 吊货杆式起货设备

5) 救生设备

尽管船舶在设计建造过程中,已经对安全保障问题有了充分的考虑,但在营运过程中船舶的海损事故还是有可能发生的。因此,为了保障海事中船上全体乘员的生命安全,除了有可呼救的通信设施外,还必须配置能单独在海上漂浮或行驶的各种救生工具,统称之为救生设备。常有的救生设备有救生艇、救生筏、救生圈和救生衣等。

《国际海上人命安全公约》早就对救生设备有明确要求,各国据之颁布有船舶救生设备规范。在上述公约的 2009 年修正案中,对救生设备方面又有了许多新的要求,主要有:

①对国际航行的客船,要求配置能自动扶正的部分封闭救生艇或全封闭救生艇。

②对运载易燃货物的油船、化学品船等,要求配备能防火至少 8 min 的耐火救生艇。

③对 2 万总吨以上的大型货船,要求其救生艇能在船舶以 5 kn 航速航行时降落下水。

④要求救生衣能保温。

⑤要求救生圈配备自亮灯和自发烟雾信号。

⑥要求救生艇、救生筏在船舶横倾 20°时能安全降落下水。

除以上这些船舶设备外,船舶大多还配备消防和堵漏设备等。它们都是保证船安全航行所必须装置的设备。

3.3.4 船舶系统

为了安全运转和船员、乘客生活需要,船舶上设有舱底水排泄系统、灭火系统、生活用水系统、通风系统、空气调节系统等,统称船舶系统。特殊船舶还有特殊系统,如油船的输油系统,冷藏船的冷却系统。船舶系统主要用来输送船上自用的液体和气体,如淡水、海水、热水、污水、蒸汽、空气等。它的设备包括管道、泵及其他附件。

1) 舱底水排泄系统

舶在运营过程中总有可能积水于舱底,因此船上必须设有将舱底水排出舷外的系统——舱底水排泄系统(见图 3.54)。其排水方法是,在各舱舱底集水阱处装上吸水过滤器,并与吸水管相通,当机舱里的舱底水泵开动时,泵就通过与其连接的吸水管将舱底水抽出,排到舷外,为了便于了解舱底水积聚的数量,常在各舱舱底集水阱处装上测深管。

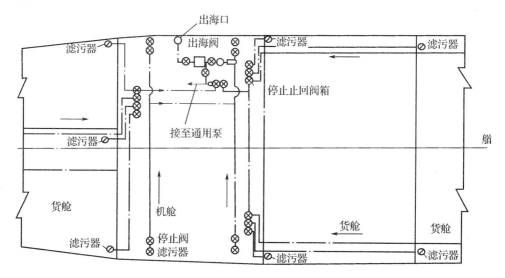

图 3.54 舱底水排泄系统

2) 灭火系统

(1) 水灭火系统 水灭火系统利用水将燃烧物的温度降低到燃点以下而灭火。由消防泵将水从舷外打入,通过管路分送到各个消防栓,再流经接在消防栓上的水龙带和水枪后,即以整股水流喷射灭火,如图 3.55 所示。

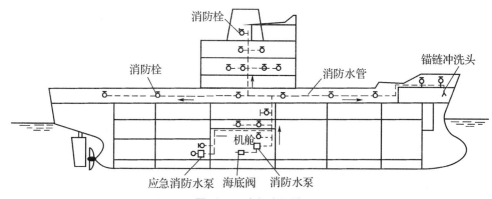

图 3.55 水灭火系统

水灭火系统结构简单,水源容易取到,在每艘船上几乎无例外都在使用。

在有的客船上,或在某些舱室,在舱室顶部装有自动洒水器,以便舱内起火时能自动洒水扑灭。

(2) 泡沫灭火系统　众所周知,水灭火系统是不能用来扑灭油类火灾的,因为油比水轻,油会浮在水的自由液面上流开,反而会使火焰蔓延。而泡沫灭火系统则是用来扑灭油船、油驳及干货船油类火灾的。泡沫灭火是将密度较小且不会着火的泡沫覆盖在燃烧物体上,使燃烧物体与空气以及其中的氧隔绝,达到扑灭火灾的目的。泡沫灭火系统要设泡沫剂贮存柜及泡沫发生器,使用时将泡沫发生器产生的泡沫由管路输送到需要灭火的舱室。

供灭火的泡沫分低膨胀泡沫和高膨胀泡沫。高膨胀泡沫的泡沫体积比泡沫液(泡沫剂和水的混合液)大几百甚至上千倍,灭火强度大、速度快。高膨胀泡沫灭火系统将混合后的泡沫液喷洒到发泡网上,同时用鼓风机向发泡网鼓风,使黏附在发泡网上的泡沫液形成肥皂泡状的泡沫,最适于用来扑灭机舱、炉舱、货油泵舱以及货油舱等处的火灾。

3) 生活用水系统

生活用水系统是保证船舶管理和船上人员生活所必需的上、下水道系统。

上水道系统就是供水系统,供给船上的饮用水、洗涤水和冲洗用的清水和舷外水。供水方式有:重力水柜,压力水柜,利用循环泵。

下水道系统就是排泄系统:一是将甲板冲洗水和雨水等排泄到舷外;二是将浴室、洗脸间、厨房等处的污水排至舷外;三是将厕所的粪便水排出。

粪便污水管路应单独设置,这种管路不能通过厨房、食堂、配膳室、粮食及副食品仓库以及居住舱室。从防污染的考虑出发,目前有许多国家的港口都禁止直接排泄,通常是先将粪便污水输送到舱底的贮存柜或粪便污水处理舱,经处理后才排至舷外。

4) 通风系统

通风系统供给舱室新鲜空气,排除污浊气体,使室内空气维持在一定的纯度、温度、湿度和速度,从而保证人员的健康,避免货物的腐败,有利于各种器材、机械、仪表的正常工作。

船上的通风方式分自然通风和机械通风。自然通风主要依靠开孔,如门、窗、舱口、通风筒和通风斗等。

自然通风结构和设备简单,造价低廉,维护费用低,但受风向、相对速度和室内外温度差等各因素的影响,工作不稳定,故对要求较高的舱室应使用机械通风。

机械通风是利用通风机将空气送入或排出的人工通风。随工作方式的不同,又分为三种形式:

(1) 吸入式　使用机械送风,自然排风。船上餐厅、居住舱室、公共活动场所多采用此种方式。

(2) 排出式　使用机械排风,自然送风。此种方式多用在厕所、浴室、厨房及蓄电池间等。

(3) 混合式　利用通风机同时进行送风和抽风,即机械送风和机械排风。这种方式仅用在要求通风量很大的舱室。

5) 空气调节系统

目前在船上应用的空调装置可分为集中式、分组集中式和独立式三类空调装置。

(1) 集中式空调装置　货船上船员舱室较集中,通常是将空气分1～3个中央空调器集中处理后送至各舱室。

(2) 分组集中式空调装置　客船的舱室较多,且对各类舱室的调节要求不同,通常按邻近的、调节要求相同或相似的舱室进行分组,用较多的中央空调器,分组进行空气处理后,送入对应的舱室。

(3) 独立式空调装置　对某个舱室进行调节时使用的小型空调装置。

图3.56为一种集中调节式空气调节装置示意图。空气经过过滤器,除去杂质,改善纯度,由风机吸入。在冬季或在寒流航区,经过加热喷湿(空气中的温度和湿度是相互影响的,空气被加热时相对湿度就会减小,所以加热常需喷湿,避免空气干燥),由风管送入各个舱室。加热方式可采用蒸汽加热或电加热。喷湿则主要是通过水管喷出雾状小水珠。在夏季或炎热航区,经过降温、降湿,再由风管送入各舱室。降温可采用制冷系统,也可以采用化学方法。

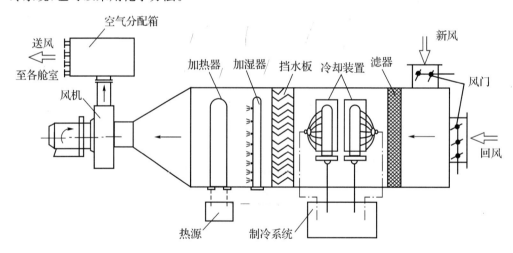

图3.56　集中式空气调节系统

空气调节系统中对温度、湿度的调节,既可以手动控制,也可以自动控制,目前普遍采用自动控制。

3.4　船舶的航行性能

船舶的航行性能是指船舶本身所应具备在水上安全航行的能力。

通常,船舶航行性能包括以下六个方面,即:浮性、稳性、抗沉性、快速性、耐波性、操纵性。船舶航行性能就是船舶本身所应具备的在海上安全航行的能力。航行性能主要同船舶的尺度、形状以及全船重量的分布有关。船上和航行有关的各类设备、装置对航行性能也有很大的影响。

3.4.1 浮性

1)定义

所谓浮性是指船舶在各种装载情况下,保持一定浮态、漂浮于水面的一定位置的能力。浮性是船舶最基本的性能,任何船舶都必须具备一定的浮性。

2)船舶的静平衡条件

当船舶浮于一定水平位置时,首先受到地球引力的作用,这就是重力 P,它的方向是垂直向下的,作用点通过船的重心 G。其次,船体浸水表面的每一部分都受到水的压力,如图 3.57 所示。这些压力都是垂直于船体表面的,其大小和深度成正比。从图中可以看出,水压力的水平分力互相抵消,垂直分力则形成一个垂直向上的合力,此合力就是支持船舶漂浮于水面一定位置的浮力。

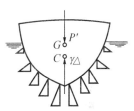

图 3.57 船体在静水中的受力情况

根据阿基米德定律,物体在水中所受到的浮力大小等于物体所排开水的重量。因此,船舶所受到的浮力就等于船舶所排开水的重量(通常称为排水量),可写成

$$\Delta = \gamma V$$

式中:Δ ——浮力、船舶排水量,t;

V ——船的排水体积,m^3;

γ ——水的密度,淡水为 1.000 t/m^3;海水为 1.025 t/m^3。

根据前述,排水体积与船的长度 L、宽度 B、吃水 T 和方形系数 C_B 有如下关系:

$$V = C_B LBT$$

式中:L、B、T 的单位是 m。

故排水量与主尺度的关系式为

$$\Delta = \gamma V = \gamma C_B LBT$$

浮力垂直向上,作用于排水体积的形心 C 点,称 C 点为浮心。

综上所述,船舶漂浮于水面一定位置时,它受两个作用力:一个是作用于重心 G 点并垂直向下的重力 P;另一个是作用于浮心 C 而垂直向上的浮力 Δ。船舶漂浮于水面一定位置既不下沉也不上浮就表示它处在了平衡状态。很显然,它必然是:

①重力 P 和浮力 Δ 的大小相等,方向相反,即

$$P = \Delta = \gamma V = \gamma C_B LBT$$

②重心 G 和浮心 C 在同一垂直线上,如图 3.58 所示。

当船内载重减少时,重力小于浮力,船舶必然上浮,待浮力减小到与重力重新相等

时,达到新的平衡。当船内载重增加时,重力大于浮力,船舶必然下沉,使船舶的排水体积增加,船的浮力也就随之加大,直到浮力和重力相等达到新的平衡为止。

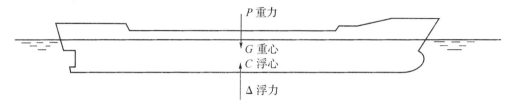

图 3.58　船舶浮于水面的平衡条件

3) 船舶的储备浮力

船舶在风浪中航行,由于受到的水压力随波浪的变化而改变,所以船舶在静水面上浮力和重力之间的平衡状态常被破坏,迫使船舶始终处在不停地上浮和下沉运动中。为确保航行安全起见,船舶除在设计水线以下需要足够的排水体积以提供足够的浮力之外,在水线以上还必须有相当的水密体积,这一部分水密体积可以保证船舶继续下沉时提供更大的浮力,通常称这部分水密体积能提供的浮力为储备浮力。

储备浮力通常以干舷来表示。干舷大,表示船舶的储备浮力也大。干舷还同船体强度有关,干舷越大,船体强度越好。

4) 船舶的载重线标志

为保证船舶的安全航行,船舶检验部门规定在船中央两舷处刻出载重标志线,以表明该船在不同航区、不同季节中航行所允许的最大吃水线,如果载重量超过了允许的载重标志线,港务监督有权不准船舶出航。载重标志线如图 3.59 所示。

船级社或船舶检验局根据船舶的用材结构、船型、适航性和抗沉性等因素,以及船舶航行的区域及季节变化等制定船舶载重线标志。

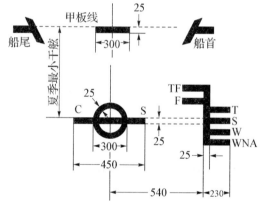

图 3.59　船舶载重标志线

载重线标志包括:甲板线、载重线圆盘和与圆盘有关的各条载重线,图中的 CS 是中国船级社核定符号,各条载重线含义如下:

(1) TF(Tropical Fresh Water Load Line)　热带淡水载重线,即船舶航行于热带地区淡水中总载重量不得超过此线。

(2) F(Fresh Water Load Line)　淡水载重线,即船舶在淡水中行驶时,总载重量不得超过此线。

(3) T(Tropical Load Line)　热带海水载重线,即船舶在热带地区航行时,总载重量不得超过此线。

(4) S(Summer Load Line) 夏季海水载重线,即船舶在夏季航行时,总载重量不得超过此线。

(5) W(Winter Load Line) 表示冬季海水载重线,即船舶在冬季航行时,总载重量不得超过此线。

(6) WNA(Winter North Atlantic Load Line) 北大西洋冬季载重线,指船长为100 m以下的船舶,在冬季区域航行经过北大西洋时,总载重量不得超过此线。

3.4.2 稳性

1) 定义

船舶的稳性是指船舶受到外力作用离开平衡位置而发生倾斜,当外力消失后,船舶能恢复到原平衡位置的能力。

2) 稳性的分类

根据外力作用的大小、快慢、作用方向的不同,船舶稳性一般可分为以下几类。

(1) 按船舶倾斜角度的大小分 船舶稳性可分为小倾角稳性(又称初稳性)和大倾角稳性两种。前者研究船舶倾角小于 10°或 15°时的稳性问题,后者则研究倾角大于 10°或 15°时的稳性问题。

(2) 根据船舶倾斜方向的不同分 船舶稳性分为横稳性和纵稳性两种。其中横稳性研究船舶受外力作用,横向倾斜时的回复性能。纵稳性则研究船舶受外力作用,纵向倾斜时的回复性能。一般情况下,大倾角倾斜只发生在横向,故只有在讨论横稳性问题时才有大倾角稳性问题。

(3) 根据船舶倾斜时有无角速度和角加速度分 船舶稳性可分为静稳性和动稳性两种。前者讨论船舶在外力矩的静力作用下发生倾斜时的稳性问题,即角速度和角加速度可以忽略不计。而后者讨论船舶在外力矩的动力作用下发生倾斜时的稳性问题,有显著的角速度和角加速度,不能忽略不计。因此静稳性和动稳性在外力性质、计算方法及量标准上都有明显的区别,应分别予以讨论。

3) 船舶稳性分析

船舶也是漂浮于水中的物体。风平浪静时,它处于正浮的平衡位置。船舶在风浪等外力作用下会偏离正浮位置发生倾斜,当外力消失后,就可能出现几种不同的情况,如图 3.60 所示。船舶倾斜后排水体积的形状就会改变水下体积的几何中心——浮心也随之变化,由正浮时的 B 点向倾斜一侧移动至 B_1 点。这时,重力 W 和浮力 F 方向相反,而各自的作用点 G、B_1 却不在同一垂线上。两个大小相等、方向相反而作用点不在同一垂线上的力就形成一个力矩。在图 3.60(a)中,这个力矩的方向(图中为逆时针方向)和造成船舶倾斜的外力矩的方向(图中为顺时针方向)相反,起着抵抗外力矩,使船回复到原来正浮位置的作用。这个力矩称为船舶的回复力矩或扶正力矩,这时船舶处于稳定状态。在图 3.60(b)中,船舶倾斜后浮心虽移动至 B_1 点,但由于船舶重心较高,而浮心移动距离又较小,重力和浮力产生的力矩和船舶倾斜的方向相同,不仅不能将船舶扶正,反而使之继续倾斜以致倾覆,称之为倾覆力矩,此时船舶处于不稳定状态。

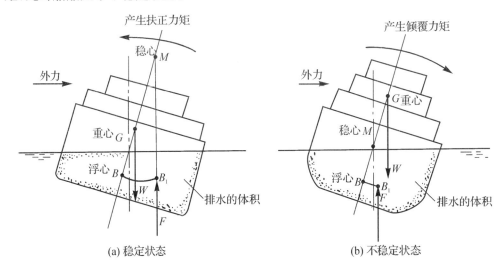

图 3.60　船舶稳性分析

在图中,把倾斜前后两浮力作用线的交点 M 称为稳心(在这里是指横稳心),而把稳心和重心之间的距离 GM 称为初稳性高度,该值是船舶稳性的衡量标准。

船舶重量的分布影响重心 G 的位置,而船舶排水体积的形状影响浮心 B_1 的位置,两者都是决定稳心位置的主要因素。由此可能出现以下三种情况:

①稳心 M 在重心 G 之上,回复力矩为正值,船舶倾斜后将被扶正。

②M 点在 G 点之下,回复力矩为负值,船舶将继续倾斜直至倾覆。

③M 点和 G 点重合,回复力矩为零,船舶停留在倾斜位置,但在外力作用下可能继续倾斜直至倾覆。

船舶在设计时和营运中,后两种情况是不允许出现的。虽然正回复力矩或稳性高度越大船舶稳性越好,但 GM 值过大时,稳性虽好而船舶摇摆严重,犹如玩具不倒翁,也会带来许多不利影响。海洋客船的稳性高度一般取 0.6~1.2 m,海洋货船则为 0.3~1.0 m。

4) 提高船舶稳性的措施

船舶稳性是与船舶安全密切相关的一项重要性能。有关规范规定了各类船舶应具备的稳性标准,所有船舶必须达到规定的指标要求。为使船舶具有良好的稳性,可采取如下措施来提高船舶的稳性:

①降低船舶重心。

②增加船宽。

③加大型深。

④减小受风面积,以使作用在船上的倾斜力矩减小。

3.4.3 抗沉性

1) 定义

船舶在航行时,有时发生碰撞、触礁、搁浅或在大风浪作用下某些结构遭到破坏,使海水淹进船内,严重时往往要造成船舶的沉没倾覆。

所谓抗沉性,是指船舶在一舱或数舱破损进水后保证不沉不翻的能力。也就是说,船舶在破损进水后仍有一定的浮性和稳性,所以抗沉性实质就是指船舶破损后的浮性和稳性。

2) 安全限界线

船舶破舱进水后,将引起吃水的增加。在不对称进水时,还会引起横倾和纵倾。另外,船舶破损进水,也会使船舶稳性发生变化。因此,《海船法定检验技术规则》(2008)对破损后的浮性和稳性都有明确的要求,并且,对不同性质的船舶,规范对抗沉性的要求也不同。另外,《海船法定检验技术规则》对抗沉性还增加了建立在海损事故统计分析基础上的破舱稳性概率衡准方法。1973年国际海事组织大会通过决议,首先在客船的破舱稳性衡准中采用了这种方法,并以等效规则的形式来执行(即与确定方法等效)。随后,新建立起来的干货船的破舱稳性衡准也采用了概率衡准方法,其基本要点是规定了船舶分舱(所有舱室应保证一舱不沉)、船舶破舱后的浮性与稳性以及分舱指数。根据统计资料规定了一个要求的分舱指数(R),当船舶达到的分舱指数(A)不小于要求的分舱指数(R)时,就认为船舶破舱稳性满足要求,否则就是不合格。

规范还规定,民用船舶任何一舱破洞并淹水后,船舶下沉的极限是舱壁甲板顶面的边线以下76 mm。也就是说,船舶在破舱淹水后至少有76 mm的剩余干舷。在船舶侧视图上,舱壁甲板线以下76 mm处的一条与甲板边线相平行的曲线称为安全限界线,简称为限界线,如图3.61所示。限界线上各点的切线即表示所允许的最高破舱淹水后船舶的吃水线,称之为极限海损水线。

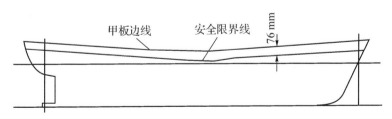

图3.61 安全限界线

如果船舶一舱破损后的海损水线不超过限界线,但两舱破损后其海损水线却超过了限界线,则该船的抗沉性只满足一舱不沉的要求,称为一舱制船舶。任意相邻两舱破损后能满足抗沉性要求的船舶称为两舱制船舶;任意相邻三舱破损后仍能满足抗沉性要求的船舶则称为三舱制船舶。规范对不同用途的各类船舶的抗沉性要求也做了相应规定,一般货船通常达到一舱制的要求,大型海上客船应达到两舱制或三舱制的要求。

3) 改善船舶抗沉性的措施

改善抗沉性最有效的措施是增加船舶的储备浮力,通常可采取下述各种办法:

①增加干舷。增大型深或者在多层甲板船上将水密舱壁通到更高一层甲板。

②减小吃水。当型深不变时,这与增加干舷有类似的效果。

③增加舷弧以及使横剖线外倾。

④使水下体积瘦削也可以认为是相对地增大了储备浮力。

⑤合理分舱,即合理地确定各水密舱壁的位置。

3.4.4 快速性

1) 定义

船舶的快速性就是指对一定排水量的船舶,主机以较小的功率消耗达到较高航速的性能。这是船舶的一项重要技术性能,对船舶的经济性影响很大。

2) 提高船舶快速性的措施

船舶航行时受到水和空气对船体的作用力,作用力的方向与船舶的运动方向相反,称为阻力R。船舶要在水中运动,就需将主机发出的功率,通过螺旋桨(或推进器)转化成推力T,克服阻力推动船舶前进。显然,船舶产生推力的大小取决于主机功率大小和推进器将主机发出的功率转换成推船前进功率的效率(称为推进效率)的高低。因此,快速性的概念涉及两方面:一是对一定排水量的船舶,在给定主机功率消耗的条件下能达到的航速的高低。航速高,快速性好,反之则差;二是对一定排水量的船舶,为维持一定航速所需主机功率的大小。功率小,快速性好,反之则差。所以,船舶快速性的好坏不能单纯从船舶航速的快慢来下结论。

可以说,一条船舶快速性的优劣决定于船舶的阻力和推进性能。在同样主机功率之下,推进器性能优良的船舶推力大,航速便高;在推进器推力相同的情况下,阻力性能好的船舶,航速必然亦高。所以,提高船舶的快速性,就应从两方面着手。

3.4.5 耐波性

1) 船舶摇摆运动的危害

船舶受到风浪等外力作用后会产生往复摆动,即为船舶的摇摆。由于船舶摇摆,将会引起下列不良后果:

①剧烈摇摆,会使货物移动,迫使船舶过分倾斜,从而丧失稳性造成倾覆。

②纵摇和升降使船体结构的负荷增加,导致船体折断或损坏。

③摇摆使推进器工作条件变坏,水阻力增加,从而使船舶严重失速。

④摇摆使机器及航海仪器不能正常运转与工作。

⑤甲板上浪淹水,造成工作困难。

⑥摇摆使船上居住条件恶化,引起旅客晕船及影响船员工作。

2) 定义

耐波性就是指船舶在波浪上克服摇摆等运动的性能。摇摆及升沉运动越缓和,摆幅越小,船舶的耐波性能越佳。对于海船来说,耐波性是和稳性、操纵性、快速性同样重要的航行性能之一。而横摇是船舶耐波性的重要内容,具有良好耐波性的船舶其横摇一定是缓和的,其摆幅也肯定是小的。横摇缓和的程度常以船舶的横摇周期来表示。所谓横摇周期是指完成一个全摇摆过程所需的时间,就是船舶从原始正浮位置向左、右舷摆动到最大倾斜位置再摆回到正浮位置所需的时间。

3) 摇摆类型

船舶在风浪中的摇摆运动有横摇、纵摇、首尾摇、垂荡(升沉)、横荡和纵荡六种,如图 3.62 所示。几种运动同时存在时便形成耦合运动,其中影响较大的是横摇、纵摇和垂荡。

(1) 横摇　船舶绕纵轴 GX 的往复摇动。

(2) 纵摇　船舶绕横轴 GY 的往复摇动。

(3) 首摇　船舶绕垂直轴 GZ 的往复摇动。

(4) 垂荡　船舶沿 GZ 轴的上下往复运动。

(5) 横荡　船舶沿 GY 的左右往复运动。

(6) 纵荡　船舶沿 GX 轴的前后往复运动。

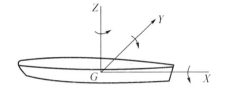

图 3.62　船舶摇摆

4) 改善耐波性的措施

(1) 舭龙骨　舭龙骨是一种固定安装在船体外面舭部(船底与船舷之间的弯曲部分)两侧,与外板垂直的长条形板材结构,如图 3.63 所示。它的长度约为船长的 1/3～2/3,宽度不超出船舷和船底轮廓,面积约为船长和船宽乘积的 2%～4%。

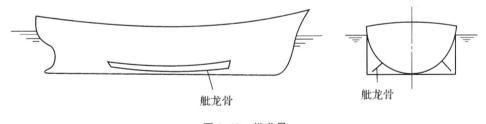

图 3.63　舭龙骨

当船舶发生横摇时,舭龙骨就会产生与横摇方向相反的阻力,从而使船舶摇摆的速度减缓、摆幅下降。其优点是结构简单、费用低廉、有一定的减摇效果;缺点是增加了船舶的附体阻力,因而在低速小型船舶上应用较多。

(2) 减摇鳍　减摇鳍亦称侧舵,如图 3.64 所示。它是装在舭部可操纵的机翼。有的船装一对,也有的船装两对,它可绕轴转动。船舶在摇摆过程中,通过控制机构自动调整减摇鳍机翼相对于水流的角度,使左右两个减摇鳍产生最大的与摇摆方向相反的力矩,达到减摇的作用。这种减摇装置效果较好,对航速较高的客船尤为显著。但机构复杂、造价高,因不仅要考虑到起减摇作用,而且要考虑到船在进港停靠码头时,要将它收缩到船体内部去。

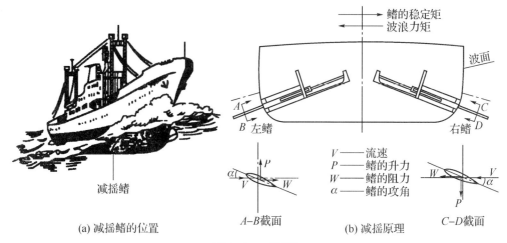

图 3.64　减摇鳍

（3）减摇水舱　减摇水舱是在船体内部设有的左右连通的水舱,当船舶发生横摇时,该水舱里的水也随之从一舷移到另一舷地来回震荡运动,通过连通管道截面尺寸的设计或配以调节装置调节控制两侧的水位差,使左右水舱中水的重量差产生与摇摆方向相反的力矩达到减摇的目的。前者称为被动式减摇水舱,后者称主动式减摇水舱,如图 3.65 所示。

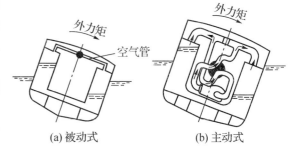

图 3.65　减摇水舱

（4）陀螺减摇装置　陀螺减摇装置是利用高速回转的陀螺具有稳定于其旋转轴旋转而反抗改变其转动轴在空间的方向的原理装于船上来进行减摇。当船舶产生摇摆时,改变了具有三个自由度的脱落回转仪上飞轮的旋转轴方向,此时陀螺仪就会产生一个反力矩企图保持其绕垂直轴旋转,该力矩就起到减摇的作用。陀螺减摇装置是一安装在牢固固定于船体上可以绕轴转动的框架上的庞大的陀螺回转仪。陀螺仅有两个自由度（飞轮的绕垂直旋转及框架在纵中剖面内的转动）,而第三个自由度（框架在横剖面内的转动）则受船体的限制,船体约束了陀螺仪的外框,因而当传播横摇时,陀螺仪作用于外框使其回复到原旋转位置的反力矩就作用到了船体上,产生了减摇的作用。

表 3.2 为一些减摇装置的减摇效果和主要优缺点。

表 3.2　各类减摇装置的性能及效果

减摇装置的类型	可收缩式减摇鳍	非收缩式减摇鳍	主动式减摇水舱	被动式减摇水舱	舭龙骨
减摇效果	90%	85%	60%	50%	35%
低速有效性	无	无	有	有	有
占排水量	1%	0.6%	1%～4%	1%～2%	几乎没有
对初稳性不利影响	无	无	有	有	无
对阻力不利影响	工作时有	有	无	无	很小
所需动力	小	小	大	无	无
占据船体内空间	一般	少	一般	一般	无
被损坏可能性	收进时无	有	无	无	有
造价	较高	一般	一般	低	极低
维修费	一般	高	一般	低	低

3.4.6　操纵性

1) 定义

船舶的操纵性是指船舶能按照驾驶者的操纵保持或改变航速、航向或位置的性能。主要包括航向稳定性、回转性和转首性。

航向稳定性是指船在直线航行时，如果受外力干扰而偏离原来航向，当外力消除后恢复原有航向的性能。当航向偏离后，必须通过驾驶员操舵才能使其回到原来的航向上来，所以要使船舶保持既定的航向，驾驶员就要不断地操舵。一般说来，如果平均操舵频率不大于每分钟 4～6 次，平均转舵角不超过 3°～5°时，认为这艘船的航向稳定性是符合要求的。

回转性是指船舶经操纵后具有一个舵角时，船舶改变原航向作圆弧运动的性能。一般用船的回转直径表示船舶回转性能的好坏，通常回转直径为船长的 4～7 倍，回转直径越小，说明船舶的回转性能越好。

转首性是指船舶回转初期对舵的反应能力。转首性好，则船在驾驶者操纵后能较快地进入新的航向。或者船偏离航向经操纵后能很快回到原来航向上来。转首性和回转性是有区别的。有的船转首快回转直径小，但有的船转首快，回转直径不一定小。要求船舶既要转首快，又要回转直径小，这对于在狭小河港内调头及紧急避让都有重要意义。

操纵性是船舶重要的航行性能之一。航向稳定性好的船舶很少操舵而保持直线航向,不致使航线弯弯曲曲,从而节约燃料。回转性和转首性好的船舶能在狭窄河道航行时减少与来往船舶的碰撞机会,增加安全性。

2) 操纵性指数

现代对船舶操纵性好坏的评价往往还引入两个操纵性指数 K 和 T。它们的物理意义为

$$K = \frac{单位舵角的回转力矩}{单位回转角速度时的黏性阻尼}$$

$$T = \frac{船舶惯性}{单位回转角速度时的黏性阻尼}$$

由研究知道,相对回转直径 D/L 与 K 成反比,K 值越大,则相应的回转直径越小,意味着回转性好。

从操舵或船舶进入稳定回转的时间与系数 T 值相关,T 值越小,表示操舵到进入稳定回转的时间越短,这意味着对操舵的响应特性越好。

而且,较小的 T 值将使外界的扰动运动衰减,亦即产生的偏航就小,故 T 值为小正值,船舶的航向稳定性就好。

显然,对于一操纵性良好的船,应具有大的正 K 值和小的正 T 值。由于船舶的回转性和航向稳定性之间互相矛盾,所以往往 K 大 T 也大,K 小 T 也小。从其物理意义上可见,若增加单位回转角速度的黏性阻尼,则可使 K、T 值下降,即意味着回转性变差,航向稳定性改善,可见这种措施必将在回转性和稳定性之间产生矛盾。若能设法在不改变黏性阻尼条件的情况下,增加舵效,提高单位舵角的回转力矩,则可较为有效地改善其回转性能,而又不损害航向稳定性。

3) 船舶操纵性的保证措施

(1) 提高舵效 为了改善船舶的操纵性,尤其是小舵角时的操纵性,提出了不少具有较高舵效的舵,如类似于航空上的襟翼舵、转柱舵和组合舵,它们可提高舵力 1.5 倍至 2.5 倍。

(2) 采用首部横向喷水装置 喷水转向装置是利用喷射出去的水柱的反作用力,使船舶得到一定的侧向推力,以提高船舶的操纵性。这种装置又称首部侧推器。图 3.66 为喷水转向装置的一种形式,其侧向推

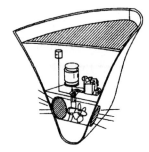

图 3.66 首部横向喷水装置

进器由电机带动,螺旋桨叶片角度由液压操纵,可使其推力指向左舷或右舷,整个系统由驾驶室控制。

3.5 船舶的航行原理

3.5.1 船舶阻力

船舶在航行时受到的阻力称为船舶阻力,即总阻力 R。船舶阻力由基本阻力 R_0 和附加阻力 ΔR 组成,即

$$R = R_0 + \Delta R$$

1) 基本阻力 R_0

基本阻力是指不包括船体附件,如舵、舭龙骨、轴支架等在内的裸体船在静水中运动时的阻力。基本阻力又可按阻力产生的原因不同分为:摩擦阻力 R_f、粘压阻力(漩涡阻力或称形状阻力)R_{vp} 和兴波阻力 R_w 三部分,即

$$R_0 = R_f + R_{vp} + R_w$$

(1) 摩擦阻力 R_f 水是有黏性的液体。船在水中运动时就会有一薄层水黏附在船体表面上,随船体一起运动。由于水的黏性的作用,离船体表面远一点的水层也被带动,但速度稍小些。这样,船体附近的水一层带动一层,速度逐渐减小,到一定厚度处速度为零。开始不受速度影响的水层位置称为边界,边界以内的水层称为边界层。由于边界层的存在,使船舶运动受到牵制作用,即水有拖滞船舶不向前运动的趋势,故而形成阻力,这就是摩擦阻力。由此可见,水具有黏性是产生摩擦阻力的前提。

从能量角度解释,运动船舶将具有黏性的水质点带动起来,其所付出的能量即为船舶所克服的摩擦阻力。

摩擦阻力的大小,除与水的黏性有关外,主要与船体水下表面积(称为湿表面积)的大小,船体表面的光滑程度(称为粗糙度)和船的航速大小有关。船体与水接触的面积愈大、船体表面越粗糙、船舶航行速度越高,摩擦阻力就越大。

船舶在低速航行时,摩擦阻力约占总阻力的 70%~80%。在高速航行时约占 40%~50%。因此,对于低速船,如低速的大型油船和散装货船等,应从减少船舶的摩擦阻力着手,也就是在相同排水量的情况下设法减小船体的湿表面积。一般来说,船体形状肥短的比船体形状瘦长的湿表面积要小,所以通常低速船的长宽比 L/B 比较小,而方形系数 C_B 比较大。

影响船体表面粗糙度的因素较多,如焊缝、铆钉头、建造时引起的表面波纹等。特别是船舶航行日久之后,在水下的船体表面由于海生物附着以及生锈造成污底,不仅增加了污底阻力,也使船体表面异常粗糙,致使摩擦阻力显著增加。当船舶在热带航行时,情况更加严重,甚至由于摩擦阻力的增加,能使航速降低 10%~20%。为了减少污底阻力,船舶的浸水表面一般都要涂防锈漆,在海船上还要加涂有毒的防锈漆(现在由于海洋环境保护的要求,已受到一定的限制),以减少海生物的附着。一般船舶都要定期进行检修,清除污底,重新油漆船壳,以维持一定的航速。

(2) 粘压阻力 R_{vp}　粘压阻力又称为漩涡阻力或形状阻力。

船体的外壳虽然由光顺的曲面所组成,但它的形状毕竟还不是完善的流线型。在尾部丰满及表面纵向曲度过大处,水流经过时就容易产生漩涡,特别在尾部更易产生。因为在有漩涡产生的地方,将引起压力下降,构成低压区。这样就使船舶首尾部之间产生一压力差(方向与航速相反),因而造成阻力,称为漩涡阻力。由于漩涡阻力是一种压差阻力,它的产生也是以流体具有黏性为前提的,所以漩涡阻力也称为黏性压差阻力,简称粘压阻力。

从能量角度解释,产生漩涡所消耗的能量也是来自船舶的,这就相当于船舶遭到的水阻力,就是粘压阻力。

粘压阻力主要与船舶水下部分(主要是船尾)形状及航速有关。在航速一定时,形状起着决定性的作用。因此,粘压阻力也称为形状阻力。若船舶的长宽比 L/B 增加,即船型瘦长时,粘压阻力就小;若船长较短,船型丰满时,粘压阻力就大。

目前,粘压阻力一般还是与兴波阻力合并在一起(称为剩余阻力),通过船模试验方法来求得。

(3) 兴波阻力 R_w　由于船舶的运动使水面兴起了波浪,从而改变了水在船体表面的压力分布,形成了首尾的压差,这部分阻力叫作兴波阻力,记为 R_w,它是压阻力。

兴波阻力与重力有着密切的关系,而与流体的黏性无关。因为波浪是在两种介质的交界面上产生的,所以在深水处就无兴波阻力。兴波阻力的大小与船首形状密切相关,与航速的高次方成正比。

减小兴波阻力 R_w,则是当前为提高船舶快速性的很重要的课题。要使兴波阻力小,关键是要使兴起的波浪小。通常所采取的措施是从型线设计上用理论方法进行优化,以及在船体上加附属体,使附属体所产生的波和船体产生的波产生叠加,使附属体的波峰与船体产生的波谷相遇,而附属体的波谷正好和船体的波峰相遇,互相干扰使波浪得以削减,从而降低兴波阻力。例如海军某舰艇在首部舷侧水面处安装了一对消波水翼,结果使航速增加 3~4 kn。

船舶在低速航行时,兴波阻力影响甚小;在高速航行时,兴波阻力约占总阻力的 50%~60%。因此,高速船舶如高速客船与集装箱船,其首部常采用球鼻首以改善首部线型,达到减小兴波阻力的目的。

2) 附加阻力 ΔR

附加阻力 ΔR 是指船体在加速航行时外界条件引起的阻力。根据附加阻力产生的原因不同,主要有污底阻力 R_1、附体阻力 R_2、空气阻力 R_3 和汹涛阻力 R_4 等四部分构成,即

$$\Delta R = R_1 + R_2 + R_3 + R_4$$

污底阻力 R_1 是由于海生物附着船体以及生锈造成的阻力。

附体阻力 R_2 是由船体附件,如舵、舭龙骨、轴支架等产生的阻力。

空气阻力 R_3 是船舶高速航行时,其水上部分所受到了气流阻力。

涌涛阻力 R_4 是船舶在波浪中航行时，由于风浪及船身剧烈运动所增加的阻力。

3）总阻力 R

总阻力 R 的表达式为：

$$R = R_0 + \Delta R = (R_f + R_{vp} + R_w) + (R_1 + R_2 + R_3 + R_4)$$

船舶航行时水阻力的大小与航速密切相关，航速越高，阻力越大。但总阻力中各阻力成分所占的比例，却随航速不同而变化。对低速船来说，摩擦阻力是主要组成部分；对高速船来说，兴波阻力是主要组成部分。

3.5.2 船舶推进

1）船舶推进方式

为了使船舶能保持一定的速度航行，就必须供给船舶一定的推力去克服船舶阻力。现代船舶多是通过安装在船上的推进器，来产生推船前进的推力的。

推进器是将能源转换成推力的专门机构或装置。推进器的形式多种多样，桨是最简单的推进器。除此之外，推进器还有明轮、直叶推进器、喷水推进器、螺旋桨（包括水力螺旋桨、空气螺旋桨）等。螺旋桨是目前各种船舶普遍采用的一种推进器，具有体积小、重量轻、构造简单、工作可靠、造价低、效率高等优点。

螺旋桨由桨叶和桨毂两部分组成，桨叶是固定或可拆卸（指可调螺距螺旋桨）地安装在桨毂上的，而桨毂直接与尾轴相联结。桨叶是产生推力的构件，常用的多为 3 叶或 4 叶，个别也有 2 叶或 5 叶、6 叶的。因为桨叶是螺旋桨产生推力的部分，它的大小、形状等几何特征，对螺旋桨的工作性能有很大影响。

2）船舶推力

轮船主机的动力通过传动设备及轴系，使螺旋桨高速旋转，使部分水流产生向后的运动，从而传递给船体一个向前的反作用力，这就形成了船舶推力 F。

轮船航行的基本条件是船舶推力 F 大于船舶总阻力 R，即

$$F > R$$
$$F > (R_f + R_{vp} + R_w) + (R_1 + R_2 + R_3 + R_4)$$

3.6 船舶的运输组织

3.6.1 船舶运输组织的基本要求

船舶的运行组织，是指航运企业根据已揽取到或即将揽取到的运输对象和航运企业控制的运力情况，综合考虑船舶生产过程中各个环节及与其他运输方式的协调配合，对船舶生产活动所做出的全面计划与安排。做好这项工作的基本要求是强调运输的经济性、及时性、协调性和安全性。

商船运输生产的基本单元是航次。按惯例，客船、货船或驳船"自上航次终点港卸

完所载货物(或下完旅客)时起,至本航次终点港卸完所载货物(或下完旅客)时止,计为本航次的时间"。航次时间是由航行时间、停泊时间以及其他时间组成。在这三项时间里要完成基本作业和辅助作业两类作业。装卸货物、上下旅客、船舶航行属于基本作业;装卸货准备,办理船货进出港手续和燃物料、淡水供应等属于辅助作业。认真分析航次中各项作业的协调性、经济性和安全性,合理安排各个环节是提高运输效率,保证运输质量的关键。

船舶运输组织是以实现运输对象的流向、流量、时间、质量要求为目的,以船舶运行环境为客观约束条件。船舶运行的主要环境参数包括:

①船线总距离和港口间各区段的距离(单位:海上运输用海里,内河运输采用千米)。

②各港平均装卸定额,反映航线上各港口的平均装卸效率和组织管理水平。

③航线沿途水文气象条件及适航性,如风浪参数、海况、航道尺度等。

这些航线参数对船舶运行组织有着直接的影响,做船舶运行计划前应充分分析研究,在船舶运行中也要密切关注其变化,适时做出必要的调整。

近年来,在船舶运输组织方面出现了两个新特点:

①随着单船装载能力的提高,船舶运行组织的重要性更加突出。例如,现今最大的超巴拿马型集装箱船的载箱定额已达到了 20 000 TEU,大型船舶不仅因其本身投资巨大,造船时成本高,而且因其装载量大,每耽误一天就意味着有大量的资金晚一天兑现。因此,要求对这种大型船用科学、精确的方法组织运输。

②物流概念的提出使运输组织优化的着眼点从运输工具转到运输对象。也就是说,站在更高的层次、在更大的范围内,以运输对象运输全过程的优化为目标组织安排各个运输工具。这就使水运环节的船舶运输组织更加复杂化,要适应现代物流系统发展的需要,要求组织者有系统分析的能力。

3.6.2 船舶运输的工作指标

1)船舶运输工作指标的作用

船舶营运指标是以实物形式反映船舶运输生产活动情况和运用效率的指标,它由数量指标和质量指标两部分组成。

船舶运输工作指标的结构体系如下:

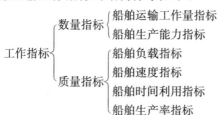

船舶营运指标是对航运企业实行科学管理所必需的,其作用是:

①营运指标的完成实绩是编制船舶运输生产计划的基础。
②为考核和评价船舶运输工作成绩,进行方案比较以及决定有关政策提供依据。
③可作为分析和改善船舶运输工作的手段。
④是有关领导了解运输生产情况和指导运输工作的工具。

2) 船舶运输的数量指标

船舶营运数量指标表示船舶营运活动应达到的数量要求或已达到的数量,它包括船舶运输工作量指标与船舶生产能力指标。

(1) 船舶运输工作量指标　船舶运输工作量指标是说明船舶营运活动的运输任务或成绩的指标,它包括船舶运输的货物数量(货运量,以吨计)、船舶运输的旅客数量(客运量,以人计)和用所运输的货运量乘相应运输距离的积表示的货物周转量(以吨公里或吨海里计),用所运输的客运量乘相应运输距离的积表示旅客周转量(以人公里或人海里计)。

在统计计算运量和运输距离时,应以货物运输单据记载的实际货物重量与运距或客票记载的人数与运距为依据。为了综合反映船舶运输工作量情况,在船舶运输中也还采用换算周转量指标。换算周转量在数值上等于货物周转量与旅客换算吨周转量之和。

(2) 船舶生产能力指标　船舶生产能力指标是说明在一定历史时期内可使用运输船舶最大能力的指标。主要指标有:船舶实有数、船舶周转次数、船舶吨天等。

①船舶实有数。是指航运企业在营运期内拥有的各种船舶的数量,计量单位有:船舶艘数 m、定额吨位 $D_{定}$,定额客位 M 及定额功率 N。

②船舶周转次数。是指在工作期内船舶完成的航次数,用 n 表示。更确切地说明船舶的周转情况的,应当是"船舶吨(人、千瓦)次数",即各船在工作期内完成的航次数与该船定额吨位(客位、千瓦)数的乘积。如

$$货船的船舶吨次数 = \sum (船舶定额吨位数 \times 航次数)$$

③船舶吨天。由于在一定时期内,船公司拥有船舶的数量有变化(如购买新船、船舶报废等),所以,单以船舶实有数不能完全反映这一时期内企业实际拥有的运输能力。只有将船舶的实有数同它的运用时间结合起来才能准确、全面地反映航运企业船舶的生产能力状况。

航运管理中一般采用船舶吨天指标来衡量上述情况,计量单位为"吨天"。"吨天"是指船舶定额载重量与该船相应工作时间的乘积,表示船舶在一定时期内的动态数量。

3) 船舶运输的质量指标

(1) 船舶负载指标　船舶负载指标是反映船舶在营运过程中,客位、吨位和推(拖)船马力利用情况的指标,它包括发航负载率及每马力发航拖(推)量、载重量(客位)利用率及平均每马力拖(推)量。

发航负载率和每马力发航拖(推)量是指货船(客船)拖(推)船发航时载货量(载客

量)、所拖(推)驳船载货量与货船(客船)、拖(推)船额定吨位(客位)、额定功率之比的比值,分别用以说明客船客位、货船载货吨位以及拖(推)船功率在发航时的利用情况。

载重量(客位)利用率及平均每马力拖(推)量是指在一定时期内船舶运输周转量与船舶行驶吨位(客位)、拖(推)船功率公里之比的比值,它是反映船舶在行驶距离内船舶吨位(客位、马力)平均负载情况的指标。

(2) 船舶速度指标　船舶速度是指船舶平均航行一天所行驶的里程,它等于船舶航行吨位(客位、马力)公里(海里)与航行吨位(客位、马力)天的比值。一组船舶的平均航行速度则应等于各船舶航行吨位(客位、马力)公里(海里)之和与船舶航行吨位(客位、马力)天之和的比值。

(3) 船舶时间利用指标　我国目前采用的船舶时间利用指标包括营运率、航行率和船舶平均航次时间三项指标。

① 营运率。是指一定时期内船舶从事营运时间(用营运吨位、客位、马力天表示)占在册时间(总时间,用在册吨位、客位、马力天表示)的百分比。

营运率指标反映船舶在册时间的利用程度。船舶维修保养愈好,修期愈短,修船间隔时间愈长,营运率则愈高。提高船舶营运率是挖掘运输能力的重要途径之一。国外船舶的营运率一般保持在94%左右。

② 航行率。是指一定时期内船舶的航行时间(用航行吨位、客位、马力天表示)占营运时间(用营运吨位、客位、马力天表示)的百分比。

③ 船舶平均航次时间。是指船舶每一吨位(客位、马力)完成一个航次平均所需天数。

(4) 船舶生产率指标　生产率是指一定的物力和人力在一定时间内所创造的产品数量。船舶生产率包括两项指标:每营运吨天生产量和每吨船生产量。

① 每营运吨天生产量。是船舶在营运期内平均每一载重吨每天完成的货物周转量。

营运吨天生产量指标既直接反映船舶的生产效率,又综合反映了船舶在营运期内航行时间所占比重的大小、航行速度的快慢以及载重量的利用程度。

② 每吨船生产量。是船舶在报告期内平均每一载重吨完成的货物周转量,即货物周转量与历期内每天实有的船舶吨位之比。

每吨船生产量也是一个综合指标,它是运距装载率、平均航行速度、航行率和营运率这四个单元指标与历期天数的乘积。

每吨船生产量比每营运吨天生产量指标更全面反映航运在一定运输工作期间的生产效率。要提高这一指标,有赖于企业经营管理工作的不断改善。因该指标与每个单元指标直接相关,所以所有影响单元指标的因素都会影响综合指标。要提高每吨船生产量指标,就必须提高单元指标,而这几个单元指标,往往相互联系、相互制约。例如:提高载重量利用率,航速可能会降低,提高航速,航行率可能会降低,但不能由此得出提高某一指标就必须降低其他指标的错误结论,而应朝着加速船舶周转、安全优质、经济合理的目标努力,用有利因素克制不利因素,寻求提高船舶营运经济效果的最佳途径。

3.6.3 货船运输组织

1) 货运航线系统规划

货运航线系统规划是研究航运企业航线合理布局的技术管理问题,其任务是根据航区一定时期内的货运任务及港、航客观条件,合理地确定货运航线的数量、各航线的货流构成以及各航线停靠的港口和停靠顺序。

拟订货运航线系统方案时,首先应通过对所掌握货流资料的分析(最好绘制出货流图),并结合港航条件和船舶的性能,将两港间往返都有稳定、大宗的货流组成简单航线。拟订好简单航线后,在剩下的货流中,将同一方向的货流(指货流方向都是顺时针或逆时针方向者)组成若干条环行航线或三角航线。同时,也可以组织环行航线或三角航线代替几条简单往返航线,这主要是为了减少空驶里程。因此,在组成一条环行航线后,须检查航线上空驶里程的总和是否低于总里程的一半。否则,这条环行航线是不合理的。环行或三角航线拟好后,再将剩下的货流组成若干条单程载货的简单往返航线。组织这种航线主要是因为反向没有货流,或者是因为货种性质关系不能与其他货物纳入同一航线。

第一航线系统方案拟好后,应对所有运输任务进行核对,检验是否都已纳入航线。然后,对此方案进行初步分析,找出其优缺点,通过对不太满意的航线针对其缺点进行变更调整,便可以组成另一个航线系统方案。依此类推,就可以拟订出若干个航线系统方案。如果拟订的方案较多,可先进行初步预选,保留少量较好的方案,再经过全面的具体配船指标计算,最后选择出最佳的航线系统方案。

在船舶航行条件(水深、风浪、流速等)差别较大的情况下,例如海与江、干流与支流,可能有两种组织货物运输的方法。一种方法是开辟一条直达航线,实现货物的直达运输;另一种方法是开辟两条航线,货物在中途港换装。显然,这两种方案各有其优缺点。开辟直达航线的优点是:可消除船舶在中转港的换装作业,节约中转费用和劳动力,减少货损货差,缩短货运期限,加速船舶周转,减少中转港压力等。这对于港、航部门以及物资单位都有好处,但优点是否显著,还与中转货物的品种、中转港的装卸效率及设备能力等有关。直达航线的缺点是:首先,由于各段的航行条件不同,而船舶的结构强度、设备要求、功能大小等必须适合全航程航行条件的要求。例如海船进江,其结构强度一定要适合海上要求,而有许多时间却在不需要如此高强度标准的河道上航行;又如某些支流、河道上游流急滩多,要求船舶具有较大的功率,而船舶行驶至缓流段时,就不需要那样大的功率。其次,在多数情况下船舶吃水因受内河航道或水流水深的限制,使船舶吨位减小,而航程又较长,显然,这也是不经济的。这些缺点的严重程度与各航段的距离比例及其水深、流速等航行条件的差异程度有关。综上所述,开辟直达航线的合理性是有条件的。一般情况下,它适于在江上(或支流)距离不太长,水深、流速及风浪等航行条件差别不大,中途港的作业条件较差,装卸效率较低,货种易发生货损货差的条件下采用。

2) 货运航线配船

航线配船是研究各类船舶在航线上合理配置的技术管理问题。众所周知,在同一航线上使用技术营运性能和经济性能不同的船舶,将会产生不同的经济效果。同一类型的船舶,使用在不同的航线上,也将得到不同的结果。因此,船舶工作的效果在很大程度上是由正确的航线配船来保证的。船线配船包括多线多船型、多线单船型和单线多船型三种情况。

(1) 多线多船型　多线多船型的配船问题是研究多条航线和多船型情况下的全面合理配船问题。根据安全优质的原则,首先应分析船舶的技术营运性能与航线上的货运任务和航线的港、航条件,再按照经济合理的原则,为各航线选配技术营运上可行、经济性能好的配船方案,然后进行指标计算比较,并结合评价方案合理性的其他条件,选择出最佳配船方案。配船应遵循的基本原则是:

①船舶与货物相适应船舶的结构性能、装卸性能和设备等应适应航线上的货物性能。例如,专用船首先应配在运输相应货种的航线上;单甲板船不适应运输杂货的要求;多层甲板不宜用来装载密度大的矿物类散货等。

②船舶与港口相适应船舶的尺度性能和设备条件应与港口泊位深浅和装卸条件相适应。例如,船舶吊杆跨幅不及泊位边火车轨道或驳船舱口者,不宜配在船舶与铁路货车直取或直接过驳卸货的航线等。

③船舶与航线的航行条件相适应船舶的尺度性能应与航道水深、船闸尺度、桥梁或过江电线净空高度等相适应,船舶的航行性能应与航线航行条件相适应。例如,航速过慢的船舶,不宜配在流急的航线上工作;吨位过小、续航能力低、抗风浪性能较差的船舶,不宜配在航程长、风浪大的航区工作等。

④应遵循一般的经济原则在船舶能满载的情况下,应将吨位大、航速高的船舶首先配在装卸定额高、航程长的航线上,这有利于提高船舶生产率和降低成本。将昼夜航行费用较高、停泊费用较低的船舶配置在短航线上,这也会有利于运输成本的降低。

(2) 多线单船型　多线单船型的配船问题远比多船型配船问题简单,而且只有在运量大于运力时才有研究的必要。解决这样的问题,第一步仍然是从技术营运要求出发,在排除船舶不能工作的航线后,就可能工作的航线分别计算其营运经济效益指标,将保有的营运船舶优先用在营运经济效益较好的航线上,直至所有船舶分配完毕为止。

(3) 单线多船型　单线多船型的配船问题也比较简单,而且只有当运力大于运量才有研究的必要。其原则、步骤与前述相同,即先排除不适于在该航线工作的船舶,后逐船计算其经济效益指标,优先选配经济效益好的船舶,直至满足货运任务的需要为止。

3.6.4 客船运输组织

1) 客船航线建立原则

在正常情况下,已有的旅客运输航线一般不会有很大的变动,但随着国民经济的发展,海、河、湖泊沿岸厂矿企业的建立和港口站点的增多以及城市的发展,使得客流和货流都会发生较大的变化,这就需要相应地开辟新的航线或调整已有的航线,建立新的航线系统。

新建或调整客运航线,亦应通过方案比较的方法进行,但在制订和选择方案时,不仅要考虑营运经济效果,还要考虑最大限度地方便旅客。因此,在建立或调整客运航线时,应遵循如下原则:

①水上客运航线的设置应与邻近的平行的其他运输方式(铁路、公路)合理分工、相互协调,为旅客策划经济合理的路线,满足不同旅客的要求。

②水上客运航线的设置应考虑不同旅客的愿望。例如,在某一航段内可以设置两条或两条以上的平行航线,它们可能由于配置的船舶航速、客舱等级和设施标准、停靠港站数量以及船舶在各港到发时刻等的不同,而可使各航线的客票票价及其他旅途开支(因等待换乘其他航线船舶或其他交通工具而宿夜等)和对不同旅客的方便程度等不同。又如,当两港间客运量较大时,可考虑设置中途不停靠的直达航线,以提高旅行速度。

③水上客运航线的设置和安排,在尽量方便旅客的原则下,还应考虑经济原则,即还应有利于提高船舶的客位利用率和载重量利用率(对客货船而言),有利于减少非生产性停泊时间,有利于加速船舶周转,提高船舶的营运经济效果。

2) 客运航线配船的特点

客运航线配船问题的特点主要表现在如下方面:

①同一航线上船舶的性能要求一致,以保证船舶都能按相同的规律有节奏地运行。

②在长距离的主干客运航线以及旅游、休养航线上,应配置设备较完善的船舶,而且前者还要求配置速度较高的船舶。此外,长距离航线和休养航线还必须是配备有卧铺的船舶。

③短距离的地方性客运航线,服务对象是自带物品较多的农民。因而,在这些航线上配置的船舶,应有较多可供堆放物品的空间,甲板的层数也不宜太多。

④对于客货船航线,根据航线客、货运量的数值,按船舶载客量与载重量计算出的发船密度可能不一致。在这种情况下,如果航线上货运量很大,按货运量计算发船密度需要的客、货船数量较大,就必须降低客位利用率,造成经济损失。根据以客为主的方针,在这种情况下应按客运量计算发船密度,多余的货运量可组织机动货船去完成。甚至在客、货运量都很大的情况下,客货船也只装运一些运价较高的快运货物及邮件、行李、包裹等(部分原有货舱改为客舱),而其他货物组织机动货船运输,以减少客货船的装卸停泊时间,缩短往返航次时间,减少客货船需要量。这在经济上是否合理,应根据

具体情况经过方案比较决定。

对于客运航线重要的是要做到定期定时发船。为此,要求长距离航线船舶的往返航次时间应该是航线发船间隔时间的整倍数,而且发船间隔时间也应该是昼夜的整倍数。

3) 市郊和市内客运航线的特点

市郊和市内客运航线与长距离航线相比,在航线安排、配船以及组织船舶运行等方面,均有许多不同的特点与要求,其主要有:

①航线距离短,运输频率高。为了方便乘客,一般都要求有较大的发船密度。为此,可采用载客量较小的船舶,而且在一昼夜内的发船间隔时间,可根据客流量的变动而调整。

②市内轮渡航线的客流在时间上和方向上均有很大的不平衡性。这突出表现在一周内和一天内,而且将时间和方向结合起来的不平衡性更大。

③市郊航线客流的不平衡性不仅表现在时间上和方向上(如早上农民进城的多,下午返回市郊农村方向的多),而且在航线沿途愈接近市中心或工业区中心,客流密度愈大。为了满足乘客及时乘船的需要,应计算航线上若干地点需要的发船密度,确定发船次数,除全程航次外,在客流量大的时间内和区段上,可增加到达中间点的区间航次。

④市内轮渡航线的乘客主要是工人、干部、学生及居民,他们乘船携带的物品不多,船舶的舱室和座位布置可以较为紧凑,但底层应有较大空间,以便停放车辆。对于客流量大的航线,为了及时输送乘客,保证上、下班的需要,要求发船间隔小,不宜配置载客量太大的船舶。

⑤市郊航线船舶的往返航次时间不要求一定是昼夜整数,只要是发船间隔时间的倍数并能做到定时发船即可。

3.6.5 驳船运输组织

1) 驳船运输的特点

驳船队运输与机动货船运输相比,具有以下主要特点:

①在相同载货量情况下,驳船的吃水可比机动货船小得多,这对于水深受限的航线上实现大载量运输具有很大的意义;对开展干支直达,减少中转环节,加快运送速度和提高货运质量也是十分有利的。

②驳船队运输是将驳船编队运行,可根据内河航线沿线分布港点多和货源较为分散的特点沿途编解,货物装卸也可分散到各个码头泊位进行,既具有大吨位船的经济性,又拥有小吨位船的灵活性。

③驳船队运输是把动力部分和载货部分分开。驳船队到港进行装卸作业时,拖(推)船可不必等待,随时与已装好货的驳船编队航行,大大提高了动力装置的利用率。

④驳船队是由多艘驳船编组而成,其抗风浪能力较机动货船差。

⑤在同样载量和航速情况下,驳船队阻力大。所以,若主机功率相同,驳船队航速较机动货船低。

综上所述,驳船队非常适宜在内河运输,它是内河货运的主要形式。

2) 驳船的种类

按用途分,有客驳和货驳两类。客驳专用于运送旅客,驳船上设有生活设施,一般用于小河客运;货驳用于载运货物或在港口用于货物中转。按所运货物不同,货驳又可分为干货驳、矿砂驳、煤驳和油驳等种类。货驳一般不设起重设备,靠码头上的装卸机械装卸货物。

按材料分,驳船有钢驳、木驳、水泥驳。

按结构形式分,驳船有舱口驳、敞口驳、甲板驳和罐驳四类。舱口驳具有分隔的货舱舱室、舱口和水密的舱口盖,主要用于运输怕水湿的什杂货;敞口驳具有连续的直通货舱和舱口,没有舱口盖,舱口宽度大,有时两舷设置垂直的内舱壁,主要用作运输散堆货;甲板驳没有货舱,在平坦的甲板上堆放货物,主要用作运输各种大件货物、车辆以及不怕雨湿的桶装货和其他包装货。有些甲板驳的两舷设置围板后,也可用来运输各种散货;罐驳在甲板上设置罐等密闭容器,以供装运油、液化气体等液体货物。

按船型分,驳船有普通驳和分节驳。普通驳首尾两端斜削呈流线型,备有锚和舵;分节驳又有全分节驳和半分节驳之分,驳船两端呈箱形的为全分节驳,一端斜削、另一端呈箱形的为半分节驳。

3) 多节驳船队

由普通驳组成的船队称为普通船队,船队的队形,如图 3.67 和图 3.68 所示。由分节驳组成的船队称为分节船队,而它又可有全分节驳船队和半分节驳船队之分。全分节驳船队由一艘半分节驳的首驳、一艘半分节驳的尾驳和若干全分节驳组成,如图 3.69(a)所示,是一种线型比较理想的船队。由于首驳的头部和尾驳的尾部各呈简单线型与中间箱型驳组成一艘货船一样光顺的线型,不仅大大降低了运行阻力,而且中间箱驳载量大,结构和线型简单,施工方便,造价低廉。半分节驳船队由统一标准的半分节驳组成,如图 3.69(b)所示,是一种比较灵活应用的船队。半分节驳船队由于前后驳船首尾连接处下部有空当,增加了船队运行阻力,即所谓接缝阻力,但它仍可较普通船队提高航速5%左右。

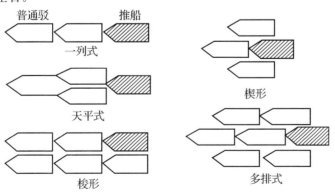

图 3.67 普通驳—推船队队形

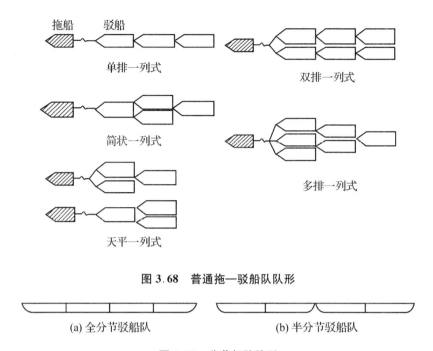

图 3.68 普通拖—驳船队队形

图 3.69 分节船队队形

发展分节船队运输的必要前提是分节驳船船型(包括尺度、线型、系结装置等)的标准化和系列化。这是因为分节船队要求各驳船之间能在结构和尺度上互相配合,以便紧密结成一个阻力较小的船队整体。

4) 运输组织

轮驳船队的运输组织形式有以下几种:

按货物是否在中途港倒载、换驳运输来区分,不在中途港换驳,直接由起运港装船运达目的港卸船的运输组织形式称直达航线;需要在中途港由一个驳船倒载到另一驳船上继续运输才能到达货物的目的港的运输组织形式叫作非直达航线。

按推(拖)轮的运行组织方法划分,轮驳船队从航线的始发港至航线终点港,在中途不更换推(拖)轮者称为直通航线;如在中途更换推(拖)轮,实行分段牵引,则称为区段牵引航线。在沿途装货港,或卸货港比较分散的一些航线上,驳船队中的部分驳船在航线沿途港加入船队或从船队中分离出去送达途经港口的运输组织形式,称为中途集解航线。

按轮驳配合方式划分,一艘推(拖)轮每个航次将驳船从起运港送达目的港后,马上去运送其他驳船,称为单航次配合。这种方式充分体现了轮驳船队的动力部分与载货部分既可分离,又可组合的特点,提高推(拖)轮与驳船的使用效率。一艘推(拖)轮在运送驳船时,只在装货港或卸货港更换一次驳船,每个往返航次轮、驳重新组合一次,这称为往返航次配合。一艘推(拖)轮与一组驳船长期固定组合运行,称为固定配合。

复习思考题

3.1 简述船舶的发展过程。
3.2 船舶的种类有哪些?
3.3 现代客船有哪些特点?
3.4 现代货船有哪些特点?
3.5 船舶的主尺度参数有哪些?简述其含义。
3.6 船舶的主尺度比有哪些?简述其含义。
3.7 何谓穿行系数?
3.8 什么是船舶的吨位参数?船舶的总载重量与静载重量分别表示什么含义?
3.9 何谓船舶载重线标志?各标志符号的含义是什么?
3.10 船舶由哪些部分组成?各部分有何功能?
3.11 船体有何结构特点?
3.12 船舶动力装置有何类型?各有何特点?
3.13 船舶设备包括哪些部件?
3.14 船舶系统包括哪些部件?
3.15 何谓船舶的六大航行性能?
3.16 何谓船舶的浮性?
3.17 何谓船舶的稳性?如何提高稳性?
3.18 何谓船舶的抗沉性?如何提高抗沉性?
3.19 何谓船舶的快速性?如何提高快速性?
3.20 何谓船舶的耐波性?如何提高耐波性?
3.21 何谓船舶的操纵性?如何提高操纵性?
3.22 船舶是怎样向前推进的?
3.23 船舶行驶时受到哪些阻力?如何降低船舶行驶阻力?
3.24 船舶运输的工作指标有哪些?
3.25 如何正确组织货船运输?
3.26 如何正确组织客船运输?
3.27 如何组织驳船运输?

4 火车（铁路列车）

4.1 火车发展简史

火车是铁路列车的俗称，其在独立的轨道上行驶，是人类历史上最重要的交通工具之一。火车主要由铁路机车与铁路车辆组成，其中，铁路机车俗称为"火车头"，是火车行驶的牵引动力；铁路车辆是运送旅客和货物的工具，它一般没有动力装置。将铁路车辆连挂成一列，由机车牵引在线路上运行，从而达到火车运送旅客和货物的目的。

蒸汽机的发明为人类第一次创造出强大的发动机，为第一次工业革命揭开了序幕，也为铁路动力的发展奠定了基础。

1769年，法国工程师库纳研究成功第一辆蒸汽机车，这辆车有3个车轮，前面一个，后面两个，车速为4.5 km/h。1801年，英国人特里维克研制成功第一辆能在铁轨上行驶的单缸蒸汽机车，它能拖着5节车厢的煤在煤矿的铁路上低速行驶。1825年，英国人乔治·斯蒂芬孙试制成功世界上第一台客货运蒸汽机车，并于同年9月27日举行的试车典礼上，拖着12节货车和7节客车，载着90 t货物和450名旅客，车速达到24 km/h。从此世界上有了能用于交通、运输的机动车——火车，从而开辟了世界车辆史与交通史的新纪元。

早期使用的蒸汽机车为燃煤蒸汽动力机车，它有一个很大的缺点，就是必须在铁路沿线设置加煤、水的设施，还要在运营中耗用大量时间为机车添加煤和水。这些都很不经济。在19世纪末，许多科学家转向研究电力和燃油机车。

1879年，德国西门子电气公司研制了第一台电力机车，重约954公斤，只在一次柏林贸易展览会上做了一次表演。1903年10月27日，西门子与通用电气公司研制的第一台实用电力机车投入使用，其时速达到200 km。

1894年，德国研制成功第一台汽油内燃机车，并将它应用于铁路运输，开创了内燃机车的新纪元。但这种机车烧汽油，耗费太高，不易推广。

1924年，德、美、法等国成功研制了柴油内燃机车，并在世界上得到广泛使用。

1941年，瑞士研制成功新型的燃油汽轮机车，以柴油为燃料，且结构简单、震动小、运行性能好,因而,在工业国家普遍采用。

20世纪60年代以来,各国都大力发展高速列车,例如法国巴黎至里昂的高速列车,时速到达260 km;日本东京至大阪的高速列车时速也达到200 km以上。但人们对这样的高速列车仍不满足。法国、日本等国率先开发了磁悬浮列车。我国已在上海修建了世界第一条商用磁悬浮列车线。磁悬浮列车悬浮于轨道之上,时速可达400~500 km。

中国高速铁路的建设始于2004年的中国铁路长远规划,第一条高速铁路是2008年8月1日开通运营的350 km/h的京津城际高速铁路。经过高速铁路建设和对既有铁路的高速化改造,中国已经拥有全世界最大规模以及最高运营速度的高速铁路网。截至2019年6月底,中国高铁运营总里程超过3.1万公里,"四纵四横"干线已成型。中国高速铁路运营里程约占世界高铁运营里程的50%,稳居世界高铁里程榜首。中国高速列车保有量已达到1 300多列,世界最大。

4.2 铁路机车

4.2.1 铁路机车的类型

铁路机车是铁路运输的基本动力。由于铁路车辆大都不具备动力装置,需要把铁路车辆(客车或货车)连挂成为列,由机车牵引沿着钢轨运行。在车站内,车辆的转线以及货场取送车辆等各项调车作业,都要由机车完成。因此,为了完成客、货列车的牵引和车站的调车任务,铁路必须保证提供数量足够、牵引性能良好的机车,并开展对机车的保养与检修、正确组织机车的合理运用等。

铁路采用的牵引动力种类很多,常根据运用和牵引动力来划分。

1) 按运用分

可分为:客运机车、货运机车和调车机车。客运机车也就是牵引客车的机车,相对货运机车来说,客运机车的牵引力要小一些,速度要快些。货运机车当然是用来牵引货车的。我国除了重载列车外,一般的货运列车编组为60节,载重量约为3 500吨。货运机车的牵引力要比客运机车大得多,但速度没有客运机车那么快。调车机车主要在车站完成车辆转线以及货场取送车辆等各项调车作业,它的特点是机动灵活,因此车身较短,能通过较小的曲线半径,而速度相对要求不高。

2) 按牵引动力分

可分为:蒸汽机车、内燃机车、电力机车、电力高速机车、磁悬浮机车。

蒸汽机车是通过蒸汽机把燃料的热能转换成机械能,用来牵引列车的一种机车。由于蒸汽机车的构造比较简单,制造和维修容易,成本较低,因此最早被世界各国铁路所采用。但是蒸汽机车的热效率太低,其总效率一般只有5%~9%,而且,煤、水消耗量很大,需要大量的上煤、给水设备。因此,在现代铁路运输中,蒸汽机车已逐渐被其他新型牵引形式所取代。

内燃机车一般以柴油为燃料,热效率较高(可达30%左右),灵活机动,独立性强,单节机车功率大。但机车构造较复杂,制造、维修等费用较高,制造大功率的车用柴油机受到限制。另外,内燃机车对大气和环境污染比较大。

电力机车是19世纪70年代在欧洲最早出现的,随着工频单机交流供电在电气化铁道干线上的应用,它已成为电力牵引的主要方式。电力机车构造简单,所用电能可由多种能源(如火力、电力、核能等)转换而来,机车电气设备工作稳定、安全可靠,而且具有启动快、功率大、效率高、不污染环境等许多优点,适合于山区铁路和运输繁忙的区段采用。从世界各国铁路牵引动力发展趋势看,电力机车是被公认为最有发展前途的一种铁路机车。在城际旅客运输中,可大力发展动车组的运输方式。

4.2.2 铁路机车的表示法

1) 铁路机车型号表示法

各国均有自己的机车型号表示方法,我国习惯上用汉字表示国产机车的类型。常见的内燃机车有东风型、东方红型、北京型内燃机车,其中东风系列为电力传动内燃机车,后两者均为液力传动内燃机车。常见的电力机车有韶山型、和谐号(CRH)、复兴号(CR)系列电力机车。在文字的右下角加注数码1、2、3…表示该型机车投入运用的先后,如东风(即东风$_1$)、东风$_2$、东风$_3$、东风$_4$、韶山$_1$、韶山$_2$、韶山$_3$、韶山$_6$、韶山$_9$型等等。对于引进国外机车,则用两个汉语拼音字母分别表示机车种类和传动装置的形式,例如ND型、NY型,其中N表示内燃机车,D表示电力传动,Y表示液力传动;又如DJ型,其中D表示电力机车,J表示交流传动。同样,右下角数码1、2、3…表示该型机车投入运用的先后,例如ND_1、ND_4、ND_6等等。

2) 铁路机车轴列式表示法

机车轴列式是用数字或字母表示车轴排列方式,用以表征机车走行部结构的特点。

(1) 车架式机车轴列式表示法 规则:导轴数—动轴数—从轴数。例如:1—5—1,表示该机车走行部分的特点为车架式,具有一根导轴、五根动轴和一根从轴。又如,0—3—0,表示该机车走行部分的特点为车架式,具有三根动轴,没有导轴和从轴。

(2) 转向架式机车轴列式表示法 规则:用n—n或n_0—n_0表示。其中n表示每个转向架内所有的动轴数,如用1、2、3…或A、B、C……表示。注角"0"表示单独驱动,即每根动轴都有一台电动机驱动;不加注角"0"则为成组驱动,即表示同一转向架内所有动轴由一套驱动装置(如万向轴驱动装置或电动机齿轮箱驱动装置)同时加以驱动。中间符号"—"表示前后转向架之间无连接,"+"表示前后转向架之间有连接装置。对于双节联挂运用的内燃机车,可表示为$2(n-n)$或$2n_0-n_0$。

例如:3_0-3_0(或表示为C_0-C_0,或$C'_0-C'_0$)式机车,表明该机车的走行部分有两台三轴转向架,每根动轴均由一台牵引电动机驱动。我国东风4型内燃机车就属这种类型。又如2—2(或表示为B—B或B′—B′)式机车,表明该型机车的走行部分有两台二轴成组驱动的转向架,如我国北京型机车即属此种类型。

4.2.3 铁路机车的发展

1) 国外铁路机车的发展

从19世纪90年代开始,西方先进工业国家就着手研制内燃机车。直到20世纪40年代末,由于有了适合铁路牵引的电力和液力传动装置,许多国家才开始制造内燃机车。内燃机车功率一般在1 470 kW以下。从60年代到70年代初期,在内燃机车数量继续增长的同时,机车功率也不断提高,出现了2 940~4 410 kW的大功率内燃机车。在这阶段的后期,许多国家最终淘汰了蒸汽机车,完成了铁路牵引动力现代化。

近年来,世界各国除注意对内燃机车功率和速度提高外,并努力提高内燃机车的可靠性、耐久性、经济性以及防污染、降低噪声。现代内燃机车技术特点表现在:单节机车功率大,由单节大功率机车代替多节联挂牵引;在制造、维修以及运营方面都较为经济,所以国外大量生产单节功率为3 000 kW的内燃机车;机车速度高,货运干线内燃机车最高速度达100 km/h;干线客运内燃机车最高速度达160 km/h,至于200 km/h以上的速度,皆由电动车组实现。为进一步提高机车的经济性、安全性和自动化程度,在机车控制系统中广泛采用了新型电子技术。应用电子技术可准确、迅速、可靠地实现机车恒功率励磁调节、自动调速、自动制动,以及对重要设备的自动保护、故障诊断及显示等。

电力机车牵引是19世纪70年代在欧洲最先出现的,早期的电气化铁道多采用直流供电方式,需要在铁路沿线的牵引变电所中安装整流装置,将交流电变为直流电供牵引用,这在长距离的铁路干线上是不经济的。20世纪20年代,随着工频单相交流制供电方式在电气化铁道干线上的应用,经过60多年的努力和实践,它已成为电力牵引供电的主要方式和发展方向。工频单相交流制使牵引供电装置大大简化,便于直接从具有巨大容量的电力系统中取得电能,并以较高的电压向电力机车供电。还可以增大牵引变电所之间的距离,缩小接触导线的截面积,减少电能的损耗,大大降低了建设投资和运营费用。

2) 国内铁路机车的发展

1958年中国开始跨入内燃机车时代,并于1988年末停止生产蒸汽机车。

自1974年由大连机车车辆厂生产的东风4型内燃机车投入批量生产后,东风系列内燃机车已是中国铁路干线客货运数量最多的主型内燃机车,占国产内燃机车总数的一半以上。

改革开放以来,为适应国民经济飞速发展的需要,中国铁路运输事业进入了高技术、高速、重载的发展阶段。作为铁路牵引动力的内燃机车,在这个时期其技术水平已取得了长足的进步。近年来,各制造厂已先后生产了一批新型的内燃机车。大连机车厂生产了东风4型机车的升级换代产品——东风6型机车,以及适用于山区运行的

$2(B_0-B_0)$式的东风10型机车;戚墅堰机车厂除生产用于干线货运的东风8型机车外,还生产了用于提速的干线客运东风9型机车和用于广深准高速铁路的东风11型客运机车;二七机车厂生产了用于重载调车的东风7型调车机车,以及用于重载牵引双机重联的东风7B型机车;四方机车厂生产了$2(C_0-C_0)$式12轴的东风4E型机车,主要用于牵引5 000吨以上的货物列车。这些新型内燃机车的开发,标志着中国内燃机车的生产已在世界机车制造业中占有重要地位。

随着国民经济的迅速发展和牵引动力的更新,电力牵引已成为中国铁路运输的主要牵引方式之一。中国电气化铁道一开始就采用了较先进的工频单相交流制供电方式,使用了中国自行设计制造的干线大功率韶山型电力机车,为中国电气化铁道的发展奠定了良好的基础。近年来,中国引进了国外较先进的技术和设备,对中国电气化铁道的发展以有力的推进。

中国自1958年开始研制和生产的韶山1型(SS_1)是我国第一代客货两用干线电力机车。

近年来研制和生产了6 400 kW 8轴 SS_4 型相控电力机车,是重型货运机车,由两节完全相同的4轴机车,其间设有电气系统重联控制电缆及空气制动系统重联控制风管,可在其中任一节车的驾驶室对全车进行统一控制。两节车也可分开,作为一台4轴机车独立使用。在学习吸收进口电力机车先进技术的基础上,中国又陆续研制了 SS_5,SS_6,SS_7,SS_8,SS_9 韶山型系列电力机车,并对现有韶山型机车进行了技术改造。

4.2.4 电力机车

电力机车本身不带原动机,靠接受接触网送来的电流作为能源,接触网供给电力机车的电流有直流和交流两种。目前世界上大多数国家采用单相工频(50 Hz)交流制电力机车。单相工频交流制电力机车是单相交流工频供电网下采用的直(脉)流或交流牵引电动机驱动的电力机车。单相工频交流制自20世纪50年代开始发展而成为当今世界铁道电气化最先进的供电制,其接触网电压高达20 kV 或25 kV,而且与工业系统频率相同。在这种电流制下工作的单相工频电力机车,又可分为交直传动电力机车和交流传动电力机车。

交直传动电力机车——是由接触网引入单相工频交流电经机车内的变流装置供给直(脉)流牵引电动机来驱动的机车。伴随着半导体器件的发展,交直传动电力机车先后有整流(引燃管或半导体二极管)电力机车和目前最广泛应用的相控(晶闸管)电力机车。

交流传动电力机车——是由接触网引入单相工频交流电经机车内的变流装置供给交流(同步或异步)牵引电动机来驱动的机车。与之相应的是同步牵引电动机电力机车和异步牵引电动机电力机车。交流传动电力机车的发展起源于20世纪70年代,它的发展同样与新型功率半导体器件的层出不穷和微机控制技术的进步而密切相关。从快速晶闸管导 GTO、IGBT(IPM)、IGCT,在 1979 年出现的 E120 型异步交流传动电力机车之后,又相继出现的同步型或异步型交流传动电力机车,充分展示了交流传动电力机车的优越性。当前,由交直交电压型变流装置和鼠笼式异步牵引电动机构成的交流传动系统已成为世界电力机车电传动技术的主流,这就是通常称之为交直交电力机车。

1) 电气化铁道的供电系统

采用电力牵引的铁道称之为电气化铁道。电气化铁道由牵引供电系统和电力机车两部分组成。将电能从电力系统传送到电力机车的电力设备总称为电气化铁道的供电系统,如图 4.1 所示。其中,发电厂、高压输电线和区域变电所部分,为电气化铁道的一次供电系统,由国家电力部门经营管理;而铁路牵引变电所、馈电线、接触导线等为牵引供电系统,由铁路部门经营管理。

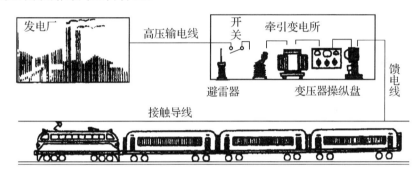

图 4.1　供电系统示意图

牵引供电设备主要由牵引变电所和接触网两部分组成。

(1) 牵引变电所　牵引变电所的任务是将电力系统高压输电线输送来的 110 kV (或 220 kV)的三相交流电,改变成不低于 25 kV 的单相交流电后,向它的邻近区间和所在站场线路的接触网送电,供电力机车使用。

牵引变电所是沿着电气化铁道区段分布的,每一个牵引变电所有一定的供电范围。在牵引变电所内,主要设有主变压器、电压互感器、电流互感器、高压断路器、各种高压隔离开关以及避雷器等电气设备。为使牵引变电所内各种电气设备正常运行,确保安全、可靠供电,牵引变电所内还装有各种控制、测量、监视仪表和保护装置等。

(2) 接触网

①接触网的基本构造。接触网是架设在电气化铁道上空,向电力机车供电的一种特殊形式的输电线路。因此,接触网的质量和工作状态直接影响着电气化铁道的运输能力。

由于接触网是露天设备,而且没有备用,这就要求接触网在结构上应具有良好的稳定性和足够而均匀的弹性;并在恶劣的气候条件下,能保证电力机车正常取流,使电力机车能在线路上安全、高速运行。

图 4.2 为架空式接触网,它由接触悬挂装置、支柱和基础等部分组成。

②接触网供电方式。我国电气化铁道采用工频单相 25 kV 交流制。在其周围空间产生电磁场,对邻近通信、广播设备产生杂音干扰和危险影响。为减少电气化铁道对沿线通信设备的干扰影响,保证其正常工作及设备、人身安全,在牵引供电系统的供电方式上采取了许多措施。目前我国的牵引供电方式主要有直接供电方式、BT(吸流变压器—回流线)供电方式与 AT(自耦变压器)供电方式三种。在新建的运行速度高、牵引重量大,两侧通信线路较多的电气化铁道上采用 AT 供电方式,其工作原理,如图 4.3 所示。

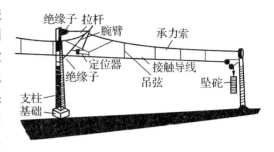

图 4.2 架空式接触网

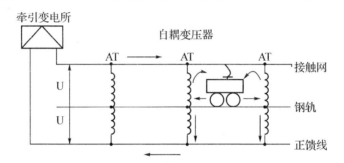

图 4.3 AT 供电方式工作原理

AT 供电方式是在馈电线中设置自耦变压器,其线圈两端分别接到接触网和正馈线上,它的中点抽头与钢轨相接,形成两条牵引回流回路。牵引变压器的次边电压为 55 kV,而次边线圈两端头分别接馈出线,以 27.5 kV 的电压送至接触网上和正馈线上。自耦变压器的线圈从中点抽头分成两半,这两半线圈匝数相等,所以,自耦变压器的整个线圈和半个线圈的关系即为原边和次边的关系,其变比为 2∶1,使供给接触网上的电压仍按 27.5 kV 馈出。若机车取流为 1,则自耦变压器原边电流为 1/2。由于接触网与钢轨及正馈线与钢轨间的自耦变压器两半线圈上电压相等,在理想情况下,接触网与正馈线中流过的电流大小相等,方向相反,因此,使通信明线的干扰得到有效的防护。

采用 AT 供电方式时馈出电压增高,电流减小,使牵引变电所间隔距离增大,提高了供电质量。自耦变压器并联于接触网上,能适应高速、大功率机车的运行。自耦变压器有效地减弱了对通信线的干扰。当然,AT 方式也带来了牵引变电所主接线和接触网结构复杂,增设变电所等不利因素。

2) 电力机车的基本构造

电力机车是靠顶部升起的受电弓从接触网上取得电能后转换成机械能而使机车运

行的。我国目前使用的干线电力机车主要是国产韶山型系列交—直流电力机车(见图 4.4)。

图 4.4　电力机车

电力机车主要由车体、车底架、走行部、车钩缓冲装置、制动装置及一套电气设备等组成。除电气设备外，其余部分都同交—直流电力传动内燃机车相似，将在下文中介绍。

3)电力机车的电路组成和电气设备

电力机车是由各种电路和复杂的电气设备组成的牵引传动装置，所有电气设备分别装设在主电路、辅助电路和控制电路这三条电气回路中。

(1)主电路　主电路，如图 4.5 所示。它将产生机车牵引力和制动力的各种电气设备连成一个电系统，实现机车的功率传输。主电路中包括的电气设备主要有受电弓、主断路器、主变压器(即牵引变压器)、整流调压开关、电抗器、牵引电动机和制动电阻等。

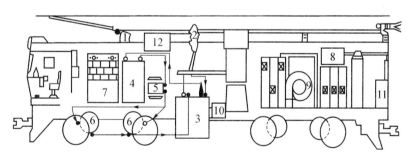

1—受电弓；2—主断路器；3—主变压器；4—调压开关；5—整流机组；6—主回路柜；
7—平波电抗器；8—牵引电动机；9—劈相机；10—通风机；
11—牵引通风机；12—油泵

图 4.5　主电路设备示意图

①受电弓。两节机车顶部各装一套单臂受电弓，受电弓紧压接触网导线滑行摩擦从电网上取得电流。机车运行时重联机车只需升起一套受电弓，另一节机车上的受电弓作为备用。接触网上送来的 25 kV 工频单相交流电就由此引入机车。

②主断路器。主断路器是用来接通或断开电力机车高压电路的。当主电路发生短路、接地或整流调压电路、牵引电动机等设备发生故障时,它能自动切断机车电源,实现对机车上有关设备的保护,是机车上的主要保护装置。

③主变压器。又称牵引变压器,它把从接触网取得的 25 kV 高压电降低为牵引电动机所适用的电压。这种变压器共有四种绕组:原边绕组接 25 kV 高压电;三个副边绕组,其中牵引绕组用来向牵引电动机供电,励磁绕组用在电阻制动时给电动机提供励磁电流,辅助绕组用来给机车的辅助电机供电。

④整流调压开关。用来调节主变压器中副边牵引绕组的输出电压,从而使牵引电动机的端电压得以改变,实现机车调速的目的。

⑤电抗器。由于牵引电动机本身的电感极小,不足以将整流后的电流滤平到所需要的范围。因此,在牵引电动机电路中串接一个增大电感的平波电抗器,以减小整流电流的脉动,改善了牵引电动机的工作条件。每台牵引电动机由一台平波电抗器分别供电。

(2) 辅助电路 辅助电路电源来自主变压器的辅助绕组,通过劈相机将单相交流电转变成三相交流电后供给牵引通风机、油泵机组和空气压缩机组等辅助电机使用。

(3) 控制电路 控制电路将主电路和辅助电路中各电气设备的控制电路(包括各种控制开关、接触器、电空阀等)同电源、照明、信号等的控制装置连成一个电系统。

以上三个电路系统在电气方面一般是相互隔离的,但三者通过电磁、电空或机械传动等方式相互联系,配合动作,用低压电控制高压电,以保证操作的安全和实现机车的运行。

除此而外,机车还有防空转系统、过压、过流、短路、接地等各种保护装置,以及驾驶室的显示屏装置等。

4) 电力机车制动

当机车需要制动时,除使用空气制动装置外,可以辅以电阻制动,驾驶员扳动转换开关,使它从牵引位转到制动位,把牵引电动机从串励电动机改成他励发电机,把电枢绕组同制动电阻连接起来。这样,车轴带动电枢旋转,发出的电流就会被制动电阻变成热能散佚,从而消耗了机车惰行时的机械能。

如果将电能重新反馈回电网中去加以利用,就称之为"再生制动"(或"反馈制动")。电力机车进行再生制动时,牵引电动机作为发电机运行,将列车在运行中所具有的机械能转换成电能送回接触网。尤其是在长下坡道上,电力机车可进行恒速再生制动。电阻制动的主电路工作可靠、稳定,技术比较简单,故目前在电力机车上得到广泛使用。而采用再生制动的电力机车上,必须采用全控整流线路,控制线路复杂,对主电路的保护系统要求也较高。

5) 电力机车运行方向控制

电力机车运行方向的控制,是采用改变牵引电动机励磁绕组的电流方向实现的。在图 4.6 中,当接点 K_1 接通为前进方向;当 K_2 接通为后退方向。

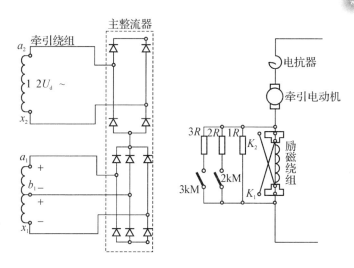

图 4.6 电力机车运行方向控制

4.2.5 内燃机车

1) 内燃机车的类型

内燃机车是以内燃机作为原动力的一种机车。内燃机车的热效率可达 30% 左右,是各类机车中较高的。它的独立性也最强,线路投资较小,见效快,整备时间比蒸汽机车短,启动、加速快,运行线路长,通过能力大,单位功率重量轻,劳动条件好,可实行多机联挂牵引。

铁路上采用的内燃机绝大多数是柴油机。在内燃机车上,柴油机与机车动轮之间装有传动装置,柴油机的动力通过传动装置传递到动轮上去,而不是由柴油机驱动动轮的,其原因就在于柴油机的特性不能满足机车牵引特性的要求。

内燃机车按传动方式的不同,可分为电力传动、液力传动两种类型。

2) 电力传动内燃机车

(1) 电力传动内燃机车的类型　电力传动内燃机车由柴油机驱动主发电机发电后,向牵引电动机供电使其旋转,再通过牵引齿轮传动,驱动机车轮对旋转。根据电机型式不同,又可分为:

①直—直流电力传动。主发电机与牵引电动机均为直流。机车功率一般不大于 2 200 kW。

②交—直流电力传动。采用交流主发电机,发出三相交流电,经硅整流柜整流后输送给直流牵引电动机。它比前一种电力传动方式在技术上和经济指标上都先进,被世界各国铁路广泛采用。

③交—直—交电力传动。交流主发电机发出三相交流电,经硅整流器整流变成直流电,再经可控硅逆变器转变成为预定的可变频三相交流电供给交流牵引电动机。德

国制造的 DE-2500 型内燃机车就采用了此种传动装置。

④交—交流电力传动。是一种中间没有直流环节直接变频的交流传动。交流主发电机发出的三相交流电,分别送给几组变频器,将预定频率的三相交流电供给交流牵引电动机,驱动机车动轮。

几种主要的国产内燃机车的概况如表 4.1。

表 4.1 国产内燃机车主要参数表

车型	东风 4B	东风 6	东风 7L	东风 8	东风 9	东风 10	东风 11
制造厂	大连	大连	二七	戚墅堰	戚墅堰	大连	戚墅堰
用途	干线客货运	干线货运	货运	干线货运	干线客运	干线货运	干线客运
传动形式	交—直	交—直	交—直	交—直	交—直	交—直	交—直
轴列式	C_0-C_0	$C_0\ \ C_0$	$C_0\ \ C_0$	C_0-C_0	C_0-C_0	$2(B_0-B_0)$	C_0-C_0
轴重(t)	23	23	23	23	23	23	23
机车质量(t)	138	138	138	138	138	2×92	138
机车标称功率(kW)	1 990	2 425	1 600	2 720	3 040	2×1 600	3 040
最大速度(km/h)	120(客) 100(货)	118	100	100	140	100	160
机车全长(m)	20.5	21.1	18.8	22	22	2×17	22
燃油贮量(L)	9 000	9 000	5 400	8 500	6 000	2×5 000	6 000
柴油机型号	16V240ZJB	16V240ZJD	12V240Z160A	16V240ZJ	16V240ZJA	12V240ZJD	16V280ZJA

(2)电力传动内燃机车的组成 尽管内燃机车种类型号繁多,但其基本组成和工作原理是相同或相似的。一般说来,内燃机车大致由以下几个部分组成:动力装置(即柴油机)、传动装置、车体与车架、走行部、辅助设备、制动装置和车钩缓冲装置等主要部分组成。

下面以东风 4B 型内燃机车为例进行介绍,此款机车是交—直流电力传动的干线客、货两用内燃机车,其总体布置如图 4.7 所示。

①柴油机。机车柴油机多为四冲程、多缸、废气涡轮增压、压燃式柴油机。各种柴油机都用一定的型号表示。如东风 4B 型内燃机车上采用的"16V240ZJB"型柴油机,表示它有 16 个气缸;分成两排 V 型排列;气缸内径为 240 mm;Z 表示增压,装有废气涡轮增压器和增压空气中间冷却器;J 表示铁路牵引用;B 表示产品改进变型符号。东风

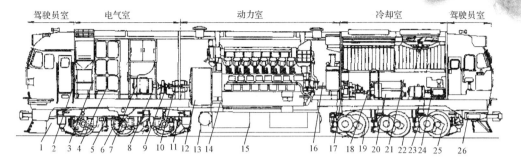

1—撒砂装置；2—电阻制动装置；3—电器柜；4—硅整流柜；5—牵引装置；6—走行部；7—启动辅助电机；
8—启动变速箱；9—测速发电机；10—励磁机；11—制动缸；12—主发电机；13—总风缸；14—柴油机；
15—燃油箱；16—预热锅炉；17—静液压变速箱；18—通风机；19—电机悬挂装置；20—机油热交换器；
21—冷却风扇；22—冷却器；23—牵引电动机；24—空气压缩机；25—基础制动装置；26—车钩缓冲装置

图 4.7　东风 4B 型内燃机车总体布置图

4B 是一种四冲程机车用柴油机，该柴油机的标定功率为 2 647 kW，最大运用功率 2 426 kW。

②传动装置。由于柴油机的外特性不符合牵引列车的要求，在内燃机车上，机车的动轮是不能由柴油机的曲轴直接驱动的。在柴油机和动轮之间，需要安装一套传速比可变的中间环节，即传动装置。为适应机车牵引特性的要求，传动装置要满足机车牵引力和运行速度都有一个比较宽广的变化范围，并且在较大的机车速度范围内，柴油机始终在额定工况下工作，即柴油机的功率能够得到充分发挥和利用。此外，机车应具有足够的启动牵引力，同时还应保证在无载启动过程中的平稳，以及机车能够换向运行。

交—直流电力传动装置主要由交流牵引发电机、整流器和直流牵引电动机等部件组成。

③走行部。现代机车走行部基本上都采用转向架的结构形式。机车转向架的作用是承受机车上部重量，传递牵引力和制动力，缓和来自线路的冲击。东风 4B 型内燃机车采用两台三轴转向架，每个转向架主要由构架、轮对、轴箱、摩擦旁承、牵引杆装置、电动机悬挂装置、基础制动装置及撒砂装置等部分组成。

④制动装置。制动装置包括空气制动装置、电阻制动装置和手制动装置。

空气制动装置：空气制动是机车上的主要制动方式。空气制动装置主要由空气压缩机、总风缸、分配阀、制动缸、单独制动阀（即小闸）和自动制动阀（即大闸）等部件组成。当驾驶员操纵小闸时，通过分配阀的作用能单独控制机车，使机车产生制动或缓解作用。操纵大闸时，能使整个列车的制动系统产生制动或缓解作用。

电阻制动装置：电阻制动是利用直流电机的可逆原理，在机车需要减速时，将机车转换为制动工况，此时牵引电动机转换为发电工况，并通过在轮对将列车的动能变成电能，再通过制动电阻把电能转换为热能消耗掉，使机车速度降低而起制动作用。电阻制动的特点是速度低时制动力小,速度高时制动力大。因此,电阻制动特别适合于在长下坡道上进行恒功率制动,不但安全性比较高,可以缩短运转时分,提高区间通过能力,还可以大大减少车轮和闸瓦的磨耗。而当进站停车,速度降低到 15 km/h 以下时,电阻制动的制动力就很小了,因此必须和空气制动装置配合使用。

手制动装置:在机车每端的驾驶室内装有手制动轮。当需要使用制动时,转动手制动轮,就能使这端转向架上的基础制动装置起制动作用。

内燃机车的车体、车底架与铁路车辆的相似,在下文中详述。

3)液力传动内燃机车

在液力传动内燃机车上,原动力也是柴油机,在柴油机箱机车动轮之间,装有一套液力传动装置。北京型干线客运内燃机车就是采用液力传动,其总体布置,如图 4.8 所示。

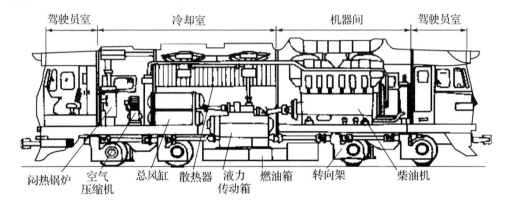

图 4.8 北京型液力传动内燃机车总体布置图

液力传动内燃机车与电传动内燃机车相比,除传动装置不同外,其余部分都是相似的。液力传动内燃机车的传动系统主要由液力传动箱、车轴齿轮箱和相互联结的万向轴所组成,如图 4.9 所示。在液力传动系统中两个变矩器的泵轮安装在空心轴的泵轮轴上,两个变矩器的涡轮安装在实心的涡轮轴上。功率从涡轮轴(或换向轴)通过中间的齿轮轴传输,经万向轴分别传至两台转向架上的车轴齿轮箱,再通过锥形齿轮驱动机车动轮旋转。

(1)液力变矩器的基本组成和工作原理 液力变矩器是液力传动装置中最重要的传动元件。变矩器由三个工作轮即泵轮、涡轮和导向轮以及壳体组成(见图 4.10)。泵轮通过泵轮轴、齿轮和万向轴与柴油机的曲轴相连;涡轮通过涡轮轴、齿轮和万向轴与机车的动轮轴相连;导向轮是固定在变矩器体上的,它不能转动,当柴油机启动后,泵轮被带动高速旋转。这时,向变矩器里面充进工作油,就会被高速旋转的泵轮叶片带动一起旋转。由于离心力的作用,使工作油从泵轮叶片出口处流出时具有很高的压力和流速。这样的工作油冲击涡轮叶片,使涡轮与泵轮相同方向转动,最后传到机车动轮上,使机车运行。

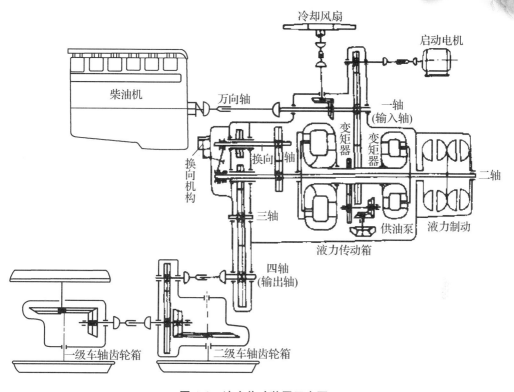

图 4.9 液力传动装置示意图

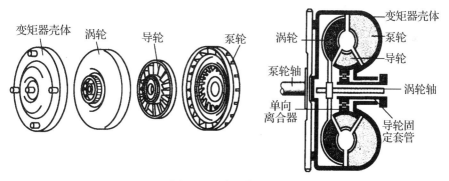

图 4.10 液力变矩器

工作油作为传递能量的介质,从泵轮上得到高压、高速的能量,传到涡轮,从涡轮叶片流出后,经导向轮叶片的引导,又重新返回泵轮。就这样,工作油从泵轮→涡轮→导向轮→泵轮,如此往复循环,不断地把柴油机的功率传输给机车动轮。

(2)换向机构　在液力传动箱中装有换向机构,用来安全可靠地操纵换向离合器的开与合,使机车运行方向得以控制。

(3) 液力制动　液力传动箱中带有液力制动器,遇有长下坡道时,为了阻止列车下滑速度,在加上闸瓦制动的同时,还可以施行液力制动。这样既安全又经济,也保证了列车运行速度。

4.2.6　机车的运用

1) 机车交路

机车固定担当运输任务的周转区段,叫作机车交路(也叫牵引区段)。

目前,我国铁路上采用的机车交路主要有肩回运转制和循环运转制两种环运转制,如图 4.11 所示。

(1) 肩回运转制　如图 4.11(a)所示,机车由机务段出发,从机务段所在站牵引列车到折返段所在站,进入折返段进行整备及检查,然后牵引列车返回机务段所在站,再进入机务段进行整备及检查。采用肩回运转制时,机车要在段内进行整备,在车站不需另设整备设备。但每次入段整备时间长,效率不高,同时也增加车站咽喉区的负担。机车一般在 1~2 个牵引区段上往返运行。

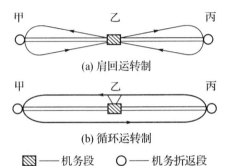

图 4.11　机车运用方式示意图

(2) 循环运转制　如图 4.11(b)所示,机车在两个区段上牵引列车循环运转,平时不进机务段,直到定期检修到期时才入段检修。采用循环运转制时,由于机车很少进机务段,节省整备时间,机车交路才得以延长,使内燃、电力机车的牵引性能得到发挥,从而提高机车运用效率,加速机车周转,并减轻车站咽喉的负担。但是,循环运转制只有在上下行都有大量不需要改编的中转列车经过机务段所在站时才能采用。半循环运转制也要在某一方向有通过车流时才能采用,而且还要在车站上增设相应的整备设备。

2) 乘务制度

现行的机车乘务制度,基本上可以归纳为两类:①包乘制——每台机车配备 2~3 个固定的乘务组值乘。②轮乘制——机车由各个乘务组轮流值乘。

包乘制的主要优点是机车乘务员对自己驾驶的机车非常熟悉,主人翁责任感强,有利于机车的操纵和维修保养,同时也有利于小组核算和开展劳动竞赛。但是,由于机车运用和乘务员的组织工作比较复杂,常会因为安排不当或运行秩序被打乱而影响机车的运用效率。

采用轮乘制时,机车乘务组值乘的机车是不固定的,这就可以有效地使用机车和合理安排乘务员的作息时间,以较少的机车或乘务组,完成较多的运输任务。当然,对乘务员的驾驶技术要求更高,对机车的保养也要求更严。采用轮乘制将是我国机车乘务制度的方向。

3) 乘务方式

机车乘务员的乘务方式,即换班方式,如图4.12所示。

(1) 外段驻班制(见图 4.12(a)) 例如,有三班乘务员,第一班驻在机务段(甲)所在地,第二班值乘牵引列车从甲到乙后,将机车交给原来驻在折返段(乙)的第三班,第二班在折返段休息。第三班值乘牵引列车从乙到甲后,将机车交给第一班值乘,牵引列车从甲到乙,而第三班则在机务段所在地休息,如此不断循环。

(2) 立即折返制(见图 4.12(b)) 三班乘务员中,有两班在机务段(甲)所在地休息,一班由机务段出乘到达折返段(乙)后,原机车立即折返回机务段,交由另一班依次往返接乘。

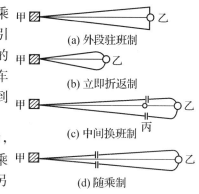

图 4.12 乘务方式示意图

(3) 中间换班制(见图 4.12(c)) 采用中间换班制时,第一班乘务员由机务段(甲)出乘到中间换班站(丙)后,驻在中间换班站的乘务员接班到折返段(乙)立即折返,回中间换班站,第一班乘务员接班返回机务段,再由第二班乘务员依次接班继续出乘。

(4) 随乘制(见图 4.12(d)) 随乘制也叫宿营制。两班或三班乘务员同时出来,其中一班值乘,其余的在挂于机车后面的宿营车上休息,中途自行换班。

4) 机车运用指标

机务段的机车运用计划,是根据客、货运输的要求制定的。在计划的执行过程中,又要根据具体情况做必要的调整。为了经济合理地使用和考核机车的运用效率,货运机车通常采用以下几种主要机车运用指标。

(1) 旅行速度和技术速度 机车牵引列车在整个区段内的平均速度,称为旅行速度$V_{旅}$。即

$$V_{旅} = \frac{L_{区段}}{\sum t + \sum t_{停}} (km/h)$$

式中:$L_{区段}$——区段长度(km);

$\sum t$——区段内纯运转时间的总和(h);

$\sum t_{停}$——区段内各中间站停留时间的总和(h)。

如果只计算纯运转时间$\sum t$,而不考虑停留时间$\sum t_{停}$,则所得的结果就是技术速度$V_{技}$。即

$$V_{技} = \frac{L_{区段}}{\sum t} (km/h)$$

在同一区段内运行时,机车的旅行速度和技术速度愈高,表示机车的运用效率愈高。从公式中可以看出,机车在沿途的运转时间愈短,在沿途中间站的停留时间愈少,

则机车的旅行速度和技术速度也就愈高。

旅行速度与技术速度的比值称为速度系数,用 γ 表示,即

$$\gamma = \frac{V_{旅}}{V_{技}} \leqslant 1$$

γ 值接近 1,则说明两个速度越接近,列车在中间站的停留时间越短,机车、车辆周转越快。

(2) 机车全周转时间　机车全周转时间就是机车在一个牵引区段内往返一次所花费的全部时间。当采用肩回运转制时,机车在一个区段内往返一次,需要经过以下四个过程:

①从机务段所在车站牵引列车到折返段所在站所花费的时间,用 $T_{旅}$ 表示;

②从折返段所在车站停留进入折返段,在折返段停留进行整备作业、日常检查,再出段开到车站并等待出发,总的时间用 $t_{折}$ 表示;

③从折返段所在车站牵引列车返回机务段所在车站,所花费的时间用 $T'_{旅}$ 表示;

④从机务段所在车站停留进入机务段,在机务段停留,机车乘务人员进行交接班次运转进行整备作业、日常检查,再出段开到车站并等待出发,总的时间用 $t_{机}$ 表示。

机车全周转时间($T_{全}$)就是以上四部分时间的总和。即

$$T_{全} = T_{旅} + t_{折} + T'_{旅} + t_{机} (h)$$

$$T_{全} = \frac{2 L_{区段}}{V_{旅}} + t_{折} + t_{机} (h)$$

式中:$L_{区段}$——区段长度(km);

$V_{旅}$——机车牵引列车在区段内往返的平均旅行速度(km/h)。

机车全周转时间愈短,表示机车周转得愈快,同样数量的机车就可以完成更多的运输任务,表明机车的运用效率愈高。从上列公式中可以看出,提高区段内的旅行速度,加速机车在段内的整备作业和减少等待时间,都是缩短全周转时间的有效方法。

(3) 机车日车公里　机车在一昼夜内完成的总走行公里,叫作机车日车公里。前面已经讲过,机车的全周转时间是 $T_{全}$,那么,在一昼夜内完成的全周转次数就是 $24/T_{全}$,而机车在一个周转内走行的距离等于牵引区段长度的 2 倍($2L_{区段}$)。因此,机车日车公里(S_B)的计算公式如下:

$$S_B = \frac{24}{T_{全}} \times 2 L_{区段} = \frac{48 L_{区段}}{T_{全}} (公里/台日)$$

机车日车公里不仅从时间方面,而且也从行驶里程方面反映出机车运用水平。对于同一牵引区段来说,机车日车公里和机车全周转时间成反比,机车全周转时间愈小,则机车日车公里愈多,需要的机车台数也就愈小。因此,降低机车全周转时间的措施,也是提高机车日车公里的措施。显然,机车的技术速度愈大,列车在沿途中间站的停站次数愈少和停站时间愈短,机车在机务段和折返段以及它们所在站的停留时间愈少,则机车日车公里也就愈高。

(4) 机车日产量　机车日产量是机车平均每日生产量的简称,就是平均每台机车

一天所生产的总重吨公里。

对于货运机车来说,机车日车公里还不能全面反映出机车的运用水平,因为货运机车在线路上可能是牵引列车运行,也可能是单机运行;所牵引的列车可能是符合牵引定数(满轴)的,也可能是超过牵引定数(超轴)或不足牵引定数(欠轴)的。因此,还必须用机车日产量来表示。

如果货运列车机车日车公里用 $S_日^{货}$ 表示、平均牵引质量用 Q 表示,那么,机车日产量 $M_总$ 就是这两个数字的乘积,即

$$M_总 = QS_日^{货}(\text{t·km/台日})$$

4.3 铁路车辆

4.3.1 铁路车辆的类型

铁路车辆是运送旅客和货物的工具,一般没有动力装置,通过机车牵引在线路上运行,才能达到运送旅客和货物的目的。

铁路车辆的类型很多,通常按用途、轴数、重量来进行分类。

1) 按用途分

按用途分,铁路车辆可分为客车、货车及特种用途车。其中,客车按照旅客旅行生活上的需要和长、短途旅客的不同要求,有硬座车、软座车、硬卧车、软卧车、餐车、行李车、邮政车等;货车则根据运送货物的要求不同,有棚车、敞车、平车、砂石车、罐车、保温车等。特种用途车有长大平车、落下孔车、凹型车、钳夹车等。

2) 按轴数分

按轴数分,铁路车辆分为四轴车、六轴车和多轴车。四轴车的四根轴分别组成两个相同的转向架,缩短了车辆的固定轴距,并能相对于车底架自由转动,便于通过曲线。目前,我国铁路上大部分车辆都采用这种形式。对于载重较大的车辆,为使每一车辆加在线路上的重量(即轴重)不超过按线路强度所规定的吨数,一般都做成六轴或多轴车。

3) 按载重量分

按载重量分,货车有 50 t、60 t、75 t、90 t 等多种。

4.3.2 铁路车辆的基本构造

铁路车辆的种类虽然很多,但它们的构造都是相似的。一般由车体、车底架、走行部、车钩缓冲装置和制动装置五个基本部分组成。

1) 车体

车体是输送旅客和货物的部分,车体一般和车底架构成一个整体,其结构与车辆的用途有关。

(1) 棚车 棚车车体由地板、侧墙、端墙、车顶、门和窗组成(见图 4.13)。它是铁路货车中的通用车辆,用于运送怕日晒、雨淋、雪侵的货物,包括各种粮食、日用工业品及贵重仪器设备等。一部分棚车还可以运送人员和马匹。在中国,铁路棚车约占货车总数的 20%,主要有 P50、P60、P62、P63、P64、P64A 等型号。

图 4.13 棚车

图 4.14 敞车

(2) 敞车 敞车(见图 4.14)是指具有端壁、侧壁、地板而无车顶,向上敞开的货车,主要供运送煤炭、矿石、矿建物资、木材、钢材等大宗货物用,也可用来运送重量不大的机械设备。若在所装运的货物上蒙盖防水帆布或其他遮篷物后,可代替棚车承运怕雨淋的货物。因此,敞车具有很大的通用性,在货车组成中数量最多,约占货车总数的 50%以上。主型通用敞车有 C50、C65、C62、C62A、C61 等型号。

(3) 平车 平车主要用于运送钢材、木材、汽车、机械设备等体积或重量较大的货物,也可借助集装箱运送其他货物。平车还能适应国防需要,装载各种军用装备。装有活动墙板的平车也可用来装运矿石、沙土、石渣等散粒货物。中国铁路的平车约占货车总数的 12%。车型主要有 N12、N60、N16 和 N17 等多种,载重都是 60 t。

(4) 保温车 保温车(又叫冷藏车)是运送鱼、肉、鲜果、蔬菜等易腐货物的专用车辆。这些货物在运送过程中需要保持一定的温度、湿度和通风条件,因此,保温车的车体装有隔热材料,车内设有冷却装置、加温装置、测温装置和通风装置等,具有制冷、保温和加温三种性能。保温车车体外表涂成银灰色,以利阳光反射,减少辐射热。中国自制的保温车有冰箱保温车和机械保温车两大类,其中冰箱式保温车主要有 B11、B14、B16、B17 等型号,机械保温车主要有 B18、B19、B21、B23 等型号。

(5) 罐车 罐车(见图 4.15)是车体呈罐形的车辆,用来装运各种液体、液化气体和粉末状货物等。罐车按用途可分轻油类罐车、黏油类罐车、酸碱类罐车、液化气体类罐车和粉状货物罐车;按结构特点可分为有空气包和无空气包罐车,有底架和无底架罐车,上卸式和下卸式罐车等。不同结构的罐车不能通用。中国的罐车主要车型有 G16型无底架轻油罐车;G60A 无底架轻油罐车;G70 新型轻油罐车;GH40 型液化石油气罐车;GF 玻璃钢罐车(专供装运盐酸);GLB 沥青(保温型)罐车等。

(6) 专用货车　在铁路货车里,一般将家畜车、矿石车、水泥车、粮食车、毒品车、集装箱车以及长大货物车划为专用货车。专用货车一般只运送一种或很少几种货物,用途比较单一,同一种车辆要求装载的货物重量或外形尺寸比较统一。

图 4.15　罐车

(7) 客车　铁路客车是指载运旅客的车辆、为旅客提供服务的车辆,以及挂运在旅客列车中的其他用途的车辆(见图4.16)。客车车体采用整体承载薄壁筒形结构,由底架、侧墙、车顶、外端墙和内端墙、门、窗等组成。车体内部设有坐卧设备、给水设备、车电设备、通风设施和空调取暖制冷设备等。

2) 车底架

车辆底架是车体的基础。它承受车体和所装货物的重量,并通过上、下心盘将重量传给走行部。在

图 4.16　客车

列车运行时,它还承受机车牵引力和列车运行中所引起的各种冲击力,所以必须具有足够的强度和刚度。

货车底架由中梁、侧梁、枕梁、横梁及端梁等组成,如图4.17所示。

中梁位于车底架的中央,两端是安装车钩缓冲装置的地方,是车底架的骨干,承担全部垂直载荷和纵向作用力。枕梁是车底架和转向架格枕衔接的地方。在枕梁下部安装的上旁承和上心盘,分别与转向架摇枕上的下旁承和下心盘相对,并通过上、下心盘将重量传给走行部。

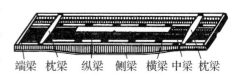

端梁　枕梁　纵梁　侧梁　横梁　中梁　枕梁

图 4.17　货车车底架

客车底架构造和货车底架相似。但因客车两端必须设置通过台,所以它的中梁伸出端梁之外和通过台端梁、侧梁组成一个通过台架。

3) 走行部

走行部的作用是引导车辆沿轨道运行,并把车辆的全部重量传给钢轨。它应保证车辆以最小的阻力在轨道上运行,并能顺利地通过曲线。走行部是否能够保持良好的状态,对于车辆能否安全、平稳、高速运行有很大影响。

在四轴车上,四组轮对分成相同的两部分,组成转向架(见图4.18)。转向架是由两组轮对和轴箱油润装置、侧架、摇枕、弹簧减震装置、基础制动装置等组成一个整体。并通过摇枕上的下心盘、中心销和车体底架枕梁上的上心盘对接。四轴车采用两个转向架的形式后,能相对于车底架自由转动,缩短了车辆的固定轴距(见图4.19),便于车

辆顺利通过曲线。

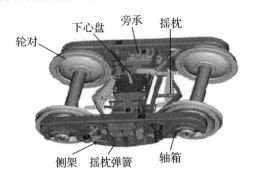

图 4.18 转向架

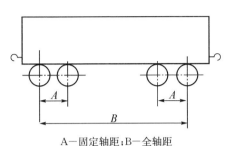

A—固定轴距；B—全轴距

图 4.19 车辆轴距

(1) 轮对　轮对是由两个车轮紧密地压装在一根车轴上面组成的,如图 4.20 所示。轮对承受着车辆的全部重量,并在负重的条件下以较高的速度引导车辆在钢轨上行驶,它是车辆上最重要的部件之一。

车轮的圆周表面与钢轨头部的接触面,称为踏面。踏面做成一定的斜度,可使车辆的重心落在线路中心线上,以减少或避免车辆的蛇行运动,并可使轮对较顺利地通过曲线,减少车轮在钢轨上的滑行。车轮内侧外缘凸起的部分叫轮缘。它的作用是防止轮对脱轨,保证车辆在线路上安全运行。

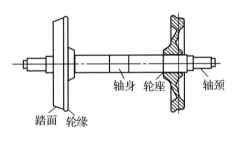

图 4.20 轮对

(2) 轴箱油润装置　轴箱油润装置的作用是使轮对和侧架或构架联结在一起,将车辆的重量传给轮对,使轴承与轴颈得到润滑,减少摩擦,降低运行阻力,使车轴在重载且高速运转时不致发生热轴事故,以保证车辆安全运行。

我国铁路车辆上有两种类型的轴箱,滑动轴承轴箱装置和滚动轴承轴箱装置。现在大量推广采用的是滚动轴承轴箱。滚动轴承能减少运行阻力,适合高速运行,减少燃油事故,延长检修周期,缩短检修时间,加速车辆周转,节省油脂,降低运营成本。

(3) 侧架、摇枕及弹簧减振装置　侧架(见图 4.21)是转向架的一个重要部件,它把转向架各零、部件组成一个整体,因此它不仅仅承受、传递各种作用力及载荷,而且它的中部设有弹簧承台,是安装弹簧减振装置的地方,并应满足制动装置、轴箱定位装置等安装的要求。

摇枕(见图 4.22)中间用螺栓固定下心盘,在下心盘和摇枕之间加适当厚度的垫板,以调整车钩的高度。摇枕的两端支座在弹簧上,两旁有旁承座,车体的重量和载荷通过下心盘经摇枕传给两侧的枕弹簧,并通过摇枕将两个侧架联系起来。下旁承铁安装在下旁承座中。当车辆通过曲线时,向下倾斜一侧的上旁承和下旁承相接触,可以防止车体过分摇动和倾斜。

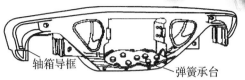

图 4.21 侧架

客、货车用的枕弹簧一般都是螺旋弹簧(也叫圆簧),用来缓和车轴在运行中的振动以及车辆对线路的冲击作用。在货车转向架上,采用一系式弹簧,如图 4.23(a)所示。这种弹簧装置是将摇枕传给枕弹簧的重量,经过侧架就直接传给轴承。客车转向架则采用二系式弹簧,如图 4.23(b)所示。在这种弹簧装置中,摇枕将它所承受的重量先传给第一系弹簧,再经过摇枕、吊杆、转向架构架又传给第二系弹簧后,再传给轴承。因此,两系式弹簧装置的减振作用,比一系式弹簧装置要好。

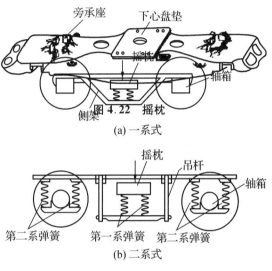

图 4.23 弹簧装置的方式

弹簧装置一般只能缓和振动,而不能吸收和消减振动。随着列车速度的不断提高,振动将更加剧烈,单靠弹簧的缓冲作用显然是不够的。因此,在转向架上还设有减振装置。

货车上采用楔式摩擦器(见图 4.24)。在载荷的作用下,摩擦楔块和侧架立柱以及摇枕发生相对移动,在它们的接触面上产生摩擦阻力,将车辆振动能量转变为热能而消散,从而减弱了车辆的振动,提高了运行的平稳性。

客车采用油压减振器(见图 4.25)。它安装在摇枕和弹簧托板之间。车辆在运行中,油压减振器的基本动作是拉伸和压缩。当活塞杆相对于缸筒拉伸或压缩运动时,缸内的油液经过心阀上的节流孔和进油阀来回流动。由于在流动过程中产生阻力,消耗了能量,从而减少了轴箱两侧弹簧和摇枕下弹簧的伸缩次数,对振动起到抑制作用,使车辆能够平稳运行。

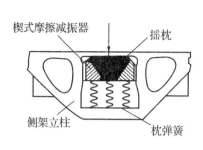

图4.24 楔式摩擦减震器

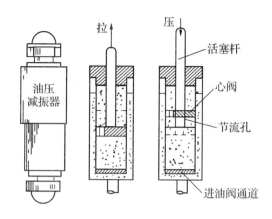

图4.25 油压减震器

4) 车钩缓冲装置

车钩缓冲装置可使机车和车辆或车辆和车辆之间实现连挂,并且传送牵引力和制动力,缓和列车运行或调车作业时所产生的冲击力。车钩缓冲装置由车钩、缓冲器、钩尾框、从板等零部件组成。图4.26为货车车钩缓冲装置的一般结构形式。

(1) 车钩 车钩由钩头、钩身和钩尾三个部分组成。目前我国货车上大多采用13号车钩,客车上多采用15号车钩。钩头里面装有钩舌、钩舌销、锁提销、钩舌推铁和钩锁铁(见图4.27)。车钩后部称为钩尾,在钩尾上开有垂直扁销孔,以便与钩尾框联结。

为了实现挂钩或摘钩,使车辆连接或分离,车钩具有锁闭位置、开锁位置和全开位置三种。

①锁闭位置,如图4.28(a)所示。是两个车钩互相连挂的位置。车钩的钩舌被钩锁铁挡住不能向外转开的位置,称为锁闭位置。两个车辆连挂在一起时车钩就处在此位置。

②开锁位置,如图4.28(b)所示。钩锁铁

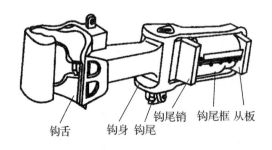

图4.26 货车车钩缓冲装置

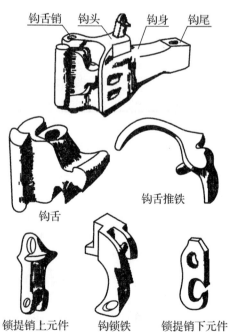

图4.27 车钩

被提起,钩舌可以向外转开的位置。

③全开位置,如图4.28(c)所示。即钩舌已经完全向外转开的位置。当钩锁铁处于开锁位置后,如果继续提开锁提销,钩锁铁的顶部被钩头内肩阻挡而使钩锁铁向后转动,带动钩舌推动,使推铁转动,钩舌推铁的另一端就将钩舌推开,使钩舌处于全开位置。

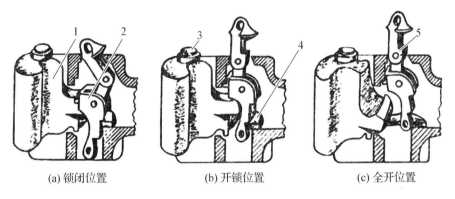

(a) 锁闭位置　　　　(b) 开锁位置　　　　(c) 全开位置

1—钩锁铁;2—钩舌;3—钩舌销;4—钩锁推铁;5—钩提销

图4.28　车钩三态作用示意图

挂钩时,先将一个车钩的提杆用力提起,使钩舌向外完全转开,成为全开位置,当两个车钩相互碰撞后,原来全开的钩舌就完全转入同它相连挂车钩的钩头内方,两个钩舌互相抱合,两个车钩都处于锁闭位置,它们就连挂在一起了。摘钩时,先将一个车钩的提杆提起,使它成开锁位置,再用机车拉开车辆,两个车钩就可以分开了。

(2) 缓冲器　车辆在连挂和启动时会发生撞击,列车在运行中也会因牵引力的变化、速度的增减和制动等原因而发生冲击。为了缓和并削减冲击力,提高列车的平稳性,延长车辆使用寿命,在车钩的后面装有缓冲器。

货车用缓冲器(见图4.29)的外壳是由钢板制成的弹簧盒、弹簧盒盖和弹簧盒底板所组成。弹簧盒内装有外环弹簧和内环弹簧,在内环弹簧的外面和外环弹簧的内面具有15°的斜面。

当缓冲器受力压缩时,使各环相互挤压,这时外环弹簧中就储存了大部分的冲击能量;同时各内外环簧的斜面之间因相互摩擦面将一部分冲击能变成热能。当外力除去后,各环簧

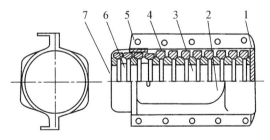

1—弹簧盒底板;2—弹簧盒;3—内环弹簧;4—外环弹簧;
5—小外环弹簧;6—开口内环弹簧;7—弹簧盒盖

图4.29　货车用环簧缓冲器

之间又产生摩擦,将所储存能量的一部分再一次转变为摩擦热能而发散,因而起到了缓冲和减振作用。货车用环簧缓冲器还安装有小外环弹簧和开口内环弹簧,以满足货车

对缓冲器容量较大的要求。

客车用缓冲器和货车用缓冲器的构造、作用基本相同。为适应旅客列车对平稳的要求，在客车用缓冲器的端部另设卷弹簧，使较小的冲击也能得到缓和。为了适应客车高速运行和货车载重量大的要求，现在还采用着一种橡胶缓冲器，如图 4.30 所示。它的箱体是铸钢的，里面放有三层波浪形胶片，用以承受冲击能量。这种缓冲器的优点是：容量大，重量轻，结构简单，维修工作量小。因此，现已大量生产使用。

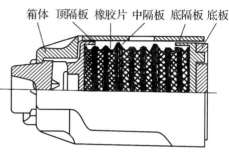

图 4.30 橡胶缓冲器

5）制动装置

制动装置是用外力迫使运行中的机车车辆减速或停车的一种设备。我国目前使用最广泛的是闸瓦摩擦式制动装置，它由制动机和基础制动装置两部分组成。制动装置中直接受驾驶员操纵控制，并产生制动原力的部分，称为"制动机"；传递制动原力，将该力扩大并均匀分配给各个闸瓦的装置，称为"基础制动装置"。

按动力来源及操纵方法，制动机分为手制动机、电控制动机、真空制动机、空气制动机等。其中真空制动机国内已不采用，而电控制动机的工作原理又源于空气制动机的基本作用原理，因此，本书重点介绍空气制动机与手制动机。

(1) 空气制动机

①空气制动机的组成。空气制动机的部件，一部分装在机车上，另一部分装在车辆上。装在机车上的有空气压缩机、总风缸、制动阀等。由空气压缩机产生的压缩空气贮存在总风缸内，当驾驶员操纵制动阀向制动主管充气时，压缩空气可以进入车辆制动机的副风缸中。

下面以 GK 型制动机为例说明安装在货车上的设备，如图 4.31 所示。

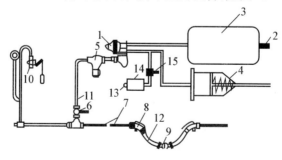

1—三通阀；2—缓解阀；3—副风缸；4—制动缸；5—远心集尘器；6—截断塞门；7—制动主管；8—折角塞门；
9—连接器；10—车长阀；11—制动支管；12—软管；13—安全阀；14—降压风缸；15—空重车转换手把

图 4.31 GK 型空气制动机

制动主管：安装在车底架下面，它贯通全车，是传送压缩空气的管路。它的两端装有折角塞门和制动软管，并用软管连接器与邻车的软管相连。在摘开的软管和列车最后的软管上，要用防尘堵盖住连接器，防止雨水、尘土、砂进入管内。在制动主管的中部连接有制动支管。

截断塞门：安装在制动支管上，用以开通或遮断制动支管的空气通路。它平时总在开放位置，只有当车辆上所装的货物按规定应停止制动机的作用，或当制动机发生故障时，才将它关闭，以便停止该制动机的作用。

远心集尘器：利用离心力的作用，将压缩空气中的灰尘、水分、铁锈等杂物，沉淀于集尘器的下部，以免进入三通阀等机件。

三通阀：是车辆制动机中最重要的部件。它连接制动管、副风缸和制动缸，用来控制压缩空气的通路，使制动机起制动或缓解作用。

副风缸：是贮存压缩空气的地方。制动时，利用三通阀的作用将压缩空气送入制动缸起制动作用。副风缸上装有缓解阀，在列车解体时，可用来单独缓解个别车辆。

制动缸：当压缩空气进入制动缸后，推动制动缸活塞，将空气的压力转变为机械推力，然后通过制动杠杆使闸瓦紧抱车轮而起制动作用。

降压风缸：它与制动缸相连，两者之间设有空重车调整装置，当车辆在空车位时起作用。

空重车调整装置：在GK型制动机上安装。在大型车辆上，如果不论空重状态都施加同样大小的制动力，对空车来说就太大，容易损坏车辆。用它来控制降压风缸与制动缸的通路，可以达到调整制动力的目的。它包括空重车转换手把和空重车转换塞门两部分。

②空气制动机的工作原理。空气制动机的工作原理如图4.32所示。

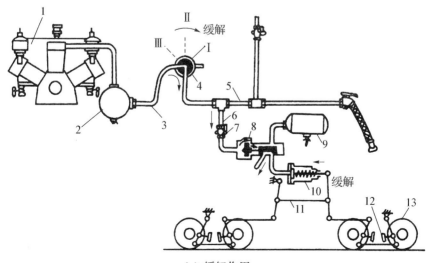

(a) 缓解作用

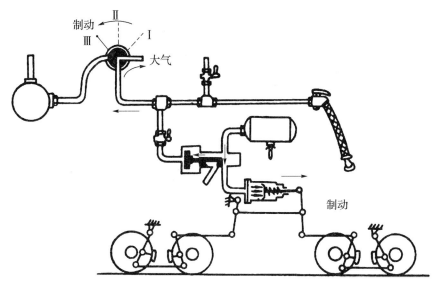

(b) 制动作用

1—空气压缩机;2—总风缸;3—总风缸管;4—制动阀;5—制动主管;6—制动支管;7—截断塞门;
8—三通阀;9—副风缸;10—制动缸;11—基础制动装置;12—闸瓦;13—车轮

图 4.32 空气制动机的工作原理

缓解作用:当驾驶员将制动阀放在缓解位置时,总风缸内的压缩空气进入制动主管,经制动支管进入三通阀,推动主活塞向右移动,打开充气沟,使压缩空气经充气沟进入副风缸,直到副风缸内的空气压力和制动主管内的压力相等为止。在三通阀主活塞移动的同时,和它连在一起的滑阀也跟着向右移动,使得制动缸内的压缩空气经过滑阀下的排气口排出,于是制动缸活塞被弹簧的弹力推回原位,使闸瓦离开车轮而缓解。

制动作用:当驾驶员将制动阀移到制动位时,制动主管内的压缩空气向大气排出一部分,这时副风缸内的空气压力相对地大于制动主管内的压力,因而推动三通阀的主活塞向左移动,截断充气沟的通路,使副风缸内的压缩空气不能回流。在三通阀主裙带移动的同时,带动滑阀也向左移动,截断了通向大气的出口,使副风缸内的压缩空气进入制动缸,推动制动缸活塞向右移动,通过制动杠杆的传动,使闸瓦紧抱车轮而制动。

由上可知,空气制动机的特点是:第一,向制动主管充气(增压)时缓解,将制动主管内的压缩空气排出(减压)时制动,所以称为"减压制动"。当列车分离或拉动车长阀时,由于制动主管内的压缩空气向大气中排出,压力突然降低,就可以自动产生紧急制动作用,使列车立即停车,以防事故的发生或扩大;第二,这种制动装置在制动过程中不是直接用总风缸的压缩空气送入制动缸,而是用预先贮存在副风缸内的空气进入制动缸起制动作用,这是一种间接作用的制动。它能使列车前后车辆的制动作用不至于差别过大。

(2) 手制动机　在每节车辆的一端,都装有一套手制动机,用人力转动手轮或用杠杆拨动的方法使闸瓦压紧车轮面而使单节车辆或车组减速或停车。现在中国的铁路车辆上都装有手制动机,它只是在空气制动机发生故障以及在调车作业、坡道停留时使用。

我国铁路货车上多用链式手制动机(又叫链子闸),如图4.33所示,它结构简单,操纵灵活,制动力强。

当进行手制动时,可将手制动轮按顺时针方向转动,使制动链绕在轴上,拉动制动杠杆,就如同空气制动机中制动缸活塞杆向外推动一样,使闸瓦紧压车轮面产生制动作用。

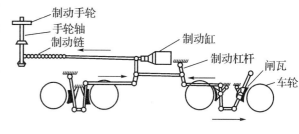

图4.33　手制动机

(3) 新型制动机　为了适应车辆向大吨位、高速度方向发展,空气制动机中的三通阀已不能满足铁路运输的要求。为此,我国已大量生产并装用新型客货车制动机。新型客货车辆制动机除增设一个工作风缸,用空气分配阀代替三通阀外,其余部分和上述空气制动机基本是一样的。

新型客货车辆制动装置具有以下特点:①制动作用迅速、灵敏度高、制动力强,无论在常用制动还是紧急制动时都能缩短制动距离,有利于提高列车运行速度;②列车前后车辆制动力比较一致;③制动力稳定,操作方便,确保行车安全;④便于检修等。装有新型制动机的车辆能与装有普通制动机的车辆混合编组使用。

4.3.3　车辆编码、标记和车辆技术参数

1) 车辆编码

为了便于对车辆的识别与管理,适应全国铁路用微机联网管理的需要,对运用中的每一辆车进行编码。编码的主要内容为车种、车型、车号。

(1) 车种编码　原则上用该车种汉语拼音名称中关键的一个或两个大写字母表示,其中客车用两个(或三个)字母,货车用一个字母。

(2) 车型编码　用大写汉语拼音字母和数字混合表示,依次由三部分组成:第一部分为车辆所属的车种编码,用一位大写字母表示,作为车型编码的首部;第二部分为车辆的重量系列或顺序系列,用一位或二位数字或大写字母表示;第三部分为车辆的材质或结构,用一位或二位大写字母表示。

(3) 车号编码　采用七位数字代码,因车种、车型不同,使用数字规定了区分范围,同种车辆的车号必须集中在划定的码域内,以便从车号编码上反映车辆的车种、车型。一辆车的编码是该车的重要标识,必须涂刷在车辆侧墙上明显的位置。

一个完整的车辆编码包括基本型号、辅助型号和车号。如:C62A 4785930,C是基本型号,表示是货车中的敞车;62是辅助型号,表示重量系列或顺序系列;A也是辅助

型号,表示车辆的材质或结构;4785930是车号。

表4.2与表4.3分别为中国铁路货车与客车的车种车型车号编码表。

表4.2 货车车种车型车号编码表

车种	基本型号	车号范围	车种	基本型号	车号范围
棚车	P	3000000~3499999	长大货物车	D	5600000~5699999
敞车	C	4000000~4899999	毒品车	W	8000000~8009999
平车	N	5000000~5099999	家畜车	J	8010000~8039999
罐车	G	6000000~6309999	水泥车	U	8040000~8059999
保温车	B	7000000~7231999	粮食车	L	8060000~8064999
集装箱车	X	5200000~5249999	特种车	T	8065000~8074999
矿石车	K	5500000~5531999	守车	S	9000000~9049999

表4.3 客车车种车型车号编码表

车种	基本型号	车号范围	车种	基本型号	车号范围
软座车	RZ	10000~19999	行李车	XL	3000~6999
硬座车	YZ	20000~46999	邮政车	UZ	7000~9999
双层软座车	SRZ	10000~19999	餐车	CA	90000~94799
双层硬座车	SYZ	20000~46999	公务车	GW	
软卧车	RW	50000~59999	试验车	SY	
硬卧车	YW	60000~89999			

2) 车辆标记

为了表示车辆的类型和特征,满足运用、检修和统计上的需要,每一辆铁路车辆上均应具有规定的各种标记。

(1) 运用标记

①自重、载重及容积。自重为车辆本身的全部重量,以 t 为单位,取小数一位,第二位四舍五入;载重即车辆允许的最大装载重量,以 t 为单位。除平车以外的货车及客车中的行李车、邮政车,其余车种应注明可供装载货物的容积。容积以 m^3 为单位,并在括号内注明"内长×内宽×内高"的尺寸,以 m 为单位,保留小数一位。

②车辆全长及换长。车辆全长为该车两端钩舌内侧间的距离,以 m 为单位。换长是为了编组列车时统计工作的方便,将车辆全长换算成辆数来表示的长度。换算时,以 30 吨棚车平均长度 11 m 为计算标准,即

$$\text{换长} = \frac{\text{车辆全长}}{11 \text{ m}}$$

计算中保留一位小数,尾数四舍五入。

③车辆定位标记。分别表示车辆的第一位和第二位(见图 4.34)。以阿拉伯数字 1 和 2 表示。以制动缸活塞推出的方向为第一位,另一端为第二位。手制动机都安装在第一位。车辆的定位标记须打在车上规定的部位。

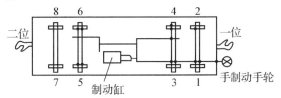

图 4.34 车辆定位示意图

车辆的车轴、车轮、轴箱、车钩、转向架等的位置,都有一定的称呼。均由第一位车端数起(左右对称时从左到右数,左为单数,右为双数),顺次数到第二位车端。

④表示车辆设备、用途及结构特点的各种标记(主要指货车)。

Ⓜ️—表示可以参加国际联运的客货车。

—表示禁止通过机械化驼峰的货车。

—表示具有车窗、床托等的棚车,必要时可供运送人员使用。

—表示具有拴马环或其他拴马装置的货车。

—表示活动墙板或其他活动部分翻下时,超过车辆眼界的平车。

危险—危险货物及酸、碱类罐车在其车体的四周涂刷 200 mm 宽的色带。毒品为黄色,爆炸品为红色,并在色带上或色带中间涂写"危险"字样。在救援列车、车辆的两侧中央涂刷宽为 200 mm 的白色横线。

⑤客车车种汉字标记及定员标记。为了便于旅客识别,在客车侧墙上的车号前用汉字涂打上车种名称,如"硬座车 YZ 2223456""硬卧车 YW 66542"等,在客车客室内端墙上方的特制标牌上标明车号及按座席或铺位可容纳的定员数。

(2)产权标记

①国徽。凡参加国际联运的客车须在侧墙外中部悬挂国徽。

②路徽。凡产权归中国铁道部的车辆均应在侧墙或端墙适当的部位涂刷路徽。中华人民共和国的铁路路徽上部的是人字,表示人民;下部的是钢轨截面图形,代表铁路。整个图形具有机车的形象,又表达了人民铁路的含义(见图 4.35)。

图 4.35 中华人民共和国铁路路徽

③配属标记。车辆配属标记是表示车辆配属关系的标记。中国铁路规定,所有客车和部分货车分别配属给各铁路局及其所属车辆段负责管理、使用和维修,并在车上涂打所配属的铁路局、段的简称。如"京局京段"表示北京铁路局北京车辆段。

(3) 定期修理标记

定期修理标记是便于车辆计划修理制度执行与管理的标记。检修标记有两种：

①厂修、段修标记。分段修、厂修两栏。

如：$\dfrac{96.9}{99.3} \quad \dfrac{95.3}{93.3} \quad \dfrac{沈山}{齐厂}$

上列标记中,第一栏为段修标记,第二栏为厂修标记；左侧为下次检修年月,右侧为本次检修年月及检修单位的简称。

②辅修及轴检标记。这两种检查是定期进行的,辅修周期为 6 个月；轴检须视轴承的不同形式规定周期,有 3 个月、6 个月等。货车由于无配属段,故必须涂打标记以备查考；客车由于有配属段,故不必涂打辅修标记。

这两种修程标记的形式如下：

辅修标记

3 — 15	9 — 15 丰

轴检标记

3 — 15	9 — 15 丰

上例中的辅修标记表示这辆车在 9 月 15 日由丰台车辆段施行辅修,下次辅修到期是次年的 3 月 15 日。轴检标记中所表示的意思和它相似。

3) 车辆技术参数

车辆技术参数是表明车辆结构上和运用上某些特征的一些指标。除了在"车辆标记"部分做了说明以外,还有以下几项：

(1) 自重系数　是车辆自重与标记载重的比值。自重系数小,说明机车对运送每一吨货物所做的功少,比较经济,所以自重系数越小越好。

(2) 轴重　是车辆总重与轴数之比,即车辆每一轮对加于轨道上的重力。车辆的轴重受轨道和桥梁结构强度(允许的荷载)的限制,所以不允许超过规定数值。

(3) 单位容积　是车辆设计容积和标记载重之比。这说明车辆载重力与容积能否达到充分利用的指标,可供铁路运输部门办理货物发送作业时参考。

(4) 每延米轨道载重　是车辆总重量与车辆全长之比(单位为 t/m)。它是车辆设计中与桥梁、线路强度密切相关的一个指标,同时又是能否充分利用站线长度、提高运输能力的一个指标。

(5) 构造速度　指车辆设计时,按安全及结构强度等条件所允许的车辆最高行驶速度。车辆实际运行速度一般不允许超过构造速度。

(6) 通过最小曲线半径　指配用某种形式转向架的车辆在站场或厂、段内调车时所能安全通过的最小曲线半径。

4.3.4　车辆检修

目前,我国铁路车辆的计划预防检修分为定期检修和日常维修两大类。

1) 定期检修

车辆定期检修就是按照规定的期限,对整个车辆或某些部分进行全部或部分的检修。每一辆车不论其技术状态如何,经过一定时间的运用以后都要进行定期检修。

客车定期检修的修程为厂修、段修和辅修三种;货车定期检修的修程则分为厂修、段修、辅修和轴检四种。它们的检修周期如表4.4、表4.5所示。

表4.4 客车定期检修周期表

序号	车 种	检修周期		
		厂修(年)	段修(年)	辅修
1	国际联运车	4	1	6个月
2	主型车(22、23型)、新型车、进口车中的硬卧车、硬座车、软卧车、软座车、行李车、邮政车,上述车种的合造车	6	1.5	
3	各型餐车、空调发电车、上述车种的合造车			
4	25型硬卧车、硬座车、软卧车、软座车、行李车、餐车、发电车等	7.5		
5	双层硬座车、硬卧车、软座车、软卧车、餐车、合造车			
6	部属客车			
7	公务车、试验车、维修车、卫生车、文教车、发电车、特种车等不常用车	10	2.5	

注:为了做到平衡检修计划和调整技术质量状态,各级修程可根据客车质量情况,允许提前或延期施修。

表4.5 货车定期检修周期表

车 种	厂修		段修	辅修	滑动轴承检修
	普碳钢	耐候钢			
冷藏车	4年	6年	1年	6个月	3个月
酸碱类罐车、液化石油气缺罐车、液氢罐车		8年			
棚车、敞车、平车、矿石车、罐车、家畜车、粮食车、水泥车、活鱼车、守车、载重50吨的凹型平车	5年	8年	1年		
不常用的专用车、载重90吨及以上的货车	8年		2年		
C62A、C62A(N)、C64、X6A、P62、P62N、P63及新型通用货车	6年	1.5年	6年		

注:1. 专用车指:救援车、机械车、线桥工程车、宿营车、发电车、检衡车、磅秤修理车、生活供应车、战备车等;
2. 毒品车不做厂修。

车辆的厂修由车辆工厂负责,经过厂修后的车辆性能要求达到或接近新车的水平。段修由车辆段承担,段修要求对车辆各部分做全面的检查,修换其损坏和磨耗过限的零部件。车辆辅修主要是对制动装置和轴箱油润部分进行检修。

车辆段是设在铁路沿线负责车辆检修工作的基层生产单位,一般设在编组站、国境站、铁路枢纽以及货车大量集散和始发终到旅客列车较多的地区。它的基本任务是负责车辆的定期检修和日常维修保养工作,并贯彻执行铁道部、铁路局和分局的规章、命令和通知;编制客货车检修技术作业过程有关制度,保证质量良好地、均衡地完成车辆检修任务。

2) 日常维修

为使车辆经常保持良好的技术状态,在定期检修之间的运用期内,还必须对车辆进行日常检查和维修保养工作。只有把日常维修和定期检修配合起来,才能保证车辆的完好和正常运用。

日常维修工作由列车检修所和站修所等单位承担。列检所设在编组站、区段站、厂矿交接站、国境站或运输上有特殊需要的地点。列检所的基本任务是对到、发和中转列车中的车辆进行技术检查和修理,以便保证在负责区段内的行车安全;同时还负责检修定检到期的车辆。

站修所设在有列检所的车站上,它的任务是对货车进行摘车修理、轴检和辅修。

客车有固定的配属段,而且是按照指定线路运行的。所以客车的经常维修工作安排在旅客列车编组、更换机车的客运站上进行。

3) 车辆轴温安全检测

铁路车辆的载荷是通过轴承传递给车轴,再通过压装在车轴上的车轮传递给钢轨的。高速运行的机车车辆的轴承承受重载并相对于车轴进行高速转动。轴承若发生故障,其正常的油润摩擦就被破坏,若不及时采取措施排除故障,轴承的温度就会超过正常值而急骤上升,导致轴承燃烧,甚至使车轴切断,造成车毁人亡的铁路行车事故。

红外线轴温探测设备是铁路用来防止机车和客货车辆热轴、切轴,保证行车安全的设施。它由红外探头、控制部分、记录部分、信号传输部分及电源等部分组成。当列车通过时,由安装在线路两侧的红外探头来拾取每个轴承所产生的红外线并将红外线能转变成电信号。然后传输到记录装置,红外值班员可根据记录的脉冲波形进行分析、判断来监测运行在铁路线上的机车车辆的轴承状况。

目前,我国铁路线上建成了红外线轴温探测网,一般由几个轴温探测点和一个分局红外调度中心组成,并实现了微型计算机控制监测。

4.4 铁路运输组织

4.4.1 铁路旅客运输组织

1) 客流与旅客列车种类

旅客根据其旅行需要,选择一定的运输方式,在一定的时间和空间范围作有目的的移动从而形成客流。客流由流量、流向、流时和流距四个主要因素构成。我国铁路采用按旅行距离结合铁路局管辖范围的分类方法,将客流分为直通、管内和市郊三种客流。

(1)直通客流　即旅行距离跨及两个及其以上铁路局的客流。此种客流旅行距离较长,要求列车服务标准高,旅客注重舒适度。

(2)管内客流　即旅行距离在一个铁路局范围以内的客流。此种客流旅行距离较短,旅行时间要求能早出晚归。

(3)市郊客流　即往返于大城市和附近郊区之间的客流。这种客流主要是通勤职工、通学学生和去城镇赶集的商贩,旅客乘车距离短,对列车准点、售票便捷要求高。

根据不同的客流及其旅行需求特点,不同的线路设备和机车车辆装备条件,铁路开行不同等级的旅客列车。随着客运市场竞争的发展和客运需求的多元化,旅客列车种类也呈现多元化的趋势。

各国的旅客列车种类划分情况有所不同,但主要依据是旅客列车的旅行速度及其服务水平。我国 2009 年旅客列车种类及其车次编码的规定见表 4.6。

旅客列车中的各种车辆的构成(如硬座车、卧铺车、餐车、行李车、发电车等)、数量及其编挂都有一定的规范,称为旅客列车编组。

目前,旅客列车的编组是固定的,在每次运行图实行期间,都是按部和局颁布的《旅客列车编组表》执行,一般不变动。

表 4.6　中国旅客列车分类表

列车种类		车　次
高速铁路动车组(G 字头):"G"读"高",最高时速可达 350 km/h	跨局列车	G1001~G5998
	管内列车	G6001~G9998
城际动车组列车(C 字头):"C"读"城",最高时速可达 350 km/h	跨局列车	C1001~C5998
	管内列车	C6001~C9998
动车组列车(D 字头):"D"读"动",最高时速 250 km/h	跨局列车	D1001~D5998
	管内列车	D6001~D9998
直达特快旅客列车(Z 字头):简称直特,"Z"读"直",这样的列车在行程中一站不停或者经停必须站但不办理客运业务,这类列车的车底都是 25T,全部都是空调列车	跨局列车	Z1~Z9998,已混编在特快列车车次里
特快旅客列车(T 字头):简称特快,"T"读"特",最高时速 140 km/h。跨局特快全程只停省会城市、副省级市和少量主要地级市等特大站或直达,管内特快全程一般只停地级市	跨局列车	T1~T4998
	管内列车	T5001~T9998
快速旅客列车(普快)(K 字头):简称快速,"K"读"快",最高时速 120 km/h。这样的列车在行程中一般只经停地级行政中心或重要的县级行政中心	跨局列车	K1~K6998
	管内列车	K7001~K9998

续表 4.6

列车种类		车次
普通旅客快车:停靠县级市和大部分县级中大站点,此类列车大约40%为空调列车	跨三局以上	1001~1998
	跨二局	2001~2998
	管内列车	4001~5998
普通旅客慢车(普客、普慢):停靠大部分可以停靠的站点。由于票价低廉,列车基本上"站站停",很受农村乘客喜爱	跨局列车	6001-6198
	管内列车	6201~7598
通勤列车:此类列车通常用于铁路职工和周边居民上下班,列车"站站停"。一般采用手撕定额票,铁路职工凭证免费乘坐	管内列车	7601-8998
临时旅客列车(L字头):"L"读"临",在客流高峰开行的临时旅客快车,停靠县级市和大部分县级中大站点。此类列车一般在春运、暑运、国庆长假等时候开行,跨局临客列车一般没有空调,也被称为"民工专列"	跨局列车	L1~L6998
	管内列车	L7001-L9998
旅游列车(Y字头):"Y"读"游",为旅游而开设的列车,只有极少量列车使用此编号	跨局列车	Y1~Y498
	管内列车	Y501~Y998

2) 旅客运输计划

铁路旅客运输计划,主要是为了合理地确定旅客列车对数、行驶区段和列车编组,为编制旅客列车运行图提供可靠依据,以充分发挥客运设备的使用效能,更好地满足人民群众旅行的需要。

旅客运输计划分为长远计划、年度计划和日常计划三种,其中年度计划是旅客运输的任务计划。

旅客运输计划的主要内容包括:

①客运量(旅客运输量的简称),是运输企业在一定时期运送的全部旅客人数。

②旅客周转量,是在一定时期内,运输企业所完成的旅客人公里数。

③旅客平均运程,是指运送的每一位旅客的平均运输距离。

铁路旅客运输年度计划是根据国民经济计划规定的铁路旅客运输任务和各铁路局的客流资料编制的,其编制的主要依据是客流调查资料和统计报告资料。

旅客运输日常工作计划则是根据旅客运输年度计划任务并考虑客流量变化情况而编制和执行的。它一般是指车站旅客输送日计划、客运调度工作和站车间的客流信息传报工作及日常统计分析等。

3)旅客列车运行组织

(1)旅客列车重量和速度的选样　选择旅客列车最佳重量和速度要考虑的因素众多,主要应针对提高旅客列车直通速度这一要求进行考虑。在机车类型和线路条件已定的情况下,提高直通速度可采取加速列车运行、压缩停站次数和停站时间等措施来实现。

在旅客列车的重量标准和编组辆数确定之后,根据各种旅客列车的编组结构,可以计算出它们的定员。在已编制的客流计划的基础上,着手拟定旅客列车的开行方案。

(2)旅客列车开行方案的制定　旅客列车的开行方案,是指确定旅客列车运行区段、列车种类及开行对数的计划,包括跨局的直通旅客列车开行方案和各局管内及市郊旅客列车开行方案。

旅客列车的始发站、终到站及经由线路构成的旅客列车的运行区段、列车种类及开行对数的多少表示行车量的大小,三者组成旅客列车的开行方案。确定旅客列车开行方案,除了客流条件之外,还需考虑客运设备的配置条件。

(3)旅客列车运行方案图　制定了旅客列车的开行方案之后,需要为开行的每一趟列车排点铺图,以便基层站段按图组织行车。铺画旅客列车运行线时,分两步进行,第一步编制旅客列车运行方案图,解决全面布局问题;第二步以方案为基础,铺画出表示每一列车在各个车站上到发通过时刻的列车运行详图。

(4)确定车底需要组数　旅客列车编组的客车车种、辆数和编挂顺序,一般是固定的,并以旅客列车编组表加以规定。这种固定连挂在一起的列车,叫客车固定车底,它在固定的运行区段内来回行驶,平时不进行改编。

车底在配局段所在站和折返段所在站之间往返一次所经过的全部时间,称为车底周转时间。周转时间的长短是决定某一对列车所需车底数目的依据。

(5)客车车底周转图　在编制客车方案图的同时,还要编制客车车底周转图(见图4.36)。车底周转图表示列车的始发、终到时刻和需用车底组数,并由此计算车底在配属站和折返站的停留时间。车底周转图应按直通、管内和市郊旅客列车分别绘制。由图 4.36 可知,车底周转时间为 4 d,所需车底数为 4 个。

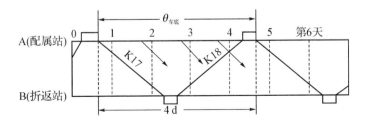

图 4.36　客车车底周转图

4)客运站工作组织

(1)客运站及其技术设备　客运站是铁路旅客运输的基层生产单位,专门办理旅客运输业务,是客运部门与旅客之间联系的纽带。它又是城市的门户,是城市建设的有机组成部分。客运站的主要任务是保证旅客安全、迅速、便捷地办理一切旅行手续(如问询、售票、候车、上下车等),安全地承运、装卸、保管、中转与交付行李、包裹,及时地组织旅客列车的到达、出发和旅客列车车底的取送等。因此,搞好客运站的设计,组织管理好客运站工作,对树立铁路客运企业的良好形象、提高铁路客运工作服务质量和运输效率具有十分重要的意义。

①客运站设备

(a)旅客站房。包括客运用房、技术作业用房、车站行政用房、驻站单位用房、职工生活用房和建筑设备用房等。其中客运用房是旅客站房的主体,站房的主要出入口、售票处、行李房和候车室等又是客运用房的主要组成部分。站房的立面和平面布置如图4.37所示。

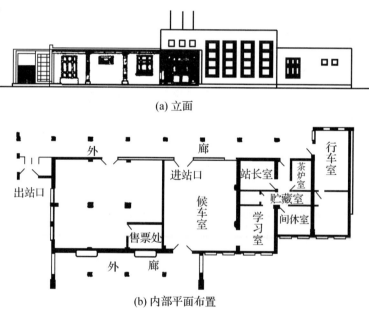

图 4.37　小型站房平面图

(b)站场。是列车通过和停靠的场地,也是旅客和行包的集散地点。站场内应设置站线、旅客站台、跨线设备和检票口等设施,以满足安全、合理地组织旅客和行包两方面的需要。

根据作业的要求,客运站需设有正线、旅客列车到发线、机车走行线和机车等待线、客车摘挂车辆停留线、公务车停留线和整车行包装卸线等。

(c)站前广场。是客运站与城市交通联系的地带,包括车行道、停车场和旅客活动用地等。

②客车整备所

为了保证客车技术状态的良好,在配属有大量旅客列车车底的客运始发、终到站,或有大量长途旅客列车的折返站,以及有大量市郊旅客的始发、终到站上,设置客车整备所(见图4.38),以便对客车进行洗刷、消毒、检查、修理和整备。为顺利完成各项作业,客车整备所应具有线路、客车外部洗刷设备、客车整备库(棚)、消毒设备和车底转向设备。

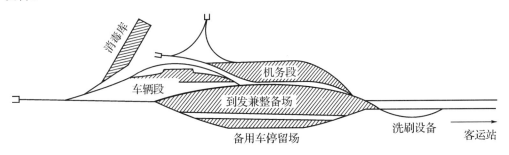

图4.38 客车整备所示意图

(2) 客运站工作组织

①生产管理。客运站的生产管理也称业务管理,主要包括售票、行包、乘降、服务四个方面的组织与管理。

售票是旅客运输过程的开始,买了车票,旅客与客运企业之间立即产生权利、义务关系。售票工作是车站的重点工作之一。

行李、包裹的运送是旅客运输的附属组成部分。行李是指旅客携带品超过规定重量时,为轻装旅行,按规定凭客票办理随车托运的一定限度的物品。行李运输是随同旅客运输而产生的。包裹则是为了充分发挥行李车的使用效率,由旅客列车运输的零星急运物资,俗称快件。行李、包裹运输组织工作应遵循先行李后包裹,先中转后始发和长短途列车分工的原则,尽可能做到均衡、合理地运输。行包发送作业包括承运、保管、装车等环节;行包到达作业包括卸车、保管和交付作业;行包中转作业是指在中转站卸下后,装入另外的旅客列车的行李车继续运送的作业。

乘降工作组织的目的是迅速集散和疏导旅客,维持车站正常秩序。对进站人员持用的车票和站台票要进行检验和加剪,确保旅客安全地进行乘降。

客运服务工作主要包括问事处、旅客携带品寄存及候车室工作。

②技术管理。客运站的技术管理包括车站线路固定使用方法,旅客列车到、发和通过技术作业过程、客车车底整备作业过程以及调车机车运用、行包仓库运用等内容。

③财务管理。客运站的财务管理包括固定资金管理,流动资金管理,成本管理,运输收入管理,运输进款管理和专用基金管理等。

随着全社会现代化水平的提高,近年来我国铁路客运站研制开发和应用了一系列的现代化设备和管理手段,如客票发售和预订系统、检票记数统计系统、行包检斤制票系统、常备客票结账系统以及自动广播系统、计算机查询系统等。

此外,还有为便利客运服务部门不固定地点联系的便携式无线电台;采用大翻牌、磁翻牌、发光二极管等元件制造的车站向导系统;电视、电话问讯系统;电视集中监控设备;半自动行包立体货架;自控式小件行包寄存柜和危险品测试仪等。

4.4.2 铁路货物运输组织

1) 铁路货物运输的种类与运输条件

(1) 铁路货物运输的种类　经由铁路运输的货物,尽管品类复杂、品名繁多,但根据托运人托运货物的数量、性质、状态等条件,铁路货物运输种类分为整车、零担和集装箱三种。

① 整车运输。一批货物的重量、体积或形状需要以一辆以上货车运输的,应按整车托运。

需要冷藏、保温或加温的货物,规定限按整车办理的危险货物,易于污染其他货物的污秽品,不易计算件数的货物,未装容器的活动物(铁路局规定省管内按零担运输办法的除外),一件货物重量超过 2 吨、体积超过 3 m^3 或长度超过 9 m 的货物(经发站确认不致影响中转站和到站卸车作业的除外),都应按整车托运。

② 零担运输。一批货物的重量、体积和形状不够以整车运输条件的,应按零担托运,但一件体积最小不得小于 0.02 m^3(一件重量在 10 kg 以上的除外),每批不得超过 300 件。

③ 集装箱运输。托运人托运的货物,符合集装箱运输条件的,可使用铁路集装箱或自备集装箱装运,按集装箱托运。危险货物、鲜活货物及能损坏或污染箱体的货物,不能使用铁路通用集装箱装运。

铁路零担运输业务将逐步由集装箱运输所代替,按照集中化运输和规模发展的要求,走集约化经营的道路,由集装箱办理站逐步将零担货物纳箱运输,积极开展各种箱型的拼箱业务,办理"门到门"运输服务。

(2) 货物按一批托运的条件　铁路规定按一批托运的货物,必须托运人、收货人、发站、到站和装卸地点相同(整车分卸货物除外)。所谓"一批"是指承运货物和计算运输费用的一个单位,具体规定是:

① 整车货物以每车为一批,跨装、爬装和使用游车的货物,每一车组为一批。

② 零担货物和使用集装箱运输的货物,以每张货物运单为一批。使用集装箱运输的货物,每批必须是同一箱型,至少一箱,最多不得超过铁路一辆货车所能装运的箱数。

③ 根据货物性质不能混装运输的货物,运输条件不同的货物,一般不得按一批托运。

(3) 货物的运到期限　货物运到期限是铁路在现有技术设备和运输组织水平的条件下,将货物运送一定距离所需要的时间。遵守货物运到期限的规定是铁路运输的基本职责之一。

货物运到期限是指从发站承运货物的次日起,至到站卸车完了时止或货车调到卸车地点、货车交接地点时止的时间。它由下列三部分时间组成:

①货物发送期间为 1 d。

②货物运输期间:每 250 运价公里或其未满为 1 d;按快运办理的整车货物每 500 运价公里或其未满为 1 d。

③特殊作业时间,如中途加冰的货物,一件重量或体积超过有关规定的零担货物、零担危险货物、不同轨距间直通运输的货物等,视其具体情况,可另行规定增加时间。

货物运到期限起码天数为 3 d。

2) 货运站与货场

(1) 货运站 凡专为办理各种货物装卸作业以及货物联运换装作业而设置的车站均称为货运站。货运站多设在大城市与工业区,以及河海港湾与不同轨距铁路的衔接地点。

货运站办理的主要作业有运转作业和货运作业。有的货运站还办理机车整备作业、车辆洗刷消毒作业、冷藏车的加冰作业与客运作业。

①运转作业。货运站的运转作业是为货运作业服务的,主要办理小运转列车的到发、解体和编组,按货物装卸地点选分与取送车辆,在货物作业地点配置车辆。

②货运作业。货运站的货运作业可以分为货物的发送作业、途中作业和到达作业。主要内容包括货物的受理、承运、检斤、保管和交付,货物的装卸与换装作业,零担货物和集装箱的中转作业,以及运费核算和办理票据手续等。

货运站一般按其办理的货物种类与服务对象,可分为:

(a) 综合性货运站。站内设有较大的货场,办理各种不同种类的整车、零担和集装箱货物的发送和到达作业以及专用线作业。此种车站主要为工厂、企业、机关及城市居民服务。

(b) 专业性货运站。此种车站办理一定种类货物的装卸作业或联运货物的换装作业,如大宗货物装车站、危险货物专用站、港口站及换装站等。

(2) 货场 铁路货场是办理货物承运、装卸、保管和交付作业的场所,也是铁路与地方短途运输相衔接的地方。

铁路货场按办理的货物种类可分为综合性货场和专业性货场;按办理的货运量可分为大型货场、中型货场和小型货场;按办理的货运作业可分为整车货场、零担货场、集装箱货场和兼办整车、零担与集装箱作业的货场;按线路配置图形又可分为尽头式货场、通过式货场和混合式货场。尽头式货场布置图形适于大、中型综合性货场采用;通过式货场布置图形适用于中间站和货运量大、有条件组织整列装卸作业的专业性货场;混合式货场的货物装卸线一部分为尽头式,另一部分为通过式,兼有尽头式和通过式货场的特点,其布置图形适用于中间站。

4.4.3 铁路行车组织原理

1）列车编组

（1）列车的定义、分类及车次　铁路车辆按规定重量、长度及编挂条件编成车列，挂有机车和规定的列车标志并指定有列车车次时，称为列车。列车按运输性质和用途分为旅客列车、货物列车、客货混合列车，以及指定用途的列车（如路用列车、救援列车、军用列车等）。为判明列车的性质和等级、便于列车运行组织和管理，每类列车都给予一定的编号，称为车次。原则上规定开往首都或由支线开往干线的列车为上行列车，编为双号车次；反之为下行列车，编为单号车次。

货物列车是为运输货物（包括排空）而编组的列车，其中在装（卸）车站或技术站编组、通过一个以上编组站不进行改编的列车称为直达列车。表 4.7 所列为主要的货物列车分类。

表 4.7　主要的货物列车分类

顺序	列车种类	性质或用途	编写车次
1	技术直达列车	在技术站编组，通过一个及其以上编组站不进行改编作业的列车	10001～19998
2	直通货物列车	在技术站编组，通过一个及其以上区段站不进行改编作业的列车	20001～29998
3	区段货物列车	在技术站编组，到达相邻技术站，在区段内不进行摘挂作业的列车	30001～39998
4	摘挂列车	在技术站编组并在邻接区段内各中间站进行车辆摘挂作业的列车	40001～44998
5	枢纽小运转列车	在枢纽内各站间开行的列车	45001～49998
6	企业自备车列车		60001～69998
7	超限货物列车		70001～70998
8	重载货物列车	牵引总重达到 5 000 吨及其以上的列车	71001～72998
9	保温列车		73001～74998
10	货运五定班列		80001～81748
11	快运货物列车		81751～81998
12	煤炭直达列车		82001～84998
13	石油直达列车		85001～85998
14	始发直达列车	在一个车站或相邻几个车站装车后编组，通过一个及其以上编组站不进行改编作业的列车	86001～86998
15	空车直达列车		87001～87998
16	军用列车		90001～91998

(2) 货物列车牵引重量及换算长度　列车牵引重量是按机车牵引车列在牵引区段内的限制坡道上以计算速度作等速运行(机车牵引力等于列车阻力)的条件。用下式计算(自由落体加速度 g 的近似值取 10 m/s^2)，并通过牵引试验确定的：

$$G = \frac{\lambda_y F_j - P(\omega'_0 + i_x) \cdot g \cdot 10^{-3}}{(\omega''_0 + i_x) \cdot g \cdot 10^{-3}}$$

式中：G ——机车牵引重力(t)；
　　　λ_y ——机车牵引力使用系数，取为 0.9；
　　　F_j ——机车的计算牵引力(kN)；
　　　P ——每台机车计算重量(t)；
　　　i_x ——限制坡度的千分数；
　　　ω'_0 ——机车单位基本阻力(N/kN)；
　　　ω''_0 ——车辆单位基本阻力(N/kN)。

确定货物列车的重量标准的同时，还需根据车站到发线有效长确定列车的长度标准，一般以换算长度来表示。

(3) 列车编组顺序表　车站对所编组始发的列车，应按车辆顺序将货车的资料填入列车编组顺序表中，其格式，如表 4.8 所示。

表 4.8　列车编组顺序表

站编组			站解体		年	月	日	时	分		次列车	
自首尾(不用字抹消)					制表者				检查者			

顺序	吨位车种	罐车油种	车号	自重	换长	载重	到站	货物名称	收货人或卸线	发站	篷布	记事
1												
2												
～												
59												
60												

自编组站出发及在途中站摘挂后列车编组										
站名	客车	货车			守车	其他	合计	自重	载重	总重	换长	铁路篷布合计
		重车	空车	非运用车	其中代客							

到达	月	日	时	分	交接	月	日	时	分	车长签名

列车编组顺序表是列车中车辆的清单，也是站车之间、路局(分局)之间进行车辆及有关单据交接的依据，同时还是车站与分局调度所间传达列车确报，以及进行运输统计的主要原始资料。此外，借助列车编组顺序表还可检查列车的重量和长度、机车车辆的编挂及装载危险品易燃货物车辆的隔离等情况是否符合有关规定。

2）车流组织及货物列车编组计划

（1）车流组织

①车流组织的概念。车流是指在一定时期内，在某一方向、某一区段或某一车站上，车辆的去向或到站（流向）和数量（流量）的总称。装车站装出的重车向卸车地点输送就构成了重车流，卸车站把卸后的富余空车向装车地点排送，又形成了空车流。车流有目的的移动和相互转化过程，也就是铁路完成货物运输的主要过程。

在铁路上，如何将发、到站各不相同的重车流及不同车种的空车流合理地组织起来，在适当的地点编组各种不同去向和种类的列车，并使之互相配合、互相衔接，保证各站产生的车流都能迅速而经济地运送到目的地，这就是车流组织所要解决的问题。

②车流组织的基础——货流。在一定时期内，货物由发送地点向到达地点输送就形成了货流。货流包含四个主要因素，即流量、流向、运距和构成。货流的构成与分布取决于各地区之间各种产品的生产、供应和销售关系。为了有效地规划和组织铁路货物运输工作，应通过深入细致的经济调查，分析研究货源货流的变化规律，进行货流预测，为编制铁路货物运输计划提供依据。货运计划中的一些主要指标如下：

(a) 货运量＝各站货物发送吨数的总和＝各支货流量的总和

(b) 各区段的货运密度＝通过各区段的货流量的总和

(c) 货物周转量＝(各区段的货运密度×该区段的长度)的总和

(d) 货物平均运程＝货物周转量/货运量

③货流转化为车流。货物是装入适当类型的货车而进行运输的。根据历年统计资料，可求得各车种装运各种货物时的一车平均装载吨数，即货车的静载重。因此，可用下式确定各支货流的日均装车数：

$$日均装车数 = \frac{全年计划货流量}{365 \times 货车平均静载重}(车)$$

这样，即可把年度计划货流转化为日均计划重车流。由于计划的车种别日均装车数就是该站计划的日均需要的车种别空车数，而该站的计划日均到达车数就是计划的日均卸车数，也就是该站计划的可以自行产生的日均空车数。两者相对，就可以得出各站的空车日均有余或不足的车数。其中有余的部分即可指定排往就近不足的车站，从而形成了空车流。

④车流转化为列车流。有了方向上各区段上下行重空车流及重空列车编成辆数标准，即可按下式确定各区段应开行的货物列车数 n：

$$n = \frac{N_重}{m_重} + \frac{N_空}{m_空}$$

式中：$N_重$、$N_空$——对应各该区段下行（或上行）的通过重车流和空车流；

$m_重$、$m_空$——对应各该区段下行（或上行）的通过重列车编成辆数和空列车编成辆数。

一般情况下，区段内的列车均采用成对运行方式，因此所求得的结果也就是各区段日均运行的货物列车对数。

(2) 列车编组计划　列车编组计划是全路车流组织的规划,由装车地直达列车方案和技术站列车编组方案两大部分组成,它根据全路车流结构、各站设备能力和作业条件,统一安排各种货物列车的编解作业任务,具体规定各货运站、编组站和区段站编组列车的种类、到站及车组编挂办法。

①装车地直达列车编组计划。在装车地利用自装车辆编组,通过一个或以上编组站(或规定有作业的区段站)不进行改编作业的列车,称为装车地直达列车。装车地直达列车能最大限度地减少中间作业环节,从而降低了运输成本,减轻了运行途中有关技术站的改编作业负担,加速了机车车辆周转和货物送达。因此,各国铁路都十分重视,并将其作为铁路首要的车流组织形式。

②技术站列车编组计划。装车地直达列车没有吸收的车流,要将其送往技术站加以集中,以便和技术站自装车流汇合在一起分别编组不同种类和到站的列车。由于在一般情况下,每个区段都要开行摘挂列车和区段列车,因而编制技术站列车编组计划主要是确定技术直达列车和直通列车的编组问题。

在技术站编组列车时,每一去向的车流都是陆续到达的,同一去向的车流必须集结成列,然后才能进行编组。技术站每编组开行一个去向的直达或直通列车,一昼夜要消耗固定的集结车小时,但这些列车通过沿途各技术站可获得无改编通过的车小时节省。合理的车流组织,不仅要考虑某个车站某支车流的集结消耗和无改编通过节省,而且必须就整个方向综合研究各种车流组合方案并结合各站的设备和工作条件,从中选择既经济有利又切实可行的技术站列车编组计划方案。

列车编组计划是科学地组织车流、综合运用全路站场设备的部署。它规定了铁路应开行的货物列车的种类、数量及发到站,至于这些列车如何在各区段内运行的问题,则须通过正确编制与严格执行列车运行图来解决。

3) 列车运行图

(1) 列车运行图

①列车运行图的性质与作用。列车运行图实质上是列车运行的图解,它以横轴表示时间,并用垂直线等分横轴代表一昼夜的小时和分钟;以纵轴表示距离,并按列车在行区间运行时分的比例画水平线,代表各车站中心线的位置。图上的斜线称为列车运行线,其与车站中心线的交点就是该列车在区段内有关车站的到、发或通过时刻。为了区别每一列车的不同性质和用途,在运行图中用不同颜色和符号的运行线来表示不同种类的列车,同时并对每条运行线冠以相应的车次。列车运行图上还应标明区段名称、各站站名、区间公里、延长公里、闭塞方式、机车类型、列车重量和换长等必要的资料,如图 4.39 所示。

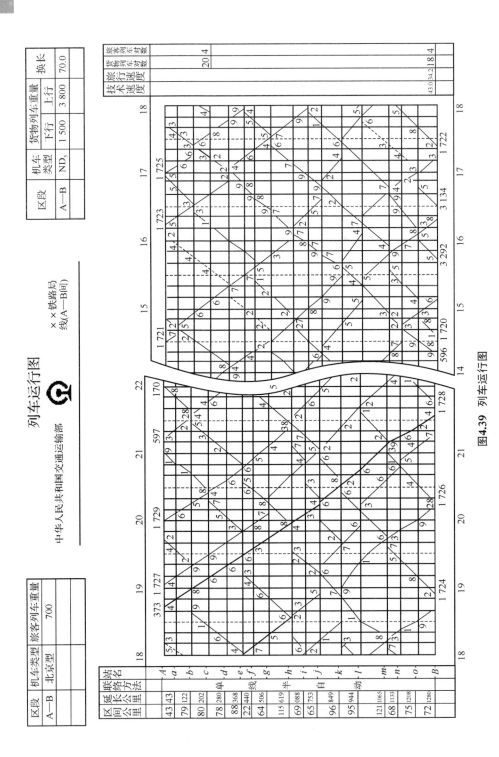

图4.39 列车运行图

4 火车(铁路列车)

铁路是一个庞大复杂的多部门多工种组成的运输企业。在实现运输过程中要利用多种技术设备,各个环节各个部门必须相互配合、紧密联系、协同动作,才能保证行车安全、提高运输效率。列车运行图在这方面起着极其重要的作用。车站要按照运行图规定的各次列车到发时刻来安排列车的接发、编解工作和客货业务;机务部门要根据运行图来安排机车交路、机车整备作业和机车乘务组的工作;列检所要根据运行图规定的列车到、发时刻安排列车中车辆的技术检查工作;列车段、客运段要根据运行图的要求及时派出车长和列车乘务组值乘;工务、电务、供电等部门同样也要根据运行图来安排线路、桥隧、信联闭及接触网等设备的检修施工时间等等。这样,通过列车运行图就可以把整个铁路网的活动联系成为一个统一的整体、把所有与行车有关的各单位组织起来严格按照一定的程序有条不紊地进行工作。因此,列车运行图是铁路运输工作的一个综合性的计划,是铁路行车组织工作的基础。

列车运行图不仅是日常指挥列车运行的重要依据,而且也是保证行车安全、改善铁路技术设备运用、加速机车车辆周转、提高铁路通过能力和运营工作水平的强有力的工具。正确编制与严格执行列车运行图直接关系着整个铁路运输工作的质量,具有极其重要的意义。

②列车运行图的分类。有多种分类方式,主要有以下几种分类。

(a) 按区间正线数目的不同,有单线运行图和双线运行图。单线运行图的特点是上下行列车均在同一条正线上运行,列车的会让必须在车站上进行。双线运行图的特点在于上下行列车分别在各自的正线上运行,互不干扰,因而对向列车可以在区间内或车站上交会,但同方向列车的越行仍须在车站上进行。

(b) 按各种列车运行速度的不同,有平行运行图和非平行运行图。凡同一方向列车在同一区间内的运行速度都相同,因而其运行线互相平行,并在区段内设有列车越行的,称为平行运行图;凡具有不同种类和运行速度的列车运行图,同方向列车的运行线不相平行,称为非平行运行图。非平行运行图是铁路普遍采用的运行图。

(c) 按上下行方向列车数目是否相同,分为成对运行图和不成对运行图。在一般情况下多采用成对运行图。

(d) 按同方向列车是否追踪运行,分为追踪运行图和非追踪运行图。在自动闭塞区段采用追踪运行图;在非自动闭塞区段,同方向列车只允许以站间区间或所间区间为间隔连发运行,只能采用非追踪运行图(或称连发运行图)。

实际上,每张运行图都同时具有几个方面的特征。例如,图 4.40 为单线成对非追踪平行运行图,而图

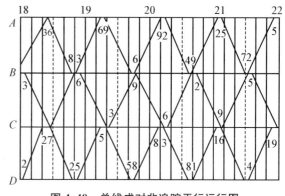

图 4.40 单线成对非追踪平行运行图

4.41则为双线成对追踪非平行运行图,等等。

③列车运行图的编制。列车运行图的编制工作是一个复杂的过程。目前我国铁路一般每年在全路定期编制一次运行图,在执行中允许根据需要进行局部调整。同时,为适应季节性旅客运输需要,如春节运输和暑期旅客运输旺季等尚需编制增加临时客车和旅游列车的运行图。

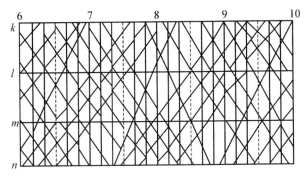

图 4.41 双线成对追踪非平行运行图

列车运行图的编制,必须符合下列要求:

(a) 确保列车运行的安全;
(b) 适应运输市场需求,迅速便利地运输旅客和货物;
(c) 充分利用运输能力,经济合理地运用机车车辆和安排施工时间;
(d) 做好列车运行线与车流的结合;
(e) 各站、各区段间的协调和均衡;
(f) 合理安排乘务人员作息时间。

为了保证客、货列车按运行团运行和经济合理地运用机车,应在编制列车运行图的同时绘制机车周转图。机车周转图是根据该区段所采用的机车运转制和乘务制度,以及列车运行方案编制的机车运用工作的计划。

列车运行图在很大程度上反映着整个铁路行车组织工作的水平,提高运行图编制质量,就可以在改善对旅客的服务、加速货物送达、扩大铁路在运输市场竞争中的优势,以及改进机车车辆运用和更好地利用区段通过能力诸方面获得显著的技术经济效果。

4) 铁路线路通过能力

(1) 基本概念。铁路线路通过能力是指某一铁路线、方向或区段,根据现有的固定技术设备(如区间、车站、机务设备及电气化铁路线的供电设备等),在一定类型的机车车辆和行车组织方法(如运行图类型及车站技术作业过程等)条件下,在单位时间(通常为一昼夜)内所能通过的规定重量的最大列车对数或列数。货运通过能力除用列数表示外,也可用车数或货物吨数表示。

按各种固定设备分别计算出来的通过能力,其中最小的一种能力就限制了整个线路、方向或区段的通过能力,该能力即为该线路、方向或区段的最终通过能力。

(2) 区间通过能力。在保证行车安全的条件下,每昼夜可能通过区间的列车对数(或每一方向的列车数),称为区间通过能力。区间通过能力,主要取决于该区段的技术设备和所采用的行车组织方法,例如,区间正线数量、区间长度、线路纵断面、机车车辆类型及信号、连锁、闭塞方式,以及列车运行图的类型等。列车运行图类型对区间通过能力影响很大,在同样的技术装备条件下,采取不同的运行图类型,通过能力就有很大的不同。

加强铁路区段通过能力的途径,不外是提高货物列车重量标准及其载重系数,增加列车密度,提高行车速度或者几方面综合起来运用,实现列车重量、速度、密度的优化组合。

(3) 车站通过能力。根据车站现有技术设备,在采用合理的技术作业过程条件下,车站一昼夜所能接发各方向的最大货物列车数和运行图规定的旅客列车数,称为车站通过能力。车站通过能力取决于咽喉道岔通过能力和到发线通过能力中的较小者。前者是指车站咽喉区各进路咽喉道岔组通过能力之和;后者是指车站到达场、出发场、到发场及直通场中办理货物列车到发作业的线路的通过能力之和。

采用合理的作业组织和先进工作方法,以减少近路交叉干扰和缩短各项作业占用设备的时间标准,特别是采取可行的技术组织措施促进车站各作业环节之间能力的协调,以及组织各方向列车均衡到发以减少各种作业间的等待时间,将有助于提高车站的通过能力和改编能力,为保持车站的正常作业秩序创造条件。

复习思考题

4.1 简述我国火车(铁路列车)发展简史。
4.2 铁路机车有哪些类型?
4.3 我国铁路机车型号是如何表示的?
4.4 电气化铁道供电系统由哪些部分组成?
4.5 试述机车牵引性能的基本概念。
4.6 电力机车有哪些类型?
4.7 电力机车采用牵引供电方式主要有哪三种方式?各有何特点?
4.8 电力机车主要由哪些部件构成?
4.9 电力机车如何实现制动减速停车的?
4.10 电力机车由哪三条电路组成?
4.11 电力传动内燃机车是通过哪些部件实现能量转换的?
4.12 为何内燃机车越来越少?
4.13 内燃机车有哪些类型?
4.14 何谓电力传动内燃机车?电力传动内燃机车主要由哪些部件组成?
4.15 何谓液力传动内燃机车?简述液力变矩器的基本组成和工作原理。
4.16 何谓机车牵引特性、速度特性和转矩特性?
4.17 机车的检修周期分哪几种?
4.18 何谓机车交路?我国铁路上主要采用哪两种环运转制?
4.19 机车运用指标主要有哪些?

4.20 机车全周转时间包括哪四个过程时间?

4.21 何谓铁路车辆?有哪些类型?

4.22 简述我国铁路车辆的发展过程。

4.23 铁路车辆主要由哪几个部分组成?

4.24 货车走行部由哪几个部分组成?各组成部分起什么作用?

4.25 铁路车辆制的空气制动机是怎样实现缓解作用和制动作用的?

4.26 为何铁路车辆设置手制动机?

4.27 试解释中华人民共和国铁路路徽的含义?

4.28 为何要经常检测铁路车辆轴温?

4.29 简述铁路运输工作的范围。

4.30 构成铁路四个主要因素是哪些?

4.31 铁路客流种类和车站客运工作有哪些?

4.32 我国旅客列车编组的目的是什么?

4.33 旅客运输计划包括哪些主要内容?

4.34 何谓客车车底周转图?其作用是什么?

4.35 铁路客运站工作组织包括哪些工作内容?

4.36 铁路货物运输种类有哪些?各有何特点?

4.37 简述铁路办理货物运输的方式。

4.38 何谓铁路货运站?主要作业内容有哪些?

4.39 铁路货物列车是如何编号的?有何作用?

4.40 何谓列车编组计划?有何作用?

4.41 何谓列车运行图?简述列车运行图的作用和内容。

4.42 何谓是铁路线路通过能力?

5 飞机

5.1 飞机的分类与组成

5.1.1 飞机的分类

飞机是航空器的一种,按国际民航组织给出的定义,"航空器是指可以从空气的反作用(但不包括从空气对地球表面的反作用)中取得支撑力的机器。"

航空器一般可分为固定翼航空器和旋翼航空器。固定翼航空器产生升力的翼面固定在机身上。这一类航空器又可分为飞机(有动力)和滑翔机(无动力)两类。飞机是目前最主要、应用最广泛的航空器,它的特点是有推进装置提供推力(或拉力),主要由机翼产生升力,由操纵面控制飞行方向。旋翼航空器产生升力的翼面在飞行时相对于机身是运动的。直升机目前是最常见的旋翼航空器。

航空器按其用途可分为民用航空器和国家航空器。国家航空器系指用于执行军事、海关、警察飞行任务的航空器;民用航空器主要有民用飞机和民用直升飞机。民用飞机主要是指民用的客机、货机和客货两用飞机。

飞机可按其组成部分的结构、形状、数量及其相互之间的相对位置进行分类,如单翼机、双翼机;螺旋桨飞机、喷气式飞机;双发飞机、四发飞机等等。也可按其起飞着陆地点不同分类,如水上飞机、陆上飞机、水陆两用飞机等。还可按其性能特点不同分类,如按最大飞行速度不同分为亚音速飞机和超音速飞机;亚音速飞机又可进一步分为低速飞机(飞行速度在 400 km/h 以下)和高亚音速飞机,目前使用的喷气式客机大多数属于高亚音速飞机。按飞机的航程不同,可分为短程飞机、中程飞机和远程飞机。远程飞机的航程为 13 000 km 左右,足以完成中途不着陆的洲际跨洋飞行;中程飞机的航程在 3 000 km 左右;短程飞机的航程一般在 1 000 km 以内。短程飞机一般用于支线飞行,所以又称支线飞机;中、远程飞机多用于国内干线和国际航线,因此又称干线飞机。大多数客机的客舱内只有一个旅客过道,若客舱内有两个旅客过道,则称其为宽体(或双通道)客机。

由于飞机的性能、构造和外形基本上由用途来确定的,故按用途分类是最主要的分类方法之一。现代飞机按用途主要可分为军用飞机与民用飞机两类,另有一类专门用于科研和试验的飞机,可称为研究飞机。下面主要介绍民用飞机。

1) 客机

客机用于运载旅客和邮件,联络国内各城市与地区,或国际间的城市(见图5.1)。旅客机可按大小和航程进一步分为洲际航线上使用的远程(大型)旅客机、国内干线上使用的中程(中型)旅客机、地方航线(支线)上使用的近程(轻型)旅客机。目前各国使用的客机大都是亚音速机。超音速客机有两种,其最大巡航速度约为二倍音速。中型客机使用较广泛,既有喷气式的,也有带螺旋桨的,如"三叉戟"。

图 5.1　国产 C919 大型喷气式飞机

2) 货机

货机用于运送货物,一般载重较大,有较大的舱门,或机身可转折,便于装卸货物(见图5.2)。货机修理维护简易,可在复杂气候下飞行。

3) 练机(民用)

练机(用于训练民航飞行人员),一般可分为初级教练机和高级教练机。

图 5.2　国产 Y-20 大型货机

4) 农业或林业飞机

用于农业喷药、施肥、播种、森林巡逻、灭火等。大部分属于轻型飞机和小型飞机(见图5.3)。

图 5.3　农业或林业飞机

5) 体育运动飞机

用于发展体育运动,如运动跳伞等,可作机动飞行。

6) 多用途轻型飞机

这类飞机种类与用途繁多,如用于地质勘探、航空摄影、空中游览、紧急救护、短途运输等。

农、林业飞机、体育运动飞机、多用途轻型飞机均属于通用航空范畴。在美、英等国,通用航空一般指既不属于军用航空、也不属于定期民用客货运输的航空活动。

5.1.2 飞机的组成

飞机由四个基本组成部分:机体、推进装置(发动机)、飞机系统和机载设备。

1) 机体

飞机机体由机翼、机身、尾翼、起落架等组成(见图5.4)。现代民用飞机机体除起落架外一般都是以骨架为基础加蒙皮的薄壁结构,其特点是强度高、刚度大、重量轻。机体使用的材料主要有两大类,一是金属材料,特别是大量采用强度比和刚度比高的铝合金;二是复合材料,多为纤维增强树脂基的层状结构材料。

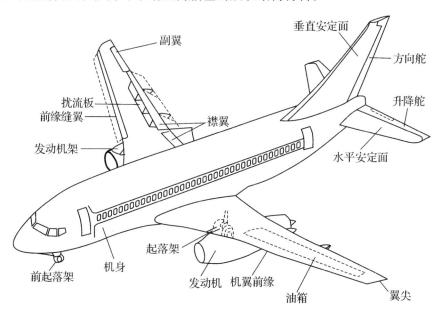

图 5.4 飞机的基本结构

(1) 机翼 亚音速飞机机翼的翼型(机翼剖面形状)几乎都是下表面平直而上表面凸起的,以产生升力。大部分大型飞机的机翼在翼根处与机身的下部连接(即下单翼形式)。高速飞机常采用后掠翼设计,即机翼从翼根到翼尖向后倾斜。机翼上还装有很多用于改善飞

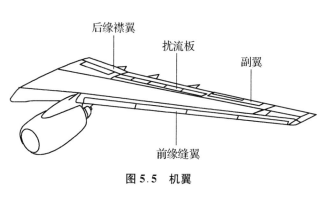

图 5.5 机翼

机气动特性的装置,包括副翼、襟翼、前缘缝翼、扰流板等(图5.5)。副翼是飞机的主操纵面之一,位于机翼后缘外侧(远离机身),一对副翼总是以相反的方向偏转,使一侧机翼的升力增加而另一侧机翼的升力减小,从而使飞机滚转。襟翼和前缘缝翼都是增加飞机起飞降落时的升力的装置,以缩短飞机的起降滑跑距离。襟翼位于机翼后缘内侧,放下时可以改变翼型形状和增加机翼面积;前缘缝翼位于机翼前缘,打开时可使下翼面的气流流向上翼面以增加上翼面的空气流量。扰流板是铰接于机翼上表面的金属薄板,打开时分离上翼面的气流,造成机翼上的升力下降、阻力增加。在空中扰流板可以协助副翼使飞机滚转,在地面扰流板可起减速板的作用。民用飞机的燃油箱大多位于机翼内。

(2) 机身　机身是飞机的主体,用于装载人员、货物、安装设备,并将飞机的各部件连接为整体。机身基本上是左右对称的流线体。大型客机机身一般由机头、前段、中段、后段和尾锥组成。机头主要是雷达天线和整流罩;前段和中段为气密增压舱,空间被地板分成上、下两部分,上部为驾驶舱和客舱,下部为货舱、设备舱和起落架舱;后段主要安装尾翼及部分设备;尾锥主要是辅助动力装置的排气管。

(3) 尾翼　尾翼组由垂直尾翼和水平尾翼组成。垂直尾翼包括垂直安定面和方向舵,提供方向(航向)稳定性和操纵性;水平尾翼包括水平安定面和升降舵,提供俯仰稳定性和操纵性。

(4) 起落架　起落架的主要部件有支柱、机轮、减震装置、刹车装置和收放机构等。其功用主要是使飞机起降时能在地面滑跑和滑行以及使飞机能在地面移动和停放。起落架均能收放,可以大大减小飞机阻力,也有利于飞行姿态的控制。

2) 推进装置(发动机)

飞机飞行的动力来自发动机,即推进装置。航空发动机有活塞式发动机和燃气涡轮发动机两种类型。目前,活塞式发动机仍是时速小于300 km轻型飞机推进系统。大中型飞机均采用燃气涡轮发动机作为推进装置。

燃气涡轮发动机工作时,进入发动机的空气经压气机压缩提高压力,流入燃烧室与喷入的燃油(航空煤油)混合后燃烧,形成高温、高压燃气,再进入驱动压气机的燃气涡轮中膨胀做功,使涡轮高速旋转并输出驱动压气机及发动机附件所需的功率。由燃气涡轮出来的燃气,仍具有一定的压力和温度(即具有一定的能量)。利用这股燃气能量的方式有多种形式,因而相应地产生了不同类型的燃气涡轮发动机:涡轮喷气、涡桨、涡轴和涡扇发动机。

由于压气机、燃烧室以及驱动压气机的燃气涡轮(简称涡轮)所组成的装置是用来提供高压、高温燃气的,因此称为燃气发生器(也称为核心机)。

(1) 涡轮喷气发动机　如果燃气发生器后紧跟一个后喷管,由燃气发生器出来的燃气在尾喷管中膨胀加速,以高速从喷管中排出,产生推力,这种发动机称为涡轮喷气发动机,简称涡喷发动机(见图5.6)。涡喷发动机是20世纪50—60年代应用最为广泛的航空燃气涡轮发动机。由于涡喷发动机的推力是由高速排出高温燃气所获得的,所以在得到推力的同时有不少由燃料燃烧所产生的能量以燃气的动能和热能的形式排出发动机,能量损失较大,因此其耗油率较高。

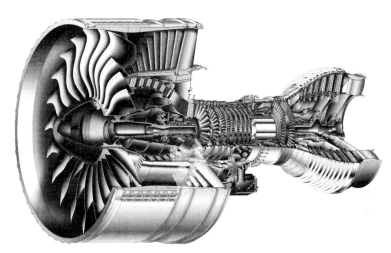

图5.6　推进装置(涡喷发动机)

(2) 涡桨发动机　如果从燃气发生器出来的燃气绝大部分在其后的动力涡轮中膨胀做功,使动力涡轮高速旋转,然后通过减速装置降低转速后再驱动螺旋桨,提供推力(约占85%),燃气中剩下的少部分能量在尾喷管中膨胀,产生一小部分推力(约占15%),这种发动机称为涡轮螺旋桨发动机,简称涡桨发动机。涡桨发动机由于有直径较大的螺旋桨,所以飞行速度受到限制,一般用于时速为300~400 km的飞机上。但是,由于它的排气能量损失少,推进效率高,所以耗油率低。20世纪50年代研制的运输机上采用这种发动机的较多,目前其仍是支线旅客飞机的主要动力。

(3) 涡轴发动机　涡轮轴发动机简称涡轴发动机,是直升机的动力。其工作原理和结构基本与涡桨发动机相同。不同的是,其燃气油轮输出的能量主要是驱动直升机旋翼而不是螺旋桨。此外,燃气发生器排出的燃气基本上已在动力涡轮中完全膨胀,燃气自喷管排出时,气流速度很低。

(4) 涡扇发动机　涡轮风扇发动机简称涡扇发动机,目前应用最广泛的是涡轮前风扇式的。涡扇发动机的动力涡轮的传动轴通过燃气发生器轴的中心,驱动外径比燃气发生器大的风扇叶片。流入发动机的空气经风扇增压后,一部分流过燃气发生器,称为内涵气流;一部分由围绕燃气发生器的流道环中流过,称为外涵气流。发动机由内、外涵气流分别产生推力。外涵与内涵空气流量之比称为涵道比或流量比。涡扇发动机具有耗油率低、起飞推力大、推重比高、噪声低的优点。因此,目前高涵道比、大推力的涡扇发动机广泛应用于大型运输机上。

3) 飞机系统

飞机系统主要有飞机操纵系统、液压传动系统、燃油系统、空调系统、防冰系统等。

飞机操纵系统用于传递驾驶员在驾驶舱内发出的操纵指令（操纵动作），驱动舵面或其他有关装置，改变和控制飞行姿态。飞机采用液压系统传动和控制操纵系统及起落架系统等。

燃油系统用于贮存飞机所需的燃油，并保证在飞机一切可能的飞行姿态和工作条件下，按照要求的压力和流量连续可靠地向发动机供油。此外，燃油还可以用来冷却飞机上的有关设备和平衡飞机等。

飞机在高空飞行气象条件较好，风速与风向稳定，保持相对空速时，发动机消耗的燃料比低空时少，航程与续航时间可相应增大，经济性提高。因此，现代大、中型旅客机的巡航高度都在 7 000～10 000 m。但高空飞行时的低压、缺氧和低温使人体难以承受，因此现代飞机都采用了气密座舱加座舱空气调节系统。座舱空气调节系统能在飞行高度范围内，向座舱供给一定压力、温度的空气，并按需要调节，保证机上人员的舒适与安全。

飞机在高空飞行时，大气温度都在0℃以下，飞机的迎风部位，如机翼前缘、尾翼前缘、驾驶舱挡风玻璃、发动机进气道等易结冰。现代飞机都有防冰系统，以防止结冰给飞机飞行带来危害。飞机防冰系统包括防止结冰与除去结冰。

4) 机载设备

飞机机载设备的复杂性根据飞机性能而不同。现代大型运输机驾驶舱内的机载设备包括飞行和发动机仪表、导航、通信和飞行控制等辅助设备。机载设备为驾驶员提供有关飞机及其系统的工作情况，使驾驶员能随时得到飞行所必需的信息，并可在飞行后向维修人员提供有关信息。

飞机的飞行仪表很多，有指示飞行速度、飞行高度、升降速度的全静压系统仪表，有指示飞行姿态和方向的仪表，有指示时间和加速度的仪表等；现代飞机上还有自动驾驶仪等复杂的仪表系统。

发动机仪表测量并指示发动机的工作状态。发动机仪表较多，所测量的参数包括不同部件（部位）的温度、压力、转速、油量等。

基本的导航设备包括高频全向信标接收机（沿选择的航线提供电磁制导）、测距接收机（采用应答式无线电波脉冲测距技术，确定与导航台之间的距离并显示于仪表上），以及仪表着陆系统。较高性能水平的飞机还具有更先进的导航设备，如北斗导航系统或全球定位导航系统、惯性导航系统等。

基本的通信设备是能够谐调各种频率的双向无线电设备，使驾驶员可与空中交通管制人员、气象台站、其他飞机中的驾驶员、公司总部以及客舱机组等进行联络。大型飞机上的无线电通信设备不止一套；此外，所有的商用飞机都备有应答器，以能够对空中交通管制雷达的询问自动地发出应答编码。

辅助设备包括其他各种仪表和对辅助系统的操纵,这些仪表显示各种电气、液压和机械系统的情况;火警探测与警告系统、飞行数据记录器和驾驶舱语音记录器;还可有自检测设备以评定某个子系统的反应等等。很多运输机上,有记录飞行中动力装置和飞机各系统性能的设备,飞行结束后,维修人员可根据这些记录数据进行分析,以决定是否有调整、修理或更换被监控部件的需要。

5.2 飞机的主要数据和性能指标

5.2.1 飞机的主要数据

1) 尺寸数据

在飞机的三面图或手册中,通常会标明飞机的主要尺寸数据,包括翼展、机长和机高等。其中翼展指飞机左右翼尖之间的距离,也称为展长;机长指飞机从机头至机尾之间的纵向最大距离;机高指飞机最高点至地面的距离。这些数据不仅反映了飞机纵向、横向和垂向轮廓的大小,对飞机的制造、停放和运输也有重要价值。表 5.1 列举了世界上一些大型运输机的主要尺寸数据。

表 5.1 世界部分大型运输机尺寸数据

国别	机型	翼展(m)	机长(m)	机高(m)	机翼面积(m²)
中国	Y-20	50.00	42.00	15.00	310.0
	Y-10	42.24	42.93	13.42	244.5
欧洲	A300-600	44.84	54.08	16.62	260.0
	协和	25.56	62.10	11.40	358.3
俄罗斯	伊尔76	48.06	59.54	15.81	320.0
	图154M	37.55	47.90	11.40	201.5
美国	波音777-300	60.90	73.90	18.50	427.8
	C-5B	67.88	75.54	19.85	576.0
乌克兰	安124	73.30	69.10	20.78	628.0
	安225	88.40	84.00	18.20	905.0

2) 重量数据

飞机的重量数据反映了飞机的重量级别和载重量。根据用途的不同,可分为空重、总重、有效载重、载弹量、燃油重量等,其中空重为飞机的空机重量,是飞机机体结构和机载设备的重量之和,不包含乘员和燃油的重量;有效载重为飞机装载的人员、货物或弹药的重量之和,总重为飞机空重、有效载重及燃油的重量之和;又可以分为正常起飞重量和最大起飞重量,其中正常起飞重量指飞机按设计要求进行装载的总重,其中最大起飞重量指飞机按最大装载能力进行装载的总重。表 5.2 列举了世界上一些大型运输机的重量数据。

表 5.2 世界部分大型运输机重量数据

国别	机型	重量(t)	最大起飞重量(t)
中国	Y-20	154.00	220.0
	Y-10	73.00	110.0
欧洲	A300-600	89.45	165.0
	协和	78.70	186.1
俄罗斯	伊尔 76	120.0	208.0
	图 154M	55.30	100.0
美国	波音 777-300	163.3	297.6
	C-5B	67.97	155.6
乌克兰	安 124	173.0	405.0
	安 225	390	640.0

5.2.2 飞机的性能指标

不同用途的飞机,对飞行性能的要求有所不同。对现代民用飞机而言,主要考虑速度性能、爬升性能、续航性能、起降性能等性能指标。

1) 速度性能

飞机优于其他运输工具的主要特点之一是飞行速度快。标志飞机飞行速度性能的指标是飞机的最大平飞速度。

当飞机的飞行速度增大时,飞机的阻力就增大,克服阻力需要的发动机推力也应增大。当飞机作水平直线飞行,飞机的阻力与发动机的最大可用推力相等时,飞机能达到的最大飞行速度就是飞机的"最大平飞速度"。出于飞机的阻力和发动机的推力都与高度相关,所以飞机的最大平飞速度在不同的高度上是不相同的。通常在 11 km 左右的高度上,飞机能获得最大的最大平飞速度。

飞机不能长时间地以最大平飞速度飞行,这一方面会损坏发动机,另一方面消耗的燃油也太多。所以对民用运输机这类需作长途飞行的飞机而言,更注重的是巡航速度。所谓"巡航速度",是指发动机每公里消耗燃油最少情况下的飞行速度。也就是说,飞机以巡航速度飞行时最为经济,航程最远或航时最长。

2）爬升性能

民用飞机的主要爬升性能是指飞机的最大爬升速率和升限。

（1）爬升率 爬升率又称爬升速度或上升串,是指定常爬升时,飞行器在单位时间内增加的高度,其计量单位为米/秒。

飞机在某一高度上,以最大油门状态,按不同爬升角爬升,所能获得的爬升率的最大值称为该高度上的"最大爬升率"。以最大爬升率飞行时对应的飞行速度称为"快升速度",以此速度爬升,所需爬升时间最短。飞机的爬升性能与飞行高度有关,高度越低,飞机的最大爬升率越大,高度增加后,发动机推力一般将减小,飞机的最大爬升率也相应减小。达到升限时,爬升率等于0。相对的还有下降率。

（2）升限 升限是指飞机所能达到的最大平飞高度。

当飞机的飞行高度逐渐增加时,空气的密度会随高度的增加而降低,从而影响发动机的进气量,进入发动机的进气量减少,其推力一般也将减小。达到一定高度时,飞机因推力不足,已无爬高能力而只能维持平飞,此高度即为飞机的升限。

升限可分为理论升限和实用升限两种。理论升限定义为:发动机在最大油门状态下飞机能维持水平直线飞行的最大高度。实用升限的定义是:发动机在最大油门状态下,飞机爬升率为某一规定小值（如 0.5 m/s 或 100 ft/min）时,所对应的飞行高度。

3）续航性能

民用飞机的续航性能主要指航程和续航时间（航时）。

（1）航程 航程是指飞机起飞后,爬升至平飞高度平飞,再由平飞高度下降落地,且中途不加燃油和滑油,所获得的水平距离的总和。

飞机的航程不仅取决于飞机的载油量和飞机单位飞行距离耗油量,而且是业务载重量的函数。飞机在最大载油量和飞机单位飞行距离耗油量最小的情况下飞行所获得的航程就是飞机的最大航程。由于飞机的满燃油重量与最大业务载重量的总和通常大于飞机的最大起飞重量,所以,为了要达到这一飞行距离就不得不牺牲部分业务载重量。同样,飞机欲以最大业务载重量飞行,则通常要牺牲部分航程。

（2）航时 航时是指飞机在不进行空中加油的情况下,耗尽其本身携带的可用燃料时,所能持续飞行的时间。

续航时间是飞机最重要的性能指标之一,它直接表明飞机一次加油后的持久作战或持久飞行能力。续航时间与飞行速度、飞行高度、发动机工作状态等多种参数有关。合理选择飞行参数,使得飞机在单位时间内所耗燃料量最少,飞机就能获得最长的续航时间。

4）起降性能

飞机的起降性能包括飞机起飞离地速度、起飞距离、着陆速度和着陆滑行距离。

（1）起飞离地速度 起飞离地速度是指起飞滑跑结束时,飞机离地时的瞬时速度。在地面滑跑的飞机,当其前进速度所产生的升力略大于飞机的起飞重量时,飞机就能够离陆了。但在正常起飞时,为了保证安全,离陆速度要稍大于最小平飞速度(飞机能够保持平飞的最小速度)。

(2) 起飞距离　起飞距离也称离陆距离,是指从飞机松开刹车开始滑跑到飞机离起飞表面 35 英尺(10.668 m)高度所覆盖的距离。

起飞距离由起飞滑跑距离和起飞爬升距离组成。飞机从松开刹车沿跑道向前滑跑至机轮离开地面所经过的距离称为"起飞滑跑距离"。从机轮离开地面到升高至规定的安全高度,飞机沿地平线所经过的距离称为"起飞爬升距离"。飞机的离陆距离希望尽可能地短,这样可以在较短的跑道上起飞。飞机发动机的推力越大、最小平飞速度越小,其离陆距离也就越短。

(3) 着陆速度　着陆是指飞机从安全高度(一般为 25 m)下滑过渡到接地滑跑直至完全停止的整个减速运动过程。飞机着陆一般分下滑、拉平、平飞、飘落、滑跑 5 个阶段进行。

飞机在着陆过程,也希望着陆的速度尽可能地小。着陆过程的速度,分着陆进场速度和着陆接地速度。着陆进场速度是指飞机下滑至安全高度进入着陆区时的速度。着陆接地速度有时也简称为着陆速度,是指飞机主轮开始接触地面瞬间的水平速度。

(4) 着陆距离　着陆距离是指飞机从安全高度开始至滑跑停止所经过的水平距离。着陆距离可分成着陆下滑距离和着陆滑跑距离。着陆下滑距离是指飞机从安全高度开始至主轮接地点瞬时所经过的水平距离。着陆滑跑距离是指从主轮接地点开始滑跑至飞机停止所经过的水平距离。

着陆滑跑距离取决于飞机的着陆接地速度和落地后的减速性能。现代民用飞机除了在机轮上安装刹车外,通常还采用减速板、反推力装置等来缩短着陆滑跑距离。

为了改善飞机的起降性能,使飞机在起降阶段在较小的速度下能获得较大的升力,现代民用飞机均采用了不同的增升装置,如襟翼、前缘缝(襟)翼等,从而减低飞机的离地和接地速度。图 5.7 说明了飞机的起飞与着陆过程。

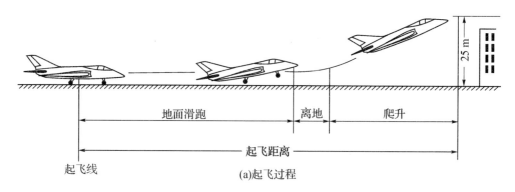

(a)起飞过程

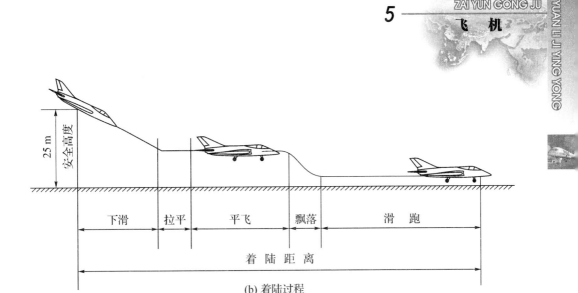

图 5.7 飞机的起飞与着陆过程

5.3 飞机飞行的基本原理与运动性能

5.3.1 流体力学的两个基本原理

飞机是重于空气的飞行器,当飞机飞行在空中,就会产生作用于飞机的空气动力,飞机就是利用空气动力升空飞行的。在了解飞机升力和阻力的产生之前,我们要认识空气流动的特性,即空气流动的基本规律。流动的空气就是气流,一种流体,这里需要引用两个流体定理:连续性定理和伯努利定理。

1) 连续性定理

连续性定理是研究流体流经不同截面和通道时流速与通道面积大小的关系。

由生活中的常识可以知道,当流体连续不断地流经粗细不同的管子时,其流速会发生一定的变化。管子直径大的地方相应的流速较低,而管子直径小的地方相应的流速较大,其主要原因在于物理学的质量守恒定理,即连续流体在任一时间内流进某一截面的流体质量应等于同一时刻流出另一截面的流体质量,如图 5.8 所示。

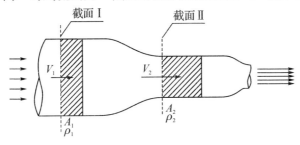

图 5.8 流体连续性原理图

根据普通物理学的基本理论可知,单位流体在单位时间内流经任一截面的流体质量等于截面面积、流体速度与流体密度的乘积,即:

$$m=\rho VS$$

式中:m——流体质量(kg);

ρ——流体密度(kg/m^3);

V——流体速度(m/s);

S——截面面积(m^2)。

由于同一时刻流经截面Ⅰ和Ⅱ的流体质量相等,因此有:

$$\rho_1 V_1 S_1 = \rho_2 V_2 S_2 = 常数$$

低速流动时,一般认为流体密度变化很小,即 $\rho_1=\rho_2$,从而:

$$\begin{cases} V_1 S_1 = V_2 S_2 \\ \dfrac{V_1}{V_2} = \dfrac{S_1}{S_2} \end{cases}$$

上式即为流体连续性方程,它表明流体速度与流经截面的面积成反比关系,利用该式可以计算绕物体流动的流体速度分布。

2) 伯努利定理

伯努利定理是瑞士物理学家丹尼尔·伯努利于1783年发现的,它揭示了流体在流动过程中流速与压力之间的关系,是研究流体特性的基本定理之一。

伯努利定理可以用如图5.9所示的试验来演示。从该图可以看出,当流体稳定地通过管道时,对应于管道不同截面位置的测压计水柱明显高于截面积大的测压计水柱。由于流体流速与流经截面的面积成反比关系,因此,不难得出如下结论:在同一流管中,流速大的地方压力小,流速小的地方压力大。

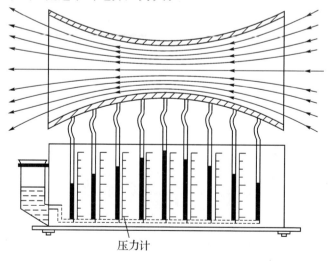

图5.9 伯努利定理试验

伯努利定理的具体数学表达式如下：

$$\begin{cases} P+Q=P_0 \\ Q=\dfrac{1}{2}\rho V^2 \end{cases}$$

式中：P ——静压；

Q ——动压；

P_0 ——全压，相当于 $V=0$ 时的静压，为一常量；

V ——流体流速；

ρ ——流体密度。

上式可以根据普通物理的能量守恒定律导出，可参阅相关书籍。

5.3.2 飞机的升力和阻力

1) 总空气动力

飞机各部分在飞行过程中所受到的空气动力的总和称为总空气动力，通常以 R 来表示，如图 5.10 所示。根据物理学的基本常识可知，飞机飞行时的总空气动力可以分解为垂直于来流方向并向上的分力 Y 和平行于来流方向的分力 X。一般称 Y 为飞机的升力，它起着支托飞机的作用；称 X 为飞机的阻力，它起着阻碍飞机前进的作用。

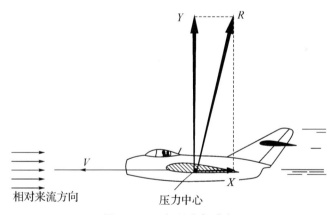

图 5.10 飞机总空气动力

2) 机翼的形状

（1）机翼的剖面形状　机翼的剖面形状也称为翼型，是在机翼上沿着与机身纵轴平行的方向剖切所得的平面。常见的机翼类型有平凸形、双凸形、对称形、圆弧形和菱形等，如图 5.11 所示。一般来说，低速飞机的机翼宜采用平凸形或双凸形，高速飞机的机翼宜采用对称形，而超音速飞机的机翼则常采用圆弧形或菱形。

机翼翼型的形状特点通常可以用一组翼型参数来反映，如图 5.12 所示。这些参数

主要包括厚弦比 $\bar{c}$、最大厚度位置 $\bar{x}_c$ 以及相对弯度 $\bar{f}$。其中厚弦比 $\bar{c}$ 指翼型最大厚度 c_{max} 与翼型前后缘连线（称为翼弦）长度 b（见图 5.12(a)）的比值，它反映了翼型相对厚薄的程度，常以百分数来表示，即：

$$\bar{c} = \frac{c_{max}}{b} \times 100\%$$

现代飞机翼型的厚弦比通常为 3%～16%。

翼型的最大厚度位置 $\bar{x}_c$ 指最大厚度所在位置到翼型前缘的距离，如图 5.12(a) 中的 x_c，它反映了翼型前缘部位的弯曲程度，常表示为翼弦的百分数，即：

$$\bar{x}_c = \frac{x_c}{b} \times 100\%$$

现代飞机翼型的最大厚度通常为 30%～50%。

翼型的相对弯度 $\bar{f}$ 指翼型中线到翼弦垂直距离（称为弯度）的最大值与翼弦的比值，其中中线是在翼型上下表面之间连接翼弦垂直重点的弧线，如图 5.12(b) 所示。相对弯度反映了翼型上下表面的弯曲程度，也常用百分数来表示，即：

$$\bar{f} = \frac{f_{max}}{b} \times 100\%$$

现代飞机的相对弯度通常为 0%～2%。

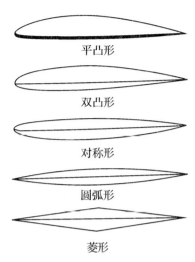

图 5.11 飞机翼型

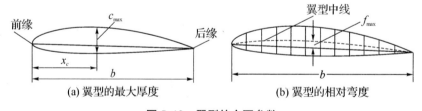

图 5.12 翼型的主要参数

（2）机翼的平面形状　机翼的平面形状是随着飞机速度的提高而逐渐改进的。目前机翼的平面形状主要有矩形、梯形、椭圆形、后掠形、三角形等，如图 5.13 所示。其中矩形翼阻力大而制造简单，椭圆形翼阻力小而制造复杂，两者均存在明显缺陷，未被广泛采用。梯形翼的特性介于矩形翼和椭圆形翼之间，在活塞式飞机上用得较多，后掠翼和三角翼则主要应用于超音速飞机。

机翼的平面形状也可用一组几何参数来反映，这些参数主要包括展弦比 λ、根梢比 η、后掠角 χ 及上（下）反角 ψ，如图 5.14 所示。其中展弦比指机翼两端之间距离 L（翼展）与平均翼弦 $b_{平均}$ 的比值；根梢比指翼根弦长 $b_{根}$ 与翼梢弦长 $b_{梢}$ 的比值；后掠角指机翼 1/4 弦线与 Z 坐标轴之间的夹角；上（下）反角 ψ 指机翼弦平面与机体对称面之垂直平面的夹角。

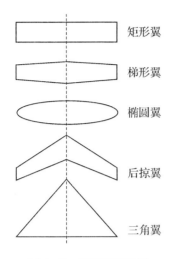

图 5.13 机翼平面形状

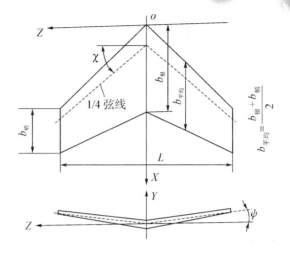

图 5.14 机翼的几何参数

3) 升力

(1) 机翼上产生升力的原因　图 5.15 为空气流经机翼时的流线图,可在风洞实验中见到。由该图可以看出,由于机翼上表面凸起而下边面相对扁平的缘故,机翼上表面的空气质点在相同的时间里从机翼前缘运动到机翼后缘的距离要大于机翼下表面的空气质点,导致机翼上表面空气质点的流动速度大于机翼下表面的空气质点。根据伯努利定理可知,此时机翼上表面的压力小于机翼下表面的压力,从而形成了垂直于气流方向的压力差,也就是所谓的升力。一般称机翼上总升力的作用点为压力中心,它是升力作用线与机翼翼弦的交点。

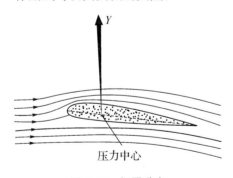

图 5.15 机翼升力

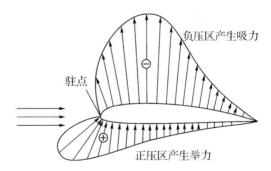

图 5.16 机翼表面压力分布图

(2) 机翼表面的压力分布　图 5.16 为机翼表面压力分布图,图中箭头长短反映了机翼表面各点的压力大小,其方向指向机翼表面以外表明该点的压力是低于大气压力的负压力(称为吸力),指向机翼表面表明该点压力是大于大气压力的正压力。根据该图可以看出,由机翼上表面形成的升力远大于机翼下表面的正压力所形成的升力。一般来说,机翼上表面形成的升力约占总升力的 60%～80%,而机翼下表面形成的升力仅占总升力的 20%～40%左右。

（3）机翼迎角与失速　机翼迎角指来流方向与机翼弦线之间的夹角,通常以α表示,如图 5.17 所示。

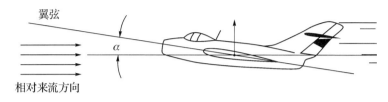

图 5.17　机翼迎角

迎角对飞机的升力影响很大,图 5.18 反映了不同迎角状态下机翼流线与压力分布状态。由该图可以看出,在迎角为 6°时,机翼表面的总升力大致为负值,机翼尾部涡流区不大;当迎角为 12°时,机翼表面总升力为正值,尾部涡流区有扩大的趋势;当迎角为 30°时,尽管此时机翼表面升力仍为正值,但比较迎角为 12°时大大降低,而阻力却迅速增加,同时机翼尾部存在着较大的涡流区。

类似于图 5.18(c)的现象常称之为失速,飞机刚出现失速时的迎角称为临界迎角。一般来说,飞机迎角小于临界迎角时,随着迎角增大,机翼升力增大;当飞机迎角等于临界迎角时,机翼升力最大;当飞机迎角大于临界迎角时,迎角增大,机翼升力反而下降。

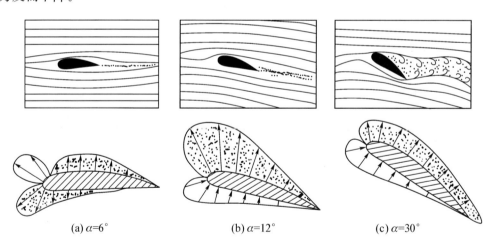

图 5.18　迎角对机翼压力分布的影响

4）阻力

阻力是与飞机飞行方向相反的空气动力。低速飞机的阻力主要包括摩擦阻力、压差阻力、诱导阻力和干扰阻力。高速飞机的阻力除上述四种外,还包括激波阻力等,限于篇幅,这里不作详细介绍。

（1）摩擦阻力　飞机飞行时的摩擦阻力与船舶运动时受到的摩擦阻力相似,是由于空气黏性使流经飞机机体表面的气流受到阻力而产生的,主要存在于机体表面的边界层中(也称为附面层)。

图 5.19 所示为飞机机翼边界层(附面层)的示意图。从该图中可以看出在边界层底部,由于空气黏度的影响,气流速度为零;随着气流层与机翼表面之间的距离增加,气流速度不再变化,且与边界层外的主流速度相等。由于边界层中各气流层速度不等,必然导致气流层之间发生相互摩擦与黏滞,因此飞机的摩擦阻力实质上是边界层内各气流之间的内摩擦阻力,并

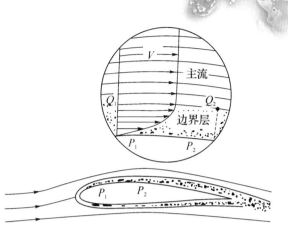

图 5.19 机翼边界层示意图

不是由空气与机体表面的直接摩擦产生。此外,由该图还可以看到,机翼表面各点处边界层的厚度是随着该点至机翼前缘距离的变化而变化,在机翼前缘,边界层厚度为零,离前缘越远,则边界越厚。

飞机的摩擦阻力主要与空气黏度、机体表面粗糙度、来流速度以及机体与空气的接触面积有关,其具体计算公式以及机体与船舶摩擦阻力类似,这里不再赘述。降低飞机摩擦阻力的措施包括减小飞机表面积、光滑平整机体表面等。

(2) 压差阻力 压差阻力是由于运动物体前后流体压力不等形成的阻力。对于飞机而言,压差阻力的大小主要取决于飞机的迎风面积形状以及飞机附属物在气流中的安放位置,尤其是形状,因此压差阻力有时候也被称为形状阻力。

图 5.20 反映了物体形状对压差阻力的影响。从该图可以看出,当物体仅存在前部圆锥体时,尽管物体前部流线平顺,但尾部由于物体形状变化剧烈,有明显的流线分离和紊乱现象,导致物体前后压力差较大;当物体前后部都存在圆锥体,类似于水滴形时,不仅前部流线平顺,尾部流线的分离和紊乱也很少,因此物体前后压力差较小。一般把

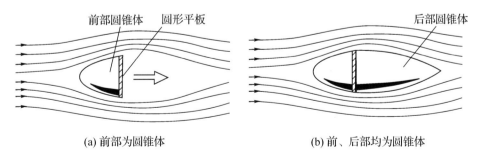

(a) 前部为圆锥体　　　　　　　　　　(b) 前、后部均为圆锥体

图 5.20 物体形状对压差阻力的影响

这种水滴形的物体称为流线型物体,如工程中常见的潜艇艇体、汽车车身等。

根据上述对压力差阻力成因及影响因素的分析可知,降低物体压力差主要措施是避免物体形状出现剧烈变化,采用流线型外形等。

(3) 诱导阻力　飞机的诱导阻力主要来自机翼,是伴随升力的产生而产生的。生活中经常可以看到,飞行中的飞机翼梢拖有两条雾状涡流,这主要是由于机翼下表面的空气压力大于上表面,使部分空气绕过机翼翼梢流向上表面,从而导致翼梢部分的空气发生扭转形成的。

翼梢涡流的直接后果是使流过机翼的空气产生下洗速度 ω,如图 5.21 所示。由于下降速度的存在,使流经机翼的空气相对于原流动方向向下倾斜了 ε 角(也称下洗角)形成下洗流。导致机翼升力也相应地向后发生倾斜。此时实际升力 Y' 在飞机飞行方向上的分量 Y 仍然起着升力的作用,但在平行于飞行方向上的分量 X 则成为飞机的附加阻力,即诱导阻力。

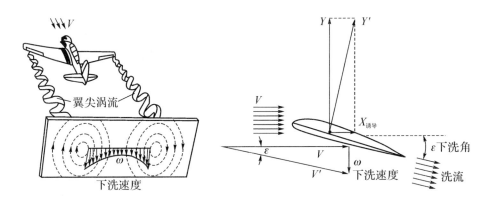

图 5.21　诱导阻力的成因

诱导阻力的大小与机翼的展弦比和平面形状有关;一般来说,展弦比小的机翼梢升力大,形成的翼梢涡流强、带来较大的诱导阻力,而展弦比大的机翼则相反。在机翼平面形状方面,椭圆形机翼的诱导阻力最小,梯形机翼的诱导阻力次之,而矩形机翼的诱导阻力最大。

除了合理选择机翼形状及展弦比外,还可以考虑在机翼梢处挂装副油箱或增设小翼来降低飞机的诱导阻力。这些装置都有助于阻碍翼梢空气的扭转,削弱翼梢涡流的强度。大量的风洞和飞机试验表明,翼梢小翼能使飞机的诱导阻力降低 20%～35%,这对于民用运输机来说,显然是降低燃油消耗、提高运行经济性的有力措施之一。

(4) 干扰阻力　飞机飞行时,由于气流流经飞机各部件时存在着相互干扰,使整机阻力往往大于机翼、机身、尾翼等部件在相同气流中运动时的阻力之和、两者之差成为干扰阻力。

图 5.22 为机翼与机身结合部的气流流动状况。由该图可以看出,在机翼和机身结

合中部（C处），由于机翼和机身表面向外突出，导致该部位流管收缩、流速加快、压力降低；而在机翼和机身结合尾部（B处），由于机翼和机身表面向内弯曲，导致该部位流管扩张、流速减缓、压力增大。两者的联合作用，使该部位气流分离点前移，并导致结合部之后的紊流区扩大，从而产生附加阻力。

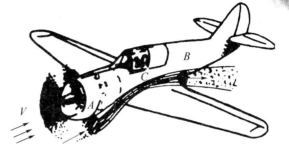

图5.22 干扰阻力的成因

根据上述分析可知，影响飞机干扰阻力大小的主要原因是飞机各部件之间的相对位置，因此，降低干扰阻力的措施也主要从这方面入手。此外，也可采用飞机不同部件结合处增设流线型整流片的方法来减小干扰阻力。

5.3.3 飞机的基本运动性能

1）飞机的重心和机体轴

飞机重心是指飞机各部件以及所装载的燃料、弹药、货物、乘员等重量之和的作用点，其所在位置称为重心位量。以飞机体为基准，通过飞机重心的三条相互垂直的轴线分别称为机体纵轴（X轴）、机体横轴（Z轴）和机体竖轴（Y轴），其中机体纵轴位于整个飞机的纵向对称面内，以指向机头为正。机体横轴也位于飞机的对称面内，通过飞机重心并与机体纵轴和竖轴垂直，以指向右翼为正，如图5.23所示。

根据理论力学的基本知识可知，无论飞机在空中的运动如何复杂，总可以将它分解为飞机各部分重量随重心一起在机体纵轴、横轴、竖轴方向间平移和绕机体纵轴、横轴、竖轴的转动。一般把飞机绕机体纵轴的转动称为滚转，绕机体竖轴的转动称为偏航。

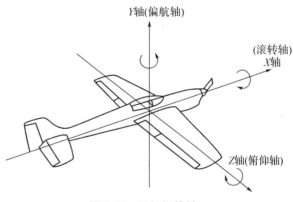

图5.23 飞机机体轴

2）飞机的平衡

由理论力学可知，飞机处于平衡状态时，作用于飞机上的外力及外力矩之和均为零。此时，飞机飞行速度的大小和方向保持不变，且绕各机体轴转动的速度和加速度为零。反之，当飞机处于不平衡状态时，飞机飞行的速度的大小和方向均会发生变化，且将绕各机体轴发生转动。

(1) 飞机处于平衡状态时的运动与受力 飞机处于平衡状态时的运动称为稳定运

动,其基本特点是飞行速度的大小和方向不随时间改变。飞机稳定运动的形式包括等速平飞、上升和下滑等。

当飞机处于等速平飞状态时,在水平方向上飞机发动机的推力 P 等于所受到的空气阻力 X,在垂直方向上飞机的升力 Y 等于重力 G。

当飞机处于等速上升状态时,在飞机飞行方向上飞机发动机的推力 P 等于所受到的空气阻力 X 与飞机重力在该力向上的分量 G_2 之和;而在垂直于飞行方向上的飞机的升力 Y 等于重力在该方向上的分量 G_1,如图 5.24(b)所示。同理,可以得到飞机处于等速下滑状态时的受力分析,如图 5.24(c)所示。

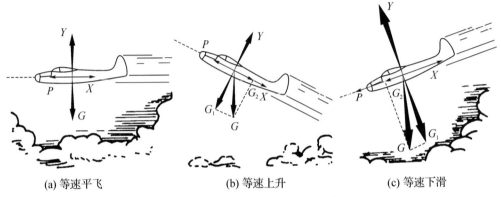

(a) 等速平飞　　　　　(b) 等速上升　　　　　(c) 等速下滑

图 5.24　飞机稳定运动中的作用力

(2) 飞机处于不平衡状态时的运动与受力,飞机处于不平衡状态时的运动特点取决于飞机最初的飞行姿态以及飞机在飞行方向和垂直于飞行方向的诸力之比较。

当飞机平飞时,若发动机推力 P 大于空气阻力 X,飞机将作加速运动,反之,飞机则作减速运动;若升力 Y 大于重力 G,则飞机向上进入曲线运动,反之,飞机则向下进入曲线运动,如图 5.25(a)所示。

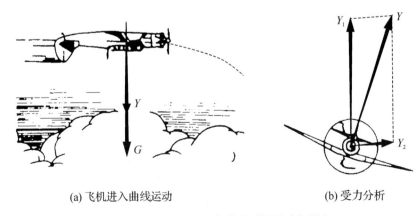

(a) 飞机进入曲线运动　　　　　(b) 受力分析

图 5.25　飞机处于不平衡状态时的运动与受力

当飞机以一定坡度在水平面内飞行时,其升力 Y 在垂直方向上的分量 Y_1 用于平衡飞机自身的重量 G,而水平方向的分量 Y_2 则迫使飞机进入曲线飞行,如图 5.25(b)所示。

3) 飞机的稳定性

飞机的稳定性是指飞机在受到扰动之后是否具有回到原始状态的能力。

飞机在飞行过程中会受到气流波动、发动机工作不平衡、飞行员偶然触动操纵杆等因素引起的扰动并偏离原来的平衡状态,这些扰动消失后飞机能否自行恢复到原先的平衡状态关系到飞机的稳定性,它是一种与飞机操纵件密切相关的性能。飞机稳定性主要包括:飞机的纵向稳定性、方向稳定性、横侧稳定性等。

(1) 纵向稳定性　飞机的纵向稳定性也称为俯仰稳定性,是指飞机受微小扰动偏离了原来的纵向平衡状态,当扰动消失后,飞机能自动恢复到原来的纵向平衡状态的运动特性。

飞机飞行中,作用于飞机上的俯仰力主要来内于机翼和水平尾翼的作用。当上仰力矩等于下俯力矩时,飞机处于纵向平衡状态;当飞机受到微小扰动导致机头上仰时,机翼和水平尾翼迎角增大,产生向上的附加升力(ΔY、Δy),从而对机体重心形成下俯稳定力矩(ΔM_z),使飞机恢复到原来的迎角状态,如图 5.26 所示;反之,当飞机受到微小扰动导致机头下俯时,机翼和水平尾翼迎角减小,产生向下的附加升力,从而对机体重心形成上仰稳定力矩,也使飞机恢复到原来的迎角状态。

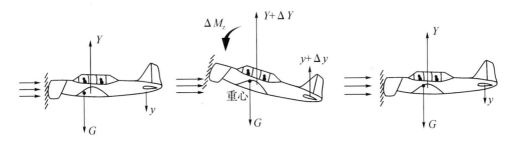

图 5.26　飞机纵向运动稳定性

除了机翼和水平尾翼外,对飞机纵向稳定性有重要影响的另一个因素是飞机重心的纵向位置。一般来说,重心靠后的飞机,其纵向稳定性比重心靠前的飞机要差,主要原因在于当飞机受到微小扰动导致迎角增大或减小时,机翼上产生的附加升力将形成对机体重心的不稳定力矩,使机翼迎角进一步增大或减小,此时,飞机的纵向稳定性主要靠水平尾翼上的附加升力形成的稳定力矩来保证,如图 5.27 所示。

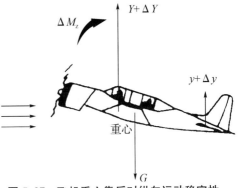

图 5.27　飞机重心靠后对纵向运动稳定性的不利影响

(2) 方向稳定性　飞机的方向稳定性是指飞机受微小扰动偏离了原来的运动方向,当扰动消失后,飞机趋向于恢复原来运动方向的特性。

飞机的方向稳定力矩主要是在飞机的侧滑过程中由垂直尾翼产生。侧滑是指飞机的对称面与相对来流方向不一致的飞行姿态,与螃蟹的横行有些类似。图 5.28 为飞机的侧滑示意图,图中来流方向与飞机对称面之间的夹角 β 称为侧滑角。

当相对来流位于飞机左前方时即飞机发生左侧滑时,垂直尾翼上将产生右向附加升力,形成对机体重心逆时针稳定力矩,促使机头左偏以恢复到原来的方向平衡状态,如图 5.29 所示;反之,当相对来流位于飞机右前方即飞机发生右侧滑时,垂直尾翼上将产生左向附加升力,形成对机体重心的顺时针稳定力矩,促使机头右偏。

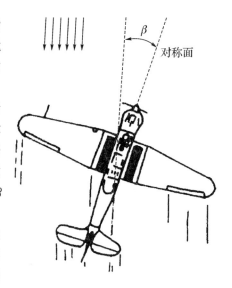

图 5.28　飞机的侧滑

除了垂直尾翼外,高速飞行时具有后掠角的机翼也能产生方向稳定力矩,其主要原因在于侧滑过程中两翼气流速度的垂直分量不同。在左侧滑中左翼气流速度的垂直分量大于右翼,导致左翼的阻力大于右翼,形成对机体重心的逆时针稳定力矩;反之,右侧滑时右翼气流速度的垂直分量大于左翼,导致右翼的阻力大于左翼,形成对机体重心的顺时针稳定力矩,如图 5.30 所示。但在低速飞行中,这个力矩比较小,可以不予考虑。

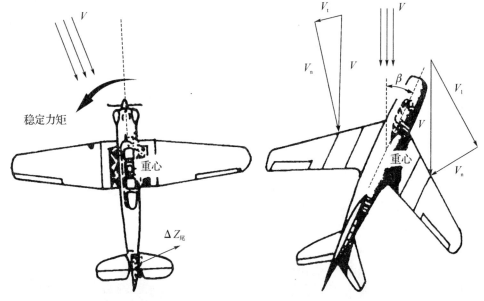

图 5.29　垂直尾翼对飞机方向稳定性的影响　　图 5.30　机翼后掠角的作用

（3）横侧稳定性　飞机的横侧稳定性是指飞机受微小扰动偏离了原来的横侧平衡状态，当扰动消失后，飞机趋向于恢复原来的横侧平衡状态的运动特性。

飞机的横侧稳定力矩（滚转力矩）主要来自侧滑过程中机翼上反角、后掠角和垂直尾翼的作用。对于机翼上反角来说，当飞机在飞行过程中因扰动导致出现微小左坡度并出现左侧滑时，左翼迎角和升力增大，而右翼迎角和升力减小。左右翼升力差形成对机体纵轴的顺时针滚转力矩，使飞机消除侧滑，恢复到原来的横侧平衡状态，如图5.31所示；反之，当飞机出现右侧滑时，左右翼升力差将形成对机体纵轴的逆时针滚转力矩，使飞机恢复到原来的平衡状态。

图 5.31　机翼上反角对横侧稳定性的影响

对机翼后掠角来说，当飞机在飞行过程中出现左侧滑时，左翼气流速度的垂直分量大于右翼，导致左翼升力大于右翼，两翼升力差形成对机体纵轴的滚转力矩，从而使飞机消除侧滑，恢复到原来的横侧平衡状态；反之，则右翼升力大于左翼升力，也将形成对机体重心的滚转力矩，使飞机恢复横侧平衡状态。

对于垂直尾翼来说，之所以能产生横侧稳定力矩，其主要原因在于当飞机出现侧滑后，垂直尾翼上产生的附加升力的作用点高于机体重心，该力将形成对机体纵轴的滚转力矩，使飞机恢复到原来的平衡状态，如图 5.32 所示。从上述对飞机方向稳定性和横侧稳定性的分析中可以看出，方向稳定力矩和横侧稳定力矩都是在飞机

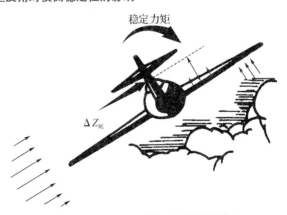

图 5.32　垂直尾翼对横侧稳定性的影响

的侧滑过程中通过垂直尾翼、机翼上反角、机翼后掠角等产生的。其中,方向稳定力矩的作用是消除侧滑,而横侧稳定力矩的作用是使飞机向侧滑的反方向滚转。因此,飞机的方向稳定性和横侧稳定性是紧密联系、相互影响的。

4) 飞机的操纵性

飞机的操纵性是指飞行员的操纵动作(如推、拉驾驶杆等)改变飞行姿态的性能,它主要是通过飞机上的三个操纵面:升降舵、方向舵和副翼来实现的。飞行员操纵飞机时,手脚的操纵动作与飞机转动的方向是一致的,符合人体运动的本能习惯。

飞机操纵性包括俯仰操纵性、横侧操纵性和方向操纵性。

(1) 俯仰操纵性　飞机的俯仰操纵性是指飞行员前后操纵驾驶杆时,飞机相应改变迎角的特性。它是通过偏转升降舵使飞机绕机体横轴旋转来实现的,当飞行员向后拉驾驶杆时,升降舵向上旋转,此时水平尾翼上将产生向下的附加升力使飞机机头上仰;反之,当飞行员向前推驾驶杆时,升降舵向下旋转,水平尾翼上产生的附加升力使飞机机头下沉,如图5.33所示。

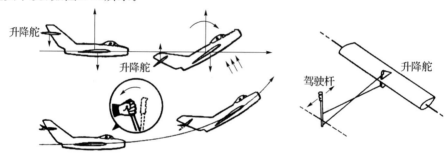

图 5.33　飞机的俯仰操纵性

(2) 横侧操纵性　飞机的横侧操纵性是指飞行员左、右操纵驾驶杆时,飞机相应改变飞行姿态的特性,它是通过偏转副翼使飞机绕机体纵轴旋转来实现的。当飞行员左压驾驶杆时,左副翼向上偏转,右副翼向下偏转。此时左机翼升力减小而右机翼升力增大,从而使飞机向左侧倾斜;反之,当飞行员向右压驾驶杆时,左副翼向下偏转,右副翼向上偏转,此时左机翼升力增大而右机翼升力减小,从而使飞机向右侧倾斜,如图5.34所示。

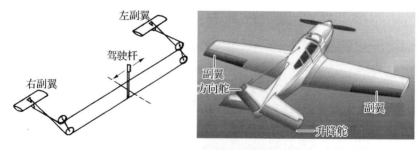

图 5.34　飞机的横侧操纵性

(3) 方向操纵性　飞机的方向操纵性是指飞行员蹬踏左、右脚蹬时,飞机相应改变飞行方向的特性,它是通过偏转方向舵使飞机绕机体竖轴旋转来实现的。当飞行员蹬踏左脚蹬时,方向舵向左偏转,此时垂直尾翼上产生右向的附加升力,对机体重心形成逆时针操纵力矩,使机头向左偏转;反之,当飞行员蹬踏右脚蹬时,方向舵向右偏转,此时垂直尾翼上产生左方向的附加升力,对机体重心形成顺时针操纵力矩,使机头向右偏转,如图 5.35 所示。

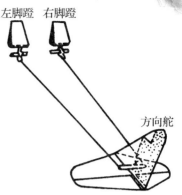

图 5.35　飞机的方向操纵性

5.4　民用航空运输管理

5.4.1　基本概念

1) 航路

民航运输服务是飞机跨越天空在两个或多个机场之间的飞行。为了保障飞行安全,必须在机场之间的空中为这种飞行提供相对固定的飞行线路,使之具有一定的方位、高度和宽度,并且在沿线的地面设有无线电导航设施。这种经政府有关当局批准的,飞机能够在地面通信导航设施指挥下沿具有一定高度、宽度和方向在空中作航载飞行的空域,就称为航路。我国民用航路的宽度规定为 20 km。

2) 航线

民航运输企业在获得航空运输业务经营许可证之后,可以在允许的一系列站点(即城市)范围内提供航空客货邮运输服务。由这些站点形成的航空运输路线,称为航线。航线由飞行的起点、经停点、终点、航路、机型等要素组成。开辟新航线,必须考虑航路的地理条件和气象条件,有利于飞机运输飞行安全,也应考虑航线站点地区的经济水平,因其决定着客货运量和航空运输市场的发展潜力。同时,新航线的建立,还必须充分考虑与其他航线的衔接、地面交通的综合运输能力,以便航空运输的客货集散。

3) 航段

航段通常分为旅客航段(简称航段)和飞行航段(通常称为航节)。旅客航段指能够构成旅客航程的航段,例如,北京—上海—旧金山航线,旅客航程有三种可能:北京—上海、上海—旧金山和北京—旧金山。飞行航段是指航班飞机实际飞经的航段,例如,北京—上海—旧金山航线,飞行航段为北京—上海和上海—旧金山。

4) 航班

按照民航管理当局批准的民航运输飞行班期时刻表、使用指定的航空器、沿规定的航线在指定的起讫、经停点停靠的客货邮运输飞行服务,称为航班。航班用航班号标识其具体的飞行班次。我国的民航飞行航班号一般采用两个字母的航空公司代码加 4 位数字组成。例如,航班号为 CA1482,其中 CA 指中国国际航空公司,1 为该航空公司所在民航地区管理局的数字代码,4 为此航班飞抵的终点站所在民航地区管理局的数字代码,82 为具体航班号(单数表示去程航班,双数表示回程航班)。

5) 航班时刻表

航班时刻表是航空运输企业生产活动整个流程的安排次序。对内它是运输企业每天生产活动的安排和组织的依据,企业围绕它来调配运力、安排人员、进行协调和管理,对外则是向用户提供服务信息和销售竞争的手段。旅客根据航班时刻表提供的航班时刻、机型、服务内容来选择需要乘坐飞机的航空公司、机型和时间。航班时刻表根据季节和市场需求进行调整和修正,我国有关业务部门每年修订两次航班时刻表,每年大约 4 月至 10 月使用夏秋时刻表,11 月至次年的 3 月使用冬春时刻表。

5.4.2 空中交通运行与管理

1) 空中交通管制的定义与目的

(1) 空中交通管制的定义　空中交通管制是指利用通信、导航技术和监控手段对飞机飞行活动进行监视、指挥与调度,保证飞行安全和有秩序飞行的空中交通规则。

(2) 空中交通管制的目的　空中交通管制工作在民用航空运输中发挥着重要作用,它的主要目的是:使飞机按计划飞行,使保障工作有条不紊;维护飞行秩序,合理控制空中交通流量,防止飞机之间、飞机与障碍物之间相撞,保证飞行安全;对违反飞行管制的现象,查明情况,进行处理。

(3) 空中交通管制的原理　利用通信、导航技术和监控等专业手段对飞机飞行活动进行监视、控制与指挥,从而保证飞机飞行安全和使飞机按照一定线路有秩序地飞行(图 5.36)。

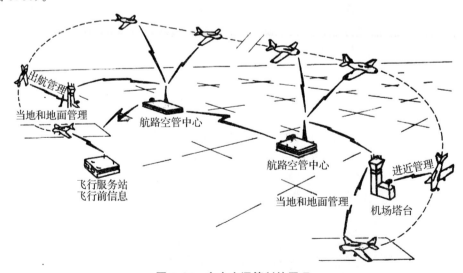

图 5.36　空中交通管制的原理

在飞行航线的空域划分为不同的管理空域,包括航路、飞行情报管理区、进近管理区、塔台管理区、等待空域管理区等,并按管理区的范围与情况选择使用不同的雷达设备对飞机进行管制。

在管理空域内进行间隔划分,飞机间的水平和垂直方向间隔构成空中交通管理的基础。

由导航设备、雷达系统、二次雷达、通信设备、地面控制中心组成空中交通管理系统,完成监视、识别、引导覆盖区域内的飞机,保证其正常安全的飞行。

2) 管制工作任务与要求

(1) 周密计划、充分准备,做好飞行的组织和保障工作　根据有关单位和个人提出的飞行申请,拟定飞行预报和飞行计划,申请和批复飞行预报和计划,下达或布置飞行任务,报告或通报飞行动态。

(2) 主动、准确、及时和不间断地进行管制服务　及时准确掌握和通报各种与飞行和管制有关的情况;预见可能发生的问题;灵活机动地处置飞行情况的各种变化,使空中交通始终处于安全、合理、严格的管制之中。

(3) 合理地控制空中交通流量　对空中交通流量进行合理的控制是保证飞行安全的重要手段,必须主动配合、密切协作,合理控制和有效提高空中交通流量。

(4) 掌握熟练的业务技能,为飞行提供保障安全的情报、措施和建议　空管人员必须熟练掌握有关飞行和空中交通管制工作的各项规章制度,熟悉机场的地理环境、天气特点、航路情况以及各种机型的性能特点,较熟练地了解各部门(如机务、通信、气象、运输、场务、油料等)的工作程序和工作内容。

(5) 保证及时提供导航设备,提供遇险飞机的情况　空中交通管制员要根据飞行的需要,及时提供导航设备。当其工作不正常时,应立即通知检查。当其处于工作状态时,未经值班管制人员的许可,不得关机。在相邻管制区内,管制人员要保证飞机有不间断的导航和管制服务。

当航空器在飞行过程中发生遇险、失事等紧急情况,空中交通管制部门应立即将掌握的资料和情况,提供给组织搜寻、援救的单位和部门。

3) 管制方法

空中交通管制主要采用程序管制和雷达管制两种方法。

(1) 程序管制　程序管制是依照《中国民航航空空中交通管理规则》、机场和航路的有关规定,依靠通信手段进行管制的方法。它要求机长报告飞行中的位置和状态,管制员依据飞行时间和机长的报告,通过精确的计算,掌握飞机的位置和航迹。程序管制的主要职责是为飞机配备安全间隔。

(2) 雷达管制　雷达管制是依照《中国民航航空空中交通管理规则》,依靠雷达监视的手段进行管制的方法。它对飞行中的飞机进行雷达跟踪监视,随时掌握飞机的航迹位置和有关的飞行数据,并主动引导飞机运行。

(3) 两者区别　程序管制和雷达管制最明显的区别在于两种管制手段允许的飞机

之间最小水平间隔不同。在区域管制范围内,程序管制要求同航线同高度飞机之间最小水平间隔10分钟(对于大中型飞机来说,相当于150 km左右的距离),雷达监控条件下的程序管制间隔只需75 km,而雷达管制间隔仅仅需要20 km。

允许的最小间隔越小,意味着单位空域的有效利用率越大,飞行架次容量越大,越有利于保持空中航路指挥顺畅,更有利于提高飞行安全率和航班正常率。

国外空中交通管制发达的国家已经全面实现了雷达管制,而中国民航正逐步实现雷达管制。

4)空域划分

根据所划空域内的航路结构和通信导航气象监视能力,中国将管制空域分为A、B、C、D四类(图5.37)。A、B、C类空域的下限应当在所划空域内最低安全高度以上第一等待高度层;D类空域的下限为地球表面。

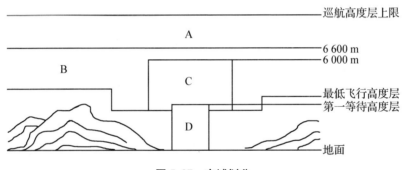

图 5.37 空域划分

(1) A类空域　A类空域为高空管制空域,在中国境内,6 600 m(含)以上直至巡航高度层上限的空间划分为若干个高空管制空域。A类空域只允许IFR飞行(仪表飞行),并对所有在其中飞行的飞机提供空中交通管制服务。高空管制区的空中交通管制服务由高空区管制室负责。

在中国划分的高空管制区(A类空域)有8个,分别是:北京管制区、上海管制区、广州管制区、成都管制区、沈阳管制区、西安管制区、三亚管制区和乌鲁木齐管制区。

(2) B类空域　B类空域为中低空管制空域。在中国境内6 600 m(不含)以下最低高度层以上的空间划分为若干个中低空管制空域。B类空域接受IFR飞行和VFR飞行(目视飞行),并对此在其中飞行的飞机提供空中交通管制。但VFR飞行须经航空器驾驶员申请并经中低空管制室批准。

(3) C类空域　C类空域为进近管制空域。通常设置在一个或几个机场附近的航路汇合处划设的便于进场和离场飞机飞行的管制空域。

该类管制空域还是中低空管制空域与塔台管制空域之间的连接部分,其垂直范围通常在6 000 m(含)以下最低高度层以上,水平范围通常为以机场基准点为中心半径50 km或走廊进出口以内的除机场塔台管制范围以外的空间。

(4) D类空域 D类空域为塔台管制空域,通常包括起落航线、第一等待高度层(含)及其以下地球表面以上的空间和机场机动区。D类空域接受 IFR 飞行和 VFR 飞行,并对所有在其中飞行的飞机提供空中交通管制服务。D类空域的空中交通管制服务由塔台管制室负责。

5) 空中交通流量管理

(1) 含义 空中交通流量管理(ATFM)是指有助于空中交通安全、有序和快捷地流通,以确保最大限度地利用空中交通管制服务的容量并符合有关空中交通服务当局公布的标准和容量而设置的服务。

(2) 目的 空中交通流量管理的目的主要是在需要和预期需要超过空中交通管制(ATC)系统的可用容量期间内,为空中交通安全、有序和流量的加速提供服务,确保最大限度地利用 ATC 容量,保证空中交通最佳地流向或通过这些区域,为飞机运营者提供及时、精确的信息以规划和实施一种经济的空中运输,以尽可能准确地预报飞行情报而减少延误。

随着国际民航运输业的快速发展,空中交通流量增长较快,出现了世界范围内机场、空域和航线网的拥挤。这种拥挤不仅导致飞行冲突的频繁发生,而且还形成了空中交通网络的"瓶颈"。为此,利用先进、科学的流量管理方法,建立了流量管理中心,不仅对空中交通流量的协调、控制和管理起到了重要作用,而且还大大提高了空域利用率,减轻了管制员负担,增加了空中交通流量,提高了飞行安全水平。

(3) 分类

① 根据实施管理的时间不同对流量管理分类,可分为:先期流量管理或称战略流量管理、飞行前流量管理或战术流量管理、实时流量管理或称动态流量管理等。

② 根据实施管理的地点不同(空间划分)对流量管理分类,可分为:终端区流量管理、机场流量管理和航路流量管理等。

(4) 我国空中交通流量管理机构 我国飞行流量管理机构分为民航局飞行流量管理单位和地区管理局飞行流量管理单位两级。空中交通流量管理的具体实施单位主要有:

① 塔台管制室。负责塔台管制地带内空中交通流量的管理。

② 进近管制室。负责进近管制区域内空中交通流量的管理。

③ 区域管制室。负责区域管制区域内空中交通流量的管理。

5.4.3 航空运输企业管理

航空运输企业是指利用民用航空器为主要手段从事以盈利为目的的生产运输,为社会机构和公众提供服务并获取收入的企业,又称为航空公司。根据其主营业务的不同,航空公司分为客运航空公司、货运航空公司、通用航空公司三类。

任何航空公司的基本业务职能及相对应的基本组织结构都包括飞行与航务、机务维修、运输营销和行政管理四个部分。

1) 飞行与航务

飞行与航务机构主要负责处理整个公司有关飞行和空中服务的事务,一般分为:

(1) 飞行人员的管理机构　该机构针对本公司使用的机型及现有飞行人员状况进行科学有效的日常管理,制定符合公司正常运营所要求的飞行人员工作计划。

(2) 空中乘务人员的管理机构　该机构对公司的乘务人员进行日常管理,并根据公司不同机型对乘务人员的配备要求进行培训,保证公司正常运营对乘务人员的数量和技能水平要求。

(3) 空中交通和安全部门　该部门负责飞行安全的检查、保障导航设备的完好和无线电通信的通畅,以保证公司飞机飞行的安全。

(4) 飞行程序和训练部门　该部门制定程序与标准、安排模拟器训练及管理人员训练。

(5) 飞行签派机构　该机构组织安排公司内航空器的放行和整个运行,必须与民航各级空中交通服务部门密切协作才能使整个空中交通有序进行。

2) 机务维修

机务维修机构主要负责保持航空公司飞机处于"适航"和"完好"状态,并保证航空器能够安全运行。"适航"意味着航空器符合民航当局的有关适航的标准和规定;"完好"表示航空器保持美观和舒适的内外形象和装修。

3) 运输营销

运输营销机构管理着航空公司整个运输的销售集散和服务环节,航空公司的收入主要依靠这些环节来完成,一般分为:

(1) 广告和市场部　该部门负责各类媒体上的广告策划和显示、研究及预测市场情况,制订航班计划和确定实际运价。

(2) 销售部　该部门负责客运和货运的销售,并协调代理客货运公司、其他航空公司之间的业务。

(3) 运输服务部门　该部门负责飞机客舱内的乘务服务、物品的配发和机场及地面的各项服务。

(4) 饮食服务部门　该部门主要负责航班的配餐服务。

(5) 各地区的办事处及营业部　该部门作为二级机构负责处理当地的上述各项业务。

4) 行政管理

行政管理机构是航空公司的核心管理部门,负责整个航空公司的管理和运行,包括财务管理、人事管理、计划管理、公共关系、信息服务、法律事务以及卫生等部门。

5.4.4　航空货物运输管理

1) 航空货物运输的类别

与航空旅客运输一样,航空货物运输服务也是航空运输的产品之一。航空货运是一种快捷的现代运输方式。它具有速度快、超越地理限制、运价高、货物的广泛性（普通货物、邮件、鲜花、贵重物品）和运输具有方向性（来回程运量有差异，通常是经济发达和开放程度高的地区货运量大）等特点。根据顾客需求，航空货运可以分为急快件货物运输、易腐货物运输和常规货物运输三类。

（1）急快件货物运输　急快件货物运输，是顾客紧急需要把货物以最快的速度运达目的地。这一类货物的特点首先是时间快，而运输费用在其次，如商业信函票证、生产部件、急救用品、救援物资以及紧急调运物品等。

（2）易腐货物运输　广义上来说，常规易腐货物是指货物的价值与时间密切相关的货物。这一类货物主要有两种：

①物品本身容易腐烂变质，对运输时间要求严格，如鲜花、海鲜、应时水果等。

②物品价值与时间密切相关，对进入市场的时间要求快。如某些商品，进入市场时间越早，越能抢占市场；或希望在市场需求处于最佳时机投放市场，可以取得最佳经济效益的商品。

易腐货物要求运输速度快，货主希望通过时间获得市场价值，以取得更多利润。这一类货物运输的货主对运输价格比较敏感，远远高于急快件运输。因此，航空公司必须合理定价，以扩大发展易腐货物运输市场。

（3）常规货物运输　常规货物运输，主要是有时间性要求、不宜颠簸或容易受损的精密仪器设备，价值与体积均比较大的贵重物品等。

2）航空货运的组织和管理

航空货运应按照市场销售计划，积极开拓市场，组织货源，收集货物，为运输生产做好充分的准备。

（1）直接销售　航空运输企业通过自己的营业处或收货站，直接进行航空货运业务的销售。与航空旅客运输一样，从事直接销售的业务点一般分布在运量较大的城市，航空公司可以直接组织市场。直接销售的优越性是能够直接控制市场，减少中间环节，提高销售利润。

（2）代理销售　航空运输企业进行直接销售可以减少代理费用。但是，直接销售的业务量不足时，会增加销售成本。因此，航空公司的相当一部分货运吨位通过代理人销售。销售代理人根据与航空公司之间的协议，代表航空公司销售空余吨位，并按照协议收取代理费用。航空公司可以采取灵活的代理政策，鼓励销售代理人积极开拓市场，扩大销售业务。销售代理人可以同时代理多家航空公司的货运销售业务。

（3）联运　由于一个航空公司能够提供服务的航线有限，对于本身不能运达的部分航线，航空公司之间可以采用联运服务。这种服务是有偿的，上一个承运人即为下一个承运人的销售代理人，他们之间通过协议分配销售收入。事实上，航空公司为了扩大自己直销的范围，通常通过与其他航空公司的代理协议，成为其他航空公司的销售代理人。

3) 航空货运生产组织与管理

航空货物运输生产的任务,就是承运人按照货运单上的发运日期和航班要求,组织运力将货物运达目的地。

航空货运生产过程大致分为货物收集、进港、运送、到港和交货等阶段。从生产性质上来看,航空货物运输生产可以分为两大部分,一部分是以货物收集为中心的货运市场组织和管理,另一部分是以货物运送为中心的货物进港、货物运送、货物出港和交付过程。

(1) 运输生产计划　根据航空货运市场调查和预测,估算航空货物在各机场之间的流量和流向,确定本公司的市场目标和市场份额。在此基础上,将制定货物运输生产计划,主要包括运力计划、运输量计划、周转量计划、收入计划以及运输综合计划等。

(2) 货物进出港生产组织与管理　航空货物运输市场销售部门接收的交运货物,一般在机场组织进港和出港生产。相当一部分航空公司委托机场进行进出港的组织和管理,大型航空公司一般在基地机场自行组织货物进出港生产。货物进出港是一个组织严密的生产过程,有严格的工序控制和定时要求,有严格的操作规范和重量指标,包括载重标准、舱位标准、安全标准等。由于涉及的部门多,需要统一组织和协调与密切合作。对于旅客航班的货运生产工序,与客运同步进行,以保证航班正点。

(3) 吨位控制与配载　航空旅客运输通过座位控制来提高乘坐率。座位控制只考虑客舱的可用座位数,整客舱空间的占有费用已计入客票之中。航空货物运输需要通过吨位控制来提高载运率。换言之,货运既要考虑货物的体积,还要考虑货物的重量。因此,吨位控制的任务是通过舱位预订与分配来提高货舱的载运率,避免吨位浪费、超售或装运过载。

由于航空货运可以采用全货机或客货混装型飞机运输,因此,吨位控制和配载管理的原则不完全相同。

①全货机方式运输。采用全货机方式运输时,吨位控制和配载过程比较单一,主要控制货物体积(不能超高、超长)、形状(要易于固定),不能超重。

②客货混装方式运输。客货混装方式运输,由于必须首先考虑运送旅客,因此货运吨位控制和配载要在保证客运的前提下进行。首先必须根据乘客的座位分布情况,按照飞机的配载要求,进行货物的重量和位置控制,在保证飞机飞行平稳安全的前提下充分提高飞机载运率。

无论是航空旅客运输,还是航空货物运输,吨位控制与配载管理是一件非常重要的工作,必须科学、严格地按照飞机的性能指标进行控制,在保证飞机飞行安全的前提下,充分提高生产效率和经济效益。

5.4.5　国际航空运输管理

1) 国家主权和领空主权

航空运输是当代主要的国际运输方式之一。当开展国际航空运输业务时,将涉及领空主权、国家关系、航空法律、运价、航线权、航班等问题,需要通过国际性民航组织来协调。

(1) 国家主权　在国际事务中,尊重国家主权是一个至关重要的原则性问题。国际航空运输的所有活动应建立在这个原则基础之上。一个国家行使它的主权,对在本国领土和领空范围内,国内和国外的所有航空运输活动以及本国航空运输企业在国外的航空运输事务进行管理。

(2) 领空主权　领空是指一国的领陆和领水上空的空气空间,属国家领土不可分割的部分。领空主权是指地面国家对他的领土和领路上空,国家对他的本国领空具有完全的排他的领空主权。

中国陆地领土(包括大陆及其沿海岛屿、台湾及其含钓鱼岛在内的附属各岛屿、澎湖列岛、东沙群岛、西沙群岛、中沙群岛、南沙群岛以及其他一切属于中国的岛屿)、内海、领海的上空为中国的领空。

国家的领空主权主要表现在四个方面:

①国家有权规定准许外国飞机飞入其领空的条件。外国飞机未经许可擅自飞入一国领空,是对该国领空主权的侵犯,对非法入境的军用飞机,该国有权对其采取措施,甚至有权将它击落。

②各国有权制订有关外国航空器在境内飞行的规章制度。各国可指定外国航空器降停的设关机场;规定航空器内发报机的使用;未经许可,外国航空器不得载运军火或武器;禁止或管制在其领土上空飞行的航空器内使用照相机。一般认为,在外国领空进行照相侦察是违法的。

③各国保留国内载运权。各国有权拒绝外国的航空器为了取酬或出租在本国境内进行国内的旅客、邮件和货物运输。

④各国有权设立空中禁区。国家为了安全和军事的需要,有权设立空中禁区,一律限制或禁止其他国家的航空器在其空中禁区飞行。

2) 国际民用航空主要法规

自1918年11月11日第一次世界大战结束以后,各国政府为保护本国的安全和利益,关于建立空中交通秩序、保障航行和旅客安全的呼声日益高涨。自1919年起,在世界各国政府的共同努力下,先后通过了一系列国际性航空公约。

(1)《巴黎公约》　1919年10月23日,在法国巴黎会议上通过了《国际民用航空公约》,即《巴黎公约》。这是国际民航史上的第一部大法,对国际民航的发展产生了重要的影响。它第一次确立了领空主权原则,规定了无害通过领空的权利和限制以及国际航线的规则和条件,并对航空器的分类、国籍登记、适航性、出入境、机组人员执照以及禁运物品等作了具体的规定。

(2)《哈瓦那公约》　1928年2月,在古巴哈瓦那通过的《哈瓦那公约》,对国际商业性航空运输和造成的地面损害赔偿问题达成共识,作出了明确规定。

(3)《华沙公约》　1929年10月通过的《华沙公约》,对航空运输凭证、承运人的责任和管辖权等进行了规定。

(4)《芝加哥公约》 1944年12月,在美国芝加哥修订的《国际民用航空公约》,即《芝加哥公约》。它对国家领空主权和保证国际航行安全等作了进一步明确的规定,对航行技术、行政管理、运输经营等国际性问题,作了详细阐述,成为一部更为广泛接受的航空法典。《芝加哥公约》在1947年开始执行。1971年12月,中国政府承认《芝加哥公约》。

(5)《日内瓦公约》 1948年6月,在瑞士日内瓦通过的《关于国际承认航空器权利的公约》,即《日内瓦公约》,它规定了航空器的拥有权、转让权、租赁权、抵押权、典当权等。

(6)《东京公约》 1963年9月,在日本东京签订的《关于在航空器内犯罪和犯有某些其他行为的公约》,即《东京公约》,为制止航空器内的犯罪行为制定了国际性的制裁依据。1979年2月,中国政府承认《东京公约》。

(7)《海牙公约》 1970年12月,在海牙通过的《关于制止非法劫持航空器的公约》,即《海牙公约》,对共同打击非法劫机犯罪活动达成协议。1980年10月,中国政府承认《海牙公约》。

(8)《蒙特利尔公约》 1971年9月,在加拿大蒙特利尔通过了《关于制止危害民用航空安全的非法行为的公约》,即《蒙特利尔公约》,对共同制止和打击危害航空运输和旅客安全的非法行为制定了更为详细的规定。1980年10月,中国政府承认《蒙特利尔公约》。

3)国际民用航空组织

国际民用航空组织(ICAO)是目前全球公认的最具影响力的国际民用航空运输管理机构,是依据《国际民用航空公约》的要求设立的,是为了协调各国有关民航经济和法律义务关系,并为此制定各种民航技术标准和航行规则的政府间国际组织。

第二次世界大战结束后,为解决民用航空发展中的国际航空运输业务权等国际性问题,1944年11月1日至12月7日,由美国发起,有52个国家参加,在芝加哥召开了第一届国际民用航空会议,与会各方最终达成共识,共同签署了《国际民用航空公约》,简称芝加哥公约。根据国际民用航空临时协定安排,成立了临时的国际民用航空组织。1947年4月4日,《国际民用航空公约》正式生效,同时国际民用航空组织诞生。同年5月,其被联合国正式认可成为旗下的一个专门机构。国际民用航空组织总部设在加拿大的蒙特利尔,其标识参见图5.38。

图5.38 国际民用航空组织标识

(1)国际民用航空组织的机构框架 国际民用航空组织由大会、理事会和秘书处三级框架组成。

大会是国际民用航空组织的最高权力机构。大会由理事会在适当的时间和地点举办,每3年至少召开一次。如遇有特别情况时,经理事会召集或经1/5以上的缔约国向秘书长提出要求,可以随时举行大会特别会议。

理事会是向大会负责的常设机构,由大会选出的 33 个理事国组成,在每届大会上选举产生。理事国分为三类:第一类是在航空运输领域居特别重要地位的成员国,第二类是对提供国际航行设施做出突出贡献的成员国,第三类是区域代表成员国。理事会下设航空运输委员会、航行委员会、财务委员会、防止非法干扰委员会、联营导航委员会和法律委员会。

秘书处是国际民用航空组织的常设行政机构,由秘书长负责保证国际民用航空组织各项工作的顺利进行,秘书长由理事会任命。秘书处下设航行局、航空运输局、法律局、技术合作局、行政局以及财务处、外事处。此外,秘书处有一个地区事务处和七个地区办事处,分设在曼谷、开罗、达喀尔、利马、墨西哥城、内罗毕和巴黎。地区办事处直接由秘书长领导,主要任务是建立和帮助缔约各国实行国际民航组织制定的国际标准和建设措施以及地区规划。

(2) 国际民用航空组织的宗旨和目的 国际民用航空组织的宗旨和目的是促进国际民用航空飞行的规则制定和技术发展,以实现国际民用航空运输的规划和发展目标。具体内容包括:

①保证全世界国际民用航空安全和有秩序地发展;
②鼓励为和平用途的航空器的设计和操作技术;
③鼓励发展国际民用航空应用的航路、机场和航行设施;
④满足世界人民对安全、正常、有效和经济的航空运输的需要;
⑤防止因不合理的竞争而造成经济上的浪费;
⑥保证缔约各国的权利充分受到尊重,每一缔约国均有经营国际空运企业的公平的机会;
⑦避免缔约各国之间的差别待遇;
⑧促进国际航行的飞行安全;
⑨普遍促进国际民用航空在各方面的发展。

以上九条共涉及国际航行和国际航空运输两个方面问题。前者为技术问题,主要是安全;后者为经济和法律问题,主要是公平合理,尊重主权。两者的共同目的是保证国际民航安全、正常、有效和有序地发展。

(3) 国际民用航空组织的主要活动 国际民用航空组织的主要活动包括:

①通过制定《国际民用航空公约》的 18 个技术业务附件和多种技术文件以及召开各种技术会议,逐步统一国际民航的技术业务标准和管理国际航路的工作制度。
②通过双边通航协定的登记,运力运价等方针政策的研讨,机场联检手续的简化,统计的汇编等方法以促进国际航空运输的发展。
③通过派遣专家、顾问,建立训练中心,举办训练班及其他形式,以执行联合国开发计划署向缔约国提供的技术援助。
④管理公海上的联营导航设备。

⑤研究国际航空法，组织拟订和修改涉及国际民航活动的各种公约。

⑥根据缔约国的建议和议事规则，通过大会、理事会、地区会议以及特别会议讨论和决定涉及国际航空安全和发展的各类重要问题。

我国是国际民用航空组织的创始成员国之一。当时的中国国民政府于1944年签署了《国际民用航空公约》并于1946年正式成为会员国。1971年国际民用航空组织通过决议承认中华人民共和国为中国唯一合法代表。1974年我国承认《国际民用航空公约》并参加国际民用航空组织的活动。中国从1974年起连续八次当选为二类理事国，2004年10月2日，在国际民用航空组织第35届大会上，中国以高票首次当选该组织一类理事国，并在蒙特利尔设立中国驻国际民航组织理事代表处。

复习思考题

5.1 民用飞机是怎样分类的？
5.2 军用飞机有哪些类型？
5.3 民用飞机主要由哪些部件构成？
5.4 飞机有哪些主要尺寸数据？
5.5 飞机有哪些主要性能指标？
5.6 飞机的升力是如何产生的？
5.7 飞机的翼型有哪几种？用什么参数来表达其形状特点？
5.8 飞机的机翼平面形状有哪几种？用哪些参数来表达？
5.9 何谓机翼迎角？对机翼压力分布有何影响？
5.10 飞机在飞行时，主要受到哪些空气阻力？
5.11 飞机飞行时，是怎样保持平衡的？
5.12 飞机处于不平衡状态时，是如何受力的？
5.13 何谓飞机的纵向稳定性、方向稳定性和横侧稳定性？飞机的稳定性受哪些因素影响？
5.14 何谓飞机的操纵性？怎样实现飞机操纵性？
5.15 什么是航路、航线、航班？
5.16 空中交通管制的主要任务有哪些？
5.17 航空货运可以分为哪几类？
5.18 航空运输生产保障体系由哪些方面构成？
5.19 什么是领空和领空主权？
5.20 论述《国际民用航空公约》的发展历程。
5.21 国际民用航空组织中的理事国分为哪三类？中国是哪一类理事国？
5.22 国际民用航空组织的宗旨和目的是什么？

6 运输管道

6.1 运输管道的分类

6.1.1 按运输介质分

根据管道运输的介质不同,管道有输油管道、输气管道以及输送固体料浆的管道三类。

1) 输油管道

输油管道是专门输送油品的管道,可分为原油管道和成品油管道两种。

(1) 原油管道　原油一般具有比重大、黏稠和易于凝固等特性。用管道输送时,要针对所输原油的物性,采用不同的输送工艺。原油运输不外是自油田将原油输给炼油厂,或输给转运原油的港口或铁路车站,或两者兼而有之。其运输特点是:输量大、运距长、收油点和交油点少,故特别适宜用管道输送。世界上的原油约有85%以上是用管道输送的。

(2) 成品油管道　成品油管道输送汽油、煤油、柴油、航空煤油和燃料油,以及从油气中分离出来的液化石油气等成品油(油品)。每种成品油在商业上有多种牌号,常采用在同一条管道中按一定顺序输送多种油品的工艺,这种工艺能保证油品的质量和准确地分批运到交油点。成品油管道的任务是将炼油厂生产的大宗成品油输送到各大城镇附近的成品油库,然后用油罐汽车转运给城镇的加油站或用户。有的燃料油则直接用管道输送给大型电厂,或用铁路油槽车外运。成品油管道运输的特点是批量多、交油点多。因此,管道的起点段管径大,输油量大;经多处交油点分输以后,输油量减少,管径亦随之变小,从而形成成品油管道多级变径的特点。

2) 输气管道

输送天然气和油田伴生气的管道,包括集气管道、输气干线和供配气管道。就长距离运输而言,输气管道系指高压、大口径的输气干线。这种输气管道约占全世界管道总长的一半。

3) 输送固体料浆管道

输送固体料浆管道是 1950 年代中期发展起来的,到 1970 年代初已建成能输送大量煤炭料浆管道,其输送方法是将固体粉碎,掺水制成浆液,再用泵按液体管道输送工艺进行输送。

6.1.2 按用途分

运输管道按用途不同又可分为集输管道、输油(气)管道和配油(气)管道三种。

1) 集输管道

集输管道(或集气管道)是指从油(气)田井口装置经集油(气)站到起点压力站的管道。主要用于收集从地层中开采出来的未经处理的原油(天然气)。

2) 输油(气)管道

以输气管道为例,它是指从气源的气体处理厂或起点压气站到各大城市的配气中心、大型用户或储气库的管道,以及气源之间相互连通的管道,输送经过处理符合管道输送质量标准的天然气,是整个输气系统的主体部分。天然气依靠起点压气站和沿线压气站加压输送,输气压力为 $(700 \sim 800) N/cm^2$,管道全长可达数千公里。

3) 配油(气)管道

对于油品管道来说,它是指在炼油厂、油库和用户之间的管道;对于输气管道来说,是指从城市调压计量站到用户支线的管道,压力低、分支多、管网稠密、管径小,除大量使用钢管外,低压配气管道也可用塑料管或其他材质的管道。

6.1.3 按制造材料分

根据管道制造材料不同,管道分为橡胶管道和钢制管道等。

6.1.4 按动力驱动机械分

根据动力驱动机械的不同,管道分为蒸汽机驱动管道、内燃机驱动管道、电动机驱动的高速离心泵管道以及燃气轮机驱动的管道等。

6.2 输油管道

6.2.1 油品输送方法

油品的输送方法根据油品性质和管道所处的位置确定。轻质成品油和低凝固点、低黏度的原油常采取等温输送方法,即炼油厂或油田采出的油品直接进入管道,其输送温度等于管道周围的环境温度。油品开始进入长输埋地管道时的温度可能不等于入口处的地温,但由于输送过程中管内油品与周围介质间的热交换,在沿线大部分管段中,油温将等于地温。对轻质成品油大多采用顺序输送方法;对易凝高黏油品目前常用加热、掺轻油稀释、热处理、水悬浮、加改性剂和减阻剂等输送方法。

1) 油品顺序输送方法

油品顺序输送是在一条管道中按一定顺序连续输送多种油品的管道输油工艺。顺序输送的油品主要是汽油、煤油、柴油等轻质油品类,以及液化石油气类和重质油品类。同类油品中不同规格或不同牌号的油品,也可按批量顺序输送;不同油田、不同性质的原油,按照炼制要求也可以采取分批顺序输送。根据油品顺序输送的要求,不同的油品之间可以用隔离器或隔离液隔离的方法输送,也可以用相邻的不同油品直接接触的方法输送。这两种方法都会产生混油现象。采用何种方法,由管道的起伏条件和允许混油量等而定。多种油品采用顺序输送与采用多条单一油品管道输送相比,具有明显的经济效益,且产生的混油可以采取技术措施予以处理。因此,油品顺序输送已成为成品油长距离管道输送的主要方式。

2) 易凝高黏油品输送方法

易凝油品是指凝固点高于管道所处环境温度的高含蜡量的原油和重油;高黏油品是指在温度为50℃的条件下其黏度值高达数泡(1泡$=1$ cm^2/s, st)的油品。这两类油品的输送须采用降黏和减阻等管道输油工艺。

易凝高黏油品常采取降黏和减阻等方法输送,目前主要方法有:

(1) 加热 加热油品,以提高蜡和胶质在油中的溶解度,使其在管道输送时不凝、低黏,以降低输油动力消耗的管道输油工艺。目前,世界上的易凝高黏油品输送一般都采用加热输送。加热的油品沿管道流动,其热量不断地向周围介质释放,油温不断下降。长距离输送加热的易凝高黏油品,需要沿管道设置若干加热站,补充油品沿线损失的热量,以维持适宜的输送温度。

(2) 高速流动 利用油品在管道中高速流动时产生的摩擦热,使油品保持在一定的温度范围内输送。

(3) 稀释 将易凝高黏油品与低凝原油、凝析油或轻馏分油混合输送,以减少输送时的摩阻,并降低油品的凝固点。

(4) 改变蜡在油品中的结构形态 在蜡晶形成和长大过程中,加热温度的高低、冷却速度的快慢、剪切力大小或搅动作用的强弱都会影响结晶形态。因此,常常利用热处理方法,将油品加热到某一温度后,按一定条件和速度冷却,使蜡在重新结晶时形成强度较低的网络结构,从而降低凝固点,改善流动性。

(5) 用水分散易凝高黏油品或改变管壁附近的液流形态 一般采用水悬浮和乳化降黏两种方法。水悬浮是将易凝油品注入温度远低于凝固点的水中,形成凝油粒与水组成的悬浮液,输送时摩阻仅略大于水。在终点将悬浮液加热并添加破乳剂进行油、水分离,然后脱水。这种输送方法正常运行的关键是保证悬浮液的稳定。乳化降黏方法是将表面活性剂水溶液或浓度$0.05\%\sim0.2\%$的碱性化合物加入高黏油中,在适当的温度和剪切力作用下,形成水包油型乳化液,可显著降低高黏原油的黏度。这种方法目前常用于高黏原油的输送。

6.2.2 输油管道的组成

长距离输油管道由输油站和管线两大部分组成,如图 6.1 所示。输送轻质油或低凝点原油的管道不需加热,油品经一定距离后,管内油温等于管线埋深处的地温,这种管道称为等温输油管,它无须考虑管内油流与周围介质的热交换。对易凝、高黏油品,不能采用这种方法输送,因为当油品黏度极高或其凝固点远高于管路周围环境温度时,每公里管道的压降将高达几个甚至几十个大气压,这种情况下,加热输送是最有效的办法。因此,热油输送管道不仅要考虑摩阻的损失,还要考虑散热损失,输送工艺更为复杂。

1)输油站

输油站包括首站、末站、中间输油站等。输油管道的起点称为首站,其任务是集油,经计量后加压向下一站输送,故首站的设备除输油机泵外,一般有较多的油罐。输油管道沿途设有中间输油站,其任务是对所输送的原油加压、升温,也俗称中间泵站,主要设备有输油泵、加热炉、阀门等设备。输油管道末站接受输油管道送来的全部油品,供给用户或以其他方式转运,故末站有较多的油罐和准确的计量装置。

2)管线

输油管道的线路(即管线)部分包括:管道、沿线阀室、穿越江河、山谷等的设施和管道阴极防腐保护设施等。为保证长距离输油管道的正常运营,还设有供电和通信设施。

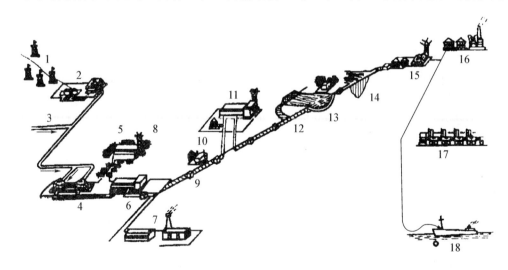

1—井场;2—输油站;3—来自油(气)田的输油管;4—首站罐区和泵房;5—全线调度中心;6—清管器发放室;
7—首站锅炉房;8—微波通信塔;9—线路阀室;10—维修人员住所;11—中间输油站;12—穿越铁路;
13—穿越河流;14—跨越工程;15—车站;16—炼油厂;17—火车装油线桥;18—油轮码头

图 6.1 长距离输油管道的组成

6.2.3 输油管道的主要设备

输油管道的主要设备有:输油泵、原动机(动力机组)、加热装置、储油罐、清管装置、管道系统、计量及标定装置等。

1) 输油泵

输油泵是一种将机械能(或其他能)转化为液体能的液力机械,它也是国内外输油管线广泛采用的原动力设备,是输油管线的心脏。输油泵的种类较多,按工作原理,可将其分为叶片式泵(如离心泵、轴流泵等)、容积式泵(如齿轮泵、螺杆泵等)和其他类型泵(如射流泵、水锤泵等)三类。大型的输油泵可采用多级离心泵串联工作,每级的扬程可高达 500~600 m。国内铁大线(铁岭—大连的原油管道)采用的 KS 型单级离心泵扬程达 190 m,排量达 3 000 m³/h。

离心泵的种类也很多,按泵轴位置可分为卧式泵、立式泵;按叶轮级数可分为单级泵与多级泵;按压力可分为低压泵与高压泵;按用途可分为井用泵、电站用泵、化工用泵、油泵等等。

离心泵通过离心力的作用完成介质的输送任务,其结构如图 6.2 所示。当泵内充满液体时,叶轮旋转产生离心力,叶轮槽中的液体因此被甩向外围而流进泵壳,使叶轮中心压力降低并低于水池叶面压力,液体在此压力差下由吸入池流进泵壳,通过泵的不断吸入和压出,完成液体输送。

从结构上看,离心泵由吸入机构、过流部件、导流机构、密封部件、平衡部件、支承部件及辅助机构部分组成。吸入机构与导流机构组成泵壳,过流部件的轴、叶轮、轴套及轴上的部件组成了泵的转子部分。

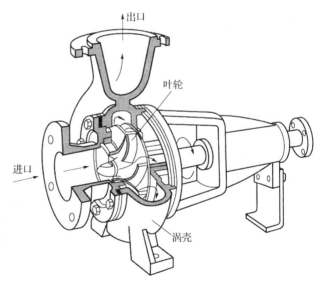

图 6.2 离心泵的构造

蜗壳式泵体与泵盖组成泵壳,它是液体的导入机构。蜗壳应有足够的强度和刚度,流道的铸造要光洁,连接处不能有错缝。这种泵壳的导流机构中,液体流断面是由小到大呈螺旋形,故称蜗壳式。壳体的上半部称泵体,下半部称泵盖。

对转子部分来说,其关键是要减少振动,保证转子平衡。一般平衡轴向力的机构和机械密封的组合件等均套装在轴上。由不平衡重量产生的离心力不应超过转子重量的 2%~3%。叶轮除考虑机械强度外,还要考虑耐磨和耐腐蚀性能。

离心泵应具有良好的密封性能,包括转子轴伸部分与固定壳体间的密封(也称轴端密封)和泵内高低压腔的密封。

离心泵的工作特点是:

①排量大,压力平稳,其排量随排出压力的增大而减小,排出压力的最高值就是排量为零是泵的扬程,故运行安全,并可实现各泵站间的密闭输送。

②构造简单,便于维修,能用高速动力机械如电动机等直接驱动,而且在高速、大排量下效率较高,可达 80%~88%,但泵的效率和工作特性受所输液体的黏度影响较大,黏度大时泵的效率下降。

③自吸能力差,大排量、高扬程的离心泵常要求正压进泵。

由上述特点可知,离心泵适宜于上述排量大、黏度较低的液体。在我国目前的长输管道和油田、炼厂中,当所输油品的黏度小于 200 mm^2/s 时,大都用离心泵输油。

目前国内输油管道采用的输油泵主要有:400KD 型、DKS 型、KS 型、SH 型、D(DA)型、Y(YS)型、DY 型等。

2)原动机

驱动输油泵的原动机有电动机、柴油机和燃气轮机等。

由于电动机与其他原动机相比,具有价廉、轻便、体积小、效率高、维护管理方便、工作平稳、易于控制、防爆安全性等优点,因此,电动机的应用最为广泛。

但是,一个大型输油泵站所需的电动机功率可达 1 万 kW 或更大,其输、变电和配电设备都相对可观,在离电源较远或电力供应不足处,如需新建电厂或发电装置来给输油站供电时,采用电驱动就不一定合理了。电驱动的另一缺点是输油的可靠性受供电可靠性的制约,一旦电源停电,就可能造成一站停输,甚至全线输油中断。

因此,在供电困难的地区,根据实际情况选用柴油机或汽轮机来驱动输油泵,可能比电动机更适宜,如我国西北地区的长输管道大部分是用柴油机做原动机的。由于大功率的柴油机往往转速不高,不能与大型离心泵直接传动,高速柴油机又大都对燃料要求严格,检修周期短,维修工作量大。目前,国外在缺电的长输泵站上已逐渐采用燃气轮机来驱动离心油泵,如美国 1977 年建成的横贯阿拉斯加的管道,就是用功率为 9 928.56 kW 的航空燃气轮机驱动转速为 3 250 r/min 的离心泵。在泵站上建原油分馏装置,从管道中抽出部分原油经分馏后,取其中间馏分做燃料,其余的仍压回管道。

3)加热装置

加热输送是目前输送易凝高黏原油普遍采用的方法,在输油站上可能采用三种加热原油的方式:一是用管式加热炉直接加热;二是用加热炉加热某种中间热载体,再在换热器中用热载体加热原油;三是利用动力装置的余热,如柴油机的冷却水或燃气轮机的废气与原油换热。

加热炉直接加热设备简单、投资省、应用较多,但受原油加热温度和炉膛结构的限制,炉子的热效率较低。由于原油在炉管内直接受热,一旦因停电、停泵而使原油断流时易造成事故。用换热器加热原油可避免上述不安全因素,且有利于提高加热炉的效率,但流程复杂,设备投资增加。

加热炉一般由四个部分组成,即辐射室(炉膛)、对流室、烟囱和燃烧器(火嘴)。加热方法有直接加热和间接加热两种方式。直接加热方法是使原油在加热炉炉管内直接加热,即低温原油先经过对流室炉管被加热,再经辐射室炉管被加热到所需要的温度。直接加热炉的工作流程如图6.3所示。

辐射室为炉内前墙与挡火墙间的空间。从燃烧器内喷出的燃料在辐射室内燃烧,由于火焰温度可达1 500～1 800℃,故不能直接冲刷炉管,热量主要以辐射方式传送。加热炉热负荷的70%左右在辐射室内传递。火焰放出一部分热量后成为700～900℃的烟气进入对流室,再以对流方式将另一部分热量传给对流室炉管内流动着的原油。对流室一般比辐射室小,但较窄较高,可设多排蒸汽管或热水管,燃烧产生的高温火焰以辐射换热方式使热量通过辐射室炉管传给管内流动着的原油。辐射室的侧壁、底部或顶部安装有燃烧器(俗称火嘴),可提供燃烧用的燃料和空气。火嘴是加热炉中的主要部件。输油用加热炉中常用的火嘴为以原油为燃料的燃油型火嘴,原油以雾化形式从火嘴喷出。最后,烟气携带相当输量的热量经烟囱排入大气。有时,对流室与烟道间可设热水炉,其热水可供站内管道伴热、油罐加热或生活采暖。

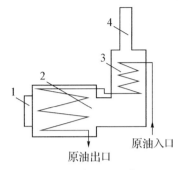

1—燃烧器(火嘴);2—辐射室;
3—对流室;4—烟囱

图6.3 直接加热炉流程图

目前,我国用得较多的是管式加热炉,它操作方便、成本低,可以连续、大量地加热原油(重质油),获得了广泛的应用。管式加热炉有多种炉型,如石油工业早期使用的、较为简单的箱式炉(方箱炉)以及斜顶炉、圆筒炉、间接式加热炉等。箱式炉结构简单、操作容易、取材方便,但占地大、施工周期较长、效率较低。斜顶炉有单斜顶和双斜顶之分,它为补足方箱炉膛中气体充满度不佳的缺陷而将炉顶改为倾斜方向,改善了箱式炉炉内受热不够均匀的问题。圆筒炉是输油管道上常用的另一种加热炉,有卧式和立式两种。其结构较紧凑,可减少占地面积和钢材耗用量,且烟气由下向上,流向合理,热效率较高,但不太适合野外分散的施工作业,多在炼油厂使用。

4) 储油罐

油罐按建造方式可分为地下油罐(罐内油品最高液面比邻近自然地面低0.2 m以上者)、半地下油罐(油罐高度的2/3左右在地下)和地上油罐(油罐底部在地面或高于地面者)三种;按建造材料分为金属油罐、非金属油罐两种;按罐的结构形式分为立式圆柱形油罐、卧式油罐、双曲率形油罐三类。在立式圆柱形油罐中,非金属油罐有砖砌油罐、预应力钢筋混凝土油罐等;金属油罐则有锥顶油罐,如图6.4(a)所示;悬链式无力矩顶油罐,如图6.4(b)所示、拱顶油罐、浮顶油罐及套顶油罐等类型。

一般而言,应用较广的是钢质金属油罐,安全可靠,经久耐用,施工方便,投资省,可储存各种油品。非金属油罐大都建造在地下或半地下,用于储存原油或重油,容积较小，易于搬迁，油品蒸发比钢罐低，抗腐蚀能力亦比金属罐强；其缺点是易渗漏，不适合储存轻质油品，且当罐底发生不均匀沉陷时易产生裂纹，且难以修复。

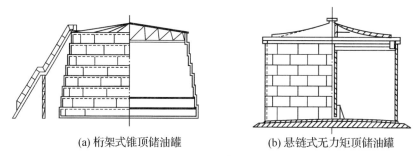

(a) 桁架式锥顶储油罐　　　　　　(b) 悬链式无力矩顶储油罐

图 6.4　储油罐的类型

5）管道系统

输油系统一般采用有缝或无缝钢管，大口径者可采用螺旋焊接钢管。无缝钢管壁薄、质轻、安全可靠，但造价高，多用于工作压力高、作业频繁的主要输油管线上。无缝钢管的规格标称方法是：外径×壁厚，如 $\Phi 108 \times 4$ 表示外径为 108 mm、壁厚为 4 mm 的无缝钢管。无缝钢管常用碳素结构钢轧制，常用 10～45 号钢，长度在 4～12 m，承受压力在 200～400 N/cm^2。

焊接钢管又称有缝钢管，是目前输油管路的主要用管。制造材料多为普通碳素钢和合金钢，制造工艺有单面焊和双面焊两种，一般可耐压 300～500 N/cm^2。其规格标称方法采用公称直径的毫米或英寸数，如 DN100 表示公称直径 100 mm 管（即 4 in 管）。

在管道铺设过程中要注意选择合适的方案。一般的，为防止管道受地面上各种负荷可能引起的损害，保证管道在热应力下的稳定性，管道埋深应不小于 0.8 m，在穿越河流、铁路与公路干道时应更深些；同时，应略低于冰冻线处，这对等温输送管道尤为重要。在地下水位较低、施工方便的高寒地区，可取较大的埋深；而对地下水位较高、土壤腐蚀性强的地段，应考虑将管道铺设在地下水位以上。

6）清管装置

油品在运输过程中，管道结蜡使管径缩小，造成输油阻力增加、能力下降，严重时可使原油丧失流动性，导致凝管事故。处理管道结蜡有效而经济的方法是机械清蜡，即从泵站收发装置处放入清蜡球或其他类型的刮蜡器械，利用泵输送原油在管内顶挤清蜡工具，使蜡清除并随油输走。进行管道清蜡要求不导致管道明显变形，且清蜡工具易通过；同时，清蜡器具应有足够强度，在清蜡过程中不易变形和损坏。

清管器按功能可分为清蜡、封堵、检测三类。前两类清管器按结构也可分为皮碗式、球式、泡沫式和机械清管器四种。我国目前普遍应用的有机械清管器和泡沫清管器两类。机械清管器构造，如图 6.5 所示。它刮蜡效果好，使用寿命长，但遇到变形的管道和障碍物时通过能力较差，且较笨重。泡沫清管器的优缺点则相反，通常用于估计有较大变形的管道。

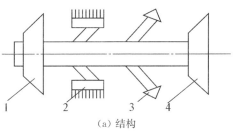

(a) 结构　　　　　　　　　　　　　(b) 外形

1—前皮碗；2—钢刷；3—刮板；4—后皮碗

图 6.5　机械式清管器

7）计量装置

正确、及时地计量交接是油品运输过程的重要环节，不仅如此，在现代化的输油管道上，流量计已成为监视输油管运行的关键仪表，根据它调整全线的运行状态，发现漏泄，在顺序输送的管道上计算隔离球的位置以切换油罐，及确定投放隔离球的时间等。

应根据所输油品的性质（黏度、透明度等）、输送温度、流量及流速的变化范围、计量要求（精度、瞬时流量、累积流量等）和仪表的安装环境等条件来选择所需的流量计。原油管道上常用的是各种容积式流量计，如罗茨流量计、齿轮流量计等。轻油管道上涡轮流量计用得较多。

管道首、末站的计量标定系统一般由流量计、过滤器（有时还包括消气器）、温度及压力测量仪表、传输计量信息的监控系统和标定装置等组成。

8）标定装置

标定装置是用来定期检定流量计精度的，常用的是标准体积管。如图 6.6 所示为

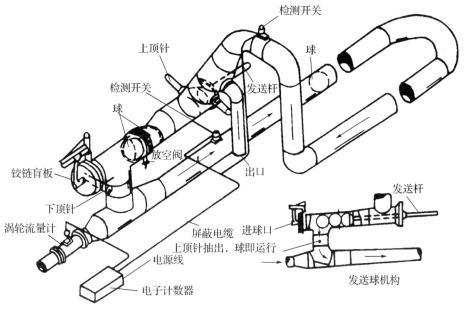

图 6.6　三球式 U 型管标定装置

三球式 U 型管标定装置,该装置上两个检测开关之间的管段为经过严格测定的已知的标定体积。当球在油流的推动下通过第一个检测开关时,脉冲发生器发出和流量计同步的脉冲,电子计数器开始计数;当球通过第二个检测开关时停止计数,球通过两个检测开关之间所累计的脉冲数,被标定装置的已知体积除,即得流量计的流量系数(一个脉冲数所代表的通过量)。

国际规定商用流量计的精度为±0.2%,标定装置的精度要比流量高一个数量级。为确保计量精度,在更换油品种类时必须对流量计重新标定。对同一种油品在运行一段时间后也要定期标定。

6.2.4 油品输送流程

管道沿线上下两泵站之间的连接方式,可分开式流程和密闭流程两种(见图 6.7)。

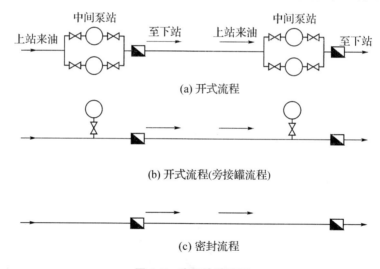

图 6.7 油品输送流程

1) 开式流程

开式流程是指上站来油通过中间泵站的常压油罐输往下站的输送流程。最初的开式流程,如图 6.7(a)所示,每个中间泵站有不少于两个的油罐。上站来油先进入收油罐,再进入发油罐,使上站来油压力泄为常压,站内油泵从发油罐抽油输往下站。收发油罐可互相倒换使用,借此调节上下游泵站输量的不平衡,并可用于计量各站的输油量。目前,采用的开式流程,如图 6.7(b)所示,是上站来油直接进入油泵的进口汇管,与汇管旁接的常压油罐仅用于缓冲上、下游泵站输量的不均衡,根据旁接罐油面的升降来调节输量,不作计量用。开式流程的各泵站只为站间管道提供压力能,不能调制各泵站的压力。

2) 密闭流程

从 1940 年代开始,随着输油自动化水平的提高和离心泵的广泛采用,输油管道逐渐改用密闭流程,如图 6.7(c)所示。密闭流程是中间泵站不设油罐,上站来油直接进泵,沿管道全线的油品在密闭状态下输送。全线各泵站是相互串联工作的水力系统,所以各站输量相等。同开式流程相比,密闭流程的优点是:①避免油品在常压油罐中的蒸发损耗;②减少能量损失,站间的余压可与下站进站压力叠加;③简化了泵站流程;④便于全线集中监控;⑤在所要求的输量下,可统一调配全线运行的泵站数和泵机组和组合,从而最经济的实现输油目的。但密闭流程运行时,任何一个泵站或站间管道工作状况的变化,都会使其他泵站和管段的输量和压力发生变化,这就要求管道、泵机组、通信和监控系统有更高的可靠性。

6.3 输气管道

6.3.1 输气管道的组成

输气管道系统主要由矿场集气管网、干线输气管道(网)、城市配气管网以及与此相关的站、场等设备组成。这些设备从气田的井口装置开始,经矿场集气、净化及干线输送,再经配气管网送到用户,形成一个统一的、密闭的输气系统,如图 6.8 所示。

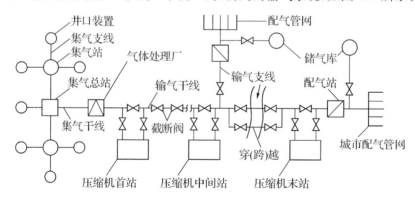

图 6.8 输气管道的组成

6.3.2 输气管道的主要设备

输气管道的主要设备包括矿场集气、输气站、干线输气和城市配气四部分。

1) 矿场集气

集气过程指从井口开始,经分离、计量、调压、净化和集中等一系列过程,到向干线输送为止。集气设备包括井场、集气管网、集气站、天然气处理厂、外输总站等。

一般气田的集气有单井集气和多井集气两种流程。单井集气方式下的每一口井场除采气树外,还有一套独立完整的节流(加热)、调压、分离、计量等工艺设施和仪表设备。多井集气方式下,主要靠集气站对气体进行节流、调压、分离、计量和预处理等工作,井场只有采气树;气体经初步减压后送到集气站,每一个集气站可汇集不超过10口井的气体。集气站将气体通过集气管网集中于总站,外输至净化厂或干线。多井集气处理的气体质量好,劳动生产率高,易于实现管理自动化,多用于气田大规模开发阶段。

单井集气与多井集气都可采用树枝形或环形集气管网。环形管网可靠性好,但投资较大。由于气井井口压力较高,集气管道工作压力一般可达 $1×10^7$ MPa 以上。

2) 输气站

(1) 类型　长输管道的输气站,可按其作用不同分为压气站、调压计量站和储气库三种。

① 压气站。压气站是给天然气提供压力能的,可按其在管道沿线的位置分为起点压气站、中间压气站及终点充气站(储气库)。

起点站除提供压力能外,还兼有气体净化、混合、计量、压力调节和清管器发送等作业。

中间压气站主要是给沿线消耗了压力能的气体增压,其工艺流程的主要部分与中间输油站类似,除正常输送时的增压外,还包括越站旁通、清管器接收及发放、安全泄压等,不同的是其压气机机组的控制和辅助系统,要比输油泵机组复杂得多。

② 调压计量站。调压计量站一般都设在输气管道的分输处和末站,任务是调节气流压力和测量气体流量,以给城市配气系统分配气量及分输给储气库。有时还需监测气体的质量。调压计量站的主要设备有压力调节阀、流量计量装置和机械杂质分离器等。

③ 储气库。储气库设于管道沿线或终点,是为解决管道均衡输气和气体消费的昼夜及季节不均衡的矛盾而建立的。为确保管道能经常在高效率的最佳输量下运行,以及当管道发生故障时仍能连续给用户供气,常需在城市配气站或大工业用户附近建储气库,以便在用气负荷低峰时储存管道输来的多余的气体,在用气负荷高峰时补充管道来气量的不足。

除液态储存外,储存天然气的方式有地下储气、埋地高压管束储气和利用长输管道的末段储气等。地下储气库有用枯竭的油、气田构造、含水地层和人工盐岩穴等三种,其中以利用枯竭的油气田构造储气最为经济。

地下储气库的地面设施,分注气及采气两部分。长输管道的终点充气站就是储气库的注气站,由充气站的压气机将气体加压注入地下储库中,用气时利用同一套管系将天然气从储气库中采出,经加热脱水后进入输气管道。

(2) 压气机　压气机组是压气站的主要设备。用于长输管道的压气机有往复式和离心式两种。

① 往复式压气机。往复式压气机压缩比(压气机出口和进口压力之比)高,效率也高,便于调节排量;但排量较小,占地面积大,振动也大,一般用于要求升压幅度较大的起点压气站或终点充气站。

② 离心式压气机。在输量较大的长输管道上,目前大都采用离心式压气机。一台

离心式压气机的排量可达 $15\times10^6\sim40\times10^6$ 标 m^3/d,比往复式压气机的排量大数十倍,且结构较小、简单轻便。单级离心式压气机的压缩比一般为 $1.05\sim1.50$,为保证输气管的最优工作压力,可用两台或三台离心式压气机串联工作。

离心式压气机可在固定排量和可变压力下运行,故特别适用于中间压气站。多台压气机可用并联或串联方式运行,需要高压比、小排量时用串联;低压比、大排量时用并联。除了可用调节转速来改变压气机的工作特性外,还可以用更换压气机的叶轮和扩压器,来改变压气机的排量和压缩比。

(3) 原动机　驱动压气机的原动机有燃气发动机、电动机和燃气轮机三种。

燃气发动机虽然热效率高(约35%左右)、燃料耗量低(7 355 kW 燃气发动机的天然气消耗约为 $0.18\sim0.2\ m^3/Hp\cdot h$,但设备复杂,投资和安装费高,已逐渐为燃气轮机所代替。

燃气轮机是目前输气管道上使用最多的原动机,体积小,运行可靠,转速高,可与压气机直接传动,能用多种油品或天然气作燃料。可在额定转速的 70%～110% 范围内变速,便于调节压气机的工作特性,也便于自控。其主要缺点是热效率低,仅 20%～30%,必须附设余热回收装置以提高其效率。

电动机由于调速困难、操作灵活性差,敷设大功率的供电线路投资又大,故一般只用于距电源近、电价低廉的地区。

3) 干线配气

干线是指从矿场附近的输气首站开始到终点配气站为止。

由于输气管道输送的介质是可压缩的,其输量与流速、压力有关。压气站与管路是一个统一的动力系统。压气机的出站压力就是该站所属管路的起点压力,终点压力为下一个压气站的进站压力。一般地,输气管线可以有一个或多个压气站。

当只有一个压气站时,系统工作点可由压气站及全线管路的工作特性来确定。不过,系统工作点并非是一成不变的,而是随压气站与管路工作特性、输气管线工作条件(如地温)变化而变化的。输气管与压缩机的选用要考虑使系统工作点在压缩机的高效区内,且工作点压力不超过管道工作的最大压力。

当全线有多个压气站时,在确定工作点之前应确定压气站数和站间距离。在生产中,由于各压气站需要消耗一定数量的天然气(动力与生活用气),输气干线从起点到终点的压力是逐渐下降的。若沿线有分气或进气,则各压气站的流量也可能不同。全线所需要的压气站数和站间距应根据实际情况通过压力计算确定。压气站数可根据管线起终点最大供气量、压气站最大出站压力、全线管长、末段管线长度、压气机性能、输送介质等因素来初步确定,再根据地形、地址、水、电、交通等条件最终确定。一般地,压气站数与站址确定后,压缩机与管路工作点即可确定。工作点的流量应大于或等于输气管的任务输量,否则应调整布站。

一般来说,在各种影响因素中,管径 D 对流量 Q 影响最大,其他因素不变时,Q 与 D 的 2.53 次方成正比;管径增大 1 倍,流量可增加 4.776 倍;其他参数不变时,要增加同样多的流量,则管长要缩短为原来管长的 1/31,或平均温度下降到原来温度的 1/31。故加大管径是提高输量的最有效途径之一。影响输量的另一重要因素是压力,高压输气比低压输气有利,即在相同的压差下,同时提高起点和终点压力能提高输气量,提高起点压力或降低终点压力也能提高输气量;但前者效果更好。此外,温度的提高也有利于提高输气量。

总的说来,高压、大管径是长距离输气管道发展的方向。

4) 城市配气

城市配气指从配气站(即干线终点)开始,通过各级配气管网和气体调压所按用户要求直接向用户供气的过程。配气站是干线的终点,也是城市配气的起点与枢纽。气体在配气站内经分离、调压、计量和添味后输入城市配气管网。城市配气管网形式可分树枝形和环形两类,按压力则可分高压、次高压、中压和低压四级。由于不同级别的管网上管道等设施的强度不同,上一级压力的管网必须调压后才能输向下一级管网。城市一般均设有储气库,可调节输气与供气间的不平衡。例如,当输气量大于城市供气量时,储气库储存气体,否则输出气体。

6.3.3 管道输气流程

来自气井的天然气先在集气站进行加热、降压、分离、计量后进入天然气处理厂,脱水、硫化氢、二氧化碳,然后进入压气站,除尘、增压、冷却,再输入输气管道。在沿线输送过程中,压力逐渐下降,经中间压气站增压,输至终点调压计量站和储气库,再输往配气管网。气田井口压力降低时,则需建矿场压气站增压。输气管道系统流程,如图 6.9 所示。

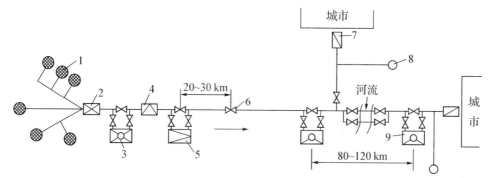

1—井口装置;2—集气站;3—矿场压气站;4—天然气处理厂;5—首站压气站;6—截止阀;
7—调压计量站;8—地下储气库;9—末站压气站

图 6.9 管道输气流程

输气管道沿线各压气站与管道串联构成统一的密闭输气系统,任何一个压气站工作参数发生改变都会影响全线。因此,必须采取措施统一协调全系统各站的输量和压力,如调节各站原动机的转速、改变压气机工作特性和采用局部回流循环等,以保持压气机出口压力处于定值,并保障管道、管件和设备处于安全运行状态。

6.4 输浆液管道

用管道输送各种固体物质的基本措施是将待输送固体物质破碎为粉粒状,再与适量的液体配置成可泵送的浆液,通过长输管道输送这些浆液到目的地后,再将固体与液体分离送给用户。目前浆液管道主要用于输送煤、铁矿石、磷矿石、铜矿石、铝矾土和石灰石等矿物,配制浆液主要用水,还有少数采用燃料油或甲醇等液体作载体。美国于1970年建成439 km黑梅萨煤浆管道,管径有457mm和305mm两种,但该管道于2005年超过设计年限后停运。巴西于1977年建成萨马科铁矿浆管道,全长400km。中国将于2020年建成世界最长的运煤管道——神渭输煤管道,北起神木红柳林煤矿,南至蒲城,纵贯陕西省榆林、延安和渭南3市16个区县,总投资73亿元,管道全长748 km,设计年运煤能力1 000万吨。随着固体料浆管道在技术上不断成熟,固体浆液管道运输正在日益发展。如神渭输煤管道采用湿法磨煤技术,将神木境内优质的气化用烟煤制成浓度为53%的常规水煤浆,经5级加压泵站后,将煤浆通过管道送往水煤浆接收站。管道输送固体物质已成为经济、可靠的方法之一。

6.4.1 浆液管道的组成

固体料浆管道的基本组成部分与输气、输油管道大致相同,但还有一些制浆、脱水干燥设备。以煤浆管道为例,整个系统包括煤水供应系统、制浆厂、干线管道、中间加压泵站、终点脱水与干燥装置。它们也可分为三个不同的组成部分:浆液制备厂、输送管道、浆液后处理系统。

浆液制备厂负责将固体物料破碎成粉粒状,与适量的液体配制成可泵送的浆液;输送管道将浆液制备厂制成的浆液输送到浆液的后处理系统,进行浆液的处理,包括颗粒的脱水、干燥和水处理等。

6.4.2 浆液管道的主要设备

浆液管道的主要设备包括浆液制备系统、中间泵站、后处理系统等。

1) 浆液制备系统

以煤为例,煤浆制备过程包括洗煤、选煤、破碎、场内运输、浆化、储存等环节。为清除煤中所含硫及其他矿物杂质,一般要采用淘选、浮选法对煤进行精选,也可采用化学法或细菌生物法。图6.10所示为黑梅萨煤浆管道的制浆流程。

从煤堆场用皮带运输机将煤输送至储仓后,经振动筛粗选后进入球磨机进行初步破碎,再经第二级振动筛筛分后进入第二级棒磨机掺水细磨,所得粗浆液进入储浆槽,由提升泵送至安全筛筛分,最后进入稠浆储罐。在进行管输前,为保证颗粒级配和浓度符合质量要求,可用试验环管进行检验。不合格者可返回油罐重新处理。

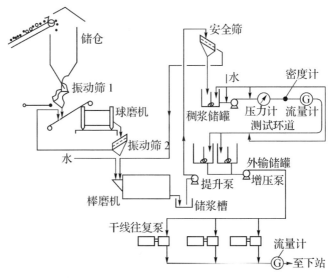

图 6.10 煤浆制备流程

煤浆管道首站一般与制浆厂合在一起,首站的增压泵从外输罐中抽出浆液,经加压后送入干线。停输后则由该泵冲洗下游的管道。

2) 中间泵站

中间泵站的任务是为煤浆补充压力能,停运时则提供清水冲洗管道。输送煤浆的泵也可分容积式与离心式两种,其特性差异与输油泵大致相同。泵的选用要结合管径、壁厚、输量、泵站数等因素综合考虑。

为了减小浆液对活塞泵缸体、活塞杆、密封圈的磨蚀,国外研制了一种油隔离泵,可避免浆液进入活塞缸内,活塞只对隔离油加压并通过它将压力传给浆液。

3) 后处理系统

煤浆的后处理系统包括脱水、储存等部分。管输煤浆可脱水储存,也可直接储存。脱水的关键是控制煤表面的水含量,一般应保证在 7%~11%。

影响脱水的因素主要有浆液温度与细颗粒含量。图 6.11 所示描述了一般的煤浆脱水流程。浆液先进入受浆罐或储存池,然后再用泵输送到振动筛中区分为粗、细浆液。粗浆液进入离心脱水机,脱水后的煤粒可直接输送给用户,排出的废液输入浓缩池与细粒浆液一起,经浓缩后再经压滤机压滤脱水,最后输送给用户。

由于管道中流动的浆液是固液两相的混合物,其输送过程中除了要保证稳定流动外,还要考虑其沉淀的可能,尤其是在流速降低情况下。不同流速、不同固体粒径及浓度条件下,浆液管道中可能出现均质流、非均质流、半均质流三种流态。非均质流浓度分布不均,可能会出现沉淀,其摩阻高,输送费用大。

从整个系统来看,要保证系统的经济性需要考虑并确定合理的颗粒大小及浆液浓度。细颗粒含量多时虽然可以降低管输费用,但制浆、脱水费用将会增加。

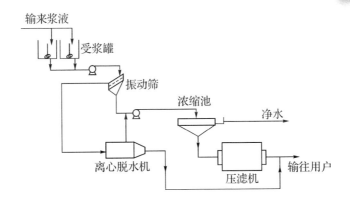

图6.11 煤浆的后处理系统

复习思考题

6.1 简述运输管道的类型。

6.2 输油管道由哪些部件组成？简述其工作过程。

6.3 简述油品输送流程。

6.4 输气管道由哪些部件组成？

6.5 输气站有哪些类型？压气机是怎样工作的？

6.6 简述管道输气流程。

6.7 试述浆液管道的组成及特点。

7 其他载运工具

7.1 汽车列车

汽车列车是由牵引车和一辆或一辆以上的挂车组成的。一般来说,牵引车是汽车列车的驱动部分,挂车是被拖曳部分或从动部分。由于自走式挂车的出现,这种区分已不十分严格了。但为了叙述的方便,仍然将有动力装置的部分称为牵引车,与其相连或被拖曳的车简称为挂车。

7.1.1 汽车列车的用途

汽车列车是公路运输中重要的车辆之一,是发展公路运输、提高经济效益最有效而简单的重要手段。汽车列车可以是专用汽车中的厢式、罐式、自卸式、起重举升式、仓棚式及特种车辆的任何一种。它具有其他运输方式无法代替的迅速、机动、灵活、安全的优势,能完成其他运输所不能或难以完成的超高、超宽、超长、有特定要求的物资运输。对高大货物运输具有高效、低耗、及时、灵活的特殊优点。因此,汽车列车早已成为经济发达国家的主要公路运输形式,而得到积极的发展。随着我国公路建设和汽车工业的迅速发展,汽车列车向着轻量化、重型化、多轴化、专用化、系列化方向发展,必将成为我国的主要公路运输工具。

7.1.2 汽车列车的类型

1) 牵引车的主要类型

牵引车是用来专门牵引挂车用的。牵引车可以是一般的各类汽车,如乘用车和商用车辆;也可以是专用牵引车。

专用的牵引车一般是不载客或载货的。它是专门为牵引挂车而设计的。它除了有牵引挂车的特殊装置外,其动力装置、传动系统、制动和转向装置等皆应与之相适应。

普通汽车的类型可参见本书第 2 章相关内容。

7 其他载运工具

专用牵引车通常可分为半挂牵引车和全挂牵引车两类。

（1）半挂牵引车　半挂牵引车俗称鞍式牵引车，它是装备有特殊装置用于牵引半挂车的商用车辆。与一般的牵引车不同，它是常与半挂车在一起工作的。这种牵引车一般没有货台或货箱，在它的底盘上装有备胎架和半挂车牵引连接装置。通过这种牵引连接装置承受半挂车前部的载荷，并锁住其上的牵引销，带动半挂车行驶。过去生产的这种牵引车，大都是在一般载货汽车的基础上，通过缩短轴距、加装制动和电气设备的线路连接装置（如制动接头、多孔电线插座等）、增加牵引连接装置改装而成的，有时候还要加装附加的燃油箱和储气筒等。半挂车的前部伏在鞍座上面，通过牵引销将两者连接起来。因而，半挂车的部分质量便增加了牵引车驱动轮的附着质量。通过改变牵引连接装置的牵引销中心与牵引车后轴中心的距离，可以有效地调节由半挂车组成的汽车列车（铰接列车）各轴的轴荷分配。

半挂牵引车按用途可以分为一般用途的半挂牵引车和专用的半挂牵引车两种。一般用途的半挂牵引车用来牵引一般用途的或通用的半挂车；专用的半挂牵引车牵引挂车后用来完成专门的作业，如火车站搬运牵引车，既可在铁轨上行驶，也可在平地行驶，专门适合火车货站的搬运作业等。

（2）全挂牵引车　全挂牵引车是一种牵引牵引杆式挂车的货车，本身可在附属的载运平台上运载货物的牵引车。它有货运或载客用的车身或货箱（或平台），使用时可以带挂车，也可以不带挂车。它的车架的后横梁上装有牵引钩，装在挂车前端的牵引架上的挂环与之连接，并带动挂车行驶。专用的全挂牵引车则常常是没有货运或载客用的车身或货箱（或平台），有时在其车架的后部，还常设有配重，以增加牵引车后轴的附着质量，提高牵引能力。机场、车站、码头、货场等用的专用全挂牵引车，还可以用电力驱动，这种牵引车的前后端有时都装上牵引钩，机动灵活。

2）挂车的主要类型

挂车通常分为牵引杆挂车、半挂车和中置轴挂车三种类型。

（1）牵引杆挂车　至少有两根（车）轴的挂车，具有一轴可转向；通过角向移动的牵引杆与牵引车连接；牵引杆可垂直移动，连接到底盘上，因此不能承受任何垂直力的挂车称为牵引杆挂车。具有隐藏支地架的半挂车也作为牵引杆挂车。牵引杆挂车主要有：客车挂车、牵引杆货车、通用牵引杆挂车和专用牵引杆挂车。

客车挂车、牵引杆货车。通用牵引杆挂车和专用牵引杆挂车。

按挂车的牵引杆与牵引车的连接方式不同，牵引杆挂车又有连接点后置、连接点前下置、连接点远后置和连接点前下远后置等方式，如图7.1所示。

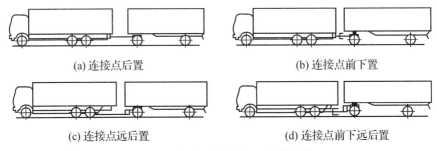

图 7.1 牵引杆挂车的不同连接方式

(2) 半挂车 半挂车是指车轴(单轴或双轴)置于车辆质心(均匀载荷时)后面,并且装有可将水平力和垂直力传递给牵引车的牵引连接装置的被牵引的车辆。半挂车仅能与半挂牵引车一起组成汽车列车才能进行运输生产。半挂车前部由牵引车牵引连接装置支承,后部则由挂车自己的车轴承担,如图 7.2 所示。其中,Ⅰ型(单轴)和Ⅱ型(双轴)使用比较广泛;Ⅲ型(Ⅲ型属于多轴挂车)只在美国和意大利等国有些生产;Ⅳ型近年来已有出现,其中,后面的车轴还可以是转向的。半挂车车架可以是鹅颈式的,也可以是凹梁式的。

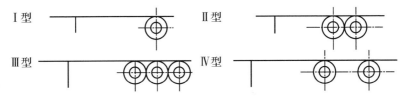

图 7.2 半挂车的主要类型

(3) 中置轴挂车 中置轴挂车是指牵引装置不能垂直移动(相对于挂车),车轴位于紧靠挂车的重心(当均匀载货时)的挂车。这种车辆只有较小的垂直静载荷作用于牵引车,不超过相当于挂车最大质量的 10% 或 1 000 N 的载荷(两者取较小者)。其中的一轴或多轴可由牵引车来驱动。

中置轴挂车也可分为牵引点后置、牵引点前下置和牵引点前下远后置等几种结构形式,如图 7.3 所示。

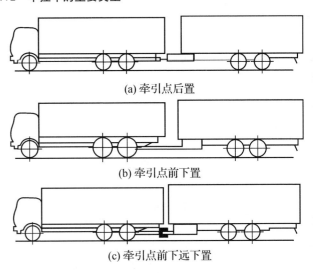

图 7.3 中置车轴挂车的几种形式

此外，根据过去的习惯，挂车还可以有很多其他分类方法，例如：

按照挂车的总体结构分类，可分为全挂车(牵引杆挂车)、半挂车、长货挂车、重货挂车、客车挂车等；

按照挂车的用途分类，可分为一般用途挂车、特种用途挂车和专用挂车等；

按照挂车的总质量分类，可分为轻型挂车、中型挂车、重型挂车和超重型挂车；

按照挂车的支承轴多少分类，可分为单轴、双轴和多轴挂车；

按照挂车的车身地板高度分类，可分为高车架、低车架和阶梯车架挂车；

按照挂车的货台形式分类，可分为栏板式、厢式、平板式和仓栏式等挂车；

按照挂车的转向装置形式分类，可分为轴转向式挂车和轮转向式挂车；

按照挂车的驱动情况分类，可分为非驱动挂车和动力挂车(半自走式挂车,自走式挂车)等。

根据我国国家标准，牵引车、牵引杆挂车和半挂车可按厂定的最大总质量来分类，见表7.1。挂车在车辆分类中属于O类，见表7.2。

表7.1　按总质量分类的牵引车、牵引杆挂车和半挂车分类

车型分类	厂定最大总质量 m/t		
	牵引车	牵引杆挂车	半挂车(公路运行时)
超重型	$m>35.0$	$m>35.0$	$m>34.0$
重型	$16<m\leqslant35.0$	$16<m\leqslant35.0$	$19.5<m\leqslant34.0$
中型	$4.6<m\leqslant16.0$	$4.6<m\leqslant16.0$	$7.1<m\leqslant19.5$
轻型(小型)	$m\leqslant4.6$	$m\leqslant4.6$	$m\leqslant7.1$

表7.2　挂车的车辆分类(GB/T 15089《机动车辆及挂车分类》)

类别	O1(只有单轴挂车)	O2	O3	O4
最大总质量/t	$\leqslant0.75$	$>0.75,\leqslant3.50$	$>3.50,\leqslant10.00$	>10.00

7.1.3　汽车列车的组成形式

汽车列车是由一辆牵引车和一辆或一辆以上的挂车组成的车辆，或一辆汽车与一辆或多辆挂车的组合。其组成形式主要有：

1) 乘用车列车

乘用车列车是乘用车和中置轴挂车的一种组合，如图7.4(a)所示。各种乘用车都可与中置轴挂车组成乘用车列车，其中使用最多的是一般的各级乘用车(轿车)、多用途乘用车和越野乘用车。乘用车列车在国外很多，每逢周末，一家人便开着乘用车列车出去旅游。有的在旅居挂车顶上还放有游船，或只有一个中置轴挂车上放一条游船或其他物品。这种乘用车列车的操纵稳定性对列车的安全有很大的影响，因此受到广泛的

关注，研究者也日益增多。

2) 客车列车

一辆客车与一辆或多辆客车挂车的组合称为客车列车，如图 7.4(b)所示。客车列车的各节乘客车厢是不连通的，有时也可设服务走廊。这里所指的客车是指 9~16 座的小型客车、城市客车(公共汽车)、长途客车、旅游客车和其他专用客车。

3) 货车列车

一辆货车与一辆或多辆挂车的组合称为货车列车，如图 7.4(c)所示。这里所指的货车，包括普通货车、多用途货车(客货两用车或"皮卡车")、越野货车、专用作业车和专用货车等。

4) 牵引杆挂车列车

一辆全挂牵引车与一辆或多辆(牵引杆)挂车的组合称为牵引杆挂车列车，如图 7.4(d)所示。货车列车与牵引杆挂车列车就是过去所谓的全挂汽车列车。为了叙述的方便，有时将乘用车列车、客车列车、货车列车和牵引杆挂车列车等使用牵引杆的汽车列车统称为"牵引杆式汽车列车"。

5) 铰接列车

一辆半挂牵引车与具有角向移动连接的半挂车组合的车辆称为铰接列车，通常使用的名称为"半挂汽车列车"，如图 7.4(e)所示。

6) 双挂列车

一辆铰接列车与一辆牵引杆挂车的组合称为双挂列车，如图 7.4(f)所示。

7) 双半挂列车

一辆铰接列车与一辆半挂车的组合称为双半挂列车，如图 7.4(g)所示。双半挂列车的两辆车的连接是通过第二个半挂车的连接装置来实现的。

8) 平板列车

一辆货车与一辆牵引杆货车挂车的组合称为平板列车，如图 7.4(h)所示。平板列车的货物在可角向移动的货物承载平板的整个长度上都是不可分开地置于牵引车和挂车上的。为了支撑这个货重，可以使用辅助装置。这个货重和(或)它的支撑装置构成了这两个车辆的连接装置，因此就不允许挂车再有转向连接。可见，长货挂车列车就属于平板列车。挂车的转向连接用挂车上的"横转架"所代替。

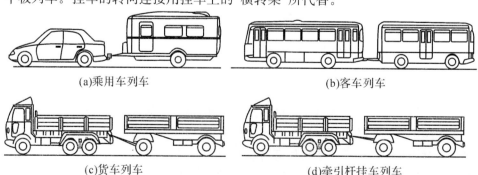

(a) 乘用车列车　　　　　　　　(b) 客车列车

(c) 货车列车　　　　　　　　　(d) 牵引杆挂车列车

(e)铰接列车

(f)双挂列车

(g)双半挂列车

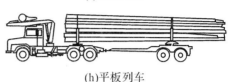
(h)平板列车

图 7.4 汽车列车的组成形式

7.1.4 汽车列车的发展趋势

作为一种汽车产品,汽车列车也具有与汽车产品一样的技术发展趋势,这就是:

①产品在国际竞争中的地位越来越重要。我国目前使用的汽车列车主要是国内生产的,但高品质的牵引车和各式挂车的进口已越来越多了。国际竞争与国际交流将成为今后我国汽车列车生产的重要组成部分之一。

②产品更新换代加快,一般过去 4～8 年更换一次的新车型,现在都已缩减到 2～3 年了。更新换代加快,说明市场需求变化很大。

③产品继续向效率更高、排放更清洁,甚至无污染的方向发展。

④广泛采用通用底盘,全球选用性能优良、价格合理的总成与零部件。

⑤开发新的能源装置及其他新的动力装置,采用新型材料,结构进一步合理化,减轻自重,提高可靠性等以节约能源。

⑥充分利用现代理论,不断采用新技术,把航空、航天技术,国防科学成果以及其他新技术应用到汽车新产品中,使其电子化的程度越来越高,并实行集中控制。

⑦采用多种措施提高安全性,使汽车列车向安全型、智能型方向发展。

纵观欧洲和北美各国的汽车列车,除了具有以上一般汽车产品的发展趋势外,还有如下一些显著特点:

①向大型化、重型化方向发展,发动机功率很大,行驶车速很高。例如美国铰接列车总长基本都在 20 m 以上,车厢厢体 16.2 m(53 ft)的占 50%以上,车厢容积约 90 m³。牵引车几乎都是 6×4,长轴距,总长 8 m 左右,发动机功率都在 250 kW 以上,最高车速超过 100 km/h。在我国,随着公路建设、特别是高等级公路的发展,公路运输条件的改善,近年来我国重型半挂车的需求量发展十分迅速。重型半挂牵引车在半挂牵引车中所占的比例已达 30%～40%。同样,重型半挂牵引车在重型汽车中的比例也达到近 15%。

②专业化程度越来越高。装置有专用设备、具备一定专用功能、用于承担专门运输任务和专向作业的汽车列车的比重越来越大,尤其是厢式挂车、罐式挂车、集装箱挂车、专用自卸挂车、仓栅式挂车和特种结构挂车等都发展很快。

③发动机低速大扭矩,高效能、高可靠性、噪声小、低排放。全部达到欧Ⅳ和欧Ⅴ排放标准,可靠性无故障运行里程业已达到 100 万 km。

④乘坐人员和运送货物对安全和舒适性要求越来越高。驾驶室宽敞、舒适、有天窗、室内空调或电控气候模拟系统、气垫座椅、双层卧铺、中控门锁、电动门窗,有的还可以在驾驶室内上网冲浪;驾驶室全金属整体结构,经过碰撞安全试验。有的驾驶室的安全标准甚至达到乘用车驾驶室安全标准:ECE R12 和 ECE R21 的要求。

⑤普遍装用 ABS/ASR 或 EBS 的电子制动控制系统。

⑥特别注重行驶稳定性和行车安全。如装有电子高度控制系统、自适应半主动阻尼系统、电子车速控制系统,电子防碰撞装置、翻车警告系统、卫星导航系统、红外线夜视系统、防折叠电子报警装置和前部防钻入保护装置等。

⑦驾驶操纵方便、可靠性高。如有智能动力传动系统、自动变速器或智能自动/半自动换挡系统、方便特殊身材驾驶员的可调操纵机构,以及智能保养系统、100 万 km 无大修等。

总之,现代商用汽车列车正向大型化、专业化、电子化和智能化的方向发展。

7.2 拖拉机运输机组

7.2.1 拖拉机运输机组的类型

拖拉机运输机组是指由拖拉机牵引一辆挂车组成的用于载运货物的机动车,包括轮式拖拉机运输机组和手扶拖拉机运输机组(见图 7.5),是目前农村广泛采用的一种运输工具。

拖拉机是指最高设计车速不大于 20 km/h、牵引挂车方可从事道路货物运输作业的手扶拖拉机和最高设计车速不大于 40 km/h、牵引挂车方可从事道路货物运输作业的轮式拖拉机。

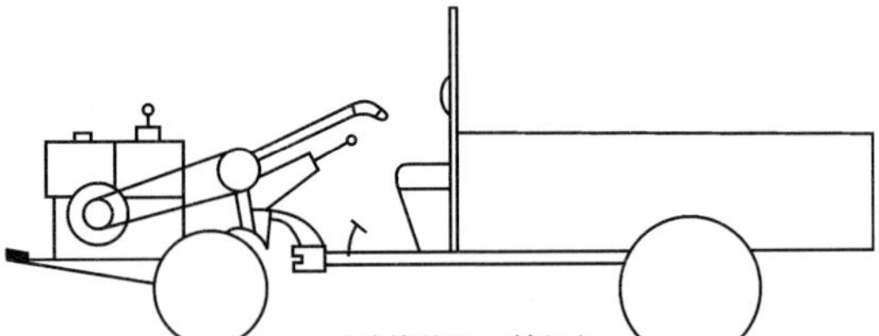

(a) 手扶拖拉机运输机组

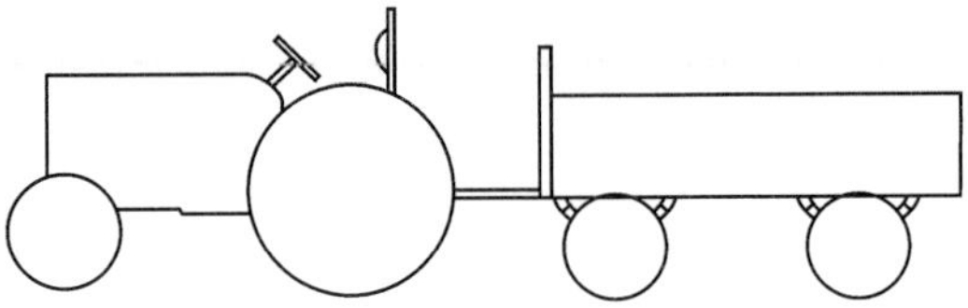

(b) 轮式拖拉机运输机组

图 7.5 拖拉机运输机组的类型

手扶拖拉机运输机组还包含手扶变型运输机,即发动机 12 h 标定功率不大于 14.7 kW,采用手扶拖拉机底盘,将扶手把改成方向盘,与挂车连在一起组成的折腰转向式运输机组。

由于手扶拖拉机和轮式拖拉机有很多种类型,故拖拉机运输机组的类型亦较多,但一般载重量为中小吨位。

拖拉机运输机组主要由拖拉机和农用挂车两大部分组成。

7.2.2 拖拉机

1) 拖拉机的发展概况

中国拖拉机行业是新中国成立以后发展起来的新兴行业。新中国成立前,不要说拖拉机生产,就连维修配件也不能制造。1949年,中国仅拥有拖拉机117台,全部从国外进口。经过近70年的艰苦奋斗,尤其是改革开放40年来的快速发展,拖拉机行业从无到有,从小到大,现已形成能够成批生产大中小型拖拉机的生产能力,基本上可满足农、林、牧、副、渔各业生产以及工业产品匹配的需要,发展成为国民经济中不可缺少的具有相当规模的拖拉机制造行业体系。

中国拖拉机行业的发展经历了3个主要阶段。

第一阶段:引进与仿制改进阶段(1950~1965年)。

第二阶段:自行设计研制阶段(1965~1983年)。

第三阶段:系列产品开始阶段(1983年~目前)。

目前,中国的小型拖拉机生产企业约240余家,生产能力约500万台。中国的大中型拖拉机生产企业约30余家,目前生产能力约80万台。拖拉机的保有量已达到2 000多万台,基本达到饱和状态,但技术含量较高的拖拉机相对较少。中国2004—2018年的拖拉机年产量见表1.3。

表1.3 2004—2018年中国拖拉机的年产量(单位:万台)

年份	2018	2017	2016	2015	2014	2013	2012	2011	2010	2009	2008	2007	2006	2005	2004	2003
中大型拖拉机年产量	24.3	56.8	63.0	68.8	64.4	58.5	46.3	46.1	38.4	39.2	21.8	20.3	19.8	16.2	10.1	5.8
小型拖拉机年产量	37.3	118.6	135.5	140.0	167.8	193.6	178.6	237.6	228.2	189.2	188.0	213.8	191.5	201.0	179.4	186.4

2) 拖拉机的类型

(1) 按结构特点分类 可分为轮式、履带式(或称链轨式)、手扶式、船型4种。

①轮式拖拉机。应用最为广泛,按驱动型式可分为两轮驱动与四轮驱动,两轮驱动的驱动型式代号用4×2来表示(分别表示车轮总数和驱动轮数),主要用于一般农田作业及运输作业;四轮驱动的驱动型式代号用4×4表示,主要用于土质黏重、负荷较大的农田作业及泥道运输作业等,具有较高的牵引效率。

②履带式拖拉机。主要用于土质黏重、潮湿地块田间作业和农田水利、土方工程及农田基本建设。

③手扶拖拉机。只有一根行走轮轴,一个驱动轮或两个驱动轮的轮式拖拉机。在农田作业时操作者多为步行,用手扶持操纵,习惯上称为手扶拖拉机。有些手扶拖拉机安装有用于支承及辅助转向的尾轮。

④船形拖拉机。主要用于沤田作业,船式底盘提供支承,桨式叶轮驱动。

(2) 按用途分类 可分为普通型拖拉机、园艺型拖拉机、中耕型拖拉机和特殊用途拖拉机。

①普通型拖拉机。常规结构特点,应用范围广泛,适于一般条件下的各种农田移动作业、固定作业和运输作业等,如东方 ME500/ ME550、雷沃欧豹 M554、上海纽荷兰 SH504、东风 1004 等。

②园艺型拖拉机。主要用于果园、菜地、茶林等各项作业,它的特点是体积小、底盘低、功率小、机动灵活。

③中耕型拖拉机。主要用于中耕作业,也兼用于其他作业,具有较高的地隙和较窄的行走装置,可用于玉米、高粱、棉花等高秆作物的中耕。

④特殊用途拖拉机。它适用于在特殊工作环境下作业或适用于某种特殊需要的拖拉机。如山地拖拉机、沤田拖拉机(船形)、水田拖拉机和葡萄园拖拉机等。

(3) 按功率大小分类

①大型拖拉机。功率大于 73.6 kW(100 马力)以上。

②中型拖拉机。功率在 14.7~73.6 kW(20~100 马力)。

③小型拖拉机。功率在 14.7 kW(20 马力)以下。

几种常见的拖拉机的外形分别,如图 7.6~图 7.11 所示。

图 7.6　手扶拖拉机

图 7.7　小四轮拖拉机

图 7.8　中型拖拉机

图 7.9　履带拖拉机

图 7.10　船式拖拉机

图 7.11　大型拖拉机

3) 拖拉机的型号

国产拖拉机型号由系列代号、功率、形式代号、功能代码和区别标志组成,其排列顺序如图 7.12 所示。

(1) 系列代号　用不多于两个大写汉语拼音字母表示,用以区别不同系列或不同设计的机型。如无必要,系列代号可省略。

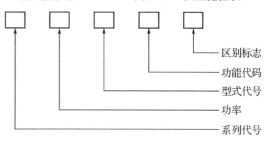
图 7.12　国产拖拉机型号构成示意图

(2) 功率 用发动机标定功率值的整数表示,单位为 kW(目前多数企业延用马力单位)。

(3) 形式代号、功能代码 见表 7.4。

(4) 区别标志 结构经重大改进后,可加注区别标志,区别标志用阿拉伯数字表示。例如:铁牛-654,表示铁牛牌,四轮驱动、65 马力的普通型轮式拖拉机。

表 7.4 拖拉机形式及功能代码

代号	结构形式	符号	功能及用途
0	后轮驱动四轮式	G	工业用
1	手扶式(单轴式)	H	高地隙中耕用
2	履带式	J	集材用
3	三轮或并置前轮式	L	营林用
4	四轮驱动式	S	水田用
5	自走底盘式	T	运输用
9	船形	Y	园艺用
		Z	沼泽地用
		-	普通型

4) 拖拉机的总体结构

拖拉机与汽车的总体构造基本相近似,一般由发动机、底盘、工作装置和电气设备等部分组成(图 7.13)。

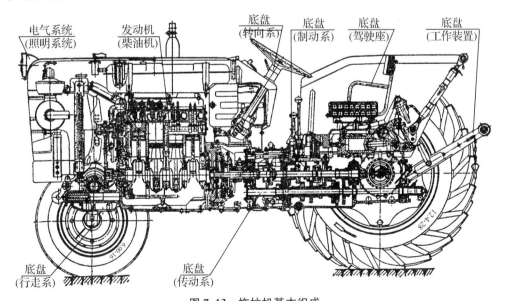

图 7.13 拖拉机基本组成

(1) 发动机 发动机是拖拉机行驶和工作的动力源,一般采用柴油机。主要由曲柄连杆机构、换气系统、燃油供给系统、润滑系统、冷却系统、启动系统,以及预热装置等组成。

拖拉机柴油机的结构与汽车柴油机基本相同,但拖拉机柴油机采用低速(≤2300 r/min)大转矩柴油机,汽车柴油机采用高速柴油机。

(2) 底盘　拖拉机的底盘是指发动机和电气设备以外的所有系统和装置。底盘将发动机和各个系统、部件联结成一个整体,并将发动机的动力转变为拖拉机行驶的驱动力和牵引力。拖拉机底盘由传动系统、转向系统、制动系统、行走系统等部分组成。拖拉机底盘各系统的布置,如图 7.14 所示。

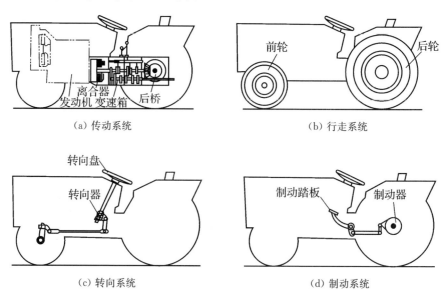

图 7.14　拖拉机底盘各系统示意图

(3) 工作装置　拖拉机工作装置通常类属于底盘部分,主要用于牵引、悬挂、驱动农具,进行各种农机作业,如图 7.15 所示。

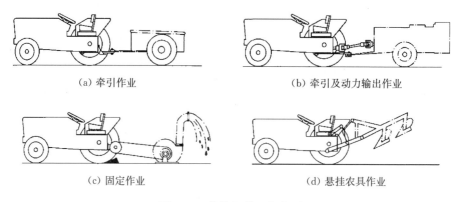

图 7.15　拖拉机的工作类型

拖拉机的工作装置包括通过它们带动的农机具工作的牵引装置、动力输出装置和液压悬挂装置等。

(4) 电气设备　拖拉机的电气设备主要由发电机、蓄电池、灯光系统、仪表系统、空调系统、导航系统等构成,各电气的原理和结构特点与汽车的电气基本相同。

7.2.3　农用挂车

1) 定义

农用挂车是由拖拉机牵引的一种挂车。GB/T 4330—2003《农用挂车》定义农用挂车是"适用于手扶拖拉机和轮式拖拉机牵引的0.5～9.0 t的挂车"。因此,农用挂车多为牵引杆挂车。手扶拖拉机则常与单轴农用挂车一起完成运输工作,并被称为"半挂农用挂车"。农用挂车的结构比较简单、牢固、实用,有时还常常设有弹性悬架。货箱大、常采用活动栏板,适合各种农作物和农产品的田间运输和公路短途运输。

2) 组成

农用挂车一般由车厢、车架、转向架、牵引架、悬架、轮轴总成、制动系统、电路系统等组成,有的挂车还设有液压自卸机构(见图7.16)。

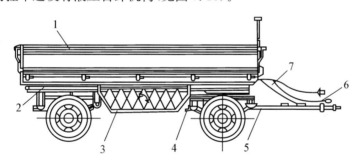

1—车厢；2—车架；3—护网；4—悬架；5—牵引架；6—信号灯插头；7—气制动接管
图7.16　农用挂车的构造

(1) 车厢　它由车厢架、前后厢板、左右厢板组合成的短形厢体,用于装载货物。在右厢板及后厢板上焊有铰链,可绕销轴转动。

(2) 车架　车架是整个挂车的骨架,挂车的绝大部分零件及总成都直接或间接地装在车架上。车架应具有一定的挠性,以防变形。

(3) 转向架　转向架是为挂车转弯调头用的。主要由转盘架、转盘、钢球等组成。挂车一般采用轴转向,转弯时前轴与转盘架一起转动,因此转弯半径小,转动灵活,道路通过性好。

(4) 牵引架　牵引架是用来连接挂车和拖拉机的装置。挂车的牵引架与转盘架为铰接,它由牵引环、侧梁、横梁、缓冲弹簧、平衡装置等组成。

(5) 悬架　悬架主要是由钢板弹簧、缓冲块、U形螺栓、板簧支座、摆动活吊耳等组成。它的作用是将路面对车轮的垂直反力、纵向力、侧向力以及这些力所造成的力矩传到车架上,以保证挂车的正常行驶。悬架还可以吸收和缓和由于路面不平所产生的冲击力和振动,使挂车行驶平顺,防止损伤车架及货物。

(6)轮轴总成 轮轴总成是挂车行驶机构的主要部件,且承受挂车的全部重量。它主要是由车轴、轮毂、轮辋、轮胎及制动器总成等组成。制动器通过法兰盘与轴体相连接,刹车凸轮(刹车鼓)、轮毂通过轴承安装在轴头上,用槽形螺母锁住。

(7)制动系统 挂车上的制动系除一般要求外,还应满足两点要求:一是挂车应与拖拉机同时制动,最好还略早于拖拉机;二是当挂车自行脱挂时,挂车应能立即自行制动。

挂车上的制动系也由制动器和制动传动机构组成。制动器与拖拉机上的相同,制动传动机构的形式,有机械式、液压式和气压式三种。其中,机械式只在行驶速度较低、性能要求不太高的小四轮拖拉机上采用。液压式制动传动机构由于拖拉机与挂车之间的连接困难较大,所以基本上也不采用。目前应用最广泛的是气压式制动传动机构。

气压式挂车制动装置可分为给气制动和断气制动两种形式。

7.3 摩托车

随着汽车工业的不断发展,摩托车制造业也在迅速发展,今日世界,摩托车不仅成为各国人民不可缺少的重要交通工具,而且在很大程度上还成为衡量一个国家汽车制造业是否发达的一个重要标志。

我国摩托车工业虽然起步晚,但发展却十分迅速,品种、产量、质量和制造工艺技术水平等都在急剧增长和提高。

但随着汽车销量的崛起,包含电动两轮、电动三轮、电动车四轮等代步工具的多样化,导致摩托车市场空间被挤压,摩托车市场销量已逐年下滑。截至2019年底,摩托车保有量9 000万辆,年销售量500~700万辆。

7.3.1 摩托车的分类

摩托车是由汽油或柴油驱动后轮,靠手柄操纵前轮转向的二轮或三轮动力车。

摩托车自德国人戈特利伯·戴姆勒于1885年发明摩托车以来,已有近130年的历史,发展非常迅速,品种繁多,各国分类方法不尽相同,标准也不尽统一。

1)按用途和结构特点分类

摩托车可以分为3大类15种类型,见表7.5。

表 7.5 摩托车按用途和结构特点的分类

类　型		车型定义
两轮摩托车	普通摩托车	骑式或坐车架,轮辋基本直径不小于 304 mm,适应在公路或城市道路上行驶的两轮车
	微型摩托车	坐式或骑式车架,轮辋基本直径不大于 254 mm,适应在公路或城市道路上行驶的两轮车
	越野摩托车	骑式车架,宽型转向把,越野型轮胎,剩余垂直轮隙及离地间隙大,适应在非公路地区行驶的两轮车
	普通竞赛摩托车	骑式车架,狭窄转向把,坐垫偏后,轮辋基本直径不小于 304 mm,装有大功率高转速发动机,专用于特定跑道上竞赛车速的两轮车
	微型竞赛摩托车	坐式或骑式车架,轮辋基本直径不小于 254 mm,装有大功率高转速发动机,专用于特定跑道上竞赛车速的两轮车
	越野竞赛摩托车	具有越野性能,装有大功率发动机,专用于非公路地区车速竞赛的两轮车

（外形图略）

续表 7.5

类　型		外形图	车型定义
两轮摩托车	特种摩托车		经过改装之后用于完成特殊任务的两轮车。例如开道用警用摩托车、消防用摩托车
边三轮摩托车	普通边三轮摩托车		用于载运乘员或货物的边三轮车
	警用特种边三轮摩托车		专门供给警察执法使用的边三轮车
	消防特种边三轮摩托车		专门供给消防使用的边三轮车
正三轮摩托车	客用普通正三轮摩托车		用于载运乘员的正三轮车
	货用普通正三轮摩托车		用于载运货物的正三轮车
	溶罐式专用正三轮摩托车		专门用于运输液体或气体的溶罐式正三轮车

续表 7.5

类 型		外形图	车型定义
正三轮摩托车	自卸式专用正三轮摩托车		带有卸载功能的正三轮车,一般用于运输货物
	冷藏室专用正三轮摩托车		专门用于运输需要冷藏的货物的正三轮车

2) 按国家标准分类

我国颁布了国家标准 GB/T 15089—2001《机动车辆及挂车分类》。根据这项标准的规定,摩托车属于 L 类,即少于四轮的机动车辆。L 类又分为以下 5 类,其分类标准见表 7.6。

表 7.6 摩托车按国家标准(GB/T 15089—2001)的分类

类 型	外 形	车型定义
L1 型摩托车		装用排量不超过 50 mL 的发动机,最高设计车速不超过 40 km/h 的两轮车。这实际上指的是轻便两轮摩托车。
L2 型摩托车		装用排量不超过 50 mL 的发动机,最高设计车速不超过 40 km/h 的三轮车。这实际上指的是轻便三轮摩托车。

续表 7.6

类 型	外 形	车型定义
L3 型摩托车		装用排量超过 50 mL 的发动机,或设计车速超过 40 km/h 的两轮车。这是通常讲的两轮摩托车。
L4 型摩托车		装用排量超过 50 mL 的发动机,或设计车速超过 40 km/h,三个车轮相对于车辆的纵向中心平面为非对称布置的车辆(如边三轮摩托车)。
L5 型摩托车		装用排量超过 50 mL 的发动机,或设计车速超过 40 km/h,最大总质量不超过 1 吨,且三个车轮相对于车辆的纵向中心平面为对称布置的车辆。通常称为正三轮摩托车。

3) 按公安机关分类

为了便于摩托车技术检验、核发牌证以及进行专门管理,公安机关按管理的需要,将摩托车按其排量与车速分为轻便摩托车和摩托车两大类。

(1) 轻便摩托车　发动机排量在 50 mL 以下,车速不超过 50 km/h。按车轮数目又可分为轻便两轮摩托车和轻便三轮摩托车。

(2) 摩托车　凡空车质量不超过 400 kg(带驾驶室的正三轮摩托车及专用摩托车的空车质量不受此限),设计最大车速超过 50 km/h,发动机排量工作容积超过 50 mL。

4) 按发动机冲程数分类

可以分为两冲程摩托车和四冲程摩托车两大类。

(1) 二冲程摩托车　二冲程摩托车是指发动机的曲轴每旋转一周,活塞上下往复运动两个冲程,完成进气、压缩、做功、排气 4 个过程,即完成一个工作循环。

(2) 四冲程摩托车　四冲程摩托车是指发动机的曲轴每旋转一周,活塞上下往复运动四个冲程,完成进气、压缩、做功、排气 4 个过程,即完成一个工作循环。

5) 按发动机排量分类

发动机的排量是指发动机的气缸工作容积之和,单位为 mL。如 50 mL、70 mL、80 mL、100 mL、125 mL、150 mL、250 mL、750 mL、1 000 mL 等不同发动机排量。生产时发动机排量要预先做出规定,之后按照发动机的不同排量进行分类。

6) 按乘坐方式分类

可以分为坐式摩托车(又称踏板摩托车)和骑式摩托车。见表 7.7 所示。

表 7.7 摩托车按乘坐方式的分类

类 型	外形图	特 点
坐式摩托车(踏板车)		是近年来发展迅速,深受广大女士所喜爱的车型。这种车架前部是平面式,驾驶员的双脚可放在踏板上,乘坐舒适,操纵方便。多采用排量为 50~250 mL 的发动机和五速变速系统,车轮直径小,因而上下方便,安全性好
骑式摩托车		骑式摩托车发展较早,多适合于男士驾驶。这种摩托车外形更美观、豪气,跨骑的姿势看起来更大气,也有利于驾驶。多采用 125 mL 以上的排量,车速较快,都配有脚动换挡机构,速度高,操纵较繁琐,但更富驾驶乐趣

7.3.2 摩托车的构造

摩托车主要由发动机、传动系统、行驶系统、操纵制动系统、电气设备等组成,如图 7.17 所示。

1) 发动机

发动机是摩托车的动力来源,通过可燃混合气在气缸内进行燃烧,将热能转变为机械能,从而驱动摩托车行驶。有四冲程和二冲程发动机之分,也有单缸、多缸和 V 型多缸之分。发动机的性能和工作状况直接影响摩托车整车的性能和工作状况。发动机一般由"三大机构"和"五大系统"组成。

"三大机构"是:曲柄连杆机构、机体机构、配气机构。

"五大系统"是:燃料供给系统、进排气系统、冷却系统、润滑系统和点火系统。

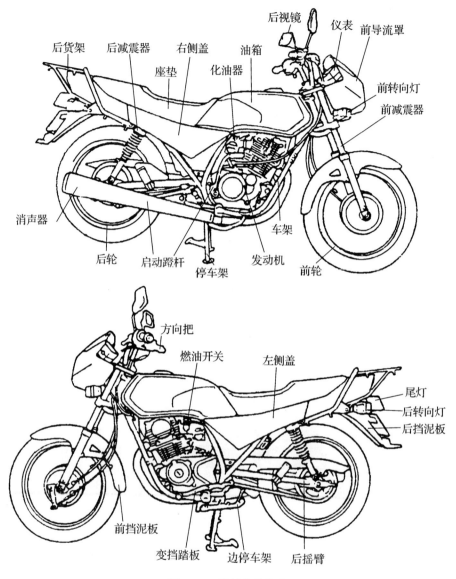

图 7.17 摩托车的构造

有的摩托车采用废气涡轮增压,以提高进气量。

2) 传动系统

传动系统包括离合器、变速器和传动装置等,是把发动机的动力经过一定的变化传到后轮,使后轮得到与不同的路面及负荷相适应的各种速度和前进力。

3) 行驶系统

行驶系统的作用是使摩托车构成一个整体,支承全车重量并保证摩托车的行驶,将传动系统传来的扭矩转换成驱动摩托车行驶的牵引力,同时承受和传递路面作用于车轮上的各种反力,使摩托车在不同的路面上平稳地行驶,确保安全。

行驶系统主要包括车架总成、尾架、前叉总成、后悬架总成、前后车轮总成等部件。

4）操纵制动系统

操纵制动系统的作用是直接控制行驶方向、行驶速度、照明和信号等,以确保行车安全。它包括转向把操纵总成和制动总成。

一般手控换挡变速手柄、离合器握把、灯光及电喇叭的控制开关等装在左把手上,而油门转把、前轮制动手柄装在右手把上。脚控换挡变速杆装在左边的脚踏板上,后轮制动由靠右侧的制动踏板控制。

5）电气设备

电气设备的作用是启动发动机、点燃混合气、发出声响信号、用于灯光照明等。电气设备一般包括电源系统、点火系统、照明系统、仪表信号系统4大部分。采用电启动的摩托车,还包括电启动系统。随着社会发展,摩托车电气系统不断采用新技术,如电子燃油喷射系统、电子控制制动防抱死装置（ABS系统）、发动机排气及其他控制电路、电动支架等。

仪表的作用是指示车速、里程、发动机转速以及充电电流大小等。摩托车的电气与仪表,通过贯穿全车的电缆、相应的操纵开关及各种插接件连接在一起,构成了摩托车整车电气设备系统。

驾驶摩托车时,驾驶员的四肢分工是:左手负责离合器握把,进行点火提前装置的控制、按揿喇叭、变换灯光等工作;右手负责油门转把,进行前制动器握把的操纵;左脚负责换挡变速;右脚负责后制动器的控制。

7.3.3 摩托车的编号规则

我国国家标准规定,摩托车型号由商标代号、规格代号、类型代号、设计及改进序号组成。其形成如下：

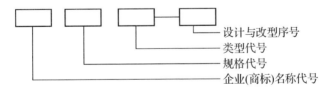

商标代号:用商标名称中每一个汉字的首位大写汉语拼音字母表示。如 XF 表示幸福。

规格代号:用发动机排量表示,排量单位为 mL。

类型代号:由摩托车的种类代号和车型代号组成,种类代号和车型代号分别用种类名称和车型名称中具有代表性的字的大写汉语拼音首位字母表示。

设计序号:当同一生产厂同时生产商标、总排量、类型相同,但不是同一个基本型的摩托车时,应用设计序号以示区别。设计序号采用阿拉伯数字 1、2、3…依次表示摩托车设计顺序,当设计序号为 1 时应省略。设计序号应用间隔符号"—"与前面类型代号隔开。

改进序号:用大写英文字母 A、B、C……依次表示摩托车改进顺序。

例如:XF250LP—A 型摩托车

各代号的含义如下:

XF——表示幸福牌摩托车(商标代号);

250——表示气缸排量(规格代号);

LP——表示普通车(类型代号);

A——改进序号,表示第一次改进。

7.3.4 摩托车工作原理

摩托车之所以能够进行工作(行驶),主要是靠发动机的化油器将汽油与空气按照一定的比例在气缸内进行混合,形成相应浓度的可燃气体,再经点火机构的点燃,被燃烧着的气体膨胀产生压力便推动气缸内的活塞进行运动,活塞有了一定的行程则带动活塞连杆做功迫使曲轴转动并从曲轴尾部将动力传出,传出的动力一部分贮存在惯性飞轮上,一部分通过传动轴(链条或皮带)送到离合器,凭借离合器有分离和接合的控制功能再把这部分动力送至变速器,变速器根据摩托车行驶具体情况的需要,通过传动轴(链)转动把动力传给后桥总成,经后传动装置中的被动齿轮便可带动摩托车的后轮(驱动轮)旋转,驱使摩托车行走,如图 7.18 所示。

综上所述,摩托车工作的基本原理是:发动机源源不断地产生热能,经曲轴连杆把热能变成旋转力,再由变速传动装置用旋转力带动后车轮转动,当克服地面摩擦力之后便可驱动摩托车行驶。

7.4 高速列车

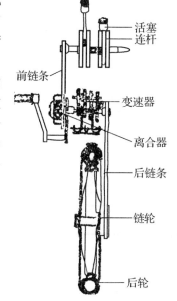

图 7.18 摩托车的工作原理

高速列车、又称高速火车,是指能以高速度持续运行的列车,最高行驶速度一般要达到 200 km/h 之上。高速列车属于现代化的高速交通工具,是火车顶尖科学技术的集中体现,可以大幅提高列车旅行速度从而提高火车运输效率。高速列车快捷舒适、平稳安全、节能环保,深受当代人们的欢迎,世界各国都大力支持用新型高速列车来满足日益增长的出行需求。

7.4.1 高速列车的发展

我国高速列车的发展可分为探索阶段和成熟阶段。

1) 探索阶段

中国高速列车的研究从 20 世纪 90 年代开始,初期以国外引进为主、自主研发为辅,受限于当时技术、资金、高速铁路系统设施等多种因素,这些列车大部分没有远距离运输作用,亦没有成为后来的高速列车主流。

(1) 新时速 X2000 动车组　广铁集团于 1996 年 11 月与瑞典 ADTranz 签订租用一列 X 2000 列车,租期两年。以提高广深线上的列车服务质量和运行速度,同时也尝试最短时间掌握到 X2000 的摆式技术,及探究摆式列车在中国的可行性。X2000 集中式电力摆式动车组最高速度可达 210 km/h,曾是内地铁路线上运行等级最高的客运列车。租期届满后,广深铁路把整组 X2000 买下,并继续为广深九线服务至 2007 年。2008 年被瑞典国铁返购回国。

(2) 韶山 8 型电力机车　韶山 8 型电力机车是四轴准高速干线客运电力机车,是中国第八个五年计划("八五")重点科技攻关项目,原设计是用于广深准高速铁路的电力机车,后成为用于中国干线铁路牵引提速旅客列车的主型机车。机车最大运行速度 170 km/h,最高试验速度达到了 240 km/h。

(3) 先锋号动车组　中国先锋号动车组是南京浦镇车辆厂负责总体研制的中国第一列交流传动动力分散式电动车组,首列电动车组命名为"先锋"号。它的速度有多个级别,是动车组的探索形态,故名先锋。早期的先锋号动车组有的时速仅 120 至 140 km,在贵阳—都匀等铁路运营试验。后来的先锋号动车组列车运营速度达 200 km/h,最高试验速度达 250 km/h。2007 年 7 月 7 日至 2009 年 9 月 30 日期间,先锋号动车组在成渝城际铁路、达成铁路、遂渝铁路线上运营。

(4) 中华之星动车组　"中华之星"电动车组(DJJ2 型电力动车组)是中国自行设计、拥有自主知识产权的高速电力动车组,是采用交流传动系统、动力集中型电动车组。设计速度 270 km/h,满座载 726 名旅客。2002 年 11 月 27 日,"中华之星"电动车组冲刺试验创造了最高速度 321.5 km/h 的当时"中国铁路第一速"(该纪录直到 CRH2 在 2008 年 4 月 24 日于京津客运专线上进行高速测试时才被打破)。"中华之星"于 2005 年 8 月 1 日正式投入服务,来往沈阳至山海关之间,运营临时准高速班次,配属沈阳铁路局。列车营运最高速度限制在 160 km/h,全程 400 km 用时 3 h。2006 年 8 月 2 日,"中华之星"完成了最后一次营运任务后停止使用。

(5) 蓝箭动车组　中国蓝箭号动力集中式电力动车组是为了实现中短距离大城市间的快速铁路旅客运输而设计制造的,该车采用 CW-200 转向架,构造速度 200 km/h,全列车由动车+5 辆拖车+动车组成。2012 年 "蓝箭号"正式退役。

(6) 长白山动车组　中国长白山号动车组是中国北车集团长客股份公司自主开发研制的 200km/h 速度等级的动力分散型电力动车组。每列 9 辆编组,两动一拖为一个动力单元。长白山号动车组以德国 ICE3 为基础研制的,是动车组中科技含量高、技术较为先进的子弹头高速列车之一,设计时速为 210 km。

(7) 上海磁悬浮列车　2003 年,中德合作项目上海磁悬浮轨道交通浦东机场联络线竣工通车。车辆采用德国最新的 TR08 型列车,最高速度 431 km/h,是目前世界上商业运营速度最快的高速列车。

2) 成熟阶段

中华之星动车组研制实验放弃后,根据国务院"引进先进技术、联合设计生产、打造中国品牌"的指导方针,中国铁道部门在 2004 年至 2008 年期间从日本、法国、德国和加拿大四国正式引入当代最先进的高速列车和高速铁路的技术,对高速列车实施"引进、消化、吸收、再创新"的研究发展策略。2007 年,中国铁路第六次大面积提速,开行了速度达 200 km/h 以上的 CRH 系列动车组(即中国铁路高速列车)。后来,具有自主知识产权的 300 km/h 级别 CRH 系列高速动车组相继研制成功并批量投入生产运营。2017 年,时速 300 至 400 km 的中国标准动车组在京沪客运专线上运行。

7.4.2　高速列车的结构特点

高速列车是旅客运输的载体,对它的基本要求是启动快、速度高、运行平稳、安全。为满足上述基本要求,必须采用相应的高新技术。高速铁路的技术水平和技术难度集中反映在高速列车上。

1) 外形流线化技术

高速列车要求启动快,使其能在最短的时间和距离内达到额定最高运行速度。为此,必须加大牵引功率,以增加其启动牵引力。同时,当列车速度达到额定最高运行速度后,为保持其恒速运行,必须要有足够的持续牵引力来克服列车运行阻力。空气阻力与列车速度的平方成正比,当速度达到 300 km/h 时,空气阻力约占总阻力的 80% 以上。因此,要解决好减阻和外形流线化问题。

2) 高速转向架技术

机车、车辆转向架是直接参与轮轨相互作用并决定列车走行性能最关键的部件。高速列车转向架既要与高速列车的总体模式相容,又要提供更高的列车品质,使列车的牵引、制动、减振降噪、荷载的传递与分配、导向及曲线通过性能和运行平稳性能达到良好的统一。提高列车走行性能的研究以开发转向架为先导,以轮轨关系的系统研究为基础。

高速转向架的主要技术除稳定性外,还有舒适性、曲线通过性能、轻量化、动力转向架的牵引电机悬挂和传动技术等。

研制、开发先进的轴箱定位结构,选择合适的轴箱定位纵向和横向刚度数值是高速转向关键技术之一。高速列车普遍都增大了悬挂的柔度,而且悬挂采用无摇枕结构和抗蛇行减振器,大多数还采用了高柔度的空气弹簧。发展趋势是无摇枕结构和主动悬挂,主动控制技术也将被采用。

动力车转向架由于要产生和传递牵引力和制动力,因此要安装电机及与之相协调的传动系统。体悬式需解决车体和轮对之间的动态相对位移,这是一项关键技术。

3) 高速受流技术

采用电力牵引的高速列车必须通过弓网受流系统不间断地从接触网上获取电能。弓网受流系统必须满足的基本条件是：良好的受流质量、运行的安全性能、足够的使用寿命、减少噪声对周围环境的影响。良好的受流质量依赖于弓网系统的动态稳定和跟随性,保证弓网间良好的接触,不离线、不产生火花。

改善弓网接触关系,改进受电弓形式及结构设计是减少高速铁路噪声的一个重要方面。为了保证弓网受流系统良好的受流性能,必须对接触网的结构形式及其结构参数和性能参数进行合理的设计和选择。

4) 高速列车车体结构设计及其轻量化技术

减轻列车重量可减少对牵引功率的需求,也是降低轴重、减小轮轨作用力、实现高速运行的重要措施之一。

车体结构设计应最大可能地减少列车运行阻力,在车体结构设计上减少空气阻力的措施是：车端做成流线型；车体侧墙、门窗和车辆之间的折棚要求平滑；在车体下部加底板和裙板；在可能的范围内降低车体高度。

实现结构轻量化主要有两个途径：一是采用新材料,二是合理优化结构设计。

合理优化结构设计是减轻重量的有效措施,优化金属结构是在保证兼顾车体强度和刚度的基础上利用强度理论和优化设计分析程序,把车体设计成为充分利用材料强度和整体承载的筒形结构。

5) 高速制动技术

制动对保证行车安全、提高列车运行速度起着重要作用。列车速度越高,对制动的要求也就越高,因而,高速列车的制动技术成为高速铁路的关键技术之一。

高速列车由于速度很快,产生的动能很大,因而在制动时,需要在一定的时间和距离内将这些动能消耗和吸收,仅靠常速列车的单一闸瓦制动方式是难以达到目的的。高速列车必须采用复合式制动系统。所谓复合式制动系统,是将粘着制动和非粘着制动有机地结合在一起,发挥各种制动方式的特点,达到最大的制动效率,以保证高速列车能在要求的制动距离内停车。粘着制动是靠轮与轨接触黏着力制动,例如机械制动中的盘形制动、油压制动,电气制动中的电阻制动、再生制动。非粘着制动是发生在轮和轨之外的制动,如磁轨制动、涡流轨道制动。

各国采用的复合制动方式不尽相同。例如,德国 ICE 高速列车采用的复合制动方式是盘形制动＋再生制动＋磁轨制动；日本 300 系列高速列车则采用了盘形制动＋再生制动＋涡流轨道制动。

6) 高速列车运行自动控制技术

高速铁路除采用应答器的列车自动防护系统外,还必须安装连续式列车自动控制系统。车载计算机,即列车自动控制系统的车上中心逻辑机,根据无绝缘轨道电路传递上来的信息、应答器到列车上的信息以及由调度中心或车站控制台(分机)所给出的列车指挥信息,由计算机得出列车所在的相对位置、行车里程表的显示和驾驶信息以后,经过处理就由车上设备执行控制速度以及必要时启动制动系统。而列车向调度中心及车站分机报告列车位置、列车车次、列车长度及实际行车速度等信息,是通过应答器和无线通道实现的。

调度中心计算机也是通过列车自动控制系统收到所管辖范围内每列车的行车特性、线路地形等与行车有关的完整信息,以实现对高速列车的指挥工作。列车运行自动化系统概况,如图 7.19 所示。

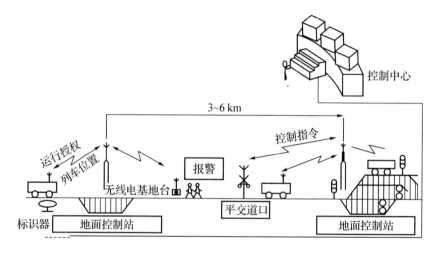

图 7.19 列车运行自动化系统图

7.4.3 高速列车的优势

1) 高速、安全、正点、舒适

如果高速列车运营速度为 300 km/h,可超过小汽车 1 倍以上,为亚音速客机的 1/3,短途飞机的 1/2。在 1 000 km 内乘坐高速列车比乘飞机花的时间还要少。

对旅客来说,安全、正点、舒适是十分重要的。高速列车从开始运营至今,日本 40 多年、德国 10 多年从未发生过列车颠覆和旅客死亡事故。另外,不论是飞机旅行还是汽车旅行,正点率都不能得到很好的保证,特别是遇到恶劣气候条件时,而高速列车都风雨无阻,具有很高的正点率。同时,高速列车比汽车和飞机旅客活动的空间都大得多,而且平稳,振动、摇摆较小,可以躺卧休息,创造了一个舒适的旅行环境。

2) 运输能力大、占地少

从运输能力来看,一列高速客运列车可乘坐 800~1 000 人。从日本、德国运营实践看,高速铁路单向输送能力约是航空的 10 倍,公路的 5 倍。

以单位占地相比较,高速铁路为公路的 1/3。而航空运输需要大型机场,总用地约为铁路的 2~3 倍。

3) 能源消耗低,环境污染小

交通运输是消耗能源大户。根据日本资料显示,高速列车与小汽车、飞机相比,平均每人·千米的能耗最低,比例为 1∶5.3∶5.6。如果以每个旅客消耗 1 单位燃料所能行驶的里程来比较,如高速铁路为 1.0,则公路为 0.62,航空为 0.26。

高速列车如果采用电力机车,行驶过程中无废气排出,如考虑火力发电,排放废气中含有二氧化碳,与汽车和飞机的二氧化碳排放量比较,则为 1∶3∶4.6。至于噪声的污染,也比汽车低。

7.5 城轨列车

7.5.1 城轨的类型

城市轨道交通有很多形式。一般地,城市轨道交通系统可以按能力分为市郊铁路、地铁、轻轨、有轨电车四种形式;也可以按构造分为铁路、地铁、单轨、导向轨道交通、磁悬浮等形式。

北美轨道交通系统则分为快速轨道交通(RRT)、轻轨交通(LRT)、通勤铁路(CR)和自动导向系统(AGT)。

1) 铁路系统

铁路系统主要服务于城市间客货运输。早期的铁路由蒸汽驱动的机车牵引,现代铁路则主要有电力和内燃两种机车牵引形式,电力牵引采用高压交流供电方式。目前,铁路是沟通城市边缘与远郊区的主要手段。由于服务于人口密度相对稀疏的郊区,站间距比较大,它使得列车的运行速度可以提高许多。目前,城市间高速铁路的商业速度已达到 250 km/h 以上,一般地,市郊铁路线路的最高速度可以达到 100 km/h 以上。市郊铁路主要为通勤者提供运输服务,故有时也称通勤铁路或地区铁路。

2) 地铁系统

地铁系统是为土地紧张的城市中心区提供的一种交通形式,单向最大运送能力可达 5 万人次/小时以上。地铁建设投资大,周期长。现代地铁的牵引多采用电力驱动的动车组方式,供电方式多为直流。各国地铁系统的建设标准不完全相同。日本还建设了另一种小断面地铁,即线性电机地铁。线性电机地铁的特点是断面较一般地铁要小,可降低建设成本。此外,它可以采用较小的曲线半径和较大的坡道,也可采用高架,维护较易。线性电机地铁运输能力略低于一般地铁系统。

3) 轻轨系统

目前,各国采用较多的是形式比较灵活的城市轻轨运输系统(Light Rail Transit

或 Light Rapid Transit)。轻轨系统的雏形是城市有轨电车,后者由于与道路交通间的冲突而被淘汰或改造为与道路交通具有一定程度隔离的轻轨系统。一般地,轻轨要求有至少 40％的股道与道路完全隔离,以避免拥挤,这也是它区别于有轨电车之处。轻轨运输系统可以在地面、地下或高架建设,其最大运送能力根据列车编组确定,每列车 2 节编组时单向运送能力可达 13 500 人次/h。列车最大编组为 4 节,最高时速可达 200 km/h。

4) 单轨系统

最早的单轨系统可以追溯到 1821 年的英国人 Palimer 开发单轨所获得的发明专利。世界上第一条单轨运输线路是 1824 年在伦敦船坞修建的那条木轨线路,比蒸汽铁路还早,不过它是用马来牵引的。1888 年法国人在爱尔兰铺设的、长约 15 km 的跨座式独轨蒸汽铁路可以被认为是单轨铁路的先驱,它也是有动力单轨铁路走向实用的标志。1893 年,德国人 Langen 发明了悬挂式单轨车辆。1901 年,一条 13.3 km 的悬挂式单轨铁路投入运营,它也是利用街道上空建设单轨铁路的开始。

现代单轨系统有跨座式和悬挂式两种类型。单轨铁路一般使用道路上部空间,故土地占用较少。大多数单轨系统采用橡胶轮胎,可以适应急弯及大坡度,对复杂地形有较好的适应性,从而减少拆迁量。同时,单轨系统建设工期较短,投资也小于地铁系统。单轨系统单向最大运送能力在 8 400～25 200 人次/小时,适用于对速度和运输需求较低的场合。重庆市有两条跨座式单轨铁路,每天运输量达 100 万人次,每条线路平均每分钟就发一次车。

5) 城轨列车的类型

按照国际标准,城轨列车可分为 A、B、C 三种型号,分别对应 3 m、2.8 m、2.6 m 的列车宽度。

选用 A 型或 B 型列车的轨道交通线路称为地铁列车,采用 5～8 节编组列车(初期可能只按 3 节编组,如以前的广州地铁)。

选用 C 型列车的轨道交通线路称为轻轨列车(上海轨道交通 8 号线除外),采用 2～4 节编组列车,列车的车型和编组决定了车轴重量和站台长度。

B 型车和 C 型车造价和技术含量要小于 A 型车。

7.5.2 城轨列车的组成与技术参数

城轨列车是轨道交通系统完成旅客输送任务的直接工具。城轨列车一般可按有无动力分为动车、拖车两类,也可按有无驾驶室分为带驾驶员室和不带驾驶员室两类。能独立运行的一组车辆一般称为动车组。最早的多单元动车系统是 1897 年 Sprague 在芝加哥南部高架上发明的。这种系统中,每辆车均有电机,但全部由第一辆车的驾驶员操纵。与铁路列车不同,城市轨道交通系统的动车组是一个整体,其发动机、控制系统等是在生产过程中定制的,一般不能在运营过程中任意拆装组合。

多单元列车的重要性体现在可以在不减少列车牵引力的条件下增加列车编成,因为每组车均有动力。牵引力是重量与驱动轮数量的函数,在多单元系统,整个列车(而不是机车)的重量都施加于驱动轮对,故对每辆车来说,它可以有更大的加速度,从而可以增加列车平均速度,减少运营费用。

动车组的出现对于城市铁路的发展具有非凡的意义,目前世界上几乎所有的地铁均采用这种驱动系统。

1) 城轨列车的组成

在一个动车组内,动车、拖车与驾驶室的分布是一个有机的整体(见图7.20)。例如,北京地铁按全动车设计,两辆车为一单元,列车编成可以按2、4、6辆编挂。上海地铁分为带驾驶员室的拖车(A型)、带受电弓无驾驶员室的动车(B型)和无受电弓无驾驶员室的动车(C型)三种。6节编成可按 A—B—C—C—B—A 编组,各节车辆之间均为贯通,以方便旅客流通。

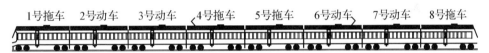

图7.20 动车组采用4个动车和4个拖车的固定编组形式,共8个车,每个车均搭乘旅客。列车两端均设有驾驶员室,可双向驾驶,也可联挂编组(16辆)

轻轨车辆的动车一般有三种形式:四轴动车、六轴单铰接车和八轴双铰接车。一般城市轨道交通车辆的构成包括七部分:即车体、转向架、牵引缓冲装置、制动装置、受流装置、车辆内部设备和车辆电气系统等。

(1) 车体 车体是容纳乘客和驾驶员(如有驾驶员室时)的地方,多采用整体承载的钢结构、轻金属结构或复合材料结构。车体本身又包括底架、端墙、侧墙及车顶等部分。

(2) 转向架 转向架装设于车辆与轨道之间,是车辆的走行部分。它又分动力转向架和非动力转向架两类。

(3) 牵引缓冲装置 车辆的连接是通过车钩实现的,车钩后部一般需要装设缓冲装置,即牵引缓冲装置,以缓和列车运动中的冲击力。

(4) 制动装置 制动装置是保证列车运行安全的装置,无论动车或拖车均需设摩擦制动装置。城市轨道车辆的制动装置除常规的空气制动装置外,还有再生制动、电阻制动以及磁轨制动(轻轨车辆上常用的方式)。

(5) 受流装置 从接触导线(接触网)或导电轨(第三轨)将电流引入动车的装置,也称为受流器。受流器一般有杆形受流器(多用于城市无轨电车)、弓形受流器(多用于城市有轨电车)、侧面受流器(多用于矿山货车)、轨道式受流器(第三轨受流)和受电弓受流器(适用于高速干线)五种形式。

(6) 车辆内部设备　车辆内部设备系指服务于乘客的车体内部固定附属装置(如车灯、广播、空调、座椅等)和服务于车辆运行的设备装置(如蓄电池箱、继电器箱、主控制箱、风缸、电源变压器等)。

(7) 车辆电气系统　车辆电气系统指各种电气设备及其控制电路,包括主电路系统、辅助电路系统和电子控制电路系统。

2) 城轨列车的主要技术参数

①车辆自重、载重与容积。

②车辆构造速度,指安全及结构强度所允许的车辆最高行驶速度。

③轴重,指车辆在某运行速度范围内一根轴允许负担的包括轮对自身重量在内的最大总质量。

④通过最小曲线半径,与转向架类型及设计有关。

⑤最大启动加速度,包括平均启动加速度和最大制动减速度。

⑥制动形式,有摩擦制动、再生制动、电阻制动和磁轨制动等形式。

⑦轴配置或轴列数,如四轴动车一般设2台动力转向架,六轴单铰轻轨车一般两端为动力转向架,中间为非动力转向架。

⑧供电电压、最大网电流、牵引电机功率。

⑨座席数及每平方米地板面积站立人数。它与车辆大小尺寸有关,也与设计的服务水平有关。

3) 主要尺寸

设计车辆时,要考虑的主要尺寸有:

①车辆最大宽度与最大高度,涉及车辆限界。

②车体长度、高度、宽度,有内外部之分。

③车钩中心线距轨面高度,简称车钩高度。目前,城市轨道车辆的车钩高度还没有统一标准。例如,北京地铁车钩高度为 670 mm,上海地铁为 720 mm。我国城市间铁路车辆的车钩高度则规定为 880 mm。

④地板面高度,指新造或空车高度。北京地铁为 1 053 mm,上海为 1 130 mm。

⑤车辆定距,指车辆两相邻转向架之间的距离。

早期的轻轨受传统有轨电车影响较大,车辆行驶线路曲线半径较小。旧式有轨电车车辆长度一般在 12 m,宽度一般在 2.0～2.4 m。一般编组 1～2 节。

20 世纪 70 年代以后的有轨电车采用新技术,并逐渐形成了现代风格的轻轨车辆。四轴车车辆长度不超过 20 m,每侧不少于 3 个车门;六轴车不超过 25 m,每侧至少 4 个车门;八轴车不超过 30 m,每侧至少 5 个车门。

轻轨车辆的优点是因地制宜,如供电方式有 600 V、750 V、1 500 V,车辆宽度在 2.4～2.65 m。长度也有较大差异。表 7.8 是我国几种轻轨车辆的基本参数。

表 7.8 我国轻轨车辆的基本参数

项目名称	单位	四轴车	六轴车	八轴车
两车钩连接面长度	mm	19 800	23 800	29 700
车体长度	mm	18 900	22 900	28 800
车辆宽度	mm	2 600	2 600	2 600
轨面至顶部高度	mm	3 250	3 250	3 250
轨面至设备顶部	mm	3 700	3 700	3 700
车内高度	mm	2 150	2 150	2 150
地板面高度	mm	900~950	900~950	900~950
车辆定距	mm	11 000	7 500~7 500	6 700~7 500~6 700
每侧车门数	个	4	4	5
车门高度	mm	1 900	1 900	1 900
车门宽度	mm	1 300	1 300	1 300
定员	人	190~210	235~255	300~320
构造速度	km/h	80	80	80
最高运行速度	km/h	70	70	70
启动平均加速度	m/s²	1.2	1.1	0.9
常用制动平均减速度	m/s²	−1.2	−1.2	−1.2
紧急制动平均减速度	m/s²	−2	−2	−2
车内噪声	dB(A)	65~70	65~70	65~70
车外噪声	dB(A)	75~82	75~82	75~82

7.6 磁悬浮列车

7.6.1 磁悬浮列车的种类

磁悬浮列车是一种靠磁悬浮力(即磁的吸力和排斥力)来推动的列车,分为常导型和超导型两大类(见图 7.21)。

常导型也称常导磁吸型,以德国高速常导磁悬浮列车 Transrapid 为代表,它是利用普通直流电磁铁电磁吸力的原理将列车悬起,悬浮的气隙较小,一般为 10 毫米左右。常导型高速磁悬浮列车的速度 400~500 km/h,适合于城市间的长距离快速运输。

超导型又称超导磁斥型,以日本 MAGLEV 为代表。它是利用超导磁体产生的强磁场,列车运行时与布置在地面上的线圈相互作用,产生电动斥力将列车悬起,悬浮气隙较大,一般为 100 mm 左右,速度可达 500 km/h 以上。

(a) 常导型磁悬浮列车　　　　　　　　(b) 超导型磁悬浮列车

图 7.21　磁悬浮列车的类型

7.6.2　磁悬浮列车的运行原理

1) 基本原理

高速磁悬浮列车是运用磁铁"同性相斥,异性相吸"的性质,使磁铁具有抗拒地心引力的能力,即"磁性悬浮"。由于磁铁有同性相斥和异性相吸两种形式,故磁悬浮列车也有两种相应的形式:一种是利用磁铁同性相斥原理而设计的电磁运行系统的磁悬浮列车,它利用车上超导体电磁铁形成的磁场与轨道上的线圈形成的磁场之间所产生的相斥力,使车体悬浮运行的铁路;另一种则是利用磁铁异性相吸原理而设计的电动力运行系统的磁悬浮列车,它是在车体底部及两侧倒转向上的顶部安装磁铁,在 T 形导轨的上方和伸臂部分下方分别设反作用板和感应钢板,控制电磁铁的电流,使电磁铁和导轨间保持 10 mm(正负误差 2 mm)的间隙,并使导轨钢板的吸引力与车辆的重力平衡,从而使车体悬浮于车道的导轨面上运行。

通俗地讲,就是在位于轨道两侧的线圈里流动的交流电,能将线圈变为电磁体。由于它与列车上的超导电磁体的相互作用,就使列车开动起来。列车前进是因为列车头部的电磁体(N 极)被安装在靠前一点的轨道上的电磁体(S 极)所吸引,并且同时又被安装在轨道上稍后一点的电磁体(N 极)所排斥。当列车前进时,在线圈里流动的电流流向就反转过来了。其结果就是原来那个 S 极线圈,现在变为 N 极线圈了,反之亦然。这样,列车由于电磁极性的转换而得以持续向前奔驰。根据车速,通过电能转换器调整在线圈里流动的交流电的频率和电压。

2) 常导磁悬浮列车的运行原理

常导磁悬浮列车工作时,首先调整车辆下部的悬浮和导向电磁铁的电磁吸力,与地面轨道两侧的绕组发生磁铁反作用将列车浮起。在车辆下部的导向电磁铁与轨道磁铁的反作用下,使车轮与轨道保持一定的侧向距离,实现轮轨在水平方向和垂直方向的无接触支撑和无接触导向。车辆与行车轨道之间的悬浮间隙为 10 mm,是通过一套高精度电子调整系统得以保证的。此外,由于悬浮和导向实际上与列车运行速度无关,所以即使在停车状态下列车仍然可以进入悬浮状态。

常导磁悬浮列车的驱动运用同步直线电动机的原理。车辆下部支撑电磁铁线圈的作用就像是同步直线电动机的励磁线圈,地面轨道内侧的三相移动磁场驱动绕组起到电枢的作用,它就像同步直线电动机的长定子绕组。从电动机的工作原理可以知道,当作为定子的电枢线圈有电时,由于电磁感应而推动电机的转子转动。同样,当沿线布置的变电所向轨道内侧的驱动绕组提供三相调频调幅电力时,由于电磁感应作用,承载系统连同列车一起就像电机的"转子"一样被推动做直线运动。从而在悬浮状态下,列车可以完全实现非接触的牵引和制动。

3) 超导磁悬浮列车的运行原理

超导磁悬浮列车的最主要特征就是其超导元件在相当低的温度下所具有的完全导电性和完全抗磁性。超导磁铁是由超导材料制成的超导线圈构成,它不仅电流阻力为零,而且可以传导普通导线根本无法比拟的强大电流,这种特性使其能够制成体积小功率强大的电磁铁。

超导磁悬浮列车的车辆上装有车载超导磁体并构成感应动力集成设备,而列车的驱动绕组和悬浮导向绕组均安装在地面导轨两侧,车辆上的感应动力集成设备由动力集成绕组,感应动力集成超导磁铁和悬浮导向超导磁铁三部分组成。当向轨道两侧的驱动绕组提供与车辆速度频率相一致的三相交流电时,就会产生一个移动的电磁场,因而在列车导轨上产生磁波,这时列车上的车载超导磁体就会受到一个与移动磁场相同步的推力,正是这种推力推动列车前进。其原理就像冲浪运动一样,冲浪者是站在波浪的顶峰并由波浪推动他快速前进的。与冲浪者所面对的难题相同,超导磁悬浮列车要处理的也是如何才能准确地驾驭在移动电磁波的顶峰运动的问题。为此,在地面导轨上安装有探测车辆位置的高精度仪器,根据探测仪传来的信息调整三相交流电的供流方式,精确地控制电磁波形以使列车能良好地运行。

超导磁悬浮列车也是由沿线分布的变电所向地面导轨两侧的驱动绕组提供三相交流电,并与列车下面的动力集成绕组产生电感应而驱动,实现非接触性牵引和制动。但地面导轨两侧的悬浮导向绕组与外部动力电源无关,当列车接近该绕组时,列车超导磁铁的强电磁感应作用将自动地在地面绕组中感生电流,因此在其感应电流和超导磁铁之间产生了电磁力,从而将列车悬起,并经精密传感器检测轨道与列车之间的间隙,使其始终保持 100 mm 的悬浮间隙。同时,与悬浮绕组呈电气连接的导向绕组也将产生电磁导向力,保证了列车在任何速度下都能稳定地处于轨道中心行驶。

磁悬浮列车是现代高科技发展的产物。其原理是利用电磁力抵消地球引力,通过直线电机进行牵引,使列车悬浮在轨道上运行(悬浮间隙约 1 cm)。其研究和制造涉及自动控制、电力电子技术、直线推进技术、机械设计制造、故障监测与诊断等众多学科,技术十分复杂,是一个国家科技实力和工业水平的重要标志。它与普通轮轨列车相比,具有低噪音、无污染、安全舒适和高速高效的特点,有着"零高度飞行器"的美誉,是一种具有广阔前景的新型交通工具,特别适合城市轨道交通。在国防科大研制开发的磁悬浮列车属于中低速常导吸力型磁悬浮列车。

7.6.3 磁悬浮列车的组成

磁悬浮列车主要由悬浮系统、推进系统和导向系统三大部分组成(见图7.22)。

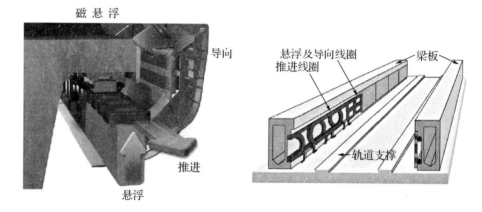

图7.22 磁悬浮列车的组成

1)悬浮系统

悬浮系统主要有电磁悬浮系统(EMS)和电力悬浮系统(EDS)两种(见图7.23)。

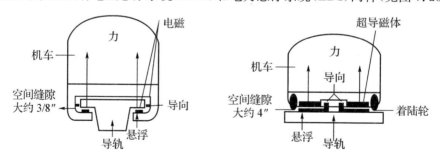

图7.23 电磁悬浮系统(EMS)和电力悬浮系统(EDS)

(1)电磁悬浮系统　电磁悬浮系统(EMS)是一种吸力悬浮系统,是结合在机车上的电磁铁和导轨上的铁磁轨道相互吸引产生悬浮。常导磁悬浮列车工作时,首先调整车辆下部的悬浮和导向电磁铁的电磁吸力,与地面轨道两侧的绕组发生磁铁反作用将列车浮起。在车辆下部的导向电磁铁与轨道磁铁的反作用下,使车轮与轨道保持一定的侧向距离,实现轮轨在水平方向和垂直方向的无接触支撑和无接触导向。车辆与行车轨道之间的悬浮间隙为 10 mm,是通过一套高精度电子调整系统得以保证的。此外,由于悬浮和导向实际上与列车运行速度无关,所以即使在停车状态下列车仍然可以进入悬浮状态。

(2) 电力悬浮系统　电力悬浮系统(EDS)将磁铁使用在运动的机车上以在导轨上产生电流。由于机车和导轨的缝隙减少时电磁斥力会增大,从而产生的电磁斥力提供了稳定的机车的支撑和导向。然而,机车必须安装类似车轮一样的装置对机车在"起飞"和"着陆"时进行有效支撑,这是因为电力悬浮系统在机车速度低于大约 25 mile/h 时无法保证悬浮。电力悬浮系统在低温超导技术下得到了更大的发展。

2) 推进系统

推进系统可以分为长固定片和短固定片两种。"长固定片"推进系统使用缠绕在导轨上的线性电动机作为高速磁悬浮列车的动力部分。由于高的导轨花费多而成本昂贵,而"短固定片"推进系统使用缠绕在被动的轨道上的线性感应电动机(LIM)。虽然短固定片系统减少了导轨的花费,但由于 LIM 过于沉重而减少了列车的有效负载能力,导致了比长固定片系统的高的运营成本和低的潜在收入。而采用非磁力性质的能量系统,也会导致机车重量的增加,而降低运营效率。

3) 导向系统

导向系统是一种测向力来保证悬浮的机车能够沿着导轨的方向运动。必要的推力与悬浮力相类似,也可以分为引力和斥力。在机车底板上的同一块电磁铁可以同时为导向系统和悬浮系统提供动力,也可以采用独立的导向系统电磁铁。

7.6.4　磁悬浮列车的优势

1) 速度快、旅行时间短

常导磁悬浮列车速度可达 400~500 km/h,超导磁悬浮列车速度可达 500~600 km/h。它的高速度使其在 1 000~1 500 km 之间的旅行距离中比乘坐飞机更优越,由于可节省旅客的旅行时间,因而对旅客具有很大的吸引力。

2) 安全、可靠

由于磁悬浮系统采用导轨结构,列车运行平稳,不会发生脱轨和颠覆事故,提高了列车运行的安全性和可靠性。

3) 能源消耗低

由于没有轮子、无摩擦等因素,它比目前最先进的高速火车省电 30%。在 500 km/h 速度下,每座位/公里的能耗仅为飞机的 1/3 至 1/2,比汽车也减少耗能 30%,因此与其速度相对而言,其能耗费用更为经济。

4) 污染小

各种传统的交通运输工具给社会带来严重的公害与污染,在城市交通中,汽车排出的废气占大气污染量的 60%,机动车的启动、刹车等交通噪音直接影响人们的身心健康。而磁悬浮列车可以离开地面(高架线或地下线),利用计算机技术,自动控制、有专用线路,可避免交通事故和交通阻塞。由于采用橡胶轮支撑和悬浮运行,噪声小、振动小、基本无废气排出,对环境污染小。

5) 故障少、维修费用低

磁悬浮列车虽然一次投资较多,但其主要部件比较单一和牢固,因而故障少,维修费用比高速铁路和传统铁路低。

综合以上分析,磁悬浮列车是一种高速、安全、舒适、方便、污染小且不受气候影响的很有发展前途的交通工具。

目前,世界上研制磁悬浮列车的有日本、德国、英国、法国和美国等国家。

2002年12月31日上海浦东龙阳路开往浦东国际机场的磁悬浮列车胜利通车。这是世界上第一条试运营的磁悬浮专线,全长29.863 km,列车运行20 s后提速到100 km/h,4 min后列车速度达到430 km/h。

7.6.5 磁悬浮列车存在的主要技术问题

尽管磁悬浮列车技术有上述的许多优点,但仍然存在一些不足:

①由于磁悬浮系统是以电磁力完成悬浮、导向和驱动功能的,断电后磁悬浮的安全保障措施,尤其是列车停电后的制动问题仍然是要解决的问题,其高速稳定性和可靠性还需很长时间的运行考验。

②常导磁悬浮技术的悬浮高度较低,因此对线路的平整度,路基下沉量及道岔结构方面的要求较超导技术更高。

③超导磁悬浮技术由于涡流效应悬浮能耗较常导磁技术更大,冷却系统重,强磁场对人体与环境都有影响。

7.7 BRT

7.7.1 BRT 的定义

BRT 即快速公交系统,是 Bus Rapid Transit 的缩写。

BRT 是一种介于快速轨道交通(Rapid Rail Transit,简称 RRT)与常规公交(Normal Bus Transit,简称 NBT)之间的新型公共客运系统。它是利用现代化公交技术配合智能交通和运营管理,开辟公交专用路(道)和建造新式公交车站,实现轨道交通式运营服务,达到轻轨服务水准的一种独特的城市客运系统。我国有北京、上海、广州、天津、济南、杭州、贵阳、南宁、合肥、南昌、武汉、长沙、成都、郑州、呼和浩特、兰州、银川、乌鲁木齐、大连、常州、盐城、连云港等几十个大中型城市建设了 BRT 快速公交系统。

7.7.2 BRT 的组成

完整的 BRT 系统应当由四部分元素组成,包括专用车道、专用车辆、专用车站和智能信息系统(见图 7.24)。

图 7.24　BRT 组成

1) 专用车道

专用的公交车道是确保 BRT 快速、畅通运行的基本保证。从定义来看,BRT 是一种拥有相对独立的物理设施、交通运行空间和信号控制的交通方式。然而,从对"快速公交系统"这一理念的实际应用形式、使用范围以及 BRT 车道的专用程度和服务档次的划分来看,BRT 在道路上的运行模式可以分为三个层次:使用公交专用路(Busway)、使用公交专用道(Bus lane)及使用与合乘车共用的内容量车辆车道(HOV)车道。

第一层次:公交专用路。公交专用路是指在特定的城市道路上,公交车享有全部的、排他性的绝对使用权。公交专用路的设置方式包括全封闭的高架公交专用道路、全封闭的地面公交专用道路和半封闭公交专用道路。

第二层次:公交专用道。公交专用道是指在特定路段上,通过标志、标线等划出一条或几条车道给公交车专用;同时,公交车享有在其他车道行驶的权利。采用的设置方式包括中央公交专用道、单侧双向公交专用道、边侧公交专用道、逆向公交专用道和城市高架下的公交专用道。开辟公交专用道,确保公交车快速行驶的条件,是实现 BRT 的基础,因而也是 BRT 的决定性组成部分。

第三层次:大容量车辆车道。这是指在特定道路上划出公交车与合乘车共同使用的道路。应用最成功的城市是加拿大的渥太华。

BRT 的公交车辆主要运行在专设的公共交通专用的车道或道路上。公交专用车道的设置方式一般包括如下几种：中央公交专用车道；边侧公交专用车道；单侧双向公交专用车道；逆向公交专用车道；城市高架路下的公交专用道。

BRT 的运送速度和运送能力主要取决于公交专用道路或车道的设置方式。全封闭的公交专用道路可以提供大容量以及快速的公交服务，与一般轨道交通的服务水平接近或相当。一般公交专用车道由于受到交叉口信号的约束，其运送速度及能力都会下降。因此，应在交叉口设置公交优先信号系统，必要时可对道路功能进行适当调整，以避免其作为机动车主要通行道路。

2）专用车辆

研制专用的公交车辆，使其具有铰接式大容量、多车门、两边开门、低底板、乘坐舒适和智能型等特点，并可使用清洁能源，这是 BRT 的重要组成部分。BRT 车辆一般应采用低底板、色彩鲜艳并统一的公交车辆，以方便乘客上、下车，并与普通公交车辆相区别。通常还应采用大型铰接车以提高系统的运输能力及降低运营成本。当然，车辆最好能采用排污低的清洁车辆。

3）专用车站

特别建造的轨道交通式的 BRT 车站，具有检售票、候车、上下客、行车信息发布等功能，这也是 BRT 不可缺少的组成部分。

开放式站台能配合公交专用道或公交专用路的设站地点，提供乘客所需要候车的空间，不采取进出的管制。因此，可以保持原有公交线路的班次、收费等管理模式。

为了节约公交车在车站的停站时间，封闭式站台的设计考虑了以下因素：对车站进出进行管制，设置收费设施以节省收费时间；站台高度与公交车辆底板齐平，以节省乘客上、下车时间；配合车辆停站定位，引导站台上乘客在车门位置候车，提高上下车效率。

BRT 的车站和枢纽设施应具备方便乘客上下，集中换乘以减少换乘距离和时间的功能。BRT 车站包括了许多轨道交通车站的特性，如岛式站台，在车站上设置收费系统和公交运营信息管理系统，设置高站台，以便于乘客上下车等。如有可能，BRT 的车站设计应有明显的建筑特征，以体现出与普通公交车站的区别，便于乘客识别 BRT 车站的位置。此外，根据 TOD(Transit Oriented Development)原则，在 BRT 的车站和枢纽设施周围往往是城市用地密度较高的地区，因此，设置车站也应考虑周边土地的开发需要。

复习思考题

7.1 何谓汽车列车?
7.2 挂车有哪些类型? 各有何结构特点?
7.3 汽车列车有哪些组成形式? 各有何特点?
7.4 全挂车与半挂车有何不同点?
7.5 简述汽车列车的优势及发展趋势。
7.6 何谓拖挂机运输机组?
7.7 简述我国拖拉机的发展现状。
7.8 拖拉机如何分类?
7.9 拖拉机由哪几大部分组成? 各有何功能?
7.10 拖拉机的主要性能指标包括哪些?
7.11 摩托车有哪些类型? 由哪些部件组成?
7.12 简述高速列车的结构特点。
7.13 简述高速列车的发展趋势。
7.14 城市轨道有哪些类型?
7.15 城轨列车由哪些部分组成?
7.16 简述磁悬浮列车的工作原理。
7.17 简述磁悬浮铁路与普通铁路的区别。
7.18 简述动车组列车的特点。
7.19 何谓 BRT? 为何要发展 BRT?

参 考 文 献

[1] 曹建华,白冰如.飞机构造[M].2版.北京:国防工业出版社,2012
[2] 岑华,王峥.汽车造型设计[M].北京:化学工业出版社,2015
[3] 杜海滨.汽车造型[M].大连:辽宁美术出版社,2008
[4] 范钦满.物流装备与运用[M].北京:清华大学出版社,2011
[5] 方学智.船舶与海洋工程概论[M].北京:清华大学出版社,2013
[6] 郭正康.现代汽车列车设计与使用[M].北京:北京理工大学出版社,2006
[7] 何民爱.物流装备与运用[M].南京:东南大学出版社,2008
[8] 金仲达.船舶概论[M].2版.哈尔滨:哈尔滨工程大学出版社,2010
[9] 李海军,张玉召,杨菊花.铁路运输设备[M].成都:西南交通大学出版社,2012
[10] 李骏.现代交通运输与载运工具[M].成都:西南交通大学出版社,2006
[11] 鲁植雄.汽车运用工程[M].南京:东南大学出版社,2008
[12] 马国忠,殷勇.运载工具及其原理[M].成都:西南交通大学出版社,2012
[13] 宋瑞.铁路运输设备[M].北京:中国铁道出版社,2012
[14] 佟立本.轨道运输设备[M].北京:中国铁道出版社,2011
[15] 王云.航空航天概论[M].北京:北京航空航天大学出版社,2009
[16] 杨浩.交通运输概论[M].2版.北京:中国铁道出版社,2009
[17] 杨华保.飞机原理与构造[M].2版.西安:西北工业大学出版社,2011
[18] 张新光.船舶原理[M].大连:大连海事大学出版社,2015
[19] 綦琪.民航运输基础知识[M].北京:国防工业出版社,2017
[20] 刘岩松.民航概论[M].北京:清华大学出版社,2017